# Le Saint-Graal; ou, Le Joseph d'Arimathie; première branche des romans de la Table ronde, publié d'après des textes et des documents inédits par Eugène Hucher

Eugène Frédéric Ferdinand Hucher, de Boron Robert

# Le

# Saint-Graal

# NOMENCLATURE

### DES

## MATIÈRES CONTENUES DANS CE VOLUME

---

1° Une étude sur l'origine du roman du *Petit Saint-Graal*
et sur ses diverses versions ;

2° Des notes et pièces justificatives concernant l'auteur, Robert de Borron et sa famille

3° Une traduction littérale de ce roman ;

4° Les textes originaux de sa rédaction au xiii° siècle,
d'après le manuscrit Cangé 4, nos 748
de la Bibl. nationale, et d'après le manuscrit Ambroise Firmin-Didot ;

5° L'examen du manuscrit Huth de Londres ;

6° Une étude sur *le Perceval* en prose qui termine le manuscrit Amb. Didot ;

7° Enfin le texte du *Perceval*.

# Le Saint-Graal

OU

## Le Joseph d'Arimathie

PREMIÈRE BRANCHE

### Des Romans de la Table ronde

PUBLIÉ

D'après des textes et des documents inédits

PAR

## EUGÈNE HUCHER

Membre non résidant du Comité d'histoire et d'archéologie près le Ministère
de l'Instruction publique, chevalier de la Légion d'honneur, etc.

TOME Ier

AU MANS

ED. MONNOYER, IMPRIMEUR-LIBRAIRE
ÉDITEUR, PLACE DES JACOBINS

A PARIS

CHEZ TOUS LES LIBRAIRES

MDCCCLXXV

LE
SAINT GRAAL
publié
par
E. HUCHER

TOME I

LE MANS
E. MONNOYER
Imprimeur-Libraire
MDCCCLXXIII

# PRÉFACE

L E roman du *Saint Graal* est une conception relativement récente, élaborée avec des maté-
riaux anciens. La trame du récit, tel que nous le
connaissons aujourd'hui par les romans de Robert
de Borron et de Gautier Map, est chrétienne, chevaleresque, tout imbue de ce que l'on aurait pu
appeler, au XIIᵉ siècle, l'esprit moderne, par opposition avec les idées violentes, barbares d'une civilisation encore incomplète ; les éléments de la
composition paraissent, au contraire, appartenir à
l'ancien fonds bardique, et nous dirons plus, aux
traditions gauloises.

Déjà M. de La Villemarqué[1] avait exhumé, avec un
rare talent, des poésies des bardes et du *Mabinogi*, la
donnée de Pérédur, le *Chercheur de bassin*. Il avait
retrouvé les noms d'Arthur, de Gwennivar (Genièvre),
de Mezzir (Merlin), de Tristan, de Gwalhmaï (Gauvain),
de Key, et les principaux traits de leur caractère
propre, burinés en traits irrécusables. A la vérité,

[1] *Contes populaires des anciens Bretons.* 2 volumes in-8º.
Paris, Coquebert, 1842.

1

ces assimilations ont été contestées, mais on n'a rien pu mettre à la place, et, comme le dit M. Léon Gautier dans ses *Épopées françaises*, « rien ne saurait scientifiquement nous empêcher de croire à l'antériorité des chants bretons sur la chronique de Nennius, chants dont un certain nombre sont si profondément celtiques. »

Pour nous, qui avons plus particulièrement étudié, dans les médailles, les origines des traditions bretonnes, nous sommes tout disposé, non-seulement à voir dans les poésies bardiques, le point de départ de la conception du Graal, mais encore à faire honneur de l'idée primitive attachée au bassin mystérieux, aux Gaulois eux-mêmes. On sait combien nos médailles[1] ont mis en relief le côté fantastique du génie gaulois et son goût décidé pour le merveilleux. Le vase chanté par Taliésin y est mis en honneur singulier : il est, dans maintes médailles, l'accessoire obligé de la pompe triomphale qui est comme le but, l'objectif permanent des pensées de nos aïeux.

Rappelons en peu de mots la donnée du vase telle qu'on la trouve jalonnée dans les poésies des bardes du VIᵉ siècle.

Il existe un bassin, un vase destiné à contenir des aliments, qui jouit de propriétés merveilleuses. Les plus anciennes traditions galliques, celles qu'on peut appeler mythologiques, d'après M. de La Villemarqué, parlent d'un vase qui porte en roman le nom de Graal et que les Gallois désignent sous le nom de

---

[1] *Art gaulois*, 2 volumes in-4º. Paris, Le Mans, 1868-1874.

Per. Hélinand dit que c'est un vase large et peu profond dans lequel on sert aux riches des mets dans leur jus.

Taliésin place le bassin bardique dans le temple d'une déesse qu'il appelle la patronne des bardes. « Ce vase, dit-il, inspire le génie poétique, il donne la sagesse, il découvre à ses adorateurs la science de l'avenir, les mystères du monde... Ses bords sont ornés d'une rangée de perles et de diamants. »

Si l'on voulait remonter plus haut que le premier tiers du vɪᵉ siècle, époque à laquelle florissait Taliésin, nous pensons qu'on retrouverait au delà de la période romaine et dans le vieux fonds gaulois, ce même vase mis en lumière et servant à décorer les pompes triomphales représentées sur les monnaies de nos aïeux.

On peut d'ailleurs consulter avec toute confiance ce genre de documents ; c'est le seul, on le sait, qui soit à l'abri de l'erreur. Tous les autres monuments réputés gaulois, peuvent, dans une certaine mesure, être récusés comme appartenant à la période romaine. Les médailles seules nous offrent une série de monuments incontestablement gaulois, jalonnés pendant plus de deux siècles avant l'ère chétienne. Or, dès ces époques reculées, l'idée d'un vase sacré ou tout au moins très-précieux se fait jour sur les plus anciens monuments numismatiques de l'Armorique, notamment chez les Unelles et les Baiocasses, c'est-à-dire dans la partie de la Petite-Bretagne la plus voisine du pays de Galles. Nous avons donné deux représentations très-remarquables du bassin celtique pur dans le Nᵒ 1ᵉʳ de la planche 100 du premier volume

de *l'Art gaulois* et dans le N° 2 de la page 6 du
deuxième volume du même ouvrage. Nous repro-
duisons ici cette seconde figure.

On remarquera que le vase dentelé sur ses bords,
comme s'ils étaient ornés, l'est sur tous les exemplaires dont nous parlons, ce qui donne à penser
qu'on a voulu désigner par là un genre quelconque
d'ornement. Il offre d'ailleurs un système très-appa-
rent de suspension, développé d'une manière encore
plus sensible dans la figure de la médaille représentée à la page 30 du deuxième volume de l'ouvrage
précité ; on ne peut dès lors y voir autre chose qu'un
vase en métal destiné à faire cuire des aliments, le
*Cacabus* ou chaudron de guerre des chefs gaulois :
il a du reste les caractères décrits par Hélinand, il
est large et peu profond.

Mais dès que les Gaulois eurent subi l'influence du génie romain, le vase perdit cet aspect rudimentaire, il s'affina, en quelque sorte, au contact d'une civilisation relativement raffinée, et alors il prit d'autres proportions; l'image des vases grecs qui servaient d'*Athlon* et récompensaient les vainqueurs dans les luttes publiques, cette image, plus attrayante, prit faveur et le chaudron rustique disparut.

Dans le Nº 1er de la planche 91 de notre premier volume de *l'Art gaulois*, nous avons représenté une médaille des Aulerces Cénomans ou Diablintes qui offre un vase conique et allongé comme ces seaux de bronze du Musée de Copenhague, Nºs 296, 297, 300 et 302 de la section Jernalderen I [1]. Il a une anse, non plus à chaînette ou brisée comme dans les exemplaires précédents, mais rigide et circulaire, à l'imitation de ces derniers échantillons. Il est porté à la main par le Génie qui sert d'acolyte à la Victoire symbolique, entre les mains de laquelle flotte le drapeau sacré. Dans l'exemplaire plus moderne du Nº 2 de la même planche 91, ce vase se rapproche beaucoup, par ses anses, l'étranglement central et l'importance de son pied, des vases mérovingiens, présumés eucharistiques, qui sont reproduits en nombre considérable sur les triens de Banassac (Combrouse, pl. 157, 158) et dont le trésor

---

[1] *Nordiske oldsager i det Kongelige museum i Kjöbenhavn af J. J. A. Worsaae.* 1 volume in-8º, Copenhague, 1859. C'est là un ouvrage que nous devons envier aux Danois; on ne peut renfermer plus de choses intéressantes et admirablement interprétées dans un moindre espace.

de Gourdon a produit un remarquable exemplaire. Cette circonstance n'est pas indifférente pour l'objet qui nous occupe; elle rattache le Graal eucharistique aux graals bardiques et confirme l'idée qu'un vase précieux a servi, depuis les temps les plus reculés, dans les Gaules et surtout dans l'Armorique, à l'accomplissement de certains rites sacrés, et plus tard, a pu s'identifier avec le calice chrétien qui lui aurait emprunté même sa forme extérieure : le vase à anses très-développées qui semble l'expression la plus moderne. Le héraut qui le porte, pareil aux Éphèbes des vases grecs ou étrusques, est un des éléments essentiels de la scène représentée sur nos médailles, et nul doute que le vase ne se rattache par un côté mystérieux à l'idée de victoire qui y est partout burinée.

Ce héraut était d'ailleurs simplement pourvu d'ailes dans les médailles primitives, et c'est la dégénérescence de l'art qui, en supprimant les ailes, a placé dans ses mains des accessoires liturgiques, comme il est arrivé partout ailleurs dans l'antiquité, où les détails du culte ont fini, aux basses époques, par usurper tout le champ des médailles, au grand avantage de la science qui a gagné en notions intéressantes ce que perdait l'art en simplicité et en harmonie. On peut encore consulter les passages de *l'Art gaulois* relatifs aux monnaies des Turones et des Carnutes qui offrent l'*Athlon* de forme grecque ou romaine, mais surtout la curieuse médaille des Véliocasses ou des Calètes où l'on voit deux animaux affrontés et béants devant un vase ( page 36 du deuxième volume de *l'Art gaulois*).

Voici la figure de cette curieuse médaille :

Nul doute donc que le vase mis en tel honneur sur nos médailles ne jouisse de propriétés précieuses ; peut être donne-t-il la victoire comme celui de Bran [1], ou la sagesse comme celui chanté par Taliésin.

Dans tous les cas, il est fort curieux de voir un

---

[1] *Contes populaires des anciens Bretons*, par Th. de LA VILLE-MARQUÉ. Myvyrian, tome I, page 196. — « Bran ayant envahi « l'Irlande, chaque soldat que perdait l'ennemi, recouvrait « la vie par la vertu du vase merveilleux. Les Gallois ne « pouvaient les vaincre et ils allaient prendre la fuite, quand « un chef ennemi nommé *l'esprit mauvais* ayant été tué et sa « tête jetée dans le bassin, le vase, dont les méchants ne « pouvaient approcher pas plus que du Graal, se brisa de « lui-même. »

Sur nos médailles gauloises, le même héraut qui porte le vase magique, tient aussi parfois une tête coupée de chaque main. Enfin, comme nous l'avons dit, sur certains bronzes des Carnutes et des Turones, on voit le vase accoster l'aigle avec la foudre ( planche 5, nº 1er, premier volume), et le même vase placé devant un bœuf beuglant, en signe de défi, très-probablement (planche 54, nº 2, premier volume). Évidemment la présence du vase n'est pas fortuite et il y a là une intention symbolique se rattachant à l'idée de victoire.

vase, un bassin, jouer en Armorique un rôle important dans l'antiquité gauloise, et rien n'empêche de penser qu'il y a là comme l'indice, nous n'allons pas plus loin, de l'origine des traditions bardiques, et, par conséquent, le point de départ du mythe chrétien du saint Graal.

Ces idées que nous avons présentées pour la première fois dans le second volume de l'*Art gaulois*, nous semblent si simples et si plausibles que nous n'avons pu résister au désir de les reproduire ici, où elles servent naturellement de prologue à tout un cycle littéraire. Elles pourront, si elles sont agréées, corroborer et compléter celles que M. de La Ville-marqué a si ingénieusement développées dans son beau travail sur l'origine des épopées chevaleresques de la Table ronde.

Ajoutons que la pensée de mettre le vase en honneur n'est pas particulière à la nation gauloise. Les Grecs avaient l'*Athlon*, vase de victoire, et en cela encore les Gaulois, qu'on s'étonne de trouver, à chaque instant, en rapport d'idées avec les peuples plus civilisés, subissaient les traditions ayant cours dans le vieux monde païen.

Pourquoi les peuples chrétiens, arrivant, à leur tour, dans l'évolution séculaire de l'humanité, n'auraient-ils pas eu, eux aussi, leur vase mystérieux, source de grâce, de bonheur terrestre, de victoire sur l'ennemi ?

Ce vase a été le saint Graal, cette écuelle bénie, dans laquelle Jésus fit d'abord « son sacrement » dans la maison de Simon le lépreux et que plus tard un Juif recueillit et porta à Pilate.

Ce dernier ne voulant pas garder quelque chose qui avait appartenu à Jésus, le donna à Joseph d'Arimathie qui l'avait servi « à cinq chevaliers » depuis longnes années, et qui « pour ses soudées » lui demanda le corps de Jésus, dont il était « covers créans. »

Pilate le lui ayant accordé, Joseph se rendit « au despit, » détacha avec Nichodème ce corps aimé, « tiergit » ses plaies à son vase et y recueillit les gouttes de sang qui en découlaient. Puis il s'empressa de le porter chez lui, et il « l'estoia en plus net lieu qu'il pot trover. »

Cependant les Juifs irrités de la résurrection de Jésus, voulurent faire expier ce miracle à Joseph et l'enfermèrent dans un pilier creux, placé, « dans une grande maraichière, » que possédait Caïphe à quelques lieues de Jérusalem.

Là, le Sauveur, qui n'oublie jamais les siens, apparut à Joseph, lui apporta le saint Graal et lui « guerre-donna » amplement ses souffrances; une vive lumière jaillit aussitôt dans ce cachot obscur jusque-là, et cette lumière persista pendant les quarante-deux ans que Joseph resta enfermé dans cette prison.

La présence du saint Graal suffit pour faire oublier au prisonnier les angoisses de la faim et lui conserver une jeunesse de formes qui le rendit méconnaissable à ses proches.

A l'expiration de ces quarante-deux années, qui n'avaient été pour Joseph qu'un long jour et une longue nuit, Vespasien, empereur de Rome, ayant été guéri miraculeusement de la lèpre, par la simple vue de la Véronique, voulut tirer vengeance des

1*

outrages que les Juifs avaient fait subir à Jésus, et
se rendit en Judée avec « son oirre atournée. »

A la suite d'une enquête, il trouva Joseph et le fit
sortir de prison. Ce dernier n'eut garde d'oublier le
saint Graal; il l'emporta précieusement et commença
à prêcher « la divine créance par les étranges terres. »

La version de Robert de Borron n'indique que
très-sommairement son passage en Angleterre, cependant il en parle dans le manuscrit Cangé; mais
Gautier Map en fait l'épisode principal de son roman,
et c'est là qu'il faut aller chercher tous les développe-
ments qui manquent dans la version française.

Le saint Graal rend partout les plus éminents
services. Dieu accorde à Joseph d'entendre une voix
divine, toutes les fois qu'il aura besoin d'un avis et
qu'agenouillé devant le précieux vaisseau il implo-
rera, d'un cœur contrit, le secours de Dieu. Dans
maintes circonstances, le saint Graal rassasie les
compagnons de Joseph en mettant à leur disposition
« grant plenté » de mets. De plus, il jouit encore de
ces propriétés rares que tous ceux qui sauront
apprendre et retenir les secrètes paroles du sacrement du Graal, « ne pourront estre forjugié en cort,
ne vaincu de leur droit par bataille. »

Bref, le Graal est une source inépuisable de grâces
et de « bienfaits terriens. »

Telle est la donnée capitale du vase divin; esquissée
par Jésus dans la cène qui est la première table,
cette donnée est développée par Joseph au moyen de
l'institution d'une seconde table, carrée, dit le roman,
et autour de laquelle se réunissent les nouveaux
chrétiens; au milieu est placé le saint Graal. Enfin,

l'enchanteur Merlin, ce génie bienfaisant, complète, à la suite des temps, l'institution divine par l'érection d'une troisième table, la Table ronde, dont le nom devait retentir dans le monde entier, et dont la possession du saint Graal est encore le motif et le but.

Ces trois tables, comme le dit la voix mystérieuse à Joseph, réaliseront le symbole de la sainte Trinité.

Il ne faut donc pas s'étonner si le roman du *Saint Graal*, et en général tous ceux qui se rattachent, même par le plus petit côté, à cette donnée imposante, ont joui, pendant quatre ou cinq siècles, d'une faveur sans égale, et si aujourd'hui notre curiosité éveillée sur tous les faits considérables qui touchent à l'histoire des mœurs et de la littérature de nos aïeux, cherche avidement, dans la poussière des manuscrits, la solution des problèmes littéraires soulevés par l'examen de ces romans célèbres.

Rien n'est plus digne assurément d'exercer notre critique de plus en plus éclairée, que cette littérature essentiellement française qui a répandu nos idées et notre langue jusqu'aux confins du monde civilisé, à une époque où les relations de peuple à peuple, qu'on pourrait croire restreintes, étaient favorisées par les voyages d'outre-mer, les pèlerinages aux lieux saints et ce besoin de locomotion qui a toujours été le propre de la race gauloise.

Nous examinerons d'abord, dans un travail minutieux dont on devra nous pardonner l'aridité, quel était, au XIIᵉ et au XIIIᵉ siècle, le sentiment commun à l'égard des auteurs des romans de la Table ronde ; et, la coopération d'un chevalier français une fois admise, nous chercherons, en dehors de tout parti pris, à

quelle province de France appartenait cet ingénieux
romancier dont le nom : Robert de Borron, est si souvent répété dans le cours des romans de la Table
ronde ; enfin nous donnerons une sorte de généalogie
de cette famille de Borron dont nous avons eu le
bonheur de retrouver les membres divers échelonnés
pendant la seconde moitié du XIIᵉ siècle, le XIIIᵉ et le
commencement du XIVᵉ.

Nous nous efforcerons ensuite de distinguer la
version la plus ancienne parmi les cinq ou six que
nous connaissons aujourd'hui, et nous espérons
pouvoir prouver, d'une manière irrécusable, que ce
n'est pas la version rimée, celle que M. Francisque
Michel a publiée à Bordeaux, en 1841, avec tant de
soin et d'exactitude.

Nous démontrerons que le sens le plus complet et
le plus satisfaisant se trouve dans le manuscrit Cangé,
qui donne des renseignements si précis sur la personnalité de Robert de Borron.

Enfin nous éditerons, avec ce dernier manuscrit,
celui non moins précieux, quoique plus récent, possédé par M. Ambroise Firmin-Didot, d'accord presque
partout avec le poëme qui se trouve ainsi forcément
placé à la fin du XIIIᵉ siècle.

Ce dernier manuscrit a le mérite inestimable de
nous donner la *quête du saint Graal* telle que l'a conçue
la branche française. Nous publierons ce fragment
qui est comme l'esquisse du célèbre roman rimé de
*Perceval le Gallois*, dû à la plume élégante de Chrestien de Troyes, qui n'a rien de commun avec la *quête
du saint Graal* de Gautier Map.

Il nous paraît inutile de rééditer le roman rimé du

*Saint Graal*, si parfaitement reproduit par M. Francisque Michel; seulement nous donnerons les variantes ou les repentirs du transcripteur lui-même, c'est-à-dire d'un auteur, sans doute original, opérant dans la seconde moitié et probablement vers la fin du XIIIᵉ siècle.

Les deuxième et troisième volumes renfermeront le *Grand Saint Graal*, dû sans doute à la collaboration de Robert de Borron et de Gautier Map. Nous n'arriverons peut-être pas à prouver d'une manière irréfragable cette collaboration, accusée cependant par les romans eux-mêmes; mais elle deviendra très-probable par suite des rapprochements que nous ne pourrons nous empêcher de faire entre une série de faits très-caractéristiques, tels que l'origine des familles des Barres et de Borron, le fameux passage relatif à Sévin, comte de Meaux, l'alliance contractée entre Guillaume II des Barres et Amicie, comtesse de Leycester, le séjour des Borron à la cour de Philippe-Auguste, l'illustration qui entoura le nom de Borron après le don si considérable fait par Robert à l'abbaye de Barbeaux, enfin le témoignage formel d'Hélie de Borron, dont nous vérifierons la véracité.

On sait que Gautier Map jouit de la plus grande faveur à la cour des rois Henri II et Richard. C'est là que Robert de Borron dut recourir à sa collaboration, soit pour obtenir le canevas du *Petit Saint Graal* et du *Merlin,* soit pour préparer en commun la nouvelle version du *Grand Saint Graal* qui diffère si complétement du premier essai du chevalier français.

Autant celui-ci est simple et modeste, autant la nouvelle production, résultant d'un travail plus affiné,

est bizarre, emportée, fantastique : ce ne sont que
surprises, événements inattendus, presque toujours
impossibles, mais qui, à raison de leur étrangeté
même, ravissent le lecteur aux choses de la terre et
l'emportent, comme malgré lui, dans le monde des
merveilles. Ce roman a des analogies nombreuses
avec les littératures orientales, et l'on y retrouve plus
d'une scène des *Mille et une Nuits*.

Nous nous servirons pour l'éditer, cette fois, d'une
version du XIII<sup>e</sup> siècle, tandis que les éditions de
Galliot du Pré et de Michel Lenoir (1516) et de Philippe
Lenoir (1523) ont été données d'après des manuscrits
de la fin du XV<sup>e</sup> siècle, ainsi que nous le prouverons
plus loin, à l'égard de la version suivie par Philippe
Lenoir.

Le manuscrit que nous publions est possédé depuis
trente ou quarante ans seulement par la Bibliothèque
de la ville du Mans ; c'est pour cela sans doute que
Haenel n'en a pas parlé (1823) ( *Dictionnaire des manuscrits. Nouvelle Encyclopédie théologique* par l'abbé
Migne). Ce n'est pas par un sentiment étroit de
patriotisme que nous avons choisi ce manuscrit
entre tant d'autres, mais parce qu'il est certainement
un des plus anciens qui existent et qu'il offre, pour
la Passion et la Légende de Vespasien, une version
identique à celle de Robert de Borron, circonstance
qui ne se reproduit que dans un autre manuscrit,
le N° 770 nouveau, 7185 [33] ancien de la Bibliothèque
nationale.

Toutefois nous adjoindrons à notre manuscrit du
Mans les variantes du petit manuscrit de jongleur
( N° 2455 nouveau, 8188 ancien du même dépôt), le

plus clair et le plus complet de tous les manuscrits du *Saint Graal,* mais non le plus exact et le plus rapproché de la version originale. Celui du Mans, plus obscur, à raison de la suppression d'un grand nombre d'articles et de prépositions, de la substitution de la conjonction « que » au mot « car, » et d'autres archaïsmes de langage, est bien plus logique et plus voisin du sens primitif.

D'après les vignettes, on peut affirmer que ce manuscrit est de 1250 à 1260, les chevaliers ont des ailettes aux épaules, ce qui ne permet pas de faire remonter l'exécution des miniatures au delà de la première de ces dates ; d'un autre côté, on ne voit encore aucune apparence de *plates* sur la cotte de mailles, ce qui indique le milieu et non la fin du XIIIᵉ siècle ; enfin l'écriture et la langue sont d'accord pour fixer à cette époque l'exécution de notre manuscrit.

Or on n'en connaît pas de plus ancien ; c'est un fait assez remarquable, car il n'est pas douteux que la rédaction du *Saint Graal* ne fût fixée dès les premières années du XIIIᵉ siècle, époque de la mort de Gautier Map.

Ce manuscrit, donné à la Bibliothèque de la ville du Mans par la famille Lambert, qui y a résidé, il y a trente ou trente-cinq ans, contenait originairement dix-sept cahiers de six feuilles, petit in-folio ; aujourd'hui le neuvième cahier a perdu la sixième feuille tout entière qui contenait huit colonnes (Histoire du « rainseau de l'arbre de vie ») ; le quinzième est veuf de ses cinquième et sixième feuilles (Histoire de Moïse), soit quatre feuillets ou seize colonnes ; enfin on ne

trouve plus le sixième feuillet du dix-septième et
dernier cahier (Histoire d'Alain).

Ces cahiers sont ainsi numérotés :

1er cahier — Numérotage invisible.

2e cahier — a. b. c. d. e. f.

3e cahier — —ˈ =ˈ ≡ˈ ≣ˈ ≣ˈ ≣ˈ

4e cahier — ao. bo. co. do. eo. fo.

5e cahier — a. b. c. d. e. f.

6e cahier — a/. b/. c/. d/. e/. f/.

7e cahier — I. II. III. IIII. V. VI.

8e cahier — a. b. c. d. e. f.

9e cahier — oa. ob. oc. od. oe.

10e cahier — ȧ. ḃ. ċ. ḋ. ė. ḟ.

11e cahier — |a. |b. |c. |d. |e. |f.

12e cahier — +ˈ ++ +++ ++++ +++++ ++++++

13e cahier — (a). (b). (c). (d). (e). (f).

14e cahier — a. b. c. d. e. f.
         + + + + + +

15e cahier — a. b. c. d.

16e cahier — -a -b -c -d -e -f

17e et dernier cahier — a b c d e

Nous avons suppléé les passages manquants par des extraits faits avec soin dans le manuscrit 770 nouveau, 7185 33 ancien, et comme cette version est identique en tous points à celle du Mans, nous avons pu raccorder les textes de manière à ne pas laisser échapper même un mot aux soudures.

Le manuscrit du Mans a été écrit tout entier par un scribe qui nous a laissé lui-même son nom : Walterus de Kayo, dans cette phrase concise placée immédiatement après l'*explicit* : *Walterus de Kayo scripsit istum librum.* (Peut-être Gautier de Caix, Somme.)

Son écriture est généralement très-lisible, nous en donnons un spécimen dans la première page du volume reproduite par nous avec un soin minutieux. De plus, voici un *fac-simile* d'une partie d'une ligne de la fin d'une page « à la presse desrompre et » :

on y verra les ornements dont notre scribe surchargeait les lettres de la ligne finale.

Les générations successives qui ont possédé ce manuscrit ont apposé quelques souvenirs à la fin du volume ; on y lit en caractères du xvᵉ siècle : *pour la librairie d'Esgreville ;* mais cette ligne a été rayée ; plus bas on voit en grands caractères du temps de François Iᵉʳ : *Esgreville non plus... Esgreville non plus* [1].

En tête du volume, on voit une grande miniature armoriée du temps de François Iᵉʳ, offrant trois écussons et au-dessous une banderole très-contournée sur laquelle on lit : au milieu, *Jhan* (pour Jehan) *du Roux*, à gauche, *Mᵉ de Géresme*, et à droite, *Cᵉ de Brichanteau.*

Jehan du Roux, écuyer, seigneur de Sigy et de Tachy (fiefs situés au delà de Donnemarie dans le département de Seine-et-Marne), épousa Catherine de Brichanteau, le 16 mai 1490 ; on le trouve exécuteur testamentaire de son beau-père et investi de la garde-noble de ses enfants, en 1525 ; le blason des Géresme semblerait indiquer une nouvelle alliance.

La vignette offre, dans l'écusson du milieu les armes des du Roux (d'azur à trois mufles de lion au naturel) ; dans l'écusson de droite, celles des Brichan-

---

[1] Egreville est une localité du Gâtinais, peu éloignée de Bouron, qui paraît être fort ancienne. Dom Morin dit que le château et l'église furent fondés, en 1282, par Jehan d'Aigreville. A la fin du xvᵉ siècle, époque de la mention : « pour la « librairie d'Esgreville », le seigneur du lieu qui se qualifiait aussi de seigneur des Barres, était Pierre d'Egreville qui mourut le 18 avril 1507. Il était époux de dame Pasquette de Coligny, qui mourut le 6 juin 1527. On voyait dans l'église d'Egreville les tombes de ces personnages.

teau (d'azur à six besants d'argent 3, 2 et 1); enfin à gauche, celles des Géresme (d'or à la croix ancrée de sable).

Jehan du Roux a probablement possédé notre manuscrit après les sires d'Egreville, seigneurs des Barres, qui en étaient sans doute les premiers possesseurs.

Le dialecte de notre manuscrit est picard, ce qui ajoute parfois à l'obscurité; cependant la langue, lorsqu'on s'y est habitué, est presque toujours claire et concise; quelquefois cependant, la concision est poussée trop loin et devient un véritable fléau : ainsi, par exemple, lorsque deux mots caractéristiques sont répétés dans la même phrase, le scribe élimine de propos délibéré, plutôt que par mégarde, les mots placés entre ceux-là. Ce fait s'est reproduit huit ou dix fois dans l'étendue du manuscrit. On pourrait dès lors douter du sentiment littéraire de notre copiste; mais ce défaut, s'il existe, est précisément ce qui fait la force et l'intérêt de cette version. On sent presque partout qu'on est en présence d'un texte ancien non remanié, soit que le copiste ne l'ait pas pu faire, ses études littéraires n'étant pas suffisantes, soit qu'il ait préféré copier servilement un modèle plus ancien et dont il appréciait la pureté.

Le manuscrit 2455, au contraire, a tout modifié : l'idée souvent, et sans grand profit pour la logique ou l'intérêt du récit, et partout la phrase dans sa construction et son orthographe. Mais son texte est coulant et se lit aujourd'hui encore avec une grande facilité.

Ce manuscrit est un véritable manuscrit de jongleur; on le mettrait dans la poche; c'est pourtant le plus complet de tous ceux que nous possédons ; il paraît appartenir au dialecte lorrain. Sa longueur est de 145 millimètres et sa largeur de 110 millimètres.

On lit au verso du folio premier :

... est livre du saint G.ᵉal
... eq̅l est au Monchet de
... esançon.

C'est-à-dire :   C'est livre du saint Gréal,
                lequel est au Monchet de
                Besançon..

M. Castan pense qu'il s'agit ici d'un membre de la famille Mouchet de Besançon, dont on trouve des traces dès le commencement du xivᵉ siècle ; j'avais cru qu'on devait interpréter le mot « monchet » par Moustier (*monasterium*). M. Léopold Delisle qui a revu le manuscrit, à ma prière, a lu, comme moi, Monchet et non Mouchet.

Deux vers qui se trouvent au bas de la même page, font penser que le possesseur du manuscrit était un ascète par devoir ou par penchant naturel ; voici ces vers :

Nos non terra sumus, si terra non est fumus ;
Sed nichi est fumus, nos nichi ergo sumus.

C'est encore M. Léopold Delisle qui, avec sa sagacité et son obligeance ordinaires, est parvenu à restituer ce texte très-effacé et a bien voulu nous en faire profiter.

Au dos du volume il y a une étiquette de papier à moitié usée et effacée sur laquelle on lit :

Histoire de
Jose........ roman.

Sans doute, Histoire de Joseph d'Arimathie en roman.

Ainsi cette curieuse production littéraire que nous appelons aujourd'hui : *Saint Graal*, portait, aux xiiie et xive siècles, le nom de Joseph d'Arimathie. Du reste, nous l'avions déjà constaté ailleurs.

Ainsi le manuscrit de la Bibliothèque nationale N° 105 nouveau, 6777 ancien, de la fin du xiiie siècle ou du commencement du xive, débute ainsi :

« Ci commence Joseph d'Arimacie et est le fondement de toute la Table ronde et puis vient toute la vie Merlin, après.... »

Le manuscrit 9246, grand in-folio de la Bibliothèque royale de Bruxelles, de 1480, commence aussi de la même manière :

« Cy commence Joseph d'Arismathie quy est le commencement de toute la Table ronde et puis vient toute la vie Merlin, après, etc... »

Le manuscrit 2455 n'est pas complet. Le feuillet d'entre le N° 337 et le N° 338 a été coupé, et ce dernier est aussi le dernier du volume.

Il renferme une version d'*Hypocras*, très-différente de toutes les autres, et l'histoire de *Grimaud* qui ne se trouve que dans le manuscrit de la Bibliothèque nationale N° 98 nouveau, 6772 ancien, du xive siècle. Nous donnerons ces deux épisodes dans la version du N° 2455. Nous avons désigné ce volume, soit par son numéro, soit de cette manière : Ms. F.

Nous nous sommes aussi servi dans nos variantes du manuscrit anglais : Reg. 14. E. III, du British Museum. C'est celui qui a été publié par M. Furniwall dans son édition in-4° du *Saint Graal* anglais de Loneligh, exécutée aux frais du Roxburghe Club, et tout récemment dans son édition in-8°.

Nous désignerons ce manuscrit par les mots : Manuscrit anglais ou Ms. A.

Ce manuscrit contient le *Saint Graal,* mais sans *Hypocras* ni *Grimaud,* la *Quête* et la *Mort d'Artus.* Le saint Graal occupe quatre-vingt-six feuillets à trois colonnes de cinquante et une ligne: chacune et comprend soixante-trois miniatures. On voit dans les marges deux blasons, l'un de gueules au chevron de sinople accompagné de trois étoiles d'or, le second de sable à la bande burelée d'argent, chargée de trois alérions d'or, le fond de la bande est peu visible, un besant à droite de la bande. Ces blasons n'ont pas encore été attribués.

Il existait au XIIIe siècle, dans l'Ile-de-France, une famille d'Andeville qui portait de ... à un chevron accompagné de trois étoiles; mais on n'a pas les émaux des diverses pièces de ce blason, qui n'est connu que par un sceau.

Jacques de Savary, seigneur de Warcoing en Artois, vers 1530, portait aussi des armes semblables.

Le second blason n'est sans doute pas français.

Au commencement du volume on trouve les autographes suivants : « Elisabeth the kyngys dowther » (Élisabeth la fille du roi), fille d'Édouard IV, épouse du roi Henri VII.

« Cecyl, the kyngys dowther », épouse de John vicomte de Welles, et « Jane Grey. »

On lit encore « cest livre est à moi Richard (rex Angliæ). » Sans doute Richard III. « E Wydevill », femme du roi Édouard IV; c'est la belle Élisabeth de Wydevill, veuve de sir John Gray.

Ce volume est écrit avec soin, la phrase y est claire

et très-logique ; elle se rapproche, au dialecte près, qui est moins accentué, de celle du manuscrit du Mans, et diffère par conséquent de celle du manuscrit 2455. Le scribe n'omet ni les articles ni les prépositions, ni aucun de ces accessoires du langage qui ajoutent à la clarté.

Nous ferons encore des emprunts à d'autres manuscrits dont nous devons énoncer ici les numéros et les caractères généraux.

### Bibliothèque nationale de France.

| Nos nouveaux. | Nos anciens. | Caractères généraux. |
|---|---|---|
| 95 | 6769 | Manuscrit admirable du xiiie siècle, miniatures splendides. |
| 96 | 6770 | Époque de Charles VII ou Louis XI. |
| 98 | 6772 | xive siècle. |
| 105 | 6777 | Fin du xiiie siècle. |
| 110 | 6782 | Fin du xiiie siècle, incomplet. |
| 113 | 6784 | xve siècle. |
| 117 | 6788 | xive ou xve siècle. |
| 344 | 6965 | Milieu du xiiie, identique pour les miniatures à celui du Mans. |
| 747 | 7170 | xiiie siècle, mauvais état. |
| 749 | 7171 | xiiie siècle, même écriture que celle du manuscrit du Mans. |
| 769 | 7185³ | xiiie siècle, miniatures coupées. |
| 770 | 7185³³ | Milieu du xiiie siècle, mêmes version et miniatures que celles du Mans. |
| 19162 | 1245 | Fonds Saint-Germain, xiiie siècle. |

## Bibliothèque de l'Arsenal.

Numéros.                       Caractères généraux.

221   Fin du XIII<sup>e</sup> siècle, commencement du XIV<sup>e</sup>.
223   XV<sup>e</sup> siècle, sur papier ; prototype de l'édition de Philippe Lenoir (1523).
224   XV<sup>e</sup> siècle, sur papier.
229   XIII<sup>e</sup> siècle.
230   XV<sup>e</sup> siècle.

## British Museum.

Add. 1 E. 10292, 10294. Texte pareil à celui de l'édition de 1514-1516 (d'après M. Maunde Thompson, du British Museum).

Reg., Ms. 19, C. XII, pas de miniatures, cinq ou six feuilles manquent *in fine*.

## Oxford's Bodleian.

Ms. Douce 178. Commencement du XIV<sup>e</sup> siècle.
Ms. Douce 303. Fin du XIII<sup>e</sup> siècle.

## Bibliothèque royale de Bruxelles.

N° 9246. De l'année 1480.

Quant au *Petit Saint Graal*, nous possédons maintenant six manuscrits plus ou moins complets, que nous avons mis à contribution pour notre examen préalable du texte rimé.

Le plus ancien est incontestablement celui du manuscrit du Mans, dans la partie que ce manuscrit a empruntée à la version de Robert de Borron. Il est fâcheux que cette version cesse à l'enquête faite par Vespasien sur la disparition de Joseph. Mais dans tout ce qui précède les mots : « Lors en refist une grant partie ardoir, » ce texte est infiniment précieux comme venant à l'appui des manuscrits suivants.

Le second, par ordre chronologique, est le manuscrit Cangé 4 de la Biblothèque nationale, portant aujourd'hui les Nᵒˢ 748 nouveau, 7170³ ancien.

C'est un petit in-folio très-lisible et très-bien conservé, il est complet et porte le titre moderne : *Merlin*. On lit en tête, de la main de Cangé, croyons-nous : « Ce manuscrit, qui paraît être du XIIᵉ siècle, « ne contient au plus que le quart de ce roman ; il « y a au commencement un extrait fort abrégé du « roman du *Saint Graal* qui finit page 18. » Plus loin : « Codex à Delange, 89. »

Disons tout de suite que ce manuscrit n'est pas du XIIᵉ siècle, mais du milieu du XIIIᵉ.

Cette version est précieuse à cause de son antiquité et de la précision minutieuse du scribe qui, voulant tout expliquer, nous a livré plus de documents littéraires que les autres. C'est lui qui donne quelques renseignements sur les rapports de dépendance de Robert de Borron vis-à-vis de Gautier de Montbéliard, connétable de Jérusalem.

Le troisième manuscrit mis à notre disposition est le manuscrit Didot, précieux entre tous parce qu'il porte la date de sa confection 1301, et qu'il est ainsi

un jalon précieux qui nous permet d'apprécier enfin
à sa valeur le roman rimé, considéré jusqu'ici
comme l'œuvre même de Robert de Borron.

Le manuscrit Didot offre de plus cet intérêt supérieur qu'il est un tout complet dont le *Saint Graal* est
le prologue, le *Merlin*, le corps d'ouvrage, et le *Perceval* qui le termine, l'épilogue.

Nous donnerons le *Saint Graal* et le *Perceval*. Cette
dernière partie du roman diffère complétement du
*Perceval* en prose que l'évêque de Cambray fit écrire
pour Jehan de Nesle, qu'on croit être le seigneur du
même nom qui prit la croix avec Baudouin de Cons-
tantinople, le 23 février 1200; on sait que ce dernier
roman a été publié, en 1867, par M. Ch. Potvin, au
nom de la Société des Bibliophiles belges de Mons.

Notre *Perceval* est fait en vue même de former la
suite et le complément du *Saint Graal* ; ainsi Merlin
se réfère, au commencement, aux passages relatifs à
Moïse, dont il rappelle la fin tragique et présente dès
lors la Table ronde comme étant la troisième table
annoncée par la voix de l'ange à Joseph.

On peut donc admettre, en toute confiance, le *Perceval* que nous allons faire connaître, comme le
complément nécessaire et prévu du roman du *Saint
Graal*.

La version du manuscrit Didot est moderne, si on
la compare aux manuscrits du Mans et Cangé, et nous
la verrons presque toujours d'accord avec la version
rimée, pour le sens comme pour la phrase.

Le volume est relié en parchemin vert et sur le plat
sont gaufrées les armes du chancelier d'Aguesseau
(1717-1751). Sur l'une des gardes on lit : *Ce manuscrit*

*est précieux* et *très-curieux, vû son antiquité : il est daté de l'an* 1301. Puis, quatre lignes effacées et une signature. *Nantes, le* 1<sup>er</sup> *juillet* 1806.

Au-dessous sont des armes assez mal dessinées portant : écartelé au premier et au quatrième d'argent à la fasce de sable accompagnée d'une étoile et d'un croissant de gueules? et aux deuxième et troisième contre-écartelé au premier et au quatrième de gueules, aux deuxième et troisième de sable à la croix d'argent.

4° Nous avons pu encore consulter une copie du manuscrit de M. Huth, négociant à Londres, et y puiser des termes de comparaison précieux. Ce manuscrit est un peu plus ancien, croyons-nous, que le manuscrit Didot et ne contient pas le *Perceval*. Il est très-concis et abrége tant qu'il peut. Nous en donnerons les variantes principales. Robert de Borron n'y est pas plus nommé que dans le manuscrit Didot.

5° Le manuscrit de l'Arsenal N° 225 est précieux par certains côtés que nous ferons valoir ; c'est un des manuscrits qui nous ont légué les noms de Robert de Borron et de Gautier de Montbéliart.

6° Enfin le manuscrit de la Bibliothèque nationale N° 1469 nouveau, 7547³ ancien, anc. cod. Lancelotti 169, est un in-4° en papier de cent vingt-deux feuillets, du xv° siècle ; nous nous en sommes peu servi. Robert de Borron n'y est pas nommé.

Ce manuscrit finit au couronnement d'Artus et se termine par ces mots :

> Ici finist la prophétie Merlin
> Rédigé de picard en françoys,
> Qui est tel que au mieux que l'entendoys.
> A l'escripvain doinst Jhesu Crist bonne fin.

Quant au roman rimé, il est assez connu par l'édition très-soignée qu'en a donnée M. Fr. Michel pour nous dispenser d'en parler ici ; d'ailleurs nous reviendrons sur les caractères principaux du manuscrit qui contient cette version, unique jusqu'ici et malheureusement mutilée, dans le travail qui suit immédiatement cette préface.

# DE L'ORIGINE DU ROMAN

# LE SAINT GRAAL

———

BIEN des recherches infructueuses ont été faites jusqu'ici, pour arriver à connaître l'auteur ou les auteurs de ces célèbres romans de la *Table ronde* qui ont exercé une si grande influence sur le goût littéraire en Europe pendant les XII<sup>e</sup>, XIII<sup>e</sup> et XIV<sup>e</sup> siècles.

On a ignoré jusqu'à ce jour, le nom de la province qui a vu naître Robert de Borron, que les gloses des auteurs ou des transcripteurs des romans de *Tristan*, de *Lancelot*, du *Saint Graal* et de *Guiron le Courtois* déclarent unanimement être l'auteur d'une partie notable de ces romans.

Notre cher maître, M. Paulin Paris, celui de tous qui a jeté le plus de lumières sur la question d'origine du roman du *Saint Graal*, a pensé que Robert de Borron était un chevalier lorrain originaire du village de Boron, situé près de Delle (ex Haut-Rhin).

1***

Ce point de vue avait quelque chose de séduisant, parce que Montbéliard est situé tout près de Boron, et que le manuscrit de *Merlin*, de Cangé, dont nous parlerons bientôt, dit positivement que Robert de Borron était au service de Gautier de Montbéliard lorsqu'il rédigea ce roman. Il était donc assez naturel de penser que Robert était issu de cette petite localité de Boron et qu'il s'était ainsi trouvé à portée d'entrer dans l'illustre maison de Montbéliard dont un des membres, du nom de Gautier, avait sans doute un goût naturel pour les récits d'aventures. Gautier, qui n'était que frère puîné de Richard, ne devint pas comte de Montbéliard, mais recueillit la terre de Montfaucon dans la succession de son père Amédée, décédé en 1183.

Richard détint le comté de Montbéliard jusqu'en l'année 1237, époque où il mourut dans un âge avancé.

Gautier se croisa en 1199-1201, et passa en Chypre en 1205 ; il devint connétable du roi de Jérusalem, ainsi que le prouve une lettre d'Innocent III [1], et régent de l'île de Chypre pendant la minorité du jeune Hugues, enfin il mourut vers 1212, sans avoir revu la France.

Robert de Borron dut exercer près de Gautier de Montbéliard les fonctions littéraires de secrétaire ou de trouvère, utilisant ainsi les dernières années d'une existence qui n'avait pas été sans grandeur, comme nous le verrons plus loin.

---

[1] Epist. 104 et 134, lib. xiv, dans lesquelles le saint Père appelle Gautier *Dilectus filius nobilis vir Galtherius Montisbeliardi regni Jerosolimitani connestablus.*

Mais cette phase littéraire de sa vie fut limitée sans doute aux années de jeunesse de Gautier, c'est-à-dire à une partie de la période comprise entre 1170 et 1199. C'est précisément l'époque que l'on est conduit à assigner à la composition des romans du *Saint Graal* et de *Merlin*, les derniers en date. M. Paulin Paris a exposé avec beaucoup de tact que les romans en prose durent précéder les romans en vers de *Perceval* et de la *Charette* qu'ils ont inspirés et qui font mention des premiers [1].

[1] Chrestien de Troyes n'a pas seulement suivi la version française du *Saint Graal* telle que nous la donnent nos manuscrits en prose et la version en vers, il a connu le *Grand Saint Graal* de Gautier Map et en a fait des extraits qu'il a mis en vers; témoin le passage suivant après la lecture duquel l'antériorité du roman de Gautier Map au *Perceval* de Chrestien, ne saurait être douteuse.

> Amis, dit-il, jel vous dirai,
> Puis k'en covenant le vous ai;
> Saciés Josep l'aporta chi (le saint Graal)
> Quant de la prison s'en parti
> Dont Vaspasiens le giéta
> Quant en Judée s'en ala
> Por vengier Jhésu de l'anui
> Que li eurent fait li Guï »
> Lors li conte, ne li menti,
> Coment fors de la vile issi;
> Il et Vaspasiens errèrent,
> Dedens Jhérusalem alèrent,
> Et coment il fist assembler
> Tous ses parens et amasser
> Et coment il lor sermouna
> Et la créance lor moustra,

Ces romans du *Saint Graal* et de *Merlin* étaient fort rares à la fin du XII<sup>e</sup> siècle ou au commencement du XIII<sup>e</sup> siècle ; les plus anciens manuscrits que nous possédions sont du milieu de ce dernier siècle.

Hélinand avait dit, en 1205 : « Hanc historiam latine scriptam invenire non potui ; sed tantum gallice scripta habetur a quibusdam proceribus. »

Chrestien de Troyes, lorsqu'il commença son *Perceval*, reçut du comte de Flandre le manuscrit de la *quête du Saint Graal :*

> Cou est li contes dou Graal
> Dont li quens li bailla le livre.

Cette vogue, parmi les barons français, de la litté-

> Et coment il se batisièrent
> .XL. ciunc qui s'en alèrent
> En sa compagne, poure et nu,
> Par le plaisir au roi Jhèsu ;
> Coment fors de la vile ala
> Et le saint Graal aporta ;
> Et cil ki se crestienèrent
> Avoec lui, trestot s'en alèrent
> Et tant tinrent-il le chemin
> Que il trovèrent en la fin,
> Une chité moult bien fondée,
> Qui Sarrace estoit apiélée.
> Lors li conte, sans rien desdire,
> Coment entrèrent en la vile
> Coment au temple del solel
> Trovèrent le roi qui consel.....
> Et del roi que il li conta
> Et coment il l'en fist aler
> Et en la batalle porter

rature du cycle du *Graal*, tout empreinte cependant des traditions anglaises, explique suffisamment la passion du jeune Gautier de Montbéliard pour le *Saint Graal* et le *Merlin*, surtout si l'on considère que pour lui cette littérature exotique devenait en quelque sorte nationale par suite du culte rendu dans les Vosges aux reliques de Joseph d'Arimathie.

Ce double courant justifie et motive suffisamment les instances qu'il dut faire pour attirer à Montbéliard Robert de Borron, dépositaire, dès ce moment, des pensées et collaborateur des écrits de Gautier Map, dont la réputation était, dès la fin du XIIe siècle, européenne.

> L'escu à la vermelle crois ;
> Et puis li a conté li rois
> Tout çou qu'en la batalle avint,
> Et coument Evelac revint
> Quant il ot tout le monde vaincu
> Par la crois qu'il vit en l'escu ;
> Et coument il se baptisa
> Et de son nom c'on li canga
> Li contoit li rois bonnement :
> « Il ot à nom premièrement
> Evelac et puis ot à nom
> Li rois Nodrans en son droit nom. »
> Li rois .I. sien serourge avoit
> Qui de moult grant proaice estoit ;
> Salafrès estoit apiélés.
> Quant fu baptisiés et levés
> Si le clamèrent Natiien.

Etc., etc., etc., vers 35031 du *Perceval le Gallois*, pub. par M. Potvin.

Car nous pouvons le dire en ce moment, Robert de Borron n'était pas issu du comté de Montbéliard; sa patrie était bien loin de là, au cœur de la France, et dans cette partie du royaume où les barons français-anglais avaient accès, dans le Gâtinais.

L'hypothèse de M. Paulin Paris, toute séduisante qu'elle fût, présentait cette difficulté que d'abord la localité du Haut-Rhin se nomme Boron et jamais Borron, ni Bourron, ni Burron et encore moins Berron, quatre formes sous lesquelles Robert est désigné dans les diverses copies des romans de *Tristan*, *Lancelot*, du *Saint Graal*, de *Merlin* et des autres romans de la *Table ronde*.

Quant à cette autre localité du nom de Buron, située sur le territoire de Villars-le-Terroir, au district d'Eschallens (canton de Vaud), il n'y faut pas penser; son nom est Buron ou Buiron et ce n'était qu'un domaine rural.

De plus il est constant, d'après des recherches faites par notre savant et obligeant confrère, M. Castan, à qui nous adressons nos sincères remercîments, que jamais il n'a existé de chevaliers du nom de Boron, de Buron ou de Buiron en Alsace ou en Lorraine, et que ces localités n'ont jamais été possédées en fief par des familles de ce nom.

Il y aurait donc là, dès l'abord, une difficulté grave.

En second lieu, il existe, soit dans les manuscrits de *Tristan*, de *Lancelot*, et du *Saint Graal*, soit dans ceux de *Guiron le Courtois*, des indices de provenance ou d'origine qui ne recevaient aucune satisfaction de l'hypothèse du Boron d'Alsace : par exemple, comment expliquer cette assertion d'Hélie de Borron qui acheva le *Tristan*, après Luces de Gast. « Et je, qui sui appelez Helyes de Berron qui fui engendrez dou sanc des gentix paladins des Barres qui, de tous tens ont été commendeour et soingnor d'Outres en Roménie qui ores est appelée France. »

Voici donc les Borron alliés dès 1150 ou 1160 aux célèbres sires des Barres, dont ils formaient peut-être une branche collatérale éloignée ou même bâtarde.

Mais pour cela, il fallait que les deux fiefs ne fussent pas éloignés l'un de l'autre. Comment admettre que les des Barres, dont le fief principal était à Oissery et le berceau à Chaumont, près de Sens, aient été les ancêtres des Boron près du Sundgaw allemand, en supposant, ce qui n'est pas, qu'il ait existé des chevaliers alsaciens ou lorrains du nom de Boron ?

Ajoutons que ce que dit Hélie de Borron est applicable à Robert, car quelques lignes plus haut on trouve « et ciz (les livres) de Monsoingnour Robert de Berron qui est mes amis et mes paranz charnex [1]. »

---

[1] Nous donnons ci-après ce remarquable épilogue du manuscrit de *Tristan*, n° 104 nouveau et 6776 [2] ancien de la Bibliothèque nationale, qui n'a jamais été reproduit complétement et sans faute : on le trouve au folio 344 de ce manuscrit.

« Assez me sui travailliez de cestui livre mettre à fin et assez j'ai entendu et longue euvre ai achivée la Deu merci qui lou sens et lou povoir m'en prestai. Biaus dis et plaisans et délitaubles i mis partout à mon povoir, por les gentix hommes soulacier et desduire ; et por les biaus dis qui i sont, li rois qui est ores sires de cestui païs, en fu moult liés quant li

Ainsi il faut nécessairement chercher ailleurs que dans l'extrême est de la France le berceau des Borron et le chercher dans les environs d'Oissery et de Chaumont. Or le Borron dont nous allons parler est situé entre ces deux points.

Il est un autre indice qui vient singulièrement fortifier le dire d'Hélie de Borron, c'est ce passage si remarquable du *Grand Saint Graal* dans

livres fu fais; il ai bien vehu et lehu l'ordenement dou livre de chief an chief et porce que il li est bien avis que il ai plus trové de latin ou livre, que tuit li translateour de cestui livre n'ont retrait an langue françoise, pour ce, m'a-t-il requis par soi et par autres et par sa bouche, et meisment porce qu'il ai trouvé que asses choses faillent en cestui livre qui bien i seroient convenaubles à metre, ne metre ne s'i porroient mie desormais, que je autrefois me travaillasse de faire un autre livre, où toute la moitié fut contenue qui en cestui livre faut. Et je, qui sa prière et son commendement n'oseroie mie trespasser, li promet bien, an la fin de cestui mien livre, comme à mon soingnour droiturier, que tout meintenant que la grant froidure de cestui yver serai trespassée et nous serons en la douce saison que l'on apele le tens de ver, je qui adonc me sarai repousez après le grand travail que j'ai ehu de cestui livre, antour cui ai demoré, au mien esciant, cinc ans tous entiers et plus, si comme je croi, si que j'en ai laissié toutes les hautes chevaleries dou monde et tous les autres grans desduis, me retournerai adonc sor le grant livre dou latin et selonc les autres qui estrait sont en la gentil langue françoise, et si porverrai adonc de chief en chief et de ce que je verrai que il faudrai, je lou voudrai amender. Et selonc ce que je trouverai ou grant livre dou latin, ferai-je un autre grant livre tout entier ou quel je crois bien accomplir, par la grâce dou Saint-Esperit, sanz liquele grâce nule chose n'est estauble,

lequel Josèphe rappelle à Evalac qu'il est fils d'un savetier de Meaux.

Certes il faut voir là une fantaisie d'auteur en quête d'une signature originale ou un souvenir indirect donné à la mère patrie dans une œuvre d'origine étrangère.

Robert de Borron, chevalier du Gâtinais français, allié aux des Barres d'Oissery, près de Meaux, a cru peut-être imprimer, par ce moyen, à son œuvre un cachet indélébile de provenance, en faisant naître son héros Evalac à Meaux, près du fief principal de sa famille. On peut aussi supposer que Gauthier Map,

toutes les choses que messires Luces de Gant qui premièrement fut commencierres et ordenneres de translater de latin en françois les grans livres de la tauble roonde; et meismement je croi bien touchier sor les livres que maistres Gautiers Maup fist, qui fit lou propre livre de monsoingnour Lancelot dou Lac; et des autres granz livres que messires Robert de Berron fit, voudrai-je prendre aucune flor de la matière, et dou grand livre dou latin, voudrai-je prendre lou soutill entendement et de toutes ces flors ferai-je une corone à mon grant livre. En tel menière que li livres de mon soingnor Luces de Gant et de maistre Gautier Maapp et ciz de mon soingnour Robert de Berron qui est mes amis et mes paranz charnex s'acourderont au miens livres et li miens s'acorderont an meintes choses as lour. Et je qui sui appelez Helyes de Berron, qui fui engendrez dou sanc des gentix paladins des Barres qui de tous tens ont été commendeour et soingnor d'Outres en Roménie qui ores est appelée France, tout ce que je n'ai mené à fin je voudrai mener à cele, autre fois, se Dex de cui tout li bien viennent me donne tant de vie que je le puisse faire à ma volonté.

2

voulant rendre hommage à Robert de Borron, dont il eut sans doute la collaboration personnelle ou seulement le manuscrit, donna en passant un souvenir fantastique à ces pays de Meaux ou de Sens, berceaux des des Barres et des Borron.

Il est à remarquer, du reste, que la personnalité, apocryphe assurément, de Sevin, comte de Meaux, dont l'histoire ne dit pas un mot, reçoit, dans sa forme extérieure, une sorte de sanction locale, de la diffusion de ce même nom de Sévin dans le diocèse de Sens.

En la fin de cestui livre merci-je tant comme je puis mon soingnour le roi cui hons je sui liges, de ce que loe et donne pris meintenant à cestui mien livre et de ce que il a pleu à la soe sovereine majesté d'ouïr et de réciter le grand ordenement des translatemens de mes livres; quar se Dex ne m'en eust doner grace, je ne fuisse mie dignes ne ne sui, que je de si grant emprise m'osasse entremettre comme de translater de latin en françois si haut et si mervellieuse hestoire comme fut celle de la grant tauble roonde. Et pour ce que j'empris si grant hardement sour moi, veuil-je prier à touz les gentix homes qui cest mien livre feront devant aus lire ne conter, que ne, se aucune chose y ait à amender par la grant mesprésure de moi, que il le me pardonent par lor grant gentillesce.

Au définement cestui mien livre... rent-je grâces et merci à nostre soingnor Jhésu-Crist lou creatour dou ciel et de la terre, de ce que il m'a donné sens et entendement et force et povoir de fenir si honoraublement et si ordenéement que à chascun gentil home qui si ententivement l'escoutent lire, cestui livre, que j'ai finé, plaist et plairai tant comme li mondes durrai; liquex est apelez li livres dou Bret.

Explicit li livres dou Bret. Amen. »

Ainsi, en compulsant, aux Archives nationales, le carton K. N° 190, nous avons été frappé de la fréquence de ce nom de Sévin dans une liste des hommes et des femmes du bourg de Saint-Pierre-le-Vif, de Malai et de Saligny, sur lesquels le roi Philippe-Auguste reconnaît n'avoir aucun droit. On y lit : « In nomine sancte et individue Trinitatis. Amen. Philippus Dei gratia Francorum Rex noverint... quod...... nullus hominum ac mulierum de Burgo Sancti-Petri et de Malleio et de Saligni eorum quidem quorum nomina subsequuntur, homo noster sit aut femina de corpore : J.... Constantius Vicecomes cum uxore, Johannes Teloes cum uxore, neptis ejus Martinus Teloes cum uxore... *Sevinus* Mucerben cum uxore, Constantius Mucerben cum uxore, *Sevinus* Chancronellus cum uxore, Henricus Chancronellus cum uxore, ... *Sevinus* Cauda cum uxore... *Sevinus* Scala cum heredibus...

« Actum Senone, anno incarnati Verbi M° C° nonagesimo tertio, regni nostri anno quarto decimo. »

(Cette pièce est aussi mentionnée dans les *Actes* de Philippe-Auguste, de M. Delisle, p. 93, n° 388.)

Plus tard le même dénombrement ayant eu lieu sous saint Louis, le prénom de Sévin ne se rencontre plus ; les noms suivent, comme le reste, le courant de la mode du temps.

C'est encore là un indice d'origine qui a sa valeur et que nous ne devions pas laisser ignoré.

Voici le passage du *Saint Graal* qui contient la mention de la ville de Meaux et du comte Sévin. C'est Josèphe qui parle à Evalac :

« Tu fus nés, si comme li sains esperis m'a demons-

tré *en une moult anchienne cité de France qui est*
*appelée Max* et si fux fix à un povre houme afaiteour
de viés saullers, issi comme tu meismes le sés de voir.
Qant Augustus César eut tenue l'empire de Roume
vingt-sept ans, si sourdi une parole que il naistroit
uns hom qui tout le monde metroit desous lui et il
dist voir ; car Jhesu Cris le diex des dix et li roys des
roys fu nés en cet an, et qant Augustus César oï la
parole, si comme le sage chevaliers l'avaient espondue
et si ne savoient à dire qui chou seroit, si douta que les
tières qui estoient de sous la segnourie de Roume se
vausissent descorder et gieter de l'empire de Roume,
(si manda) que cascune tieste d'oume et de feme
rendist un denier de counissanche que il étoient songit
à l'empire de Roume et pour che *que Franche estoit*
*plus de fière gent que les autres tiéres*, si manda que
on li envoiast de toute la tière cent cevaliers en treu
et cent pucèles toutes filles de chevaliers et cent petis
enfans tous malles, qui fuissent en l'âge de V ans ut
de mains. Qant li commandemens vint en Franche,
si eslurent de cascune chitet selonc chou que il estoit ;
et chele élection fut faite par sort. Si avint cose que
de la Chités de Miax y alèrent deux pucelles qui
estoient aus deux filles au comte Sevain. Ichil
Sevains estoit *quens de Miaus et des contrées environs.*
Et dès que le sors cai sor eles, si couvint que il fust
tenut ; et sour toi si cai li sors, qui estoies de priés
de cinq ans d'aage et ces deux pucelles te menèrent
avoec eles et si te tenoient moult cher. »

                          ( Manuscrit du Mans.)

On remarquera avec la mention de Sevin, comte de
Meaux, cette expression bien étonnante si elle émane

d'un Anglais, mais bien naturelle si elle éclate dans la bouche d'un trouvère français : *Et pour che que Franche estoit plus de fière gent que les autres terres.* Comment refuser de faire honneur de ce passage à notre Robert de Borron ?

M. Paulin Paris en avait déjà été frappé, mais il avait conclu d'une manière générale seulement à l'origine française du roman du *Saint Graal.* « D'ailleurs, — dit-il en note à la page 191 du tome Ier des romans de la *Table ronde*, — le choix de la ville de Meaux et les éloges donnés à la France n'offrent-ils pas une présomption en faveur de l'origine française de l'auteur ? » Il nous est permis aujourd'hui de pénétrer plus avant et nous allons essayer de prouver ce que nous venons d'avancer, que Robert de Borron était un trouvère du Gâtinais français, de la famille, déjà nombreuse dans la seconde moitié du XIIe siècle, des sires de Borron, dont le nom est devenu populaire au XIIIe et au XIVe.

Borron qui se nomme aujourd'hui Bouron, est une commune située à l'extrémité méridionale de la forêt de Fontainebleau ; c'était, du XIIe au XIVe siècle, un fief habité par une famille de chevaliers, d'écuyers et de sergents royaux en rapport de service et d'intérêts avec les rois de France. Il ne faudrait pas assimiler les Borron aux des Barres dont ils se disaient issus : le rang n'était pas du tout le même. Ces derniers occupaient les plus grandes charges à la cour des rois de France. Guillaume II des Barres [1], sénéchal de Philippe-Auguste, est une figure hors ligne ; on l'a

---

[1] On connaît le beau travail de M. Grésy sur les sires des Barres, inséré au tome XX, année 1850, du *Bulletin de la*

appelé l'*Achille* de son temps, et il se couvrit de gloire à Bouvines.

Les Borron étaient de plus modestes seigneurs, mais qui occupaient néanmoins des charges secondaires à la cour de Philippe-Auguste ou de saint Louis. Leur fief, situé à l'extrémité de la forêt de Fontainebleau, les plaçait naturellement sous la main des rois de France et, à en juger par les goûts littéraires de Robert et d'Hélie de Borron, il est probable qu'ils savaient se contenter du rôle modeste que la fortune leur avait départi et qui, du reste, a porté leur nom à la postérité aussi sûrement que les hauts faits d'armes de leurs célèbres parents.

La localité de Borron prend à l'origine le nom de *villa*; c'était comme une extension du domaine royal de Fontainebleau où nos rois ont signé de si nombreuses chartes.

L'existence de la famille de Borron, naguère presque inconnue, m'a été révélée par divers titres contenus dans les cartulaires de l'abbaye de Barbeaux, sise à La Fontaine-le-Port, arrondissement de Melun (Seine-et-Marne), et de l'abbaye du Jard, située commune de Villebéon, canton de Lorrez-le-Bocage, même département.

Ces cartulaires ont été mis à ma disposition avec une obligeance extrême, par M. Léopold Delisle à qui nous devons réellement la découverte des documents qui vont suivre.

Un certain concours de circonstances avait

*Société des antiquaires de France*; M. Grésy n'a pas connu la parenté des Borron et des des Barres.

contribué à faire passer cette famille sous silence : d'abord Dom Morin, l'historien du Gâtinais, qui a consacré un chapitre à Bouron dans son *Histoire des pays de Gastinois Senonois, et Hurpois*, in-4°, 1630, ne mentionne aucun seigneur de ce nom dans son travail dont voici le début :

« Bouron est une terre seigneuriale proche et attenant la forest de Fontainebleau qui a de longtemps été possédée par *seigneurs* de qualité et qui ont eu *de belles et nobles charges en la maison des rois.*

« Je trouve un messire Adam de Villiers, chevalier, maistre d'hôtel du roẏ, qui, en cette qualité, a servi les rois Charles V et Charles VI, qui estoit seigneur de Bouron. »

M. Dorvet qui, de son côté, nous a donné récemment une notice intéressante sur Bouron, surtout pour les temps modernes, n'a connu aucun autre seigneur de la famille des Borron, qu'Adam de Bourron, enterré dans l'église de Saint-Mammès, en 1290.

Nos voisins d'outre-Manche ont essayé, de leur côté, de rattacher la personnalité de Robert de Borron à une famille de Burun qui paraît compter lord Byron parmi ses descendants. M. le professeur Charles H. Pearson a traité ces deux questions d'une manière érudite, dans la préface de l'édition du *Saint Graal* de Loneligh, donnée par le Roxburghe-club, il y a quelques années. Pour lui, les Borron seraient issus du village de Bures, arrondissement de Caen. Mais Bures se disait, au XIIe siècle, *Bur super Divam, Burum, castellum de Buris*[1] ; cette

---

[1] Statistique du Calvados par M. de Caumont, 1er vol.

synonymie ne répond nullement aux noms de Borron, Bourron, Bouron, Borons, et Berron fournis par
les textes de *Tristan,* du *Saint Graal* et des autres
romans de la *Table ronde.*

Si nous ouvrons, au contraire, les cartulaires de
Barbeaux et du Jard et si nous compulsons les titres
de nos Archives, nous nous trouvons en présence de
noms parfaitement similaires à ceux donnés par
les romanciers.

Le plus ancien nom donné à la localité connue
aujourd'hui sous l'appellation de Bouron, est Burrum;
il est probable même que c'est le nom gaulois de la
localité qui devait se prononcer Bourroum [1].

Ce nom est contenu dans un assez grand nombre de
chartes du xiie siècle, notamment dans une bulle du
pape Alexandre III, de l'année 1164, insérée au cartulaire de Barbeaux sous le titre : *De confirmatione
habitorum et de libertate ordinis,* et contenant le
dénombrement de tous les dons faits à l'abbaye
depuis sa fondation, en 1147, par Louis VII.

---

[1] M. Dorvet dans sa notice sur Bourron, insérée dans
l'*Abeille de Fontainebleau,* No du 1er avril 1870, s'exprime
ainsi sur l'antiquité de cette station : « L'origine de ce village, qui borde d'un côté la forêt de Fontainebleau (Biére), est
fort ancienne ; son territoire était déjà habité au temps de
l'invasion romaine. Des fouilles pratiquées dans le parc du
château, en 1850, ont fait découvrir, au milieu de restes de
murailles cachées sous le sol, plusieurs pièces de monnaies à
l'effigie des premiers empereurs romains. La proximité de la
forêt indiquerait assez que Bourron serait antérieur à la
domination romaine et qu'il serait de fondation gauloise. »

Parmi ces dons, l'un des plus considérables est celui qui fut fait par un personnage du nom de Robert, possesseur de vastes domaines à Borron et dans les environs; nous n'hésitons pas à identifier cet insigne bienfaiteur dont les libéralités ont été vraiment royales, avec notre célèbre Robert de Borron, qui admis, dès ce moment selon toute vraisemblance, dans l'intimité des Rois de France, put obtenir de Louis VII, fondateur de l'abbaye de Barbeaux dont nous allons parler, des dons considérables en terres et domaines limitrophes de la forêt de Fontainebleau, qu'il s'empressa de joindre à ceux dont Louis VII gratifia cette abbaye lors de sa fondation.

Robert, en ce moment, n'est pas noble; on ne le désigne que sous ce simple nom; mais dans une charte donnée quelques années plus tard par son fils Simon, on voit que ce dernier porte le nom de Borron (Simon de Borrum). Robert avait-il reçu, à l'époque de son don, l'ordre de la chevalerie? Rien ne l'indique, cependant il n'est pas invraisemblable de penser que Louis VII, en présence d'un acte de générosité auquel il devait être très-sensible comme fondateur de Barbeaux, anoblit en ce moment, sinon Robert, du moins sa descendance et même ses collatéraux; toutefois l'omission de la qualification de Borrum après le nom de Robert si célèbre dès ce moment, ne serait peut-être pas un motif suffisant pour douter de son droit à porter le nom de Borron, que ses contemporains n'ont jamais manqué de lui décerner. Cette omission, toute remarquable qu'elle est dans deux documents successifs, s'expliquerait par la grande notoriété qui, dès ce moment, devait accompagner le nom de Robert, surtout dans tous les actes concernant l'abbaye de Barbeaux.

Voici en quels termes le don de Robert est rapporté dans la Bulle du pape Alexandre III :

« Ex dono Roberti, colet (abbas vel abbatia) gran-« giam et terram de Burrum cum pratis, grangiam « quæ dicitur Karretum, grangiam de villa Frames, « grangiam de Sancto-Acerio, grangiam de Darveis, « grangiam de Burrum » (est-ce une répétition ou existait-il une autre grange que celle déjà mentionnée ?) « cum omnibus pertinenciis earum. »

Robert était alors évidemment le personnage le plus riche de Borron, et l'importance de son don annonce chez lui un zèle religieux parfaitement en harmonie avec les sentiments de haute piété developpés dans le *Saint Graal*.

Un autre pape du xiii<sup>e</sup> siècle a ratifié le don de la terre de Borron avec ses prés, ses vignes, ses terres et ses forêts, à l'abbaye de Barbeaux, dans les termes suivants : « Terras et vineas de Borrum cum pratis, vineis, terris, nemoribus, etc. (Bulle d'Honorius III de 1216).

Robert de Borron, si nous ne nous trompons, dut se réserver pour lui et ses successeurs la dîme sur les biens par lui donnés à l'abbaye de Barbeaux ; au moins voit-on plus tard des membres de la famille de Borron décharger les religieux de cette abbaye des dîmes et cens qu'ils percevaient encore au commencement du xiii<sup>e</sup> siècle sur la terre de Borron.

Ces biens, d'après une charte dont nous allons donner les termes, s'étendaient sur une longueur de

vingt kilomètres environ, depuis la commune de
Grès, située au sud et à une lieue de Bouron, jusqu'à Samois et à Recloses, dessinant à peu près un
triangle dont Grès était le sommet et ces deux localités la base.

Voici cette charte, fort intéressante à divers titres
puisqu'elle nous donne le nom du fils de Robert,
Simon de Borron, et probablement ceux du frère et
du neveu de Robert. Cette charte est bien voisine par
sa date de celle du pape Alexandre III; nous la rapportons *in extenso* à raison de son grand intérêt.

« De Simone de Borrum »

« Ego, Willelmus Dei gratiâ Senonensis archiepis-
« copus et Apostolicæ Sedis legatus. Notum omnibus
« esse volo præsentibus et futuris, quod Simon de
« Borrum veniens antè præsentiam nostram apud
« Grès laudavit ecclesiæ de Sacro-Portu, quicquid
« pater suus Robertus ejusdem ecclesiæ elemosinam
« donaverat et præfata ecclesia, eâdem die, tenebat
« inter viam quæ ducit de Grès ad Ameïs et ad
« Reclosas. Hujus rei testes fuerunt cantor Trecensis
« Gauterus, et Adam Menjot, Droco de Borrum et
« Odo filius, ejus. Gaufredus rex. Quod ut ratum per-
« maneat præsentis scripti cautione sigilli nostri
« auctoritate roboravimus.

« Actum anno incarnati Verbi Mo Co LXIXo. »

Les témoins sont, comme on voit, Gautier, chantre
de la cathédrale de Troyes, puis viennent deux noms
sans indice de noblesse, Adam et Menjot. Mais tout
de suite après Drocon de Borron et son fils Odon, peut-

être faut-il lire Adam de Borron, Menjot de Borron et Drocon de Borron, le nom de terre *Borrum* régissant les trois noms qui précèdent. Ceci reste, pour moi, douteux, bien que le nom Adam se trouve plus tard accolé à Borron. Cependant on peut lire Adam Menjot.

Quoi qu'il en soit, Drocon comme Simon sont devenus nobles dès ce moment, tandis que Robert conserve son prénom sans l'annexe nobiliaire que la postérité lui a cependant décernée avec usure ; on n'y trouve pas non plus l'épithète « defunctus, » qu'on lui eût donnée s'il eût été mort dans ce moment.

Nous croyons fermement qu'en 1169, non-seulement Robert n'était pas mort, mais que c'est là la période pendant laquelle, soit à Oxford ou à Londres, près de Gautier Map, soit à Montbéliard, près de Gautier de Montfaucon, il s'occupait avec ardeur de la rédaction du *Saint Graal*. Robert que nous appellerons, ainsi que tous ses contemporains, Robert de Borron, avait fait comme les premiers chrétiens ; dans son zèle religieux, il s'était dépouillé de tous ses biens pour donner le couvert et le vivre aux pauvres ermites qui occupèrent les premiers les solitudes de Barbeaux ; puis, insouciant et content de peu, comme les vrais trouvères, il avait continué une vie de pérégrinations qui ne doit pas surprendre, étant donnée la personnalité de Robert fortement accusée dans son *Petit Saint Graal*. Robert est lyrique dans sa piété et Gautier Map, tout archidiacre d'Oxford qu'il a été, n'a pas développé dans son *Grand Saint Graal* des sentiments plus élevés et plus profondément chrétiens.

Le séjour de Robert de Borron et sa condition d'attaché, sans doute littéraire, à la maison de Gautier de Montfaucon sont prouvés par les mentions expresses contenues dans les manuscrits du *Petit Saint Graal* de Cangé et de l'Arsenal, dont nous parlerons plus loin.

Quant à sa collaboration avec Gautier Map, elle est établie par divers passages de *Tristan*, *Lancelot*, du *Saint Graal*, de *Guiron le Courtois*, et elle peut être conclue du passage relatif au comte Sévin et à la ville de Meaux ; mais cette collaboration était loin de pouvoir être expliquée dans l'hypothèse d'un Boron d'Alsace ou de Lorraine.

Maintenant que nous savons que Robert de Borron était issu du Gâtinais français, qu'il était l'un des donateurs principaux d'une des grandes abbayes du diocèse de Sens, fondée par un roi de France, que les Borron se targuaient d'être alliés par le sang à l'illustre famille des Barres, dont le berceau était à Chaumont, près de Sens, et dont le fief principal était à Oissery, près de Meaux et de Dammartin, rien n'empêche de supposer, surtout si l'on tient compte du mariage de Guillaume II des Barres, sénéchal de Philippe-Auguste, avec Amicie, comtesse de Leycester, veuve en 1181 de Simon de Montfort, comte d'Évreux, que des rapports intimes s'établirent entre les Borron et quelques-uns des grands seigneurs anglais de la cour de Henri II, parmi lesquels Gautier Map dut être en première ligne, à raison de ses goûts littéraires si bien d'accord avec ceux de Robert de Borron. Ce fut lui, sans nul doute, qui initia ce dernier à la tradition Arthurienne et aux aventures de Merlin.

Le mariage de Guillaume des Barres avec Amicie n'eut lieu, il est vrai, qu'en 1202 ; mais dès 1165 cette dernière s'était unie à un baron français que nous venons de nommer, et des rapports intimes n'avaient cessé d'exister entre les Leycester et la cour de nos rois, au point que Amicie céda à Philippe-Auguste la terre de Breteuil en échange de la seigneurie de Saint-Léger en Yveline, et que Robert IV de Leycester abandonna au même roi, en 1195, le château et la châtellenie de Pacy.

Il est inutile, nous le pensons, d'insister davantage sur ce point ; dès que les Borron sont originaires de cette région de la France où les barons anglais avaient des rapports constants de famille ou d'intérêts, on explique l'union littéraire de Robert de Borron et de Gautier Map, union incompréhensible lorsque Robert est originaire des frontières du Sundgaw allemand ou haute Alsace.

Poursuivons nos études si fructueuses des cartulaires de Barbeaux et du Jard.

Drocon de Borron et Odon, son fils, que nous avons vus comme témoins dans la charte de Simon de Borron, fils de Robert, avaient donné à l'abbaye de Barbeaux tout ce qu'ils percevaient sur la dîme de Borron et tout *le cens que cette même abbaye leur devait* [1]. Cette donation est approuvée, en présence d'Hugues, archevêque de Sens, par Maissanda, femme de Drocon, par Berthe, sa fille, Richalda, femme d'Odon, et Guillaume, son fils. En même temps Odon, fils de Drocon, inter-

---

[1] On voit que les Borron en se dépouillant du fonds de leurs propriétés, s'étaient réservé les moyens de vivre.

vient et promet de donner avec son père une garantie suffisante aux religieux pour les protéger contre qui que ce soit.

Cette charte n'est pas datée, mais comme Hugues a été archevêque de Sens de 1142 à 1168, c'est entre ces deux dates qu'elle doit se placer, surtout, croyons-nous, entre 1164, date de la bulle de confirmation des dons des Borron, et 1168, date de la mort de Hugues. Ainsi, dès cette époque, la famille de Borron se compose d'au moins deux branches : celle qui a pour chef Robert et pour descendant Simon, et celle qui, commençant à Drocon, comprend déjà Odon et Guillaume, fils et petits-fils de Drocon.

C'est à la période de 1168 à 1200 que doit appartenir la vie aventureuse de Robert de Borron et le séjour, à la cour d'Angleterre, d'Hélie, son cousin, qui, pour cela, n'a laissé aucune trace dans les cartulaires.

Au commencement du XIII<sup>e</sup> siècle, les Borron, illustrés par les travaux littéraires de deux de leurs membres et par les grandes libéralités de Robert, sont entrés à la cour de Philippe-Auguste et sont devenus sergents d'armes de ce roi qui leur fait des dons considérables.

Par une charte du 29 mars 1209, Philippe-Auguste donne à Renaud de Borron, son sergent, les biens que Gui de Dive, chevalier, avait possédés à Saint-Michel en Graigne et à Montmartin. (Actes de Philippe-Auguste par M. Delisle, N° 1124. A. 73, B. 77.

Mais dès lors la descendance des Borron est très-nombreuse.

Par une charte donnée par Pierre, archevêque de Sens, en 1210, Symon Cornut de Borron reconnaît avoir donné à l'abbaye de Barbeaux douze deniers de cens qu'il possédait sur la dîme de *Salceto*, près Borron, que Givard de Saint-Germain tenait de lui.

Philippe de Borron, son frère, approuve cette donation et y donne son consentement. En 1213, presqu'à la même époque, Payen de Borron et un autre se portent pléges vis-à-vis des religieux de Barbeaux, en faveur d'Étienne, clerc de Grès, pour les garantir contre les entreprises que certains membres de la famille d'Étienne pourraient tenter à l'égard de la dîme de Borron.

Au mois de décembre 1219, Adam, curé de Borron, *Adam presbyter de Borrum*, libère les religieux de Barbeaux de la grande dîme de Borron.

En 1223, la forme Burrum ou Borrum avait disparu du langage et le nom qui prévaut dans les cartulaires est Burron devenu déclinable. On trouve, à cette époque, un accord entre le prêtre ou curé de Borron *inter presbyterum de Burrone* et les religieux de Barbeaux, passé devant Gautier, archevêque de Sens, au sujet du partage de la dîme du vin et du blé de de Borron.

Au mois de juin 1221, Philippe-Auguste confirme une charte de Berruyer de Borron, chevalier, au profit des religieux du Jard. Nous n'avons malheureusement pas la charte et M. Delisle n'a pu en donner l'analyse dans son beau travail sur les *Actes de Philippe-Auguste*; mais, en 1258, Adam de Borron, fils de Berruyer, ayant confirmé le don de son père, nous voyons qu'il s'agissait de quarante sols de revenu annuel, que Deimbert, clerc de Moret, avait donnés à ces religieux sur le péage des bateaux à Saint-Mammès compris dans le fief de Berruyer.

Par la charte confirmative, Adam ajoute à la libéralité de son père la perception, par les religieux du Jard, de deux deniers de péage sur tous les bateaux montant ou descendant à Saint-Mammès ; cette charte scellée par saint Louis est en date, à Corbeil, du mois de mai 1260.

Dans ces diverses chartes on trouve les noms ainsi orthographiés : *Adam de Burrone, Berruerius quondam de Burrone miles.*

Au mois de septembre 1221, Guillaume, abbé, et le couvent de Saint-Jean-lez-Sens reconnaissent que le roi Philippe-Auguste à concédé à leur église et à Guy de Borron, *son sergent, Guidoni de Borrum,* moyennant trente sols de cens, les arches du pont de Grès. (Charte N° 268 des Arch. nat. J. 261, N° 1er. N° 2092 des *Actes de Philippe-Auguste,* par M. Léopold Delisle).

Nous avons vu, en 1213, Payen de Borron se porter plége d'Étienne, clerc de Grès ; au mois de décembre 1243, Guillaume, fils de Payen, est qualifié *Domicellus, filius Pagani de Borrum quondam militis.*

Payen était donc mort à cette époque. Cet accord est passé seulement devant le doyen de Milly.

En 1248, devant le prieur de Nemours et le doyen de Milly, le même Guillaume, qualifié *Guillelmus de Burrone, armiger,* confirme à l'abbaye de Barbeaux tout ce que Payen son père, *Paganus de Burrone quondam miles,* lui avait donné dans la dîme du territoire Chacon-sur-Merroletes, plus la dîme que ladite abbaye percevait dans la paroisse de Voves, enfin un septier de blé à prendre dans sa grange de Borron, *de Borrone,* indépendamment d'un autre résultant de la libéralité de *l'aïeul* et de *l'aïeule* dudit Guillaume, le tout avec le consentement d'Alix, femme dudit Guillaume.

Dans la même année 1248, Adam de Borron, que nous avons déjà vu et qui paraît être le chef de famille à cette époque, car il s'intitule *Adam de Burrone miles*, donne et scelle une charte par laquelle Guillaume de Borron, écuyer, *Guillelmus de Burrone, armiger,* confirme aux religieux de Barbeaux tout ce que son père leur a donné dans la dîme qu'il possédait. Nous avons vu que son père était Payen.

Enfin, le jeudi après la fête de la Purification de l'année 1266, le même Guillaume de Borron, non plus écuyer, mais chevalier, *Guillelmus de Borrone miles,* vend à saint Louis quarante sols parisis qu'il percevait annuellement à la prévôté de Moret, à titre de droit de bourdonnage, *racione bourdonnagii.* (Ducange croit qu'il s'agit de droit de foire sur les mulets.)

Cette pièce était la seule connue d'ancienne date qui donnât quelque indice sur l'existence d'une famille de Borron dans le Gâtinais. Ducange avait cité cette charte au mot *Bourdonagium.* Comme elle est déposée en original aux Archives nationales et qu'elle a gardé son sceau, M. Douët d'Arcq l'a mise en lumière dans son remarquable travail sur les sceaux des Arch. nat (Trésor des Ch. carton 1.158. Melun II, p. 2.)

La vraie orthographe du nom est bien *Guillelmus de Bourron, miles,* comme Ducange l'a écrit ; les deux lettres *o* sont accentuées un peu comme des *a;* néanmoins ou doit lire Bourron.

Le sceau pendant est le seul monument connu qui nous donne les armes de cette famille ; nous l'avons reproduit très-fidèlement d'après l'original que nous avons vu et manié aux Archives.

Ce sceau porte + S. GVILL'I DE BORRŌ, le premier O et le premier R conjoints, MILITIS. Au centre, un écu chargé de trois fusées ou losanges.

Une observation importante est à faire ici, parce qu'elle est en harmonie avec les prétentions des Borron à descendre des des Barres d'Oissery, qui portaient *fuselé* ou *losangé*, c'est que le blason des Borron semble être comme un diminutif des armes des des Barres.

Nous avons vu Adam de Borron chevalier en 1248; il paraît que ce personnage mourut dans un âge avancé, car on le trouve enterré dans l'église de Saint-Mammès en 1290. Toutefois on peut se demander si c'est bien le même que celui qui a donné la charte de 1248, car il paraît qu'il est seulement qualifié d'écuyer sur sa pierre tombale. (Notice de M. Dorvet dans l'*Abeille de Fontainebleau* du 1er avril 1870.)

En 1303, Hue de Bouvillie, seigneur de Milly, chevalier et chambellan du roi, signifie à *Philippe de Borron*, chevalier, qu'il a cédé au roi le fief que Philippe tenait de lui au terroir de Moret, près Borron, en échange d'autres biens, et qu'en conséquence

Philippe de Borron ait à rendre au roi la foi et l'hommage qu'il lui rendait, à lui de Bouvillie, pour ce fief de Moret. (Arch. nat. J. 151, Inv. 35., Ile-de-France.)

Le dernier descendant de l'antique famille de Borron que nous ayons trouvé est Ferry, dit Villain, de de Borron, écuyer, époux de demoiselle Perrenelle Bateste. Voici à quelle occasion :

Pierre Bateste, qui avait été sergent d'armes du roi Philippe IV, *Petrus dictus Bateste serviens noster armorum*, avait reçu en don du roi, pendant sa vie et celle de ses héritiers, quatre muids de blé à prendre sur la grange du roi à Gonesse. Au nombre de ces héritiers se trouvait la femme de Ferry pour sa quote-part.

Ces héritiers cèdent à Pierre Domont, écuyer, huissier d'armes du roi, ladite rente, moyennant « six vingt et douze livres, » et le 21 janvier 1332, le même Domont rétrocède cette rente au roi, moyennant la somme de huit vingt livres.

On voit que les Borron continuèrent à être alliés aux familles qui étaient elles-mêmes en rapports de services ou d'intérêts avec les rois de France.

La situation de Borron à l'extrémité de la forêt de Fontainebleau explique parfaitement la persistance de ces rapports. M. Dorvet avait déjà signalé la présence du roi saint Louis à Borron. (Notice sur Bourron.)

« Louis IX, saint Louis, lorsqu'il venait à Fontaine- « bleau où existent de nombreuses preuves de ses « fréquents séjours, faisait des excursions jusqu'à « Bourron et on rapporte qu'au mois de février 1234, « le pieux roi donna vingt sols, somme importante

« pour ce temps-là, à une pauvre femme pour l'aider
« à marier sa fille. On trouve la mention de cette
« générosité dans les comptes du roi, conservés à la
« bibliothèque de Fontainebleau. »

Il n'est pas douteux, d'un autre côté, que, longtemps avant, les grandes libéralités faites par Robert
de Borron à l'abbaye de Barbeaux et surtout l'illustration qui s'attacha à son nom, devenu célèbre dans
l'Europe entière, n'aient appelé l'intérêt des rois
Louis VII, Philippe-Auguste, Louis VIII, Louis IX
et de leurs successeurs jusqu'au XIV<sup>e</sup> siècle sur les
descendants de Robert, qu'ils se sont attachés à divers
titres.

Il nous est tout à fait impossible, dans l'état actuel
des études, de dire si Robert de Borron eut des
rapports avec Gautier Map avant ou après son séjour
à Montbéliard. Nous serions bien tenté de croire, et
sa disparition du pays de Bouron dès l'année 1169
fortifie grandement ce sentiment, que dès ce moment
Robert s'occupa de la traduction du livre latin du
*Saint Graal* avec Gautier Map.

Quelle que soit la somme d'instruction de Robert,
on doit croire qu'il ne put extraire de la chronique
latine le canevas de son *Saint Graal*, sans l'aide d'un
clerc érudit et versé dans la littérature spéciale du
cycle d'Arthur.

De plus, la branche de Merlin, qui joue un si grand
rôle dans son livre dont le *Saint Graal* n'est que la préface, suppose tout d'abord une initiation complète aux
traditions dont la *Vita Merlini* et l'*Historia Britonum*
formaient la base.

Enfin les assertions des transcripteurs des romans

de la *Table ronde*, sinon des auteurs eux-mêmes, accusent tous l'intervention de Gautier Map avant celle de Robert de Borron, mais indiquent aussi la coopération réelle de ce dernier avec l'aide du savant clerc.

Ainsi dans le manuscrit N° 2455 nouv., 8188 anc. de la Bibl. nat., on lit à la page 238 v° : « Or dist li « contes qui est estrais de toutes les ystoires, si comme « Robers de Borons le translatait de latin en romans, « *à l'ayde de maistre Gautier Map.* »

La postérité a fait honneur à Philippe-Auguste, non moins qu'à Henri II, de la rédaction de certaines parties du *Saint Graal*, et ce fait ne doit pas nous étonner aujourd'hui que nous connaissons les rapports de services que la maison de Borron n'a cessé d'avoir avec Philippe-Auguste et les libéralités de ce roi et de ses successeurs envers divers membres de cette famille.

On lit en effet, dans l'épisode de *Grimaud*, le passage suivant :

« Si comme messire Robers de Boron le tesmoignet « par l'ystoire qui fuit translatée de latin en roman « par le greit et par la prière del boin roi Philippe » de France qui lor vivait. »

Sans doute la rédaction de l'épisode de *Grimaud*, qu'on rencontre si rarement dans les manuscrits du *Saint Graal* (deux manuscrits sur trente-cinq), n'émanait peut-être pas de la collaboration de ces deux auteurs; mais Robert dut l'écrire seul à la fin de sa vie, à la requête de Philippe-Auguste, comme Hélie de Borron écrivait la fin de *Tristan* et *Guiron le Courtois* à la sollicitation d'Henri II. *Grimaud* constitue un vaste enseignement chevaleresque et il rappelle, par plus d'un trait, le *Jouvencel* que le bon chevalier Jehan de Bueil écrivit aussi, sur ses vieux jours, pour l'un de ses enfants.

Il nous reste à dire quelques mots touchant Hélie de Borron qui appelle Robert « son ami et son parent charnel. » Ces deux personnages sont contemporains, et Hélie a dû composer ses ouvrages sous le règne d'Henri II, c'est-à-dire avant 1189 [1]. C'est lui qui nous a mis sur la voie en nous révélant les prétentions des Borron à descendre des « gentis paladins des Barres, « qui de tous tems ont été commendeour et soingnour « d'Outres [2], en Roménie qui ores est appelée « France. »

[1] Lorsque Fauriel assigne au *Tristan* français une origine relativement moderne et qu'il repousse Hélie de Borron jusqu'au règne de Henri III, c'est qu'il veut absolument faire honneur à la poésie provençale de la première, donnée de *Tristan,* dont le poëme est cité par le troubadour Raimbault d'Orange, vers 1155-1165. « Il existait donc, dit-il, dans cet intervalle de 1155 à 1165 un roman provençal de Tristan! » Mais le roman n'avait pas besoin d'être provençal; M. Francisque Michel l'a prouvé en publiant de curieux fragments en langue romane et non provençale *dont l'antiquité ne saurait être récusée.* (*Tristan,* 3 vol. in-18°.) Dès lors tout ce qu'il dit d'Henri III pour qui, suivant lui, le roman de *Tristan* dut être composé, tombe de soi-même et la date 1230-1235, qu'il a assignée à la composition de Luces de Gast, est complétement erronée. *Tristan a précédé le Saint Graal et Chrétien de Troyes a connu le Saint Graal de Gautier Map* et s'en est aidé; double preuve de l'antiquité du poëme de *Tristan.*

[2] Ce qui nous confirme dans l'opinion que Outres pourrait bien être l'antique Orthosias, c'est que cette dernière localité

Cette mention, vérifiée par la critique moderne, s'est trouvée plausible ; en effet, nous avons vu le blason des Borron être comme un diminutif de celui des des Barres ; de plus, Everard des Barres a été grand maître du Temple dès l'année 1143 et rendit en Asie Mineure de grands services au roi Louis VII, qui le reconnaît dans ses lettres à Suger. Il est très-probable qu'il conserva pour lui et ses successeurs une commanderie du Temple du nom d'Outres en langage vulgaire, et qui pourrait bien être Orthosie, près de Tripoli.

On sait que l'Asie Mineure, la Syrie et, en général, la possession des princes croisés se nommaient alors *Roménie*. Dans la chanson d'Antioche on trouve plusieurs fois ce nom appliqué à la Syrie.

### Chant VI, vers 28 :

Qu'à l'empereor vint ès plains de Romanie
Tant chevaucha li bers la terre de Surie,

### Chant VII, vers 125 :

Sire, c'est des conrois aus orguillos chaitis
Qui pris ont Roménie et les chatiaux conquis
D'Antioche ont les murs et les palais saisis.

On peut admettre, ce semble, que les Francs ayant partagé, dès l'année 1099, le royaume de Jérusalem en quatre parties : la seigneurie de Jérusalem, la

est maintenant nommée Artouz, nom réduit à deux syllabes comme l'était déjà Orthosie au moyen âge. Les Arabes ont même altéré le nom plus gravement que les Croisés, en mettant au commencement un A en place de l'O antique.

principauté d'Antioche, le comté de Tripoli et le
comté d'Édesse, occupés tous quatre par des princes
français, tout le littoral de la Syrie dut être considéré
comme un nouveau royaume de France. Outres,
que nous supposons être Orthosie, près de Tripoli,
aurait donc pu, de 1170 à 1189, date présumée de la
rédaction d'Hélie de Borron, être considéré comme
étant en pays français.

Il y a cette difficulté à rejeter la personnalité
d'Hélie de Borron après les règnes d'Henri II, Richard
et Jean sans Terre et à l'intercaler dans l'intervalle du
28 octobre 1216, date du commencement du règne de
Henri III, au 16 novembre 1272, date de sa mort,
qu'Hélie se dit compagnon d'armes de Robert de
Borron, son ami et son parent, et que dans le début
de *Guiron le Courtois*, Hélie, après avoir dit que le roi
Henri lui a donné deux châteaux pour le récompenser
du travail de *Tristan* ajoute à la fin un passage très-
caractéristique, mais qui n'a jamais été relevé par la
critique :

« Et je, c'est mien livre commence el nom de
« Palamède, et je le veuille commencer, puisqu'il
« plaist au noble roi Henri mon seigneur. Si prie
« Dieu qu'il me doinst cest moye ouvrage, qui au
« nom de Palamède est commenciée, de finer à mon
« honneur. Or commencerai donc mon livre el nom
« de Dieu et de la Sainte Trinité *qui ma jouvente*
« *tiengne en joie et en santé* et la grâce de *mon sei-*
« *gneur terrien*, et dirai en tel manière cou vous
« orrois. »

Si comme le dit Hélie de Borron, il est *jeune* encore
lorsqu'il commence *Guiron le Courtois*, et s'il a été

2**

longtemps le compagnon d'armes de Robert de
Borron, comme nous savons, à n'en pouvoir douter
que ce dernier n'a pu composer le *Saint Graal* que de
1160 à 1180, il devient tout à fait impossible de placer
la personnalité d'Hélie sous le règne d'Henri III ;
en 1216, ce dernier n'était qu'un enfant de neuf ans ;
ce ne serait que vers 1230 qu'Hélie aurait pu se faire
écouter du monarque anglais, obtenir de lui deux
châteaux et commencer *Guiron le Courtois ;* mais alors
Robert de Borron n'existait plus, cela n'est pas douteux, puisque nous le voyons donner tous ses biens à
l'abbaye de Barbeaux en 1169, composer ses ouvrages
avec Gautier Map de 1160 à 1180, et avec Gautier de
Montfaucon au plus tard de 1180 à 1199. Comment
admettre que trente ans plus tard il vécût encore
pour être l'ami, le parent et le compagnon d'armes
d'Hélie de Borron ?

Il est sage, croyons-nous, de reporter la composi-
tion de toute cette littérature homogène au règne de
Henri II où nous trouvons, dans le nom de Gautier
Map, une base solide.

Hélie aura été l'un des cousins de Robert, peut-être
le frère ou le fils de Drocon de Borron, que nous avons
vu paraître vers 1164-1169. Ce n'est qu'à cette condition
qu'il a pu se dire compagnon d'armes de Robert et qu'il
a pu parler de « sa jouvente » lors de la rédaction de
*Guiron le Courtois* venu cependant après *Tristan.*

Cette famille des Borron était très-nombreuse, nous
l'avons vu ; et Hélie a dû se fixer en Angleterre lors
des voyages que put y faire Robert de Borron dans le
but de se concerter avec Gautier Map pour arrêter
la rédaction du *Grand Saint Graal.*

Hélie échelonne du reste convenablement la rédaction des divers romans de la *Table ronde*, et il est reconnu aujourd'hui que *Tristan* fut le premier qui parut, édité par un chevalier anglais du nom de Luces de Gast. Après cet auteur vint Gasse le Blond, dont l'œuvre n'est pas connue, puis Gauthier Map qui fit *Lancelot* et collabora au *Grand Saint Graal* avec Robert de Borron présumé cependant premier inventeur du canevas, mais avec l'aide sans doute du célèbre clerc, enfin, Hélie qui acheva *Tristan* et fit le *Guiron le Courtois*.

On remarquera qu'Hélie, malgré son obséquiosité vis-à-vis d'Henri II, ne se regarde toujours que comme l'homme lige du roi d'Angleterre, son seigneur terrien, de qui il tient deux châteaux, et non comme son sujet par la naissance.

« Je, en droit moi, qui pour son chevalier me tieng et bien le doi faire *par raison.* »

(Début de *Guiron le Courtois*, n° 338 n., 6959 anc.)

« Et en la fin de cestui livre, merci-je tant comme je puis, mon soingnour le roi, cui hons je sui liges. »

(Epilogue de *Tristan*, n° 104 n., 6776[2] anc.)

Robert de Borron avait dû être en relation avec Gautier Map avant d'aller à Montbéliard, il avait pris connaissance du livre latin du *Saint Graal*, dont il avait pu extraire la substance, avec l'aide de Gautier Map; mais alors la chronique de Joseph d'Arimathie devait se borner aux faits contenus dans le *Petit Saint Graal*, c'est-à-dire la passion du Christ, les épisodes de Vespasien et de la Véronique, ceux de Brons et de Moyse, enfin l'histoire d'Alain et de Pierre.

Nous croyons fermement que les épisodes fantastiques de Mordrains, de Nascien, de Célidoine, à plus forte raison ceux d'Hypocras et de Grimaud n'ont jamais été contenus dans le livre latin.

On voit en effet, en examinant la trame du récit des *Grand* et *Petit Saint Graal*, que les premiers suffisaient à l'économie de la donnée du *Saint Graal*; le reste est une broderie due sans doute à l'imagination ardente du célèbre clerc anglais.

Ce sont du reste ces épisodes principaux que Gautier de Montfaucon fit condenser sous ses yeux par Robert de Borron, dans un récit en prose ou en vers, mais qui, sous cette dernière forme, ne nous est pas parvenu, tandis que nous possédons plusieurs manuscrits en prose qui nous ont conservé les termes mêmes du XIIe siècle dans un grand nombre de passages.

Nous démontrerons plus loin que la version poétique est, de toutes, la plus récente.

La légende de Joseph d'Arimathie devait être très-populaire en Lorraine; c'est là un point qui a été mis en vive lumière par notre cher maître, M. Paulin Paris. Ce savant a, en effet, découvert dans la chronique de Senones, du moine Richer, que les reliques de Joseph d'Arimathie furent enlevées de l'abbaye de Moyen-Moutier où elles avaient été apportées par Fortunat, patriarche de Grado, et il en conclut avec beaucoup de raison que ce rapt ne peut être imputé qu'aux moines de Glastonbury qui en étaient possesseurs au XIIe siècle, parce que Richer affirme que ce sont des moines étrangers qui sont les auteurs de cet enlèvement.

La découverte de M. Paulin Paris rend raison du

double développement littéraire de la légende de Joseph d'Arimathie avec ses suites de *Merlin* et d'*Artus,* d'abord en Angleterre où elle dut naître, et ensuite à Montbéliard où il serait difficile de placer, non l'éclosion de la légende de Joseph, favorisée par le voisinage de Senones et de Moyen-Moutier, mais la création de la branche de Merlin qui se rattache essentiellement aux traditions arthuriennes.

Évidemment, Robert de Borron dut apporter d'outre-mer le canevas de son roman, et c'est à Montbéliard, très-probablement, qu'il lui donna cette forme modeste et un peu terre-à-terre que nous lui connaissons; il n'acheva pas même certaines parties de son récit qu'il ne connaissait qu'imparfaitement, et, chose étrange, il préféra passer tout de suite à la branche de *Merlin* qui était, paraît-il, comme le pivot de son œuvre, se réservant de reprendre plus tard les quatre parties qu'il avait négligé de continuer; mais comme il arrive bien souvent, l'homme n'accomplit pas toujours ce qu'il a souhaité. Robert quitta Montbéliard et revint sans doute en Angleterre où alors, dans une œuvre étincelante d'imprévu et de hardiesse et bien plus émouvante que son premier récit, il acheva avec Gautier Map, mais en perdant son originalité, les histoires de Brons, d'Alain, de Pierre et de Moyse.

Nous disons que ces quatre récits perdirent leur caractère en passant sous la plume du savant archidiacre d'Orford.

En effet, ces quatre parties, comme les appelle le bon chevalier, tiennent une place bien minime dans le *Saint Graal* de Gautier Map où elles sont comme

2***

noyées et mises à l'ombre dans le rayonnement extraordinaire des aventures d'Evalac-Mordrains, de Séraphe-Nasciens et des autres héros du livre anglais complétement inconnus à Robert de Borron ; cependant ces quatre parties y sont détaillées mais discrètement et comme pour obéir à une tradition dont Gautier Map était forcé de tenir compte. D'ailleurs, la narration est tellement différente en ce qui concerne, par exemple, la première partie de l'histoire du faux dévot Moÿse, qu'il n'est pas possible de dire que Robert de Borron connaissait le *Grand Saint Graal* de Gautier Map quand il fit son roman, et il est bien plus probable que c'est le contraire qui eut lieu.

Qu'il nous soit permis de placer sous les yeux du lecteur le texte du roman français et celui du romancier anglais.

On sait que ce morceau est celui qui manque précisément dans la version rimée, qu'on a prise pendant longtemps pour l'original de l'œuvre de Robert de Borron ; mais, fort heureusement, nous possédons plusieurs manuscrits plus anciens que le roman rimé et qui suppléent les lacunes de celui-ci.

Voici la version de ce passage caractéristique du manuscrit 748 nouveau, 7170³ ancien, fonds Cangé 4.

Moÿse, le faux dévot, veut absolument s'asseoir à la table du saint Graal pour avoir sa part des grâces dont jouissent ses fervents adorateurs :

« Or vient avant, dist Joseph, car si tu i es tex que com tu diz, nos lou verrons bien.

« Lors s'assist Joseph et Brons ses serorges et tuit li autre à la table, chascun en son leu, issi com il

durent feire. Et quant il se furent tuit assis, Moys
remest en estant darrière els et ot paor. Si ala entor
la table ne il ne trueve leu où il s'assiée que lez
Joseph ; et il entre anz et s'i asiet. Et si tost com il
fu assis si fu fonduz en terre, car maintenant ovri la
terre et lou sorbi ; et maintenant reclost aprè lui, ne
onques ne sambla que il onques i eust esté. Et qant
cil de la table virent ce, si en furent moult effréé de
celui qui einsinc fu perduz entr'aus. »

Tel est, dans sa simplicité, le récit de Robert de
Borron.

Les manuscrits Didot, Huth, de l'Arsenal sont entièrement semblables, dans cet endroit, au manuscrit
Cangé ; ils portent tous comme lui : « Et si tost com
il fu assis si fu fonduz maintenant et ne ne sembla
que oncques y eust esté. »

Il est à remarquer que ces derniers manuscrits
abrégent tant qu'ils peuvent ; il n'est donc pas étonnant que quelques mots y aient été supprimés comme
ceux « en terre, » « car maintenant ovri la terre et
lou sorbi et maintenant reclost aprè lui. » Mais
évidemment l'idée est la même.

Il y a donc toute certitude que dans ces quatre
manuscrits nous avons la véritable rédaction première de Robert de Borron.

Voyons maintenant comment Gautier Map a enjo-
livé ce passage.

Prenons le Ms. 344 nouveau, 6965 ancien de la Bibliothèque nationale, identique pour la rédaction et l'orne-
mentation au Ms. du Mans (milieu du XIIIe siècle).

Voici ce passage :

« Lors vint Moys avant, si s'assist entre Joseph

et Bron, mes il n'i ot pas longuement esté, qant cil de la table virent que devers le ciel viennent jusqu'à .VII. mains, totes ardans ; mais les cors dont les mains étoient, ne virent-il pas. Mais, sans faille, il virent qu'eles jetoient feu et flambe sur Moys si qu'il commença à esprendre et à ardoir aussi cler com si ce fust sèche buche, et encore virent que les mains le levèrent del leu où il ce seoit et l'enportèrent en l'air en une fourest grant et merveilleuse... »

Et qu'on ne croie pas que c'est là une fantaisie du scribe en quête de nouveauté, c'est bien là la rédaction primitive de Gautier Map : tous les manuscrits, au nombre de trente ou trente-cinq que nous avons lus, à l'exception du Ms. 2455, portent textuellement ce passage.

Prenons, par exemple, le Ms. 747 nouveau, 7170 ancien, du même temps. Ce manuscrit porte : « Et Moys vint lors avant et s'aisiet entre Joseph et Bron ; mes il n'i ot pas graument sis, qant il virent que devers le ciel vinrent mains jusqu'à .VII. toutes ardanz et toutes amflanbées ; mais le cors dont eles issoient ne virent-il pas ; mes, sans faille, il virent que les mains gitoient feu et flambe sur Moys, si qu'il commença à ardoir et à esprendre ausi come une busche, et en ce qu'il ardoit ainsi, les mains le portèrent et le levèrent delà où il estoit et l'emportèrent parmi l'air jusqu'à une forest grant et merveilleuse... »

Reportons-nous maintenant au Ms. 770 nouveau, 7185 [33] ancien, qui a le mérite, pour nous, de reproduire, seul entre tous les autres, le texte du *Saint*

*Graal* du Mans adiré dans cet endroit. Ce manuscrit est absolument conforme aux précédents :

« Lors vint Moys avant et s'asist entre Joseph et Bron ; mais il n'i ot pas longement esté, qant cil de la taule (table) vire que du chiel venaient jusqu'à .VII. mains totes ardanz et enflambées ; mais les cors dont les mains estoient ne virent-ils pas. Mais, sans faille, il virent que de lor mains issoit fus et flambe de seur Moys, si qu'il commença à esprendre et à ardoir aussi cler comme che fust une buische sèche ; et encore virent il qant il fu ensi espris qu'il flamboit durement et que les mains le prisent et le levèrent delà où il se séoit et l'emportèrent parmi l'air en une foriest grant et merveilleuse. »

Comme on le voit, l'accord est encore complet, on ne peut pousser plus loin le respect du texte.

Cette identité non-seulement de pensée, mais encore d'expression, que nous rencontrons dans tous ces manuscrits doit nous inspirer la plus grande confiance dans la complète harmonie de ces vieux textes avec l'original même de Gautier Map et de Robert de Borron. Nous sommes à peu près sûrs de posséder ainsi l'œuvre même de ces célèbres romanciers, de même que nous sommes certains, et nous allons le démontrer, de retrouver, à l'aide de nos manuscrits en prose du *Petit Saint Graal*, la pensée première et bien souvent l'expression claire et concise de Robert de Borron.

Dès lors, nous pouvons comparer avec toute sécurité ces deux textes si différents. Dans l'un, et c'est la version du chevalier du Gâtinais, Moÿse disparaît sous le sol qui s'entr'ouvre pour l'engloutir ; dans l'autre, Moÿse est emporté en l'air, au contraire, et pour

ajouter au fantastique, qui ne fait jamais défaut dans
la conception de Gautier Map, sept mains enflammées
jettent sur le faux dévot un feu ardent qui le fait
*éprendre* et brûler comme une bûche de bois. C'est dans
cet état que ces mains, qui ne tiennent à aucun corps,
le transportent dans une forêt où les compagnons
de Joseph doivent le retrouver plus tard.

Il est impossible de penser que le chevalier français
ait connu la narration de Gautier Map, lorsqu'il com-
posait son simple et sobre récit. Sans doute le fond
est le même, c'est toujours le faux dévot qui est puni,
mais quelle différence dans la conception et dans
l'expression !

On est donc forcé d'admettre que Robert de Borron
a, le premier, traduit la légende latine où ces faits se
trouvaient consignés en substance et abstraction
faite des broderies de Gautier Map, et que, de plus, s'il
a connu l'œuvre de ce dernier, ce qui est possible, il
ne l'a nullement imitée et même qu'il s'en est écarté
systématiquement.


Cette divergence bien établie, et nous pourrions
l'étendre encore à l'histoire des douze fils de Bron et à
la pêche du poisson qui diffèrent essentiellement dans
les deux textes, revenons au *Saint Graal* de Robert de
Borron et voyons si le poëme édité par M. Fr. Michel,
en 1841, d'après le Ms. 20047 nouveau, 1987 fonds
Saint-Germain, avec tant de précision, représente
la version primitive du chevalier français, et si ce ne
serait pas plutôt la version en prose que nous connaissons maintenant dans cinq ou six manuscrits.

Lorsque M. Fr. Michel publia le roman rimé, le public savant, qui croyait généralement qu'il n'existait que ce texte de la version de Robert de Borron, attacha une grande importance à ce poëme. Toutefois, M. Fr. Michel se hâta peut-être un peu trop de dépouiller le poëte français présumé de son prestige de premier rédacteur, et lui attribua seulement la traduction française d'un roman latin du *Saint Graal*, qui aurait été rédigé sous Henri II par Gautier Map.

« C'est au XIIᵉ siècle, dit-il, que Gautier Map, théologien habile et chapelain du roi d'Angleterre Henri II, rédigea en latin le roman du *Saint Graal* pour obéir aux ordres de ce monarque, qui voulait réunir les chants, les lais des bardes bretons. Map dut choisir au milieu des récits populaires, les coordonner et, sans doute, il y ajouta du sien.

« Son travail fut mis en français par Robert de Boron. »

Nous venons de voir si, en réalité, dans l'un des rares passages du *Grand Saint Graal* de Gautier, qui concordent par le fond avec le *Petit Saint Graal* de Robert de Borron, ce dernier s'est inspiré, en quoi que ce soit, de la version anglaise. On ne peut, au contraire, pousser plus loin la divergence, et il faut admettre que la légende de Moÿse, dans ce qu'elle avait seulement de primitif, c'est-à-dire les faux semblants de piété de ce personnage, son désir de passer pour un fervent du culte du Graal, son intrusion à la place restée vide et réservée pour un plus digne, enfin sa disparition merveilleuse rentraient dans l'économie de la légende latine, dans laquelle le chevalier français puisa probablement le premier, ou, si l'on veut, presqu'en même temps que Gautier Map.

Ce dernier, admis dans l'intimité de Henri II, prince français, élevé dans le Maine et dans l'Anjou, devait, comme son patron, parler la langue française et dut composer son roman non en latin, ce qui ne lui aurait pas assuré une grande popularité, mais en cette langue française qui inondait alors toutes les cours de l'Europe de ses célèbres chansons de geste.

Cette question a d'ailleurs été élucidée avec bonheur par M. Paulin Paris, dans sa notice sur l'*Origine des romans de la Table ronde* (*Romania*, t. I<sup>er</sup>, p. 17), où il établit une distinction si logique entre les termes *scripta* et *verba dare*.

C'était le moment où les chansons de geste, les romans rimés perdaient leur crédit. Le vers, avec ses exigences de la rime, entraînait à des longueurs que la prose, concise à volonté, supprimait toujours, comme si elle avait voulu protester contre un mode d'expression rebelle à la logique et à cette *furia francese* qui s'accommode si peu des longueurs et des divagations.

Il serait donc très-possible que la première version de Robert de Borron eût été en prose. Bien des indices nous engagent à émettre cette proposition, qui sera peut-être trouvée hardie par les romanistes habitués à considérer le chevalier français comme un trouvère rimant avec et pour son seigneur, comme Chrestien de Troyes pour Philippe d'Alsace.

Cependant, si l'on examine d'une manière approfondie le poëme que nous possédons, on ne peut le trouver ancien. M. Paulin Paris lui-même est de cet avis, tout en regardant cependant la rédaction rimée comme l'œuvre originale de Robert de Borron, retouchée, il est vrai, par lui-même, et avant qu'il eût pris connaissance du roman de Gautier Map.

Voici en quels termes s'exprime notre cher maître en romanisme.

« Il est au moins certain qu'en remaniant un peu plus tard son poëme, Robert de Borron n'avait pas encore lu le roman de Gautier Map et ne le connaissait que par ouï-dire. »

Nous pensons qu'il faut aller plus loin et enlever définitivement au chevalier français, contemporain de Louis VII, de Philippe-Auguste et de Henri II, la rédaction d'un poëme moderne au fond et dans la forme, et dont il ne nous reste qu'un exemplaire, circonstance fort remarquable, tandis que nous possédons aujourd'hui cinq copies en prose du récit que nous pouvons à bon droit regarder comme la pensée et l'expression même de l'auteur.

Remarquons ensuite que le poëme actuel se trouve dans un manuscrit de la fin du XIIIᵉ siècle, que sa rédaction semble de ce temps, car le manuscrit contient des repentirs de poëte qui donnent à penser que le scribe était l'auteur lui-même, qu'enfin il est précédé de l'*Image du monde*, composé en 1245, comme le dit le trouvère lui-même :

> Ci fenist l'ymage dou monde
> A Dieu comence à Dieu prent fin
> En l'an de l'incarnation,
> As rois, à l'apparicion,
> M CC XLV an
> Fu premier parfeiz cist romanz.

Sur les gardes on lit : « Ce livre s'appelle L'Image du monde. Il fut a... par Osmond natif de Metz en Lorraine, l'an 1245. »

« C'est à moi Claude Fauchet », sur la couverture.

Ce volume est un manuscrit de jongleur de quinze centimètres de haut environ, qui n'a jamais été recopié en ce qui concerne le *Joseph*. Tout donc contribue à faire de celui-ci une œuvre relativement moderne et originale, peut-être de la période de 1280 à 1300.

Déjà au XVII<sup>e</sup> siècle, bien qu'on fût alors assez disposé à vieillir les manuscrits, on croyait le roman rimé écrit vers 1300 ; on lit, en effet, en tête du manuscrit, et en caractères de cette époque : « Ce Ms. 2740 a été écrit vers l'an 1300 et contient deux ouvrages de poësie. »

Après avoir parlé de l'*Image du monde*, l'annotateur du XVII<sup>e</sup> siècle ajoute ces mots très-caractéristiques : « Le second contient l'histoire de la *Véronique* et du *Saint Graal* par un *anonyme* mis en vers *d'après un auteur nommé Robert de Bouron qui les avoit composés en prose* [1].

Rien alors n'était plus hardi assurément que cette dernière assertion, car après deux cents ans d'examen et de recherches, nous sommes forcément ramenés à ce point de départ, à savoir que le *Petit Saint Graal* a été rédigé en prose par Robert de Borron et que nous ne connaissons pas le nom du trouvère qui l'a rimé.

---

[1] On lit à la fin de la glose : « Ce manuscrit a appartenu au président Fauchet, toutes les notes marginales sont de sa main ainsi que ce qui est écrit aux couvertures du livre. »

Nous donnons ici le *fac-simile* du célèbre passage du poëme où il est question de Gautier de Mont-béliard afin qu'on puisse juger de l'état relativement moderne du manuscrit. Non-seulement la langue ne permet pas de le vieillir au delà de 1280, mais encore la forme des caractères et des initiales indique la fin du XIIIe siècle.

On voit ici cla irement que le mot « en peis, » dont on avait voulu faire un nom propre, ne peut être qu'une locution adverbiale fort simple ; ce qu'avait déjà laissé entendre M. Fr. Michel dans cette phrase : « Nous ne pensons pas non plus qu'il faille lire, au lieu de « en peis » que porte le texte et *qui est fort intelligible,* Maupais, comme le propose M. Amaury Duval » ( *Notice* en tête du roman rimé).

M. Paulin Paris a expliqué le sous-entendu de M. Fr. Michel en soulignant le mot « en peis » comme synonyme d'*in pace,* de *défunt.*

Toutefois il est à peu près certain que ces mots sont une adjonction du trouvère moderne ; en effet, les expressions *feu* ou *défunt* ou tout autre même d'un caractère différent ne se trouvent pas dans les manuscrits en prose du roman qui nous ont conservé ce passage ; mais il y a plus, le terme « en peis » nous semble être une de ces chevilles que se permettaient fréquemment les poëtes du XIIIe siècle ; on le rencontre assez souvent dans Chrestien de Troyes (Manuscrit de Mons).

Ainsi on trouve après l'adoubement de Carados ou Caramiel, neveu d'Artus (vers 12611) :

> Quant li services fu finés
> Si s'en reviennent el palais
> Et bas et haut, trestot, *em pais.*

Lorsque le père de Carados vient, au bout de l'an, pour couper la tête de son fils (vers 12764) :

> Mais il font moult très pesme ciére,
> Si font li autre tout entais (adès).
> A cou que séoient *em pais,*
> Est cil entrés parmi la porte
> Qui mauvaise novele aporte.

Le père de Carados lui raconte comment il a trompé celui qui se dit son père (vers 12861):

> D'une truie, la nuit après,
> En refis une (pucelle) tout *em pès*
> Si le couçai de jouste lui.

Lorsque l'aventure de Carados est terminée, Artus va prendre son déduit dans les forêts (vers 15789) :

> En grand séjour et *en grand pais*
> Par ses mellours forés d'Ardais.

Dans tous ces exemples qu'on pourrait multiplier, la locution « en pais » n'a pas de signification accentuée ; elle veut dire *à l'aise, tranquillement, à loisir,* et jamais elle ne rappelle le terme *in pace* du latin des inscriptions chrétiennes du IIe au Ve siècle.

Nous croyons donc fermement que la phrase :

> A ce tens que je la retreis
> O mon seigneur Gantier, *en peis,*
> Qui de Montbelyal estoit.

doit être traduite tout simplement :

« A cette époque où je la transcrivais, à loisir, ou tranquillement avec mon seigneur Gautier, qui était de Montbéliard. »

La rime en *ais* ou *eis* ou *ès* n'est pas très-fréquente, les termes qui se terminent ainsi ne sont pas abondants dans la langue ; aussi le poëtes ne se faisaient-ils pas faute, sans grande utilité, d'employer cette expression *en pais* d'un usage si fréquent au XIIIe siècle.

On connaît ce proverbe :

> Oi voi tès
> Se tu veux vivre en pès,

inscrit sur un jeton de compte.

Cette difficulté écartée, constatons que dans les manuscrits en prose la personnalité de Robert de Borron est mieux accusée et le nom de Montbéliard plus correctement écrit, tandis qu'ils est devenu

Montbelyal dans la version rimée, sans utilité pour
le rhythme, ce qui prouverait l'origine étrangère à la
Lorraine ou à la Franche-Comté du trouvère, auteur
du poëme, origine démontrée d'ailleurs par son
dialecte, qui est plutôt normand que lorrain.

Voici ce passage caractéristique dans le Ms. C. 4,
N° 748 nouveau, 7170[3] ancien de la Bibliothèque
nationale :

« Et au tens que messire Roberz de Borron lou
retraist à mon seigneur Gautier, lou preu conte de
Montbéliart, ele n'avoit onques esté escripte par nul
home, fors el grant livre. »

Avant ce passage, on lit encore : « Et missire
Roberz de Borron qui cest conte mist en autorité par
lou congié de sainte Église et par la proière au preu
conte de Montbéliard *où cui service il estoit.....* »

Le Ms. de l'A. N° 225, qui renferme encore une
mention abrégée des rapports de Robert de Borron
avec Gautier de Montbéliard, ne dit rien non plus
de la mort de ce dernier au moment de la rédaction
du roman.

« Et au tems que misire Robert de Borron le retrait
et mon seigneur Gautier de Montbelliart, elle n'avoit
onques esté escripte fors du grand livre par nul
homme. »

Il n'est pas douteux que si la rédaction première
du roman eût eu lieu après la mort de Gautier de
Montbéliard, les versions en prose que nous allons
démontrer être toutes concordantes et plus logiques
que la version rimée n'eussent contenu les mots « feu
ou défunt ».

Bien loin de là, les Mss. 748 et 225 de l'A. font

mention du travail simultané ou contemporain de Gautier de Montbéliard et de Robert de Borron.

On ne peut donc trouver de motif pour interpréter la locution « en peis » comme le voudrait M. Paulin Paris qui nous pardonnera notre divergence d'opinion.

Nous allons continuer à démontrer l'antériorité et la prééminence du roman en prose sur le roman rimé par des preuves nombreuses et concordantes.

La version en prose contenue dans le Ms. C. 4, 748 nouveau, 7170[3] ancien, a été signalée pour la première fois aux érudits par M. Paulin Paris, à la page 2 du sixième volume de son précieux ouvrage : *Les manuscrits français*. M. Fr. Michel avait omis d'en parler lors de la publication du roman rimé. Cependant ce volume devait alors être considéré comme très-précieux, car on n'en connaissait pas d'autre exemplaire.

Il est impossible, d'un autre côté, de ne pas attacher une grande importance à ce volume, car il paraît être le plus ancien de tous les manuscrits du *Petit Saint Graal*. Cependant, au point de vue littéraire, on peut lui reprocher quelque prolixité ; mais, pour nous qui cherchons la lumière, nous lui savons gré d'être entré dans des détails caractéristiques non contenus dans la version rimée ni même dans les autres manuscrits en prose.

M. Paulin Paris a cependant fait au Ms. C. quelques reproches qui pourraient amoindrir son autorité au double point de vue littéraire et historique ; mais nous croyons qu'on peut détruire les objections qu'on serait tenté, *à priori*, de faire à notre auteur et expliquer suffisamment les points litigieux.

Ainsi, M. Paulin Paris a fait remarquer que Gautier n'était pas investi du comté de Montbéliard et que c'était à tort que le Ms. C. l'appelait « lou preu conte de Montbéliard. »

Sans doute c'était Richard, son frère aîné, qui jouissait des prérogatives attachées au titre de comte, en tant que ce titre se fût appliqué à une possession territoriale ; mais Gautier, né comme lui à Montbéliard, n'avait-il pas, dans la pensée de Robert de Borron ou de son transcripteur, un autre droit à cette qualification de comte ? et le connétable du roi de Jérusalem ne pouvait-il jouir, dans un roman, du titre assez modeste de comte, lui qui le portait officiellement dans la constitution même de son grade de connétable (*comes stabulis*), et qui d'ailleurs, d'après les statuts de sa charge, marchait avant les ducs, les barons et les comtes et n'avait que le roi au-dessus de lui.

Pour notre romancier donc, jaloux de l'honneur de son patron, et pour les transcripteurs plus modernes, Gautier de Montbéliard était, en droit et en raison, *le preu comte Gautier.*

Après cela, reconnaissons que le rédacteur du Ms. de l'A. N° 225 élimine les mots « preu et comte » et que, dans le passage en question, Gautier est simplement nommé Gautier de Montbéliard. Mais ce manuscrit abrége tant qu'il peut et supprime même les passages les plus intéressants, tels que celui « où cui service il estoit. »

Les Mss. Huth et Didot vont même plus loin, ils ne parlent nulle part ni de Robert de Borron, ni de Gautier de Montbéliard ; c'est une raison pour nous de tenir beaucoup au Ms. C. qui nous donne, avec une approximation fort grande, la physionomie originale du roman et établit d'une manière péremptoire l'identité du personnage de Robert de Borron.

Nous allons continuer à examiner la version rimée et démontrer qu'elle est très-inférieure, au point de vue de la logique, de la marche du récit et de l'archaïsme de l'expression, aux versions en prose que nous connaissons aujourd'hui.

Parmi celles que nous avons étudiées avec le plus d'attention, se trouve un passage fort important du *Petit Saint Graal* en prose de Robert de Borron intercalé dans le *Grand Saint Graal* de Gautier Map que possède la bibliothèque du Mans. Ce passage contient toute la Passion et la légende de Vespasien jusqu'au passage :

« Lors en refist une grant partie ardoir, » correspondant au vers 1935 :

Ardoir en fist une partie

Ce long passage est fort important, car le Ms. du Mans est d'une date peut-être plus reculée que le plus ancien des Mss. du *Petit Saint Graal* en prose; or il s'accorde en tous points avec eux et s'éloigne aussi en maintes circonstances de la version rimée.

Nous allons donc nous servir aussi longtemps que nous le pourrons de cet ancien manuscrit; nous y joindrons le Ms. C., si précieux par ses détails, le Ms. H., également fort bon, enfin le manuscrit, plus moderne que les autres, appartenant à M. Didot.

Nous surprendrons toujours la version rimée en état d'infériorité vis-à-vis des trois premiers manuscrits en prose précités au point de vue de la logique, de la précision et de la langue, et en accord presque permanent avec le Ms. D. dont la date récente est certaine.

Nous commencerons par faire remarquer la prolixité du trouvère dès le début du roman : il y a, du vers 32 au vers 89, une longue tirade dans laquelle le poëte, après quelques vers heureux sur le symbolisme du rosier assimilé à la vierge mère,

> Ele est fleiranz comme esglantiers.

se met à raconter l'histoire de Joachim sans utilité réelle et au préjudice de la marche régulière du poëme.

Or ce passage n'existe dans aucun des manuscrits en prose. Le trouvère l'a donc ajouté au texte primitif du roman, premier motif de nous défier de sa rédaction et de la croire moderne.

Examinons maintenant la constitution de quelques noms propres.

Le Ms. du Mans porte : « Pour chou vint Jhesu-Cris en tière et nasqui de la Vierge Marie, en *Biauliant*. »

On lit dans le Ms. C. : « Por cil besoig, vint nostre sire en terre et nasqui de la Virge Marie em *Belleam*. »

Le Ms. D. donne : « Pour ceste bonsoingne vint Jhesu-Cris en terre et nasqui de la Virge Marie en *Bethléem*. »

Le roman rimé porte aussi :

> Et puis en *Bethléem* naschi
> De la Virge.....

Les Mss. H. et de l'A. ont perdu leur première feuille.

On peut, dans ces quatre manuscrits, observer la gradation depuis le mot « Biauliant », assurément fort archaïque, jusqu'au mot régulier « Bethléem » en passant par la forme « Belleam. »

Or, comme le Ms. D. est daté de 1301, il y a là une forte présomption que la version rimée n'est pas éloignée de cette date, d'autant que partout celle-ci répète le même nom « Bethléem. »

Le nom de la ville de Rome est plusieurs fois répété dans le manuscrit du roman rimé (Vers 196, 1544, 1748...), il y est toujours écrit Romme; or c'est l'orthographe de la fin du XIIIᵉ siècle et des XIVᵉ et XVᵉ siècles; au XIIIᵉ on a écrit ou Rome ou Roume, suivant le dialecte. C'est ce que prouvent pour le mot Romme, le Ms. du *Saint Graal* de la Bibliothèque nationale, nᵒ 96, fin XVᵉ siècle ; 105, fin XIIIᵉ ; 113, XVᵉ ; 117, XIV-XVᵉ ; 749, fin XIIIᵉ ; de l'Arsenal, nᵒˢ 221, fin XIIIᵉ, commencement du XIVᵉ ; 223, fin XVᵉ, prototype de Philippe le Noir ; et 9246 de Bruxelles, fin XVᵉ.

Le nom est écrit Rome ou Roume dans les manuscrits du milieu du XIIIᵉ siècle, Nᵒˢ 95, 98, 344, 747, 770, 1245 de la Bibliothèque nationale, 229 de l'Arsenal, enfin dans le Ms. du Mans.

Les vers du poëte :

> Ainsi fu luxure lavée
> D'omme, de femme et espurée

ont été opposés au texte en prose considéré dès lors comme inférieur au point de vue de la logique et de la vérité.

Voici le texte du Ms. C. : « C'est pooir dona nostres sires sainte église et les commandemenz des menistres dona messire sainz Pères ; Ensinc lava nostres sires luxure d'ome et de fame, de père et de mère par mariage. »

On a beaucoup critiqué cette dernière phrase, parce que, dit-on, le mariage remonte à Adam. Cependant il ne s'agit pas ici de la loi naturelle, mais des commandements et des sacrements de l'Église, et c'est à Jésus-Christ que Robert de Borron a entendu faire remonter seulement la sanctification des liens de l'homme et de la femme par l'institution du sacrement du mariage.

D'ailleurs le mot « espurée » du trouvère y fait aussi allusion.

Le Ms. D. ajoute comme le Ms. C. « de père et de mère, » et il est probable que les Mss. H. et de l'A. nous auraient offert la même idée s'ils n'étaient privés de leur première feuille. Il est donc très-croyable qu'elle faisait partie de la rédaction première.

Simon, chez qui les apôtres se réunirent, est appelé dans le texte du Mans, Symon le lyépreus ; dans le Ms. C., Symon le liépreux ; dans le Ms. H., Simon le liépreux ; dans le Ms. D., Simon le prous, et dans la version rimée, Simon tout court.

La dégénérescence est encore ici rendue sensible et le manuscrit rimé se présente comme le plus moderne de tous.

Le passage suivant du texte en vers est incompréhensible et illogique :

> Par leur péchiez ordoierunt
> Et les pécheurs laverunt.

Comment admettre que Jésus-Christ ait pu penser à

*ordoier*, c'est-à-dire souiller les pécheurs *par* les péchés de ses ministres, pour les laver de leurs fautes.

Les textes en prose n'ont pas été compris par le trouvère et il les a incorrectement rendus; le Ms. du Mans porte :

« Chil seront ort, et *en* leur ordure laveront les pécheurs »; mais cette version archaïque avait besoin d'être éclaircie ; le Ms. C. a mis : « Cest essemples est Perron (c'est-à-dire pour Pierre) et as ministres de sainte Église, *dont il y aura moult des orz* et *en lor ordure* » (c'est-à-dire malgré leur état de pécheur, laveront-ils les autres pécheurs).

Le Ms. D. suit la version du Mans. Il n'est pas étonnant que le poëme renchérisse encore et mette le mot « par », si déplacé, au lieu du mot « en ». certainement de la version primitive.

La suite n'est pas plus comprise dans la version rimée.

..... Si que rien
Ne leur nuist, ainz leur eide bien.

Voici le vrai sens établi par les manuscrits en prose :
Le Ms. du Mans porte brièvement :
« Issi ne lour porra lour ordure riens grever. »
Le Ms. C. dit plus explicitement : « Que lor ordure ne porra rien nuire as austres genz; sauf seront autresinc come li pié blanchire en l'orde eive où je les lavai et i devinrent net ; ne porra rien nuire as pecheors l'ordure des menistres qui les laveront par confession. »
Le Ms. D. s'accorde avec le Ms. du Mans et emploie le mot « grever »; le manuscrit rimé est donc encore ici inférieur aux autres. Toutefois on voit qu'il a

suivi en cet endroit un texte ancien, le Ms. C. par exemple, où se trouve le mot « nuire. »

Plus loin Jésus est amené devant Pilate. Le Ms. du Mans met : « Et quant il i fu venus, si le commencent à escopir. »

Le Ms. C. porte : « Et l'ancorpèrent li Juif au mielz qu'ils porent » ; le Ms. D. donne : « Si out moult de paroles dites en l'enconpereurent (ce qui est incorrect). La version rimée se sert aussi d'un terme plus récent :

> De quanqu'il porent l'encoupèrent.

Evidemment encore les Mss. du Mans et C. sont plus anciens que la version rimée.

Dans les vers suivants, Joseph demande à Pilate le corps de Jésus :

> Je demant le cors de Jhésu
> Qu'ils ont à tort en croix pendu.

Aucun des quatre manuscrits en prose dont nous avons le texte sous les yeux ne contient cette phrase et tous, au contraire, sont d'accord sur l'expression, ce qui serait impossible si la version rimée avait précédé la version en prose ; il se trouverait certainement, dans ce cas, un ou deux manuscrits, sinon tous, qui eussent suivi la version rimée ; au contraire les mots « pendu en croix » n'existent dans aucun d'eux.

Ainsi le Ms. du Mans, que nous supposons toujours le plus ancien de tous, porte : « Et je vous demans le cors d'icil prophète qu'ils ont là, fors, *mordrit* à tort. » Le Ms. C. donne : « ... lou cors à la prophète que ils ont *murtri* à tort. » Le Ms. H. dit : « Là, fors, *mordri* à tort. » Le Ms. D. : « Ont là *murtri* à tort. »

Ce passage est des plus caractéristiques; où existait cette expression ancienne *mordrir, murtrir?* sinon dans la version primitive, dans l'original même de Robert de Borron; d'où encore la conséquence qu'il faut chercher seulement dans nos manuscrits en prose l'œuvre du chevalier français.

Arrêtons-nous maintenant à une expression du Ms. C. qu'on a regardée comme incorrecte.

Joseph ayant obtenu le corps de Jésus se rend au Calvaire, le Ms. C. ajoute : « Que il apeloient *despit*. »

Ce mot « despit » a excité la critique de notre savant maître M. Paulin Paris; cependant il existe comme synonyme de croix, même dans le roman rimé .

> Si m'a dist et commandé
> Que je l'oste de cest despit.

Le mot *despit* dans cette acception ne paraît pas être si impropre qu'on le suppose.

Le Ms. du Mans, si pur et si correct, avait dit avant le Ms. C. : « Pour oster di cest despit ». Le Ms. D. : « Pour ouster di cest despit. »

Et en effet ce mot s'appliquait particulièrement, au moyen âge, au supplice infligé à Jésus. Ducange, au mot *despita e*, rapporte ce passage d'une lettre de rémission de l'an 1407 : « Le suppliant dist que lui Perrinot et autres avoient autrefois *despité* ou sanglanté Dieu et sa mère. Un « députaire » est un misérable qui outrage. Le « despit » est l'action même d'outrager et, par extension, le lieu où se commet l'outrage. Il peut donc, dans l'espèce, passer pour synonyme de croix. L'Italien garde le mot *despitto*.

Lorsque Joseph a dépendu Jésus, le Ms. du Mans

dit : « Et le mis à terre et si lava l'étros, moult bièle-
ment. » *L'étros* pour *à l'estros* à l'instant. Le Ms. C. ne
comprend déjà plus cette expression ou la rejette
comme vieillie et dit : « Atourna lou cors ». Le Ms.
D. : « Si accocha le cors. » Le Ms. H. : « Et le mit à
terre, l'emporta à son hostel. » Le roman rimé dit :

> Le cors atourna bièlement.

Joseph pense ensuite à recueillir le sang qui coule
des plaies de Jésus ; le Ms. du Mans porte : « Lors
sirest le costet entour la plaie. » Le Ms. C. rejette
encore le mot « sirest » qui n'a plus cours et met :
« Si li tert anz la plaie. » Le Ms. D. supprime l'une et
l'autre expression et adopte la tournure moderne :
« Si le mist desouz les goutes. » Le roman rimé, dans
le même esprit, dit :

> A son veissiel ha bien torchiées
> Les plaies.....

*Sirest* d'où *cireticus,* chirurgien, paraît fort ancien ;
« *tert* » l'est un peu moins ; les autres expressions
semblent modernes.

Puis Joseph mit le corps dans un cercueil de pierre
qu'il avait acheté pour lui-même.

Le Ms. du Mans se sert d'une expression très-
ancienne : « Et puis le mist en une pierre qu'il ot quise
à son oès. »

Les Mss. H. et D. omettent ce détail. La version
rimée le reproduit exceptionnellement, mais en lui
donnant une tournure plus moderne :

> Et en une pierre le mist,
> Qu'il, à son wès, avoit eslist.

Le Ms. C. avait dit, en langage rajeuni : « En une

pierre qu'il avoit gardée moult longuement pour lui
mettre qant il morroit. »

On voit que notre trouvère, tout en s'efforçant de
mettre sa *parleure* à la mode, avait cependant sous
les yeux un type aussi ancien que le Ms. du Mans.
C'est la seconde fois seulement que nous le surpre-
nons en flagrant délit de respect d'un texte ancien,
lui qui s'efforce le plus souvent de le faire oublier.

Plus loin, lorsqu'il rapporte le complot des Juifs, le
Ms. du Mans reproduit encore la forme accusative
du nom de Jésus.

« Et s'on (nous) demande de Jhesum, nous dirons que
nos lour baillerons, se il nous rendent Joseph qui (pour :
à qui) nous le baillâmes et nous renderons Jhesum. »

Les autres manuscrits mettent partout « Jhesu »
ainsi que la version rimée. Cependant le trouvère
avait sous les yeux une version où le nom à l'ac-
cusatif *Jhesum* se trouvait quelquefois ; mais à la
fin du XIIIe siècle on répugnait à accepter ce legs du
passé, aussi ne l'a-t-il employé qu'une fois, lorsque
la rime l'y forçait : vers 239,

> Vint droit en la meison Symom
> A la table trouva Jhesum.

Partout ailleurs le mot est écrit *Jhesu*, même lorsqu'il est régime direct, par exemple au vers 281 :

> Il lui demandent de Jhesu.

Dans l'un des passages de la conversation de Jésus
avec Joseph, lorsqu'il lui fait connaître les grâces et
les prérogatives attachées à la possession du Graal,
il règne, dans le roman rimé, une obscurité qui
n'existe pas dans les versions en prose.

Ce passage obscur commence au vers 921 :

> Cil qui ces paroles pourrunt
> Apenre et qui les retenrunt.

De quoi s'agit-il ? on vient de parler des divers symboles de l'Eucharistie ; le pain et le vin sont le corps et le sang du Sauveur, le calice ou Graal représente son sépulcre, la platine ou patène la pierre, le couvercle du tombeau, le corporal son suaire ; « ces paroles » s'appliquent donc à la démonstration qui précède, et c'est là ce qu'il s'agit de bien retenir.

Le trouvère ajoute sans compléter l'idée :

> Je n'ose conter ne retreire

et sans dire de quoi il veut parler.

La version en prose, plus logique, dit expressément, Ms. C. : « Lors lui aprant Jhesu-Criz tes paroles que jà nus conter ne retraire ne porroit se il bien feire lo voloit, et se il n'avoit lou grant livre où eles sont escriptes et ce est li secrez que l'en tient au grant sacrement que l'an feit sor lou Graal, c'est-à-dire sor lou caalice. »

Le Ms. D. met aussi : « Lors aprant Jhesu-Cris à Joseph ces paroles que je ne vos conterai ne retrairai, ne ne porrai, si je le voloie faire, se je n'avoie le haut livre où eles sont escrites, ce est li créanz que l'en tient au grant sacre del Graal. »

Le Ms. H. dit plus simplement : « Ensi aprist Jhesu-Cris ces paroles à Joseph que *je vous ai retraites* et c'est li créance que on tient au grand sacre don Graal. »

Évidemment Robert de Borron fait ici allusion au livre latin qui contenait sans doute une théorie savante de la messe dans le genre de celle qui est exposée dans le *Grand Saint Graal* de Gautier Map. Pour lui, homme d'épée, peu versé dans la liturgie, de telles descriptions excèdent la somme de science dont il dispose, il en a dit assez pour se faire comprendre des simples, c'est tout ce qu'il veut.

Les textes en prose ajoutent même une phrase qui manque à la version rimée et qui complète l'idée. Ms. C. : « Et je pri à toz cels qui cest livre orront, que il, por Deu, plus n'en enquièrent ci endroit de ceste chose, car qui plus en voldroit dire, bien en porroit mentir ; car deviser ne la sauroit, ne en la mençonge ne gaagneroit-il rien. » Les Mss. H. et D. sont conformes ; la version rimée seule supprime ce passage.

C'est encore là une nouvelle preuve des modifications apportées par le trouvère à l'œuvre primitive.

Voyons une autre bévue du trouvère ; lorsque Jésus quitte Joseph et le laisse emprisonné, le manuscrit rimé dit :

> De ci mie ne t'enmenrei.....
> Ainz demourras en la prison
> La chartre sans clarté sera
> Si comme estoit quant je ving çà.

Or ceci est un *lapsus*, car plus loin, au vers 2032, Vespasien, lorsqu'il se fait descendre dans la prison de Joseph, voit :

> Une clarté qui là estoit.

Dans le Ms. C. l'empereur voit aussi « une clarté dans un requoi. »

En effet, on lit dans ce manuscrit : « A cele hore que tu en seras gitez et jusqu'alors *te durra ceste clarté que tu as ores.* »

Il est vrai que le Ms. D. a supprimé ce passage; si donc il manque au manuscrit rimé, c'est que celui-ci se sert en cet endroit d'une version moderne dont le Ms. D. donne le type.

Ce dernier manuscrit porte en effet : « Tu remandras en cel chartre et einsi obscure comme ele estoit qant tu i fus mis. »

Mais il est évident que, pour ce manuscrit aussi, il y a là un *lapsus*, car lorsque Vespasien se fait descendre, « si vit une grant clartez en un des angles de la chartre. »

Il est donc bien certain que, dans ce passage, le trouvère a été induit en erreur par un manuscrit imparfait et nécessairement très-postérieur à la version originale.

Voici un autre passage incompréhensible dans la version rimée.

Le pèlerin venu à Rome raconte aux conseillers de Vespasien les miracles de Jésus en Judée :

> Tous les miracles leur conta
> Si cum les vit quant il fu là.
> Et a dist que quant il estoit
> Là ù Pilates povoir avoit,
> L'empereur force ne fist
> Meis que son fil li garissist.

Évidemment ce n'est pas là la version primitive, elle est trop obscure.

Le Ms. C. rétablit ainsi ce passage : « Et il lor conte les beles miracles et les beles vertuz que Jhesus fist tant com il fu en terre, et si dist que pour voir l'avoient li jui ocis en la terre que Pilate gardoit, et voirs estoit, et à tort. Sachiez que se il fust encore vis, qu'il garissist lou fil l'empereor et *pejor maladie assez.* »

Le Ms. D. dit aussi : « Les beles miracles et les beles virtus que Jhésu-Crist fesoit quant il estoit en terre, et si dit que por voir l'avoient occis li Juis en la terre que Pilate gardoit, et s'il fust encore vis, il garisist le fiz à l'empereor et *encore dis-je plus.* »

Le Ms. du Mans, auquel il faut toujours recourir pour avoir un texte logique et pur, porte : « Et il lour conta les bièles miracles que il avoit fait, tant qu'il fut en tière, et si dist pour voir qu'ils l'avoient ochis en la tère Pylate, qu'il avoit à garder, et que cou estoit voirs et s'il fust encore vis, qu'il garesist bien le fil l'emperaour *et plus encore.* »

Il est donc à peu près certain que la phrase du roman rimé :

L'empereur force ne fist,

parfaitement inutile, n'existait pas dans l'original et qu'il y manque au contraire cette phrase caractéristique des versions en prose : « et plus encore » « et pejor maladie assez » « et encore dis-je plus. »

Nous pouvons encore signaler une autre lacune dans la version rimée.

Lorsqu'il est décidé que l'empereur enverra des « message » en Judée pour en rapporter quelque objet ayant touché à Jésus, un des amis de Pilate qui l'avait déjà défendu, dit dans le Ms. du Mans : « Vous m'i envoierés, car je le saurai miex que nus, comment il a estet; Li empereres respont : *Jou i envoierai vous et autrui.* »

Le Ms. C. porte aussi : «Vos m'i envoieroiz que je

saurai miauz que nus, comment ce a esté, enquerre toute la vérité. Et l'amperaor respond : *Je i envoierai vos et autrui.* »

Les Mss D. et H. sont conformes. La suppression de la phrase sensée : *Je i envoierai vos et autrui*, est donc du fait du trouvère, si prolixe dans certains cas.

Au vers 1221, le trouvère ne fait envoyer par Vespasien qu'un messager :

> L'empereres y envoia
> Le plus sage homme qu'il trouva.

C'est un *lapsus*, car au vers 1235 il parle au pluriel :

> Ainsi départent li message
> Et s'en vunt tout droit au rivage.

Les Mss. du Mans, C., D. et H. rétablissent ou maintiennent, si l'on aime mieux, le sens primitif.

« Einsinc envoie l'empereres les plus sages homes qu'il ot. »

Lorsque les « message » rencontrent Pilate, le Ms. rimé met :

> Joie feire ne li osèrent
> Car certainement ne savoient
> Se il à Romme l'emmeneroient.

Ici tous les manuscrits en prose sont encore d'accord pour ajouter le mot caractéristique et si nécessaire au sens « pour détruire. »

En effet, le Ms. du Mans met : « Qant li message virent Pylate si ne li osèrent faire joie, car il ne savoient encore si il l'emmenroient à Roume *pour destruire.* »

Le Ms. C. donne aussi : « Se il l'emmenroient à

Rome *pour destruire*; » le Ms. D. : « Si l'emmerroient à Rome *pour destruire*; » le Ms. H. « Si l'enmenroient à Roume *pour destruire*. »

Évidemment si la version rimée était ancienne, elle eût influencé quelques-unes des versions en prose; elle est donc très-moderne et en désaccord permanent avec le texte original.

La phrase du vers 1300 :

> Ribaut souduiant l'appeloient

est de la pure invention du trouvère, elle n'est dans aucun des textes en prose.

Le passage où est apprécié le caractère violent des Juifs qui demandent la mort de Jésus n'est pas non plus conforme aux vieux textes :

> Qu'il estoient genz moult puissant
> De richesses comble et mennant.

Le texte du Mans dit avec plus de logique et de force : « Et ils furent moult gent et rice et gaignard et poisant. »

Le Ms. C. est conforme : « Moult grant gent et gaignart et riche et puissant. »

Le Ms. D. : « Et il furent grant gent et felon et riche et puissant. »

Les mots *gaignart* et *felon* de ces textes sont bien supérieurs en énergie à ceux de la version rimée qui ne se retrouvent pas ailleurs.

Le poëme fait dire à Pilate :

> Le prophète osta dou despit
> Et en une pierre le mist
> Que il avoit faite tailler
> Pour lui, après sa mort, couchier.

Le Ms. du Mans met plus succinctement et dans une forme plus ancienne :

« Si l'eust et l'osta del despit et le mist en une pierre ke il eut faite tailler à son oés. »

Le Ms. C. adopte cette locution qui est sans doute la primitive et que nous avons déjà rencontrée :

« Si l'ot et l'osta dou despit et lou mist en une pierre qu'il ot fait taillier à son hués. »

Le Ms. D. dit de même : « Si l'ot et l'osta du despit et le mist en une pierre qu'il avoit fait faire à son oés. »

Le Ms. H. seul supprime le mot « oés » et met : « qu'il avoit fait faire por lui », en retombant dans la version rimée.

Plus loin, lorsque Pilate veut se disculper de la disparition de Joseph, il se sert, dans le roman rimé, d'un argument banal qui ne se rencontre dans aucun autre texte :

> Ne que je, vers vous, povoir ai
> N'avait-il vers eus, bien le sai.

C'est-à-dire : Je sais bien qu'il (Joseph) n'avait pas plus de pouvoir sur eux, que je n'en ai sur vous.

Les autres textes ne présentent pas cette idée oiseuse d'assimiler la situation de Joseph vis-à-vis des Juifs à celle de Pilate à l'égard des « message. »

Le Ms. du Mans porte : « Or esgardez s'el blasmes en est miens. »

Le Ms. C. : « Or esgardez se oi la force vers els toz. »

Le Ms. D. : « Or regardez se ge ai eu tort. »

Le Ms. H. : « Ore esgardés se jou ai tort. »

Les « message » voyant que Pilate n'avait pas « si grant tort » lui disent :

> Et se tu vieus, bien te porras
> Devant no Seigneur descouper.

Le Ms. du Mans emploie une forme bien plus archaïque : « Et lui dient : se chou estoit voirs et nous l'oïenmes dire d'autrui que de vous, nous vous en descouperrièmes bien devant l'emperaour. »

Le Ms. C. : « Et se il est ensin, bien te porras descorper envers l'emperaor. »

Le Ms. D : « Se il en est einsi, bien t'en poras descouper vers l'empereor. »

C'est en définitive la forme la plus moderne qui a prévalu dans le roman rimé.

Pilate dit ensuite aux « message » que les Juifs leur raconteront la même chose que lui. « Fors, dit le Ms. du Mans, la prise de Joseph. » — « Fors que de Joseph dont je ne sai rien qu'il est devenuz, » Ms. C. — « Fors la prise de Joseph, » Ms. D.

La version rimée supprime mal à propos cette restriction qui est importante et devait se trouver dans la version primitive.

Lorsque les Juifs se rassemblent, le trouvère met :

> Tout li Giue en Beremathye;

Or, Beremathie est la dégénérescence de Barimathie du Ms. C. qui lui-même vient d'Arimacie du texte du Mans ; nouvel indice d'état moderne pour le Ms. rimé.

Lorsque les Juifs se disculpent, ils disent dans le Ms. du Mans : « Voirs est que nous l'océsismes pour chou que il disoit qu'il estoit rois de nous et sires sour nos signours. »

Les Ms. C. et D. mettent : « Nous l'océïsmes. » Le Ms. H. : « Nous l'ochésismes. » Ce mot était donc dans l'original. Le Ms. rimé ne le donne pas et dit simplement : « Ce fu voirs, » ce qui est bien moins énergique et bien moins dramatique.

Le Ms. du Mans continue encore ses formes anciennes dans cette phrase : « Que nous l'océriêmes, se nous poïemmes. » Le Ms. C. respecte en partie cette locution et dit : « Que nous l'occirriens se nos poïens. Le Ms. H. s'en écarte peu : « Que nous l'ochierrîmes se nos pooïens ; mais le Ms. D. et le Ms. rimé, souvent d'accord, suppriment complétement cette phrase ; nouvelle preuve à porter au passif du roman rimé.

Le plus sage des « message » prononce ensuite un mot caractéristique qui, dans sa concision, rappelle la langue du XIIe siècle et dut se trouver dans la version originale.

Ms. du Mans : « Encore n'ai-jou mie la force de la parole. »

Ms. C. : « Encor n'ai je pas oïe la force de la parole. »

Ms. D. : Encor ne savons nos pas la force de la parole. »

Ms. H. : « Nous ne savons pas encore la force de la parole. »

La version rimée met au contraire :

> Encor n'aviens oï touchier
> A la force de la besoigne.

Si le mot « besoigne » était original, quelqu'un des quatre manuscrits précités l'aurait reproduit.

D'ailleurs, c'est bien « la force de la parole » qu'il faut, c'est-à-dire l'argument principal. C'est donc là encore une innovation du trouvère en quête de la rime.

La phrase suivante ne paraît pas non plus conforme au texte ancien :

> Seigneur je vous weil demander
> Se Pilates vous vous veer
> Cel homme qui roi se fesoit.

Le mot « veer » (enlever) n'est pas le mot propre, le sens en est obscurci.

Le Ms. du Mans porte : « Dont ne vous juga Pylate cest homme à mort qui faisoit plus que Empereres. »

Le Ms. C. : « Dont ne vos juga Pilates, cel home à mort qui se faisoit plus que rois ne empereurs. »

Le Ms. D. : « Donc ne vos juga Pylates tel homme à mort qui se fessoit plus que rois ne empereurs. »

Le Ms. H. : « Dont ne le vos juga Pylate tel homme à mort qui se faisait plus sires que rois ni empereurs. »

Évidemment encore ici, si un manuscrit s'écarte du texte primitif, c'est le roman rimé, car le mot « veer » ne se retrouve nulle part et il n'est là que pour la rime.

Voici encore un passage du manuscrit primitif qui manque totalement dans le roman rimé.

Ms. du Mans : « Ensi fu départis li parlemens et Pylates délivrés de la haine as message qui liét en furent. »

Ms. C. : « Enfin départi li parlemenz et einsinc fu Pilate délivrés de la haine as messages. »

Ms. D. : « Einsi desparti li pallemenz et Pilate fust délivré de la haine as messages. »

Le trouvère répugnait sans doute à exonérer Pilate, généralement peu sympathique à la foule devant laquelle il devait chanter ses vers; mais le point de vue des manuscrits en prose est supérieur.

Dans toute l'histoire de Véronique, cette femme est nommée, on ne sait pourquoi, « Verrine, » par le trouvère à qui ce nom plaît sans doute.

> Verrine ha non, si n'est pas fole.

Il faut convenir que la rime avait alors de singulières tolérances. Inutile de dire que les mots inconvenants « si n'est pas fole » ne sont dans aucun autre manuscrit.

Bien plus, on ne trouve nulle part ailleurs le nom « Verrine », qui ne répond à aucune exigence étymologique.

Le Ms. du Mans met partout : « Veroine ». Le Ms. C. « Verone ». Le Ms. D. se reprend à la version du Mans « Veroine » et le Ms. H. à celle du Ms. C. « Verone ».

Il faut donc considérer le nom « Verrine » comme une nouvelle excentricité du trouvère, peu soucieux de garder le texte primitif.

Dans le nom « Veroïne », au contraire, se rencontrent les vestiges des mots *vera icon* qui sont, croit-on, les racines du mot latin *veronica*.

Si nous ouvrons les manuscrits du *Grand Saint Graal* de Gautier Map, nous trouvons de nombreuses variantes à la leçon du *Saint Graal* de Robert de Borron, mais nulle part n'apparaît le nom *Verrine*.

Le Ms. 749 nouveau, 7171 ancien de la Bibl. Nat., du XIIIe siècle, donne à cette femme le non de *Verone* comme les Mss. C. et H.

Le Ms. 770 nouveau, 7185 [33] ancien du même dépôt et du même temps que celui du Mans, adopte encore le nom de *Verone.*

Cependant, dès la fin de la deuxième moitié du XIIIᵉ siècle, les manuscrits suivent une autre voie ; ainsi dans le Nᵒ 344 nouveau 6965 ancien, on trouve au lieu de Verone, « Marie la Vénicienne », et ce nom se perpétue jusqu'au XVᵉ siècle ; nous le trouvons tel dans le beau manuscrit aux armes de Bourbon-La Marche, Nᵒ 113 nouveau 6784 ancien du même dépôt.

Le grand et splendide Ms. 95 nouveau 6769 ancien, de la fin du XIIIᵉ siècle, donne au contraire « Marie l'Egyptienne. »

On trouve dans le Ms. 229 de l'A. : « Marie l'Agiptienne » et dans le Ms. 223 du même dépôt : « Marie de la Vénience. »

Enfin, le Ms. de jongleur 2455, Bibliothèque nationale, donne presque seul : « Marie l'Anjuicienne. »

Nulle part on ne retrouve le nom « Verrine » de l'invention, évidemment, de notre trouvère.

Le véritable nom ancien était donc « Veroine » ou par euphonie « Verone », tel que l'indiquent le Ms. du Mans et les romans en prose du *Petit Saint Graal.*

Lorsque Pilate interroge Veroïne et lui dit qu'elle possède, chez elle, un portrait d'homme qu'elle adore, le Ms. du Mans dit : « J'ai oï dire que vous avés une semblance d'oume en vo huce. » Cette indication de l'endroit où est remisé le portrait semble ancienne.

Le Ms. H. dit aussi : « Que vous avés la semblance d'un houme en vo huge. »

Le Ms. D. met : « Que vous avez une semblance d'ome en votre huche. »

Le trouvère supprime cet archaïsme et met simplement :

> ..... Une semblance
> Avez d'omme, en grant remembrance,
> *En meison.*

Il aurait pu laisser le mot « huge, huce ou huche »
du texte primitif, sans danger pour le rhythme ; mais
il lui fallait innover.

Plus loin, Véronique revenue avec le portrait fait
d'abord asseoir les « message ».

Ms. du Mans : « Et qant ele i fu venue si lour
dist : or vous sées et il s'asirent. » Cette phrase est
originale et devait se trouver dans la version primitive.

Le Ms. C. la donne textuellement : « Or vos séez
tuit ci-devant moi et il s'asistrent. »

Le Ms. D. et le Ms. H. portent : « Or vos séez et il
s'aséent. »

La version rimée a seule supprimé cette phrase
indispensable, car elle va contribuer à l'effet : Veroïne
fait asseoir les messagers pour rendre plus sensible
leur action de se lever automatiquement et comme
malgré eux, à la vue du portrait de Jésus qu'elle
découvre, et non à son arrivée comme le met le
roman rimé qui gâte ici son effet. C'est encore un
détail important de la version originale que le trouvère
n'a pas saisi. Cependant les vers suivants indiquent
assez qu'il fallait insister sur ce point.

En racontant la suite de son aventure, le roman
rimé fait dire à Veroïne :

> ..... Mout me prièrent
> Li Juif, quant il m'encontrèrent

> Que men sydoine leur prestasse
> Au prophète son vis torchasse.

L'expression « torcher » est moderne.

Le Ms. du Mans avait dit : « Si me requisent pour le grant Dieu que jou li essuiaisse et *tiergisse* son viaire. »

Le Ms. C. : « Si m'appela et me pria par lou grant Dieu, que je li essuiasse et *tuersisse* lo vis de ma toaille. »

Le Ms. H. : « Si me requist que je li essuaisse son vis et *tersisse* pour la suour. »

Le Ms. D. n'emploie plus ce vieux mot; il n'est donc pas étonnant qu'il ne soit pas dans le roman rimé très-souvent conforme au Ms. D.

Lorsque les messagers sont revenus à Rome, ils racontent à l'empereur ce qu'ils ont fait et vu, et ajoutent dans le Ms. du Mans cette phrase elliptique : « Et ils dient : nous ne quidons pas qu'il nous doit séoir qu'il le voit, » faisant ici allusion à l'obligation où tout le monde est de se lever à la vue de la Véronique.

Le Ms. C. élucide ainsi ce vieux texte : « Nos ne quidons pas que nus hom se déust séoir, qui la véist. »

Le Ms. D. supprime ce passage déjà vieilli en 1301. — La version rimée fait de même, naturellement.

Le fils de l'empereur manifeste, après sa guérison, l'intention de venger Jésus et se sert, dans le roman rimé, d'une expression impropre :

> Jamais n'arei bien ne honneur
> De si que l'arunt comparé.

Le Ms. du Mans, plus logique, avait dit : « Ça il n'auroit jamais *joie,* si l'auroit comparé. »

Le Ms. C. : « Que il n'aura jamès *joie*, tant que il l'auront comparé. »

Le Ms. D. : « Que yamès n'aroit *joie* tant qu'il l'auroient comparé. »

Le mot *joie* est bien le terme propre et celui de la version primitive, remplacé peu heureusement par les mots *bien* et *honneur* de la version rimée ; l'honneur de Vespasien, non plus que son bien-être, n'était engagé dans la question ; mais il pouvait ressentir de la *joie* à l'idée d'aller venger les opprobres de celui qu'il regardait comme son sauveur.

Quelquefois l'on trouve dans le Ms. rimé des expressions qui semblent anciennes ; mais ce ne sont que des interpolations d'un vieux texte qui servait de modèle au trouvère et que ce dernier tolérait quand le rhythme et la rime s'en accommodaient. Par exemple le vers 1795 :

> Avez vous feit que traïteur.

On croit voir là un reflet du xiie siècle et comme un indice de vétusté pour le poëme ; il n'en est rien.

Cette phrase était dans l'original ; elle a été exceptionnellement conservée par le trouvère.

En effet, le Ms. du Mans porte : « Vous avez fait com traïtour. »

Le Ms. C. : « Vous feites tuit que traïteur. »

Le Ms. D. : « Vos avez fait que traïtres. »

L'expression suivante du Ms. rimé est du même genre :

> Que Pylates le soustenoit
> Et se tenoit par devers li.

Cette phrase n'était que la reproduction des vieux textes :

Ms. du Mans : « Tout cou nous fist Pylates vos bailliex *qui se tenoit devers lui.* »

Ms. C. : « Pilates vostre baillis *qui se tenoit devers lui.* »

Ms. H. : « Pylates vostre baillius *qui se tenoit deviers lui.* »

Ms. D. : « Pilate vostre baillif *qui se tenoit devers lui.* »

Dans le vers 1823, Pilate demande aux Juifs pourquoi ils vouèrent tant de haine à Jésus :

> Et pourquoi en si grant haïne
> Le queillites n'en teu cuerine.

Par exception le verbe « queillites » appartient probablement à la version primitive ; en effet, le Ms. du Mans avait dit : « Et pourquoi vous le coillistes en haine. »

Le Ms. C. : « Et pourquoi vous lou cuillites en haine. »

Le Ms. D. : « Et pourquoi vous l'acuillistes einsi en haine. »

Inutile de dire que le mot « cuerine » qui forme double emploi, n'est ici que pour le besoin de la rime et ne se trouvait pas dans le manuscrit original.

Ce mot « cuerine » du vocabulaire populaire est d'ailleurs fort curieux, il n'est ni dans Roquefort, ni dans le *Dictionnaire de la langue française aux* XIIe *et* XIIIe *siècles par M. Ch. Hippeau,* ni dans aucun glossaire à moi connu.

Mais Ducange cite le mot « corine » : *Stomachus*

*vulgò colère, haine* et ajoute : *vient de coro ou cauro qui ventus est occidentalis.*

Mais le mot « cuerine » du *Saint Graal* rimé prouve que ce mot vient de « cuer », ce qui donnerait à penser que « corine » ou « corina » dérive naturellement de « cor », le viscère siége des émotions de l'homme.

Les Juifs croient que l'empereur charge Pilate pour leur bien, « pour leur preu » (vers 1834) :

> Que ce fust pour leur avantage
> Pylates y eust damage.

Le texte du Mans dit : « Si en furent moult liés et quidièrent que il le desist pour leur preu et pour la dampnation Pylate. »

Le Ms. C. dit : « Pour lou domage Pilate. »

Le Ms. D. : « Et pour le damage de Pilate. » C'est encore dans le Ms. le plus récent que nous trouvons l'expression « damage » du texte en vers.

Lorsque Vespasien fait rompre les Juifs par des chevaux, le Ms. rimé ne semble pas non plus respecter les vieux textes ; le Ms. du Mans porte : « Puis les a fait venir devant lui et grant plenté de cevaus et en fist prendre .IIII. des mix vaillans ; si les fist maintenant desrompre. »

Le Ms. C. dit : « Lors les fis toz prendre et mener devant lui, toz liez, sor grant plantez de chevax, si en prist .IIII., si les fist tôt maintenant derompre. »

Le Ms. D. emploie aussi le nombre quatre dans cette phrase : « Lors fist Vespasiens prendre grant plainté de chevaux, et les fist prendre .IIII. et .IIII.; si les fist maintenant touz desrompre. »

Enfin le Ms. H. respecte encore cet ordre numé-
rique : « Atant fist Vaspaseïens venir grant plenté de
ciaus (pour chevaux), si les fist prendre .IIII. et .IIII...»

Évidemment, c'est là un reflet du texte primitif qui
a disparu complétement dans le roman rimé, vers 1893 :

> Assez feit chevaus amener
> Et as queues les feit nouer
> Que touz trahiner les fera.

sans que le mot *desrompre*, si caractéristique, soit
prononcé et sans que l'expression « tirer à quatre
chevaux « trouve satisfaction.

A la fin des pourparlers avec les Juifs, ceux-ci
rapportent une parole des apôtres qui doit être dans la
version première : « Et dient que il (Jésus) surrexi. »

Un mot latin équivalent se retrouve aussi dans la
version rimée :

> Car se il fut resurrexiz.

Le Ms. H. met comme celui du Mans. « Que il est
*surrexis.* » Le Ms. D. : « Et qu'il est *resurrexi.* »

Il n'est pas étonnant que le Ms. rimé emploie ce
même mot, car nous avons déjà vu souvent ces deux
manuscrits en parfait accord.

A l'avenir nous ne nous servirons plus du Ms. du
Mans qui abandonne la version du *Petit Saint Graal*,
pour celle de Gautier Map, après les mots : « Lors
en refist une grant partie ardoir » qui correspondent
au vers 1935.

Lorsque Vespasien dit aux Juifs que Joseph peut
bien avoir été sauvé, il se sert, dans les textes en prose,
d'un argument péremptoire qui n'est pas dans la
version rimée, très-lâche en cet endroit.

Ms. C. : « Et Vaspasiens respont que cil lou peut bien avoir sauvé qui m'a gari de ma maladie, se que nus hom ne pot faire, se il non, et ce est cil meismes por cui il fu enmurez ; car moi qui onques, ne lou vi, ne rien nule ne fis por lui, a-il gari et séné de la plus vil maladie, que onques nus hom éust et ce est cil por cui il fut enmurez et batu et à cui il fu doné. »

Le texte du Ms. D. est conforme.

L'omission de cet argument n'est pas à relever à l'actif du Ms. rimé d'ordinaire si verbeux.

Dans le Ms. rimé, le trouvère à modifié singulièrement le nom de Brons, beau-frère de Joseph. Il l'appelle au commencement Hébron et Hébruns, les Ms. en prose, comme le *Grand Saint Graal*, n'offrent que les noms de Brons et Bron.

Lorsque Joseph se sépare de Vespasien, la version rimée, d'accord avec le Ms. D. ne parle pas de leur baptême.

Le Ms. C. dit au contraire : « Et lors se bauptisa Joseph et sa maisniée de la main saint Climant et Vaspasians refist autretel et lors après assembla Joseph sa gent. »

Le *Saint Graal* de Gautier Map parle aussi du baptême de Joseph, mais c'est saint Philippe qui le baptise. Quant à Vespasiens, voici en quels termes cet ouvrage rapporte son baptême :

« Et qant Vaspasiens l'oï dire si l'envoia querre, et demanda que cou senefioit que il l'avoit fait. Et Joseph lui respondi que cou estoit li salvemens Jhesu-Crist et sans cou ne pooit estre nus hom saus. Et qant Vaspasiens l'oï dire, si dist que cest créance prenderoit-il, si se fist bauptisier..... » (*Ms. du Mans.*)

Il est donc très-probable que la mention de ces baptêmes était dans le texte original dont s'écarte encore ici le Ms. rimé.

Le vers 2491 est obscur et incomplet; c'est la voix de l'ange qui parle à Joseph.

> Ou non de cele table, quier
> Une autre et fei appareiller.

Il s'agit de la table sur laquelle Jésus a célébré la cène : l'ange commande à Joseph d'en faire une autre sur laquelle il posera le saint Graal et qui rappellera la table de la cène.

Le Ms. C. porte : « Et en non d'icele table, voil que tu en faces une carrée. » On a supposé que ce Ms. ancien renfermait une inexactitude et qu'il avait pris le mot « quier » pour le mot « carrée. »

Mais le mot « carrée » est aussi dans le Ms. D. du même temps que la version rimée ; il y a donc dans celle-ci, qui ne reproduit pas cette épithète, seulement un *lapsus* ou une négligence de style.

Le Ms. D. porte en effet : « En leu d'icele table, en fais une autre quarrée. » Sans doute pour que cette seconde table ne fût pas confondue avec la Table ronde que Merlin devait établir plus tard.

Ce mot « quarrée » était donc très-probablement dans le Ms. primitif.

La voix mystérieuse continue et explique l'action de Bron :

> Lors si verra trestout de plein
> Que Brons arrière se treira
> *Tant com uns hom de liu tenra.*

Le texte est bien peu clair pour quelqu'un qui ne

sait pas d'avance ce que le trouvère veut dire. Les manuscrits en prose sont beaucoup plus compréhensibles et marquent mieux l'action de Brons.

Le Ms. C. porte : « Et lors vairas qu'il se traira en sus de toi, tant comme le leux à un home tient d'espace. »

Le Ms. D. naturellement plus d'accord avec la version rimée, comme nous l'avons vu souvent, met : « Et lors verras que si traira arrière tant comme li leu à un home tient. »

Inutile d'ajouter que, comme l'a fait comprendre le Ms. C., on veut dire que Brons laissera une place vide entre lui et Joseph : ce *lieu* fameux qui, dans la troisième table, la Table ronde, ne devait être rempli que par un chevalier sans tache, Perceval, dans les versions françaises, et Galaad, dans le roman de Gautier Map.

Après le vers 2635, le trouvère supprime un passage nécessaire.

On demande aux pécheurs quelle résolution ils prirent lorsqu'on les invita à s'asseoir à la table du Graal.

Ils répondent dans le Ms. C. : « Et cil dient qu'ils ne santirent onques point d'icele grâce ; n'a rien ne lor en fu ; ne à la table ne porent aprochier, en sorquetot nos la veïsmes si plainne de gent que nus ne s'i poist séoir entre els, fors que seulement lez Joseph, o nus ne puet ataindre. Or poez vos bien connoistre.... »

Le Ms. D., conforme toujours à la version rimée, supprime ce passage ancien.

On sait qu'il manque, après le vers 2752, au moins deux feuillets dans le poëme.

On peut facilement les suppléer par les Mss. C. et D.

Le premier, étant plus ancien, a nos préférences, bien que le dernier soit généralement plus conforme à la version rimée.

Voici le passage perdu, extrait du Ms. C. : « Et cil li respondent ; dont ne crerriens nos james ne lui, par samblant qu'il feist, se il le faisoit de barat ; mais, por Deu, donez li de ceste grâce se vos poez. Et Joseph respont : s'il i velt estre, il covient que il soit tex comme il se fait par semblant ; mais [1] bareterres qui viaut autrui conchier par barat, dont ne seroit-il granz joies que li baraz conchiast lou barateor ? Oil ! font cil ; et vos en verroiz, par tens, fait-il, tot son corage ; et neporqant j'en proierai nostre Seignor, por vos qui m'en priez. Et cil li respondent : granz merciz, sire.

« Lors vint Joseph toz seux, devant lou Graal, et se coucha devant à terre à codes et à genoux, et pria Jhesu-Crist nostre Sauveur que il, par sa pitié et par sa grâce, li face veraie démonstrance de Moys, se il est tex comme il fait lou semblant. Lors s'aparut la voix dou saint esperit devant lui et dist : Joseph ! Joseph ! or, est venuz li tens que tu verras ce que je t'ai dit dou siége vuit de la table, qui est entre toi et Bron. Tu pries por Moys que tu quides, et cil qui t'en ont prié, qu'il soit tex com il fait lou semblant : et s'il aimme tant la grâce com il fait lou samblant d'estre boins, si aille avant et s'assiée à la table et lors verras que il deviendra. Ensinc com la voiz ot commendé à Joseph, si lou fist ; et lors s'en vint arrières et parla à cils qui

---

[1] Cette phrase tout entière n'existe pas dans le Ms. D. et probablement manquait aussi dans le Ms. rimé.

de Moys l'avoient prié et lor dist : dites, fait-il, à Moys,
se il est tex que il doie avoir la grâce, nus ne li peut
tolir, et se il est autrement que il ne soit tex com il
fait lou samblant, n'i vaigne-il jà, que il ne peut ne
lui si bien angignier come soi-meisme, ne traïr. Cil i
alèrent, si li distrent tot ensinc com Joseph lor ot
commendé à dire. Et qant Moys les oï einsinc parler,
si en fu moult liez et dist : Je ne redot rien nule que
seulement lou congié de Joseph et que je ne soie tex
que je n'i doie bien estre et aseoir. Et cil li respondent : son cougié as-tu bien, se tu i es tex com tu nos
feiz lou samblant. Et cil dit que si est. Lors lou prannent cil entr'ax, si en fout moult grant joie et l'anmenèrent au servise, et Joseph, qant il lo vit, si li dist :
Moys ! Moys ! ne t'aprochier de chose dont tu ne soies
dignes à l'avoir ; car nus ne te peut si bien angignier
con tu meismes et garde que tu soies tex con [1] ces genz
quident et con tu lor as dit. Si voirement, dist Moys,
car ge boens sui ; si me doint-il [2] durer en vostre
compaignie. Or, vien avant, dist Joseph, car se tu ies
tez com tu diz, nos lou verrons bien.

« Lors s'assist Joseph et Brons ses serorges et tuit
li autre à la table chascuns en son leu, issi com il
durent feire et qant il se furent tuit assis, Moys
remest en estant darrières els et ot paor. Si ala entor [3]
la table, ne il ne trueve leu où il s'asiée que lez Joseph ;

---

[1] Le Ms. D. met : « Gardes que tu soies teux come tu
fais semblant. »

[2] Au lieu de : « Si me doint *il* durer, » le Ms. D. donne :
« Si me doint Deux durer. »

[3] Tout le passage de la disparition de Joseph est légèrement abrégé dans le Ms. D. qui supprime ici « la table. »

et il entre anz et s'i asiet et si tost com il si fu assis,
si fu fonduz [1] en terre ; car maintenant [2] ovri la terre
et lou sorbi et maintenant reclost aprè lui ; ne onques
ne sambla que il onques i eust esté ; et qant cil de la
table virent ce, si en furent moult effrée de celui qui
einsinc fu perduz entr'aus.

« Ensinc furent à cel servise celui jor et quant i
furent levé, Petrus parla à Joseph et li dist : sire !
sire ! or, ne fûmes nos onques mais si effréé com or
somes, nos te prions, par totes iceles vertuz que tu
croiz, si il te plaist, et tu lou sez, que tu nos dies que
Moys est devenuz. Joseph respont : Je nel sai mie ;
mes se celui plaist, qui tant nos en a mostré, nos en
saurons bien lou seurplus.

« Lors vint Joseph toz seux plorant devant son
vaissiel et s'agenoille à ter à codes et à genoux, et
dist : biax sire Dex moult sont boennes vos vertuz et
sages voz œvres ; sire ! ainsinc veraiement con vos
preïtes sanc et char en la virge pucèle Marie et [3]
porta à fil et à père et an nasquites, aujor de Noël et
venites en terre por soffrir toz tormenz terriens... »

La soudure se fait ici, le texte en vers a conservé
ces derniers mots : « tourmenz terriens. »

Le Ms. D. différant fort peu, comme il appert par
les notes de ce texte, du Ms. C., il est certain qu'on
possède réellement, au rhythme et à la rime près, la
substance et même l'expression du poëme. Si l'on y

<hr/>

[1] Le Ms. D. supprime : « en terre. »
[2] Le Ms. D. supprime : « ovri la terre et lou sorbi et main-tenant reclost aprè lui. »
[3] Le Ms. D. retranche : « et porta à fil et à père. »

tenait, on pourrait facilement restituer dans celui-ci
les parties absentes. Mais à quoi bon, nos textes en
prose valent mieux que la version rimée, ce sont eux
qu'il faut conserver avec un soin jaloux : puisque
nous sommes sûrs maintenant qu'ils gardent en dépôt
la pensée première de Robert de Borron.

Continuons notre examen du roman rimé qui,
nous l'espérons, sera apprécié ensuite à sa vraie
valeur. Vers 2775 :

> Joseph or est à ta venue
> La seneflance avenue.

Les Mss. C., D. et H. sont conformes.

Le Ms. de l'A. seul donne : « Or est venuz le tems
que tu auras ce que je t'ay dit du siége. » Mais c'est là
évidemment une innovation.

Dans la phrase suivante, le Ms. rimé ne fait allusion
qu'au lieu vidé de la table actuelle qui est la deuxième;
mais puisque le roman avait prévu la troisième table,
*la Table ronde* de Merlin, il semble qu'il aurait dû en
parler comme le font les autres versions en prose :

> Devant que li terz hons venra
> . . . . . . . . . . . . . . . . . . . . . . . . .
> Et Hebruns le doit engenrés
> Et Enygius ta sœur porter ;
> Et cil qui de son fil istra
> . Cest liu meismes emplira.

Sans en dire davantage.

Le Ms. C. en dit plus : « Devant que li terz hom
de ton lignage lou rempliroit et ce iert dou fil Bron
et Hannysgeus ta sereur, dont issir doit; et cil qui
de son fil istra, accomplira cest leu et *.I. autre*, avec
cestui, *qui el non de cestui sera fondez.* »

Le Ms. D. est conforme : « Jusque le tierz home de ton lignage le rampliroit et ce iert le fil Bron et d'Annigeus dont issir doit cil qui de son fiz istra, remplira ce lieu et .I. *autre qui en leu de cestui sera fondez.* »

Le Ms. H. porte : « Devant dont que tiers hom de ton lignage le raempliroit et che iert li fius Brons d'Enigeus dont issi doit cheus qui de son fil istera qui acomplira cil lieu *et .I. autre.*

Ainsi tous les manuscrits en prose sont d'accord dans leur rédaction ; il est donc très-vraisemblable qu'il y a encore, en cet endroit, une lacune dans le poëme.

En compensation, le roman rimé insère, au vers 2817, une phrase prophétique qui manque totalement dans le Ms. C., mais se trouve dans le Ms. D. toujours plus voisin du poëme ; voici cette phrase très-caractéristique, car elle fait allusion aux aventures de Lancelot et de Galaad dans la *Quête du Saint Graal* de Gautier Map. Il s'agit de Moÿse « fondu en abyme. »

De lui plus ne pallera-on
Ne en fable ne en chançon
*Devant ce que cil revenra*
*Qui le liu vuit raemplira*
*Cil meismes le doit trouver.*
Meis de lui plus n'estuet paller.
Qui recreirunt ma compagnie
Et la teue, ne doute mie,
De Moyses se clamerunt.

Le Ms. C. donne : « Ne de cestui qui perduz est ne doit estre parole plus longuement tenue et cil qui retrairont ma compaignie et la toe, clameront sa sepulture cors Moys. »

Le Ms. D., au contraire, porte : « Ne jà de lui n'iert plus parole tenue *devant ce que cil qui l'amplira le truist* et là où il le trovera, si s'en rapantira des déliz terriens et de cestui ne doit estre plus loncement pallé que il vivra encore sanz puissance et cil qui recreeront ma compagnie et la toie.... »

C'est en substance la prophétie du roman rimé et, en effet, ces deux textes du même temps se suivent toujours pas à pas.

Que conclure de là, sinon que la rédaction du roman rimé a subi ici l'influence du roman de Gautier Map, puisque jamais Robert de Borron n'a parlé de Galaad et même n'a pu le prévoir. C'est, en effet, le fils d'Alain, c'est-à-dire Perceval, qui doit « accomplir le lieu vide » et Perceval ne trouve pas Moyse.

Il y a donc là une innovation évidente au texte primitif.

Voici la prophétie de Josephe contenue dans le *Grand Saint Graal :*

Josephe interrogé par ses compagnons sur la durée du feu qui brûle sur la tombe de Canaan : « Je vous dit, fait Josephe, que il n'ardera pas tousjours ; ainsi faurra, mais cou ne sera mie tost. Ains duerra tant que uns chevaliers pecieres (Lancelot) qui passera de bontet et de cevalerie tous ses compaignons, i venra et, en sa venue, estaindra cis fus et ne mie par bonté de lui ; mais pour monstrer que, en aucune manière, doit adrechier hom, sa grasse de cevalerie ; et chil chevalier aura non Lanselos et de lui istra li buens chevalier engenrés en péchiet, à qui nostre sires donra sa buenne éurée grasse qui, en mérite de sa vie sainte et religieuse, aquievera-il toutes les aventures de la Grant-Bretagne et les merveilles ù li autre chevalier fauront et par celui, dont je vous di qui Galaad sera apiélés en non de bautesme, *sera délivré* de Siméon *et Moys* la grant peine, *ù il sunt* et Kanaans sera délivrés par son pière et toutes ces coses avendront au tans à un roy qui sera apiélés Artus. »

Et, en effet, on trouve la délivrance de Moÿse dans la *Quête du saint Graal* de Gautier Map. Mais non dans celle de Robert de Borron dont nous donnerons plus loin le contexte.

Rien ne démontre mieux que le passage relatif à Galaad, l'état moderne du roman rimé, puisque le Ms. D. si récent renferme aussi ce passage qui manque au Ms. C. plus ancien.

Au vers 2843 et suivants, commence l'histoire des douze fils de Brons ; dans le Ms. C., cette histoire est précédée d'un passage qui prouve que Robert de Borron entendait bien rattacher l'histoire de Joseph aux aventures de la Grande-Bretagne où Perceval devait nécessairement remplir le lieu vide.

« Ensinc furent ansamblc un grant tens en cele région puis que Joseph ot preeschié par la terre de la Grant-Bretagne dont il se furent crestienné tuit li haut home et la menue gent ; et maintes granz miracles i fist nostres sires por lui. Et puis s'entrevint converser en ces *diverses parties d'ocidant* si com *vos avez oï el conte; mais totes les aventures qui lor avint, ne vos puis-je retraire, autre part me convient à guanchir.* »

Les autres versions Didot, Huth et le Ms. rimé par

conséquent ne disent rien du séjour de Joseph en Grande-Bretagne, et le passage précité est totalement éliminé, à tort évidemment.

L'histoire des douze fils de Brons est la partie faible du poëme. Délayé en 525 vers, cet épisode n'est qu'une suite de dialogues où les mêmes idées sont sans cesse répétées. Gautier Map a senti que ce n'était pas le cas d'employer le grand moyen mis à la disposition de Joseph, et tout se passe, dans le *Grand Saint Graal*, sans l'intervention divine ; les deux versions sont extrêmement dissemblables, et il est matériellement impossible de soutenir que l'une ait pris quoi que ce soit à l'autre. Il ne reste qu'une seule chose commune aux deux romans, c'est la charpente du récit : Brons a douze fils ; onze d'entre eux veulent prendre femme, le douzième est décidé à rester vierge, il est adopté par Joseph, se nomme Alain, dans les deux versions, et est prédestiné à être le gardien du Graal : les 525 vers du poëme tiennent dans une demi-page du roman de Gautier Map.

Comparons maintenant le roman rimé aux versions en prose.

> Meis Hebruns leur a pourchacié
> Et loing et près tant qu'ils eussent
> Femmes et qu'ils marié fussent.
> Commande leur que loiaument
> Se tenissent et bèlement
> En la compaignie leur femmes :
> Seigneur soient et eles Dames ;
> Pristrent les, selon la viez loi
> Tout sanz orgueil et sanz bofoi
> En la fourme de sainte Eglise.

Le Ms. C. nous ramène encore dans la Grande-Bretagne :

« Lors pourchaça Brons et loig et près que il eussient fames, et qui avoir les vost selon la loi Jhésu-Crist et au commendement de Sainte Eglise, si les ot ; mais encor estoit la crestientez moult tenue et moult novele en ce pays que l'an apeloit *la Bloie Bretaigne que Joseph avoit novelement convertie* à la créance de Jhésu-Crist.

Le Ms. D., toujours d'accord avec le Ms. rimé, supprime toute mention de la Grande-Bretagne et dit brièvement :

« Et lors porchaça Bron et loing et près que il eussent fames au comendement de Sainte Eglise. » (Sans rien ajouter.)

L'expression « Bloie Bretagne » est à remarquer. Il est probable qu'elle existait dans les anciens textes ; Gautier Map s'en est aussi servi plusieurs fois dans son roman.

Il est curieux de voir combien certaines expressions caractéristiques ont persisté dans les textes. Ainsi, au vers 2959, lorsque Alain manifeste énergiquement son désir de ne point se marier, on pourrait croire que l'expression suivante du trouvère est un mot échappé à la verve de la composition ou nécessité par les exigences de la rime :

> Fort c'un qui, avant *escorchier*
> Se leiroit et tout detrenchier
> Que femme espousast ne préist.

Le Ms. C. porte : « Icil ne vost onques fame prendre, ainçois dist que qui l'*escorcheroit*, ne prendroit-il pas fame. »

Le Ms. D. : « Cist ne vot fame prendre et dit qui le devroit vif *escorchier*, ne prandroit-il nulle de ces fames. »

Le Ms. Huth. : « Cil ne vaut feme prendre et dist : qui le deveroit *escorchrer* n'en prenderoit-il nule. »

Cet accord parfait doit nous inspirer la plus grande confiance dans notre ancien texte du Ms. C. ; on voit clairement que les Mss. D., H. et de l'A. ont éliminé le plus de mots qu'ils ont pu et que le texte en vers a fait de même, quand la rime ne l'obligeait pas à délayer certains passages.

Cette autre expression du roman rimé :

> Biaus douz niés : Cheveteins serez
> Et vos frères gouvernerez

est la répétition des phrases suivantes :

Ms. C. : « Biax douz niés, vos seroiz chevetainnes de toz vos frères. »

Ms. D. : Beaux douz niés, vos serez chevetaignes de vos frères. »

Ms. H. : « Biaus dous niés : vous seres chievenains de vos frères. »

(*Chevetein* pour *chevecier* de *Capitiarius* ou *Capicerius*.)

Cet accord est fort remarquable, il prouve encore, quand il se produit, que notre Ms. C. est le plus pur et le plus conforme à l'original.

Lorsque la voix divine donne à Joseph des avis sur la conduite que doit tenir son neveu, on trouve dans le Ms. rimé cette expression caractéristique :

> Que il *enhorbetez* ne soit
> Maubailliz est qui ne voit.

Les Mss. en prose avaient employé aussi cette locution : « Mais il se gart bien que il ne soit jà ensin grant ire ne ensinc grant *orbeté* que il ne voie clair. »

En effet, le verbe *orbare* en basse latinité veut dire « enlever la vue, » et nous avons encore le terme *orbière*, pour désigner l'obstacle qu'on place devant les yeux des chevaux.

Le Ms. D., toujours plus concis et plus pareil au Ms. rimé, dit : « Qu'il ne soit jà en si grant ire ne enorbetés, que il ne voie cler. »

Dans ce passage :

De la joie de char se gart
Qu'il ne se tiegne pour musart.
La char tost l'ara engignié
Et à duel et à péchié.

Le Ms. C. dit plus simplement : « Qu'il se gart de la joie de sa char, que ele n'est preux, car joie n'est preu qui retourne à duel. »

Le Ms. D. est conforme, c'est donc le poëme qui, pour le besoin de la rime, intercale ici le mot « musart. »

Le passage assez important où le nom de Robert de Borron est rappelé, n'est pas tel dans les versions en prose même les plus explicites.

Voici ce passage du roman rimé :

Meistres Robers dist de Bouron
Se il voloit dire par non
Tout ce qu'en cest livre afferroit,
Presqu'à cent doubles doubleroit.

Il est bien entendu que le mot « dist » régit les mots « se il voloit, » et qu'on doit lire : « Meistres Robers de Bouron dist (que) se il voloit. .... » Les Mss.

en prose ne nomment pas ici Robert de Borron ; le Ms. C. donne seulement : « Et cil qui fist cest livre dit que se il voloit tot raconter iceles choses que Joseph conta à son neveu Élain, que cest livre se dobleroit deux fois d'escripture. »

Le Ms. D. omet entièrement ce passage, mais le Ms. A. le donne ainsi :

« Et cil qui fist cest livres dit que se il voloit tout raconter, que cest livre se dobleroit .II. fois d'escripture. »

Le Ms. H. ne parle pas non plus de Robert de Borron, il faut donc croire que cette mention explicite est de l'invention du trouvère; et en effet elle était assez inutile.

Le passage obscur du roman rimé :

> Dou tierz, ce te di-ge pour voir,
> Fera Jhesu-Crist son vouloir.

le Ms. C. l'explique ainsi : « Et lors sera entre vous accomplie la senefiance de la Trinité qui est par trois et lors sera dou tierz au plaisir de Jhesu Crist. »

Le Ms. D. porte : « Lors sera acomplie entre vous la senefiance de la Trinité qui est par .III. personnes; lors sera du tierz, au plaisir Jhesu-Crist, qu'il est sires de toutes choses. »

Le « tiers hons » dont dont il est question ici est évidemment le fils d'Alain qu'on ne nomme pas et pour lequel on s'en remet à Dieu; les romans français en feront Perceval, fils d'Alain le Gros et petit-fils de Brons [1], et le romancier anglais, Galaad, descendant

---

[1] Cette filiation est très-nettement accusée par le roman en prose, Ms. D., dont nous publierons ci-après toute la partie

très-lointain de Brons, non par Alain, mais par Josué, autre fils de Brons.

On voit qu'il y a là deux courants d'idées très-voisines au fond, mais très-différentes dans la forme, et il faut encore conclure ici que les deux compositions, l'une française, l'autre anglaise, ont leur existence propre et sont complétement indépendantes l'une de l'autre.

Au vers 3340, le poëme commet une bévue singulière. Le mot « mesprison » était dans le texte original et il veut le conserver, mais il détruit complétement le sens primitif.

Le « riche pécheur » est un surnom donné à Brons, un peu par moquerie ; en effet on l'envoie à la pêche et il ne rapporte qu'un poisson.

Aussi le Ms. C. dit-il : « Et dès lors en avant sera la mesprison sor lui, et tuit cil qui orront de lui paller *lou clameront le riche pécheur por lou poisson que il pescha.* »

Le Ms. D. ne comprend plus le sens du mot et met : « Sera la prison sor lui. » Chrestien de Troyes l'avait saisi et avait donné au mot « mesprison » le même sens que le Ms. C. Notre poëme, au contraire, applique le mot « mesprison » à l'action possible de perdre ou compromettre le *Graal.*

concernant Perceval, on y lit : « Maintenant vindrent. IIII. seryanz en la chambre où li rois Péchéor gisoit qui père fust Alein le gros et aiol Percevaux et cil rois Péchéor avoit le digne sanc Jhesu-Crist en guarde. » Mais Chrestien de Troyes ne suit pas cette donnée et fait de Perceval le neveu de Brons, par sa mère, sœur du riche pécheur.

Commanderas-li le veissel
Qu'il le gart des or en avant;
N'i mespreigne ne tant qant :
*Toute la mesproison seroit*
*Seur lui et chier le comparroit.*

Chrestien de Troyes, dans un autre passage, vers
4694, attribue le nom de « roi pêcheur » à une autre
cause, il est vrai qu'il n'ajoute pas le mot *riche* en cet
endroit, mot qui constitue l'ironie de la dénomination.

Mais quant il se viut déporter
U aucun déduit entremetre
Si va pescier à l'amençon;
*Pou cou li rois Pescière, a nom,*
Et pour cou ensi se déduist,
Que il ne peut autre déduist
Por rien soffrir ni endurer.

En effet, il est blessé et ne saurait chasser, ni se
livrer à aucun exercice violent.

Lorsque Brons se sépare de Joseph, on a remarqué
avec raison que le manuscrit rimé commettait une
hérésie littéraire :

Ainsi Joseph se demoura.
Li boens pescherres s'en ala
(Dont furent puis meintes paroles
Contées, ki ne sunt pas foles)
En la terre là ù il fu nez,
Et Joseph si est demourez.

Ce passage est bien obscur, cependant il paraît
qu'on doit l'entendre en ce sens que « Joseph demeure
en la terre où il né », à Ramath apparemment; mais
alors que deviennent les mentions relatives à son passage en Grande-Bretagne ?

Les Mss. en prose récents abondent dans ce sens ; mais le Ms. C. met un peu plus de logique dans ce passage : « Ensinc se départirent, si s'en ala le riches peschierres dont maintes paroles furent puis, en la grant Bretaigne ; et einsinc remest Joseph et fina en la terre et ou païs où *il fu envoiez de par Jhesu Crist.* »

La direction que prend Joseph reste ainsi dans le vague.

L'idée de faire finir Joseph dans le pays « où il est nez » eut un certain succès, car nous la trouvons dans les Mss. plus modernes D. et H.

Ms. D. : « Ainsi se départirent Joseph et Bron et Joseph s'en ala en la terre et el païs où il fust nez et ampris la terre. »

Ms. H. : « Ensi remest Joseph et fina en la terre et el païs où il fu nés. »

Le Ms. A. est plus énigmatique : « Ainsi remest Jo ; et si va en la tiére et ou pays » sans rien ajouter ; l'idée de le faire rester en Judée répugnait à ce rédacteur comme à celui du Ms. C.

Cependant il est visible que dans la donnée française, Joseph s'en retourne dans son pays et il est possible que si sa légende a été rédigée à Moyen-Moutier ou dans les environs, on l'ait fait mourir à Ramath, d'où ses reliques auraient été rapportées en France. C'est ainsi que l'on peut expliquer l'indécision de nos textes.

Chrestien de Troyes (vers 35119) éprouve le même embarras et fait aussi aller Joseph « en son païs ; » mais bientôt après, influencé par la version de Gautier Map, il retombe dans la donnée anglaise et le ramène en Angleterre :

> Josep del païs (*Sarras*) s'en parti
> Et sa compagnie autresi,
> Et partout là ù il aloit
> Le saint Graal od lui portoit.
> Et quant il furent departis,
> *Il s'en ala en son païs.*
> Et tout partout ù il aloit
> La loi Jhesu-Crist essauçoit.
> Puis vint en cest païs manoir
> Od lui le saint Graal por voir.

Le pays dont Chrestien parle à la fin de ce passage est l'Angleterre. Nous n'avons pas besoin de faire remarquer cette autre divergence entre les deux versions anglaise et française.

Dans cette dernière, Alain n'a qu'un descendant qui est Perceval (Vers 3467) :

> Et quès oirs deli puet issir.

« Quex oirs issi de lui ; » Ms. C. « Quex heirs istra de lui ; » Ms. D.

La version anglaise, au contraire, s'étend sur la nombreuse progéniture non d'Alain, mais de Josué qui devient possesseur du Graal.

Chrestien de Troyes, nous l'avons dit, a pris un biais ; Perceval n'est pas fils d'Alain, qui, en effet, ne veut pas se marier, mais d'une sœur de Brons, il n'est donc que le neveu du riche pêcheur, mais lui succède néanmoins dans la possession du Graal.

Quant à Pierre, sa vie est narrée tout entière dans le *Saint Graal* de Gautier Map. Existait-il une branche aujourd'hui perdue de la version française où ces aventures étaient racontées? C'est très-probable, mais ce fragment ne nous est pas parvenu.

Il en est de même de Moÿse, et il faut croire que Robert de Borron avait le projet d'en parler plus tard, comme le prouve ce passage :

> Que Moyses est devenuz
> Qui fu si longuement perduz
> Trouver le convient par raison.

Le Ms. C. avait dit : « Et si le covendra qu'il sache dire que Moys devint et que il lou retruist par raison de paroles. »

Le Ms. D. est conforme : « Et si convandra que il sache que Moys est devenuz et qu'il le puisse trover par raison de paroles. »

Ms. H. : « Et si converra que on sace que Moys est devenus et que il le puisse par raison de parole trouver. »

Ms. A. : « Et si li convendra savoir que Moys devint. »

Les vers 3479 et suivants sont fort énigmatiques :

> Et celui sache ramener
> Qui orendroit s'en doit aler.

Les Mss. en prose et notamment le Ms. H. appliquent cette phrase à Pierre : « Que il sace Petrus mener par raison là où il doit aler. »

Robert de Borron avait donc bien le projet de revenir sur les quatre histoires mentionnées dans le passage précédent.

Le rédacteur du Ms. D. a traité deux de ces points, les aventures du riche pêcheur et l'histoire de l'hoir d'Alain ; mais il ne dit rien de Pierre et fort peu de chose de Moÿse. Peut-être retrouvera-t-on un jour le

manuscrit qui doit compléter la donnée du *Saint Graal*
de Robert de Borron :

Le roman rimé continue ainsi :

> Ces quatre choses rassembler
> Convient chaucune, et ratourner
> Chascune partie par soi
> Si comme ele est; meis je bien croi
> Que nus hons ne's puet rassembler
> S'il n'a avant oï conter
> Don Graal la grant estoire,
> Sanz doute ki est toute voire.
> A ce tens que je la retrais
> O mon seigneur Gautier, en peis,
> Qui de Montbelyal estoit,
> Unques retreite esté n'avoit
> La grant estoire dou Graal
> Par nul homme qui fust mortal.

Le roman en prose diffère peu de la version rimée.
Le Ms. C. porte : « Et totes ces .IIII. parties covient
ensemble assembler chascune partie par soi, si com
eles sont devisées ; et ce ne peut nus hom falre, se il
n'a veu et oï conter lou livre del Graal de ceste histoire, et au tens que messires Roberz de Borron lou
retraist *à* monseigneur Gautier, lou preu conte de
Montbéliart, ele n'avoit onques esté escripte par nul
home fors el grant livre. »

Le Ms. A. porte : « Et au tems que misire Robert
de Borron le retrait *et* monseigneur Gautier de Mon-
belliart, elle n'avoit esté escripte fors du grant livre
par nul home. »

Ici évidemment le grand livre ne signifie pas le
*Saint Graal* de Gautier Map, ouvrage auquel, du reste,
les siècles passés n'ont pas donné la qualification de

*grand*, parce que jamais on n'avait opposé les deux ouvrages l'un à l'autre. Il faut sans doute entendre par le grand livre, le livre latin [1] contenant la légende de Joseph d'Arimathie d'où Robert de Borron a, le premier, tiré la matière de son roman.

Il n'est pas douteux que Gautier Map n'ait puisé à la même source; il y a au fond trop de liens de parenté entre ces deux ouvrages pour qu'ils n'aient pas une origine commune. Mais Gautier Map, clerc érudit et doué d'une vive imagination, a certainement ajouté de son propre fonds les neuf dixièmes de son roman.

Il est même à remarquer que les parties communes aux deux productions ne sont pas celles où l'archidiacre d'Oxford s'est complu davantage : La Passion, par exemple, la légende de Véronique et celle de Vespasien y sont fort abrégées, l'histoire de Moÿse tient, comme nous l'avons dit, en une page; celles des fils de Brons est aussi très-simplifiée et raccourcie systématiquement. La pêche de Brons diffère complè-

---

[1] Ce livre latin, réel ou apocryphe, est souvent cité dans les préfaces des romans de *Tristan*. On lit dans le Ms. 104 nouveau, 6776[2] ancien. : « Me retournerai adonc sor l'e grant livre dou latin et selon les autres qui extraits sont de la gentil langue françoise... et selonc ce que je trouverai du grand livre dou latin ferai-je un autre grant livre tout entier, ouquel je crois bien acomplir toutes les choses que messires Luces de Gast qui premièrement fut comencières et ordonneres de translater de latin en françois le grant livre de la Table ronde..... » — Le Ms. 6768 porte encore : « Après ce que j'ai leu et releu et pourveu par maintefois le grant livre en latin, celui meisme qui devise apertement l'estoire du saint Graal..... »

tement du récit de Robert; bref, Gautier Map a réservé toute sa verve et toute sa faconde pour les héros éclos de son génie, Josephe fils de Joseph, Mordrains, Nascien, Célydoine, Hypocras, Grimaud (si ce dernier épisode est de lui) et les autres créations originales, du *Grand Saint Graal,* comme s'il avait voulu éviter de se trouver en communauté d'idées et d'expressions, avec le modeste Robert de Borron, dont les titres de premier inventeur sont cependant reconnus et proclamés, à chaque instant, par les scribes du XIII<sup>e</sup> siècle.

Nous ne reviendrons pas sur l'importance de ces passages où le nom de Montbéliard est bien plus régulièrement orthographié que dans le Ms. rimé.

Il est au moins singulier que les Mss. D. et H. qui suivent si fidèlement la version rimée ne fassent aucune mention de Robert de Borron ni de Gautier de Montbéliard.

Les lignes suivantes du poëme doivent encore être rapprochées des versions en prose :

Meis je fais bien à touz savoir
Qui cest livre vourront avoir,
Que se Diex me donne santé
Et vie, bien ei volenté
De ces parties assembler,
Se en livre les puis trouver.
Aussi cumme d'une partie
Leisse, que je ne retrei mie,
Aussi convenra-il conter
La quinte et les quatre oublier
Tant que je puisse revenir
Au retraire plus par loisir.

Il paraît qu'il était dans les vues de Robert de

Borron de donner une grande extension à chacune de ces quatre histoires, puisqu'il semble les assimiler à la cinquième, celle à laquelle il passe immédiatement, l'histoire de *Merlin*, qui est fort considérable dans tous les récits, et dont le *Perceval* lui-même n'est qu'un épisode, car *Merlin* clôt cet épisode comme il en avait préparé le début.

Le Ms. C. donne ce qui suit : « Et ge voil bien que tuit cil sachent qui cest livre verront, que se Dex me done santé et vie et mémoire et se il par son péchié ou par son courroux ou por ce qu'il crerist moi se Dieu non, ou talent où ge ai esté très qu'à or, je rasemblerai toutes ces .IIII. parties par paroles à une seule. Ensinc con je les ai par raison d'une seule partie traites, ce est (aïst) Dex li puissanz de totes choses, et si covendra à conter ce meismes et ces .IIII. laissier, mais ançois me covendra à conter d'une ligniée de Bretaigne, c'est la ciquoisme et des aventures qui i avindrent. »

Le mot « lignée » s'entend sans doute des aventures d'Artus et de son accession au trône par l'épreuve de l'épée.

Cette histoire de Merlin est bien rarement complète et jusqu'ici le Ms. D. est le seul qui en donne la fin.

Le manuscrit Didot est moins explicite dans le passage précité, on y lit : « Toutes ces .IIII. parties je resamberai aprises d'une sole partie et traites, ce est Des (ce aïst Dex) le puissanz de toutes choses et covendra de conter de la ceine meisme (de la cinquième) et ces .IIII. lessier tant que je reveigne à ces paroles et à cestes hoière. »

Le Ms. H. porte ce qui suit : « Toutes ces .IIII.

parties convient assembler. Jou rassamblerai toutes ces .IIII. parties en une seule ensi, par raison, comme les ai traites d'une seule partie et apriès chou est Diex li tous poissans sires de toutes choses; et si converra raconter de la chainne meismes et ces .IIII. parties laissier à tant que je reviegne à ces paroles et à cest oevre faire chascune par soi. »

Le Ms. A. porte : « Et je vueil que tuit cil sachent qui cest livre verront que se Diex me donnent vie et santé et mémoeire, que se il, par son péchié ou par son courroux ou pour ce qu'il creust moy, je rassembleray toutes ces .IIII. parties en une sole, ainsi com je les ay par raison d'une partie traites et ce est Diex li puissans; et si couvenra conter ce meismes et ces .IIII. laissier tant que je revienge à ces paroles et à ces eovres chascune par soi. »

On voit s'accentuer ici deux versions différentes; les Mss. C. et A. adoptent une version, mais ce dernier tronque une phrase déjà peu intelligible dans le Ms. C.; les Mss. D. et H. simplifient ; ce qu'a fait le Ms. rimé.

Il est pourtant probable que les deux premiers donnent l'ancienne leçon ; mais le Ms. C. esquisse une phrase difficile à comprendre tant elle est elliptique. « Se il par son péchié ou par son courroux...., » ce qui obscurcit le sens.

On retrouve ce passage singulièrement placé à la fin du Ms. de jongleur, N° 2455, entre les derniers mots du *Saint Graal* de Gautier Map et les premiers de *Merlin*.

Voici ce passage simplifié toutefois et élucidé selon la méthode de ce charmant petit manuscrit : « Sachent tut cil qui cestui livre vairont et prient que Jhesus me doinst santeit et vie et mémore et me tignet on sent où je estoit jusc'à or ; *se il ce fait,* je rassemblerai toutes ces .IIII. parties à une seule, mais toutes .IIII. les m'estuet lassier, tant que la raison du conte me ramoint à chascune par soi. »

Puis le scribe continue : « Et si je la laissoie à tant, nulz ne sauroit que toutes ces choses seroient devenues, ne la signifiance porquoi je les aurais départies. »

*Merlin* commence tout de suite après : « Mout fu li ennemis courciez. »

Il est très-probable que le scribe du Ms. 2455, voulant entreprendre la transcription de *Merlin,* aura copié, sans trop y prendre garde, les quelques lignes qui précèdent le complot des démons dans la version de Robert de Borron, sans se rappeler qu'il venait de donner ces quatre parties dans les pages précédentes du *Grand Saint Graal* de Gautier Map.

Le Ms. C. donne aussi les dernières phrases dont nous parlons : « Car se g'es laissoie à tant et la ciquoisme ligniée n'i estoit meslée, nus ne sauroit que ces choses seroient devenues ne por quel senefiance j'es auroie desevrées l'une de l'autre. «

Il y a ici deux idées tandis qu'il n'y en a plus qu'une dans le texte en vers que voici :

> Meis se je or les leisse à tant,
> Je ne sai homme si sachant
> Qui ne quit que soient perdues,
> Ne qu'eles serunt devenues ;
> Ne en quele senefiance
> J'en aroie fait dessevrance.

Robert de Borron insiste, d'une part dans le texte
en prose, sur la nécessité de ne pas laisser impar-
faites les quatre histoires dont il s'agit, et de l'autre
sur l'obligation d'y joindre la cinquième, l'histoire de
*Merlin* dont, en effet, le *Joseph d'Arimathie* n'est que
le prologue. Cette observation est importante, elle
manque, à tort, au texte en vers, d'accord comme
toujours avec le Ms. D., qui porte : « Et si je le
lessoie à tant, nul ne sauroit que toutes ces choses
seroient devenues, ne por quel senefiance je les auroie
départies. »

La pensée de Robert de Borron était bien, en effet,
de faire de *Merlin* le pivot et le centre de toute la
composition. Le *Joseph d'Arimathie*, que nous appelons aussi le *Petit Saint Graal*, n'était en quelque
sorte que la préface du sujet. Sans doute, cette première partie a bien son existence propre, elle expose
la passion du Christ, la vengeance qu'en prend Vespasien, le parti que tire Joseph de la possession du
Graal pour moraliser ses compagnons et les contenir
dans la ligne du bien, et l'envoi qu'il fait en Occident
des plus zélés adeptes de la religion nouvelle ; mais
tous ces faits se combinent de manière à exciter de
plus en plus la colère de « l'ennemi. » Le démon voit
en effet que Jésus a brisé les portes de l'enfer et l'a
laissé vide, et que les prédictions des prophètes se
sont accomplies ; il sent que désormais les pécheurs,
lavés du péché originel par le baptême, lui échappe-
ront à moins qu'ils ne se remettent eux-mêmes dans le
lacs. « L'ennemi » s'aperçoit encore que l'homme, bien
que pécheur endurci, s'il se repent à la fin et promet
de se bien conduire à l'avenir, lui échappe encore par

l'œuvre spirituelle de Jésus. C'est alors qu'une trame s'ourdit parmi les démons et qu'ils complotent de créer un homme qui sera à eux, qui répandra parmi les humains les principes corrupteurs et les leur ramènera. Cet homme, dans leur pensée, devait être Merlin; mais chez lui la nature divine l'emporta sur les influences perverses, et le grand enchanteur, tournant décidément toutes les forces de son génie vers le bien, trompa l'attente de ses créateurs et travailla de toute la puissance de son esprit subtil à développer les idées de retenue, d'honneur et d'humanité chez les chevaliers d'Artus. En cela, Merlin est l'auxiliaire de Jésus, et sa troisième table, qui est son grand moyen d'action, la Table ronde, est bien l'image de celle de Joseph et de la cène pascale.

Si l'on jette un coup d'œil sur les premières pages du *Perceval* qui clôt, par *la Quête,* l'histoire de *Merlin,* on verra clairement comment, dans la pensée du romancier, l'histoire de *Joseph* ou du *Saint Graal*, se rattachait à celle de *Merlin.*

Du reste Gautier Map l'avait bien entendu ainsi; on lit en effet, à la fin de son roman : « Et si se taist ore à tans li contes de toutes les ligniés ki de Célidoine issirent et retourne à une autre brance qu'on apele l'estore Mellin qu'il convient ajouster ensamble; *à fine forche,* avoec l'histoire dou saint Graal pour chou que branke en est et i apiertient et coumence mesire Robers de Borron le branche en tel manière. »

Ce mot « à fine forche » est assez caractéristique, il prouve qu'on ne pouvait séparer ces deux romans, dont l'un était comme la conséquence de l'autre : de plus, *Merlin* semble plus particulièrement l'œuvre de

Robert de Borron et c'est dans le volume de ce dernier qu'on allait le chercher comme le prouve le singulier passage du N° 2455 précité.

Mais il est temps de conclure : Il résulte évidemment de la comparaison minutieuse à laquelle nous
venons de nous livrer, que le roman du *Saint Graal*
et sa suite, « l'estoire Mellin, » ont été composés en
prose par Robert de Borron; que les Mss. du Mans,
C., H., A. et D. nous donnent une idée complète de
la première version; que le Ms. du Mans et le Ms. H.
suivent souvent la même voie; que les Mss. C. et A.
marchent également parallèlement, enfin que le Ms. D.
et la version rimée nous donnent certainement l'expression la plus récente du récit, celle adoptée aux
dernières années du xiiie siècle : d'où la conséquence
naturelle que le poëme est une œuvre postérieure
d'un trouvère anonyme, et que la pensée première et
même l'expression de Robert de Borron est dans nos
manuscrits en prose. Nous ne grossirons pas davantage cette étude où nous avons cherché à grouper des
faits précis et nouveaux; sans doute, il reste encore
bien des points obscurs dans l'histoire de ces célèbres
romans de la *Table ronde*; mais peut-être les lignes
qui précèdent serviront-elles à ouvrir de nouveaux
horizons à l'investigation des chercheurs et finira-t-on
par acquérir des notions complètes sur la personnalité
des créateurs d'une des branches les plus vivaces de
notre littérature nationale.

Dès ce moment, nous révélons des faits complète-
ment ignorés sur la famille des Borron, nous établissons sur des bases certaines la personnalité de Robert,
l'auteur du *Saint Graal*, nous expliquons les préten-

tions d'Hélie à descendre des des Barres, nous justi-
fions l'intervention de Philippe-Auguste comme pro-
moteur de la rédaction de l'épisode de *Grimault*. Nous
rendons possibles les rapports nécessaires de Robert
avec Gautier Map, enfin nous établissons, d'une manière irréfragable, l'antériorité des romans en prose
sur la version rimée.

Si tous ces points nous sont concédés, nous n'aurons
pas inutilement ajouté notre contingent de recherches
aux savantes dissertations de nos devanciers; mais
nous sentons qu'il nous faut, dans beaucoup de circonstances, compter sur l'indulgence bienveillante de
nos maîtres en romanisme.

———

# Note I<sup>re</sup>

Il peut être curieux de rechercher comment la légende de Joseph d'Arimathie s'est trouvée liée à l'histoire plus ou moins apocryphe de Vespasien et celle-ci à la légende de la Véronique.

Suétone avait dit, à propos d'un épisode de la guerre de Judée, que Josèphe, l'un des prisonniers juifs les plus distingués, ne cessa d'affirmer, pendant qu'on le chargeait de chaînes, qu'il en serait bientôt délivré par Vespasien lui-même et par Vespasien empereur [1].

Il faut voir ici, croyons-nous, le motif du rapprochement chimérique tenté par l'auteur de la légende du *Saint Graal*, et c'est dans ces paroles prophétiques qn'on doit très-probablement chercher la solution de la première des deux questions que nous venons de poser.

Joseph d'Arimathie aura été identifié avec Josèphe l'historien dont parle Suétone, et à la faveur de cette permutation de personnes, Vespasien a pu devenir, avec un semblant de réalité, le libérateur du célèbre décurion, sans que le romancier s'exposât à être taxé d'invention flagrante.

Quant à la légende de sainte Véronique, elle avait reçu depuis longtemps, dans les légendaires, une application presque identique à celle que nous présente notre roman ; c'est-à-dire que la figure de Jésus, empreinte sur une toile, avait aussi servi à guérir un empereur romain ; seulement cet empereur était Tibère et non Vespasien.

---

[1] Et unus ex nobilibus captivis Josephus, quum conjiceretur in vincula, constantissime asseravit fore ut ab eodem brevi solveretur, verum jàm imperatore (Suet., *Vesp.* V. Tacit., *Hist.* V, 8-13; — Joseph., *De Bello Jud.*, lib. V, VI; — *Ant. Jud.* 7-16; — Eusèb., 3-8; — Philost. *Vie d'Apoll.* 6-29.

Au moyen âge, en effet, la certitude historique n'existe pas ; les faits s'altèrent et se déplacent au gré des auteurs. Si nous ouvrons *la Légende dorée*, nous y trouvons rapportée, avec un point de doute il est vrai, une légende qui a le plus grand rapport avec celle de Vespasien ; seulement c'est Tibère qui, en ce moment, est empereur et qu'il s'agit de guérir. Ce passage qui est extrait du chapitre [1] *De passione Domini* est trop important pour n'être pas rapporté ici *in extenso* ; il sera évident, après cela, pour le lecteur, que la légende est absolument la même dans les deux cas et que le rédacteur de la légende latine de Joseph d'Arimathie a puisé à la même source que Voragine ; seulement, comme il fallait rattacher ce fait miraculeux à l'histoire de Joseph d'Arimathie et que l'historien Josèphe était intimement uni par certains points de ses récits à l'histoire de Vespasien et de Titus, ce sont ces empereurs qui ont *bénéficié* de l'efficacité de la sainte Véronique, à la faveur sans doute de la maladie à laquelle Titus a été en proie pendant sa jeunesse.

Voici ce passage remarquable de Jacques de Voragine : « Intereà, cum Tiberius morbo gravi teneretur, nunciatur eidem, quod, Hierosolymis, quidam medicus esset qui omnes morbos curaret, solo verbo curaret ; nesciens quod eum Pylatus et Judei occidissent, dixitque Volusiano sibi privato : Vade citius trans partes marinas, disceque Pylato ut hunc medicum mihi mittat qui me pristine sanitati restituat. Cum autem ille ad Pylatum venisset et mandatum imperatoris exposuisset, eidem, territus Pylatus XIIII dierum inducias postulavit. Infra quod spacium dùm Volusianus quandam matronam, que fuerat familiaris Jesu, nomine Veronicam, ubinam Xristus Jesus inveniri posset, interrogasset, ait : Heu ! Dominus meus et Deus meus erat quem Pylatus, per invi-

---

[1] Il faut chercher ce passage dans les éditions de Voragine (*Legenda aurea*) du xvi⁰ siècle. M. Brunet n'a pas donné, au grand regret des archéologues, la traduction des légendes des principales fêtes qui sont peut-être les plus utiles à connaitre.

diam, traditum condemnavit et crucifigi precepit. Tunc ille
nimis dolens ait : Vehementer doleo quum quod mihi Dominus
meus jusserat, explere non valeo. Cui Veronica : « Dominus
meus cum predicando circumiret, et ejus presentiâ nimis,
invitè, carerem, volui mihi ipsius depingi imaginem ut dùm
ejus privarer presentiâ, mihi saltem prestaret solatium imaginis sue figure. Cumque lintheum pictori deferrem pingen-
dum, Dominus mihi obviavit et quo tenderem requisivit ; cui
cùm vie causam aperuissem a me petiit pannum et ipsum
mihi venerabili suâ facie reddidit insignitum. Imaginis ergo
hujus aspectu si dominus tuus devotè intuebitur, continuo
sanitatis beneficio potietur. Cui ille : Est ne hujus modi
imago auro vel argento comparabilis ? Cui illa : Non sed pio
affectu devotionis. Tecum igitur proficiscar et videndam
Cesari imaginem referam et revertar. Venit igitur Volusianus
cum Veronica Romam, dixit Tiberio imperatori : Jesum à te
diu desideratum Pylatus et Judei injustè morti tradiderunt
et per invidiam crucis patibulo affixerunt. Venit igitur ma-
trona quedam mecum, ipsius Jesu imaginem deferens, quam
si devote perspexeris, mox sanitatis tue beneficium obti-
nebis. Cesar igitur pannis sericis viam sterni fecit et imaginem sibi presentari precepit. Qui mox ut eam fuit intuitus,
sanitatem pristinam est assecutus. »

Suit le récit du châtiment de Pilate, compliqué de cette circonstance que ce dernier se présente à Tibère revêtu de la
robe sans couture de Jésus-Christ, ce qui calme pour un
moment la colère de Tibère, mais n'empêche pas Pilate de
mourir de sa propre main (*Cultello proprio se necavit*).

Dans le passage précité, Véronique avait conçu l'idée de
faire peindre par un artiste un portrait de Jésus-Christ, lors
qu'elle rencontra ce dernier, dans le cours de ses prédica-
tions ; elle portait précisément la toile au peintre et Jésus
ayant appris ce qu'elle allait faire, lui demanda son linge et
le lui rendit bientôt empreint de sa sainte face. Véronique
assure au messager de Tibère que si ce dernier regarde dévo-

tement ce portrait, il sera aussitôt guéri. Ce portrait ne peut être acquis ni pour or ni pour argent, mais par une foi vive, il est possible de s'en attribuer le bénéfice ; Véronique promet de partir avec le messager et d'aller à Rome avec lui. César, à leur arrivée, ordonne d'étendre, sur la voie, des tissus de soie et se fait présenter l'image ; dès qu'il l'a vue, il recouvre la santé. L'identité des deux légendes est évidente.

---

# Note II.

## CHARTES ET PIÈCES JUSTIFICATIVES

### EXTRAITES DU CARTULAIRE DE BARBEAUX [1].

(*Bibl. nat., fonds latin, n° 5466 et 10943 orig.*)

— An 1164 —

#### DE CONFIRMATIONE HABITORUM.

Alexander Episcopus, servus servorum Dei, dilectis filiis, Henrico abbati monasterii Beatæ Mariæ de Sacro-Portu....

Ex dono Roberti, colet grangiam et terram de Burrum cum pratis, grangiam quæ dicitur Karretum, grangiam de villa Framos, grangiam de Sancto-Acerio, grangiam de Savart, grangiam de Darveis, grangiam de Burrum cum omnibus pertinenciis earum.......

---

[1] L'abbaye de Barbeaux (Barbellum), Barbeel, fondée par Louis VII, en 1147, à Fontaine-le-Port, arrondissement de Melun (Seine-et-Marne).

« Tribus passuum millibus supra Melodunum ad Sequanam situm Barbel« lum, filia Pruliaci, fondatur à Ludovico VII Juniore qui locum de Sancto-« Portu in abbatiam ordinis cisterciensis promovit et dotavit diplomate dato « anno 1147 regni XI. » (Note extraite du cart. n° 5466).

Datum Senonis per manum Hermanni sanctæ Rom. Eccl. subdiaconi et notarii, VIII° idus septembris, inductione XIII° incarnationis dominicæ anno M° C° LX° IIII° pontificatus vero domini Alexandri papæ III anno V°.

### DE SIMONE DE BORRUM.
— 1169. —

Ego, Willelmus, Dei gratiâ Senonensis archiepiscopus et apostolicæ sedis legatus, notum omnibus esse volo præsentibus et futuris, quod Simon de Borrum veniens ante præsentiam nostram, apud *Gres,* laudavit ecclesiæ de Sacro-Portu quicquid pater suus Robertus ejusdem ecclesiæ elemosinam donaverat, et præfata ecclesia eadem die tenebat inter viam quæ ducit de Gres ad Sameïs et ad Reclosas. Hujus rei testes fuerunt cantor Trecensis Gauterus, Adam Menjot, *Drogo de Borrum* et *Odo filius ejus,* Gaufridus rex. Quod ut ratum permaneat præsentis scripti cautionem sigilli nostri auctoritate roboravimus.

Actum anno incarnati Verbi M° C° LXIX°.

### DE DROGONE DE BORRON ET ODONE FILIO EJUS.
— De 1164 à 1168. —

Ego, Hugo Dei gratia Senonensis archiepiscopus, notum fieri volumus universis præsentibus pariter atque futuris, quod *Droco de Borrum* et *Odo filius ejus, dederunt in elemosinam* ecclesiæ Sacri-Portus, quicquid habebant in decima de Borrun et omnem censum quem ab eadem ecclesia accipiebant insuper et *duo arpenta* terræ quæ sunt juxta prata eorumdem monachorum in *Vovis.* Hoc autem laudavit Maissanda, uxor ejusdem Droconis, et Berta, filia ejus, et Richolda, uxor *Odonis,* et *Willelmus,* filius ejus. Cujus rei testes sunt Joffredus, prior de Gres, et Aalardus, canonicus, et Haimo, canonicus, et Paganus Divinus et Andreas, filius ejus, et Johannes de Vernol et Duardus et supra dictus Odo, filius Droconis, qui omnia hæc laudavit atque concessit, promittens quod justam super hoc garantisiam ipse et pater ejus eisdem monachis contra omnes homines exiberent. Hæc autem res in præsentia nostra recordata fuit atque concessa, quam nos quoque benigne concessimus atque ad posterorum memoriam sigilli nostri auctoritate fecimus communiri. Data per manum Fromundi, notarii et capellani nostri.

#### DE XII DENARIIS CENSUS SUPER DECIMA DE SACETO APUD BORRUM.

#### — An 1210. —

Petrus, Dei gratia Senonensis archiepiscopus omnibus præsentes litteras inspecturis, in Domino salutem.

Noverit universitas vestra quod constitutus in præsentia nostra *Symon Cornutus de Borron* recognovit se in elemosinam contulisse religiosis viris abbati et conventui de Sacro-Portu, XII denarios censuales quos habebat super decimâ de Salceto quam Givardus de Sancto-Germano tenebat ab eo; cujus modi donationem laudavit et concessit coram nobis *Philippus de Borron, frater ejusdem Simonis.* Nos autem eamdem donationem ratam habemus et gratiam in ipsius testimonium et perpetuum firmamentum, præsentem paginam fecimus annotari et sigilli nostri munimine roborari. Datum anno gratiæ M° CC° decimo mense decembri.

#### DE COMPOSITIONE INTER NOS ET STEPHANUM DE GRESSIO DE DECIMA DE BORRON.

#### — An 1213. —

Stephanus, Dei gratia Noviomensis episcopus, karissimis amicis suis abbati et conventui Sacri-Portus salutem et sinceræ dilectionis plenitudinem. Noverit dilectio vestra Stephanum clericum de Gressio coram nobis creantasse quod si aliquis de consanguinitate ipsius volueret vos in posterum impetere supra decima de Borron de quâ cum eo compositionem fecistis, illud quod divinæ pietatis intuitu et pro bono pacis eidem conferetis sine difficultate aliqua vobis restituet, nisi pertubatores dictæ decimæ ab impetitione et vexatione illa desistere feceret aut cessare, *Paganus* etiam de Borron et Guido frater supradicti Stephani se in præsentia nostra tanquam plegios obligaverunt, quod si dictus Stephanus id quod à vobis recipiet forsitan reddere contradixerit, ipsi ad restitutionem tenebuntur. In cujus rei testimonium præsens scriptum sigillo nostro fecimus communiri.

Actum anno gratiæ M° CC° tertio decimo.

### DE PRESBYTERO DE BORRUM

#### QUI QUITTAVIT NOBIS MAJOREM DECIMAM.

##### — An 1219. —

Stephanus Decanus N cantor et E archidiaconus beatæ Mariæ parisiensis omnibus..... Noverint universi quod sicut significatum est nobis per litteras patentes à bonis et probis viris videlicet Adam, priore de Samesis, et Andrea, capellano domini regis de Fonte Blaaudi, veniens ante illos Adam presbyter de Borrum, sacramento prestito, quittavit monachis Sacri-Portus majorem decimam de villa de Borrum et omni actione renunciavit, etc.

Actum anno gratiæ M° CC° XIX mensi decembri.

### DE COMPOSITIONE INTER NOS ET PRESBYTERUM DE BORRON.

##### — An 1223. —

Galterus, Dei gratia archiepiscopus Senonensis, omnibus præsentes litteras inspecturis salutem in Domino. Notum facimus universis quod cum causa verteretur inter presbyterum de Burrone ex una parte et abbatem et monachos Sacri-Portus super quibusdam decimis et aliis querelis; tandem post multas altercationes super omnibus controversiis quæ inter ipsos erant subortæ, in hoc fuit ab utraque parte compromissum partibus, sub pæna quadraginta librarum promit tentibus se ratum et gratum habituras, quicquid per nos pace vel judicio vel quocumque etiam modo nobis placeret, fuisset super eisdem controversiis ordinatum. Nos igitur auditis rationibus et inspectis instrumentis utriusque partis, dictum nostrum de communi consensu protulimus in hunc modum : Videlicet quod decima vini et bladi territorii quod dicitur territorium monachorum in terris illis vel vineis quæ propriis sumptibus non excolunt monachi, sit communis inter monachos et presbyterum de Burrone; minuta vera decima ad solum presbyterum plenarie pertinebit. De illis autem terris et vineis quas, lite pendente, monachi propriis sumptibus excolere inceperunt, de consensu monachorum, ita duximus quod monachi permittant pacifice sacerdotem habere medietatem in eisdem terris sicut in alia terra est superius ordinatum. Pro vineis autem dimidium modium vini de mera guta nec de meliori nec de pejori, quod ibi crescet singulis annis, persolvent presbytero supradicto ; pro fructibus autem medio tempore perceptis dampnis et expensis eidem presbytero resarcient monachi infra festum omnium sanctorum, decem libras parisienses. Quod ratum et notum permaneret præsentes litteras in testimonium fidei fecimus ad utriusque partis petitionem et sigilli nostri munimine roborari.

Actum Senonis die Martis ante festum beatorum apostolorum Simonis et Judæ anno gratiæ Mᵒ CCᵒ vicesimo tertio, mense octobri.

## IDEM DE COMPOSITIONE CUM PRESBYTERO DE BORRON.

### — An 1238. —

Reverendo patri ac domino G. Dei gratia Senonensi archiepiscopo, P. decanus christianitatis de *Mustriolo* salutem et cum reverentia obedientiam quam debitam tam devotam. Paternitati vestræ significo me de mandato vestro personaliter accessisse apud Borron ad audiendam querelam quæ erat inter viros religiosos, abbatem et conventum Sacri-Portus et *Paganum de Borron*, militem, ex una parte, et presbyterum ejusdem villæ ex altera super eo quod dictus presbyter petebat quatuor modios bladi annui redditus partim ordei partim siliginis in granchia prædictorum, quod ipsi de tali blado minime comedebant. Noveritis igitur, utriusque partis voluntate communi pariter et assensu, dictam querelam in hunc modum terminatam. Quod dictus presbyter et successores ejus percipient de cætero in dicta granchia duos modios et dimidium siliginis, unum quoque modium avenæ et dimidium modium ordei si potuerint haberi in præfata grangia, sin autem, supplebitur de avena. Quam compositionem ambæ partes postulant assensu vestro et auctoritate litterarum vestrarum confirmari.

Datum anno Domini Mº CCº XXXº octavo, mense junio.

DE PRESBYTERO DE BORRON (Burron, dans le cart. original) QUI PERCIPIT II MODIOS ET DIMIDIUM SILIGINIS ID EST MODIUS AVENÆ ET DIMIDIUS MODIUS ORDEI IN GRANGIA NOSTRA.

— An 1239. —

Galterus Dei gratia Senonensis archiepiscopus omnibus..... Notum facimus quod cum esset contentio inter viros religiosos, abbatem et conventum Sacri-Portus et *Paganum* de *Borron*, militem, et Adam presbyterum de *Borron* ex altera, super eo quod is presbyter dicebat se debere percipere annuatim in granchia ipsorum, de annuo redditu, quatuor modios bladi partim ordei et partim siliginis, asserentibus prædictis monachis et milite quod in granchia sua non consueverat dictus presbyter tale bladum quale dicebat percipere. Tandem partes prædictæ coram dilecto filio P. Decano christianitatis *Mustreoli* quem ad audiendum contentionem hujus modi specialiter misimus constitutæ, super contentione eadem amicabiliter composuerunt in hunc modum. Quod jam dictus presbyter et successores sui presbyteri de Borron de cetero percipient singulis annis in granchia prædicta duos modios et dimidium siliginis, unum modium avenæ et dimidium modium ordei si haberi poterit in granchia supra dicta sin autem supplebitur de avena sicut idem decanus nobis per suas patentes litteras intimavit. Nos itaque compositionem hujus modi ratam et gratam habentes eam ad petitionem partium, sigilli nostri auctoritate duximus confirmandam.

Datum Naailly anno Domini Mᵒ CCᵒ tricesimo nono, mense maio.

DE LAUDE GUILLELMI DE BORRON SUPER ELEMOSINA PATRIS SUI.

— An 1243. —

Omnibus etc..... Decanus christianitatis Milliaci salutem in Domino.

Noverint universi quod coram nobis constitutus *Guillelmus* domicellus filius *Pagani de Borrum* quondam militis laudavit et concessit fratribus Sacri-Portus libere et pacifice in perpetuum possidendam elemosinam, illam scilicet, quicquid habebat in decima totius territorii de Chacon super Merroletes et decimam terrarum dictorum fratrum in territorio de Voves et unum sextarium bladi in grangia sua de Borrum, promittens per fidem suam corporalem quod in prædictis nichil et cætero per se vel alium reclamaret nec aliquid impedimentum unquam opponeret quin dicti fratres prædicti pacifice possideant et habeant annuatim, cum quodam sextario bladi annui redditus quem iidem fratres ex elemosina avi et aviæ prædicti domicelli in prædicta grangia habere dicuntur ex antiquo. In cujus rei testimonium, ad petitionem prædicti Guillelmi, præsentibus litteris sigillum nostrum duximus apponendum.

Datum anno Domini Mᵒ CCᵒ XLIIIᵒ, mense decembri.

DE LAUDE GUILLELMI DE BORRON SUPER ELEMOSINA PATRIS SUI.

— An 1248. —

Omnibus etc. P. Prior de Nemosio et Decanus Milliaci (dans l'orig. Milleaci) salutem in Domino.

Noverint universi quod in nostra præsentia constitutus *Guillelmus de Burrone* armiger laudavit et concessit fratribus *Sacri-Portus*, ex nunc in antea, libere et quiete in perpetuum possedendam elemosinam illam ex integro quam bonæ memoriæ *Paganus de Burrone* quondam miles, pater dicti Guillelmi, dederat eisdem, scilicet quicquid habebat in decima totius territorii de Chacon super Merroletes et decimam terrarum dictorum fratrum in territorio de Vovis et unum sextarium bladi in granchia sua de Borrone cum quodam alio sextario bladi annui redditus ex elemosina *avi* et *aviæ* ipsius Guillelmi; promittens, fide in manu nostra præstita corporali, quod in omnibus præmissis per se vel per alium nichil de cætero reclamaret..... de hac vero garentia ferenda, quotiens opus esset, dictus Guillelmus unum modium bladi accipiendum ab ipsis in portione suæ decimæ de Burrone in granchia sua de Burrone, totiens quotiens deferenda garentia deficeret, eisdem in contraplegium obligavit et ipsos ad prædictam granchiam assignavit, promittens, etc.

Aalesis vero uxor prædicti Guillelmi hæc omnia et singula prout superius sunt expressa, laudavit, voluit et concessit, promittens, fide præstita corporali, quod in omnibus præmissis jure dotalicii seu qualibet alia ratione per se vel per alium, nichil omnino de cætero reclamaret, nec dictos fratres aliquatenus molestaret, asserens sub præstitæ fidei sacramento, quod ad hæc facienda vi vel metu inducta non fuerat, sed hæc faciebat spontanea non coacta.

Actum ad petitionem partium anno Domini Mo CCo XLVIIIo, mense januario.

CHARTE EXTRAITE DU CARTULAIRE ORIGINAL DE BARBEAUX.

— Page 88. — An 1248. —

Ego *Adam de Burrone* miles, notum facio omnibus presentibus litteras inspecturis, quod Guillelmus de Burrone armiger coram me laudavit, voluit et concessit fratribus Sancti-Petri... bone memorie Paganus de Burrone quondam miles pater dicti Guillelmi fecit dum viveret, fratribus Sancti-Portus, scilicet quicquid habebat in decima, etc., etc.

Anno domini Mo CCo XLVIIIo.

CARTULAIRE DE L'ABBAYE DU JARD [1] FORMÉ AU XVII° SIÈCLE. ET AYANT APPARTENU A DE THOU ET A COLBERT. — MANUSCRIT FRANÇAIS, N° 8353, 2, 2. — EXTRAIT.

« Dans la même année 1258, Adam de Bourron, chevalier,
« fils de Berruyer (Berruerius) de Bouron, aussi chevalier,
« succédant aux inclinations que son père avait fait paraître
« pour l'abbaye du Jard, en ratifiant et approuvant le don de
« quarante sols de rente sur le péage des bateaux passans à
« Saint-Mammès mouvant du fief du sieur de Bouron et que
« Daimbert, clerc du Moret et chanoine de Senlis, avait donné
« à ladite abbaye, comme nous avons vu tantost, a voulu
« adjouter à cette donation en cédant et abandonnant à ladite
« abbaïe un revenu de deux deniers par chaque batteau

---

[1] « La fondation de cette abbaye a commencé par un petit hermitage situé à Pacy, hameau dépendant de la paroisse de Villébeon en Gastinais, du diocèse de Sens, où se retirait un saint hermite nommé frère Fulbert avec quelques compagnons, pour y vivre dans la retraite. »

« Les quatre principaux donateurs sont :

« Hugues, seigneur d'Egreville; Germon, officier du Roi; Renault Pelotin et Tecelin Bodin qui donnèrent un petit territoire appelé pour lors *La Miséricorde de Dieu* — Locum qui vocatur *Misericordia Dei.* »

« montant ou descendant que l'on payait au péage de Saint-
« Mammès et une pièce de vigne size à Vernon qu'un nommé
« Jean de la Celle, clerc, avoit donné à ladite abbaye avec
« plusieurs autres biens, le tout mouvant du fief dudit Adam,
« seigneur de Bourron. »

« Voici la teneur de l'acte :

« Ego Adam de Burrone, miles, notum facio omnibus præ-
« sentes litteras inspecturis quod ego quemdam redditum qui
« percipitur in pedagio navium apud Sanctum Mammetem,
« videlicet duo denarii de qualibet nave ascendente et tan-
« tumdem de qualibet nave descendente cum quadam pecia
« vineæ sita apud Vernotum quæ vocatur vinea de Palicio ;
« qui redditus et quæ vinea de feodo meo movebant et ego ea a
« domino rege tenebam, quem etiam redditum et quam vineam
« religiosi viri, abbas et conventus de Jardo habuerunt a
« Johanne de Cella, clerico, tam dono quam emptione, sicut in
« litteris curiæ Senon, vidi plenius contineri, dictis abbati et
« conventui laudavi, concessi et quittavi tanquam primus do-
« minus feodalis, pacifice in perpetuum in manu mortua pos-
« sidenda, salvo in omnibus jure Dni regis. In cujus rei testimo-
« nium præsentes litteras feci sigilli mei munimine roborari.

« Actum die lunæ post nativitatem Dni, anno Domini Mᵒ
« CCᵒ Lᵐᵘ VIIIᵒ. »

« Et le roy saint Louis qui, par sa lettre authentique que
j'ai rappelée tantost, avoit approuvé et ratifié le don que
Daimbert avoit fait à l'abbaïe du Jard sur ce péage avec l'agré-
ment de Berruyer, seigneur de Bourron, par la même lettre
approuve et ratifie la concession qu'Adam de Bourron, fils
dudit Berruyer, avait faite de son droit sur ce péage que Jean
de la Celle avait donné à l'abbaye du Jard.

« La lettre porte ces mots : « Ludovicus, Dei gratia Fran-
« corum rex. Noverint universi præsentes pariter et futuri
« quod cum Berrurierius quondam de Burrone miles laudavit

« viris religiosis abbati et conventui Sancti-Joannis de Jardo
« quadraginta solidos annui redditus quos Deymbertus de
« Moreto clericus eisdem in elemosinam dedit in pedagio
« navium apud Sanctum-Mammetum, quod de feodo dicti
« militis movebat, in perpetuum pacifice possidendos. Item cum
« Adam de Burrone, miles, filius ejusdem Berruerii, eisdem
« abbati et conventui laudavit et concessit in perpetuum
« possidendum quemdam redditum qui percipitur in pedagio
« navium apud Sanctum-Mammetum, videlicet duos denarios
« de qualibet nave ascendente et totidem de qualibet nave
« descendente cum quadam pecia vineæ sita apud Vernotum
« quæ vocatur vinea de Palicio, qui redditus et quæ vinea
« de feodo dicti Ade movebant et quum etiam dicti abbas et
« conventus habuerunt a Joanne de Cella clerico tam dono
« quam emptione, prout hæc omnia in litteris dictorum mili-
« tum vidimus contineri. Nos, quantum in nobis est, præmissa
« volumus, laudamus et auctoritate regia confirmamus nec non
« et in manu mortua eisdem abbati et conventui in perpetuum
« tenenda concedimus, salvo jure in omnibus alieno, etc.

« Actum apud Corbolium anno Dni M⁰ CC⁰ sexagesimo,
« mense maio. »

ARCHIVES NATIONALES. MELUN II

J. 158, Nᵒ 2. — CHARTE ORIGINALE.

— An 1266. —

Omnibus præsentes litteras inspecturis, ego Guillelmus de
Bourron, miles, salutem in Domino. Notum facio universis
quod ego Guillelmus ad perpetuitatem vendidi illustrissimo
regi Francie Ludovico quadraginta solidos parisienses quos in
prepositura de Moreto habebam et percipiebam annuatim,
racione bourdonnagii, pro viginti libris parisiensibus mihi
quitis et in numerata michi pecunia jam solutis, quam vendi-
cionem erga omnes heredes meos et versus omnes alios ad usus

et consuetudines patrie teneor garentire. In cujus rei testimonium, presentes litteras sigilli mei munimine contuli robo-
ratas. Actum anno Dni M° CC° sexagesimo sexto, die Jovis
post Purificationem Beate Marie Virginis, mense februario.

ARCHIVES NATIONALES. J. 151. Inv. 35. (*Ile de France*), 166.

— An 1303. —

Hue de Bouvillie, seigneur de Milli, chevalier et chambel-
lanc Le Roy, à notre amé et féal mesire *Philipe de Borron*,
chevalier, salut et amor. Nous aveques autres choses avons
baillié et délaissié au Roy notre seigneur pour lui et pour ses
successeurs et transporté en iceli pour lui et pour ses successeurs, le fié que vous teniez de nous u terroir de Mouret et ès
appartenances; en recompensacion d'autres certaines choses
que il, par manière de permutacion, nous a baillées et délais-
siés pour nous et pour nos successeurs, si comme il est plus
plainement contenu ès lettres notre seigneur le Roy faites sur
ce, si vous mandons et commandons par la vertu de cestes,
que vous, sanz delay, veignez en la foy et en l'omage dou roy
nostre seigneur, du fié dessus dit, en tenant ledit fié de lui
aussi come vous faisiez de nous èt nous par le bail de ces
lettres vous quitons dudit homage et absolvons du tout en
tout. Données à Paris le samedi après la Magd. L'an de grâce
mil trois cens et trois.

A tous ceus qui ces présentes lettres verront, Jehan Loncle
garde de la Prévosté de Paris, salut. Nous faisons à savoir que
par devant Jehan de Reuil et Jehan Leconte clers notaires
jurez, establiz de par nostre seingneur le Roy ou Chastelet de
Paris, ausquiex nous adjoustons fei plenie en ce cas et en
greingneur, especiaument quant à ce qui s'ensuit, en lieu de
nous et de par nous commis et envoiez, personelment establiz
Guillaume et Perrot diz Bateste escuiers, enfanz et hoirs de
feu monseingneur Pierre Bateste chevalier et de feu madame
Jehanne sa fame; *Ferry* dit *Vilain de Borron* escuier et
damoiselle Perrenelle sa fame, Pierre de Croy escuier et
damoiselle Ysabel sa fame, héritiers avec lesdiz Guillaume
et Perrot Bateste desdiz feu monseigneur Pierre et madame
Jehenne, pour cause des dites damoiselles leur fames, suers
de diz Guillaume et Perrot et filles desdiz chevalier et dame
si comme ils disoient; affermèrent et en bonne vente recognurent et confessièrent par devant les diz notaires jurez que
de bonne mémoire Philippe, par la gràce de Dieu, jadis roi
de France, de l'âme duquel Diex ait merci par sa sainte pitié,
jà pieçà avoit donné et octroyé, en pur don, audit feu monseingneur Pierre Bateste et à ses hoirs et successeurs au
temps que icelui monseingneur Pierre estoit sergent
d'armes d'icelui seingneur, quatre muis de blé yvernage moi-
toien à prendre lever et recevoir, chascun an perpétuelment,
d'icelui feu monseingneur Pierre de ses hoirs et successeurs,
sur la granche dudit nostre seingneur le Roy à Gonnesse, c'est
à savoir : la moitié à la feste de l'Ascension et l'autre moitié à
la feste de la Chandeleur, si comme nous veismes estre plus
plainement contenu en une lettres faites sus le dit don, scellée
du scel dudit nostre seingneur le Roy en cire verte et en lacs
de soie que lesdiz notaires jurez nous monstrèrent et lesquelles nous leusmes de point en point, des quelles lettres la
teneur est ci-dessous transcriptes. Des quiex quatre muys
de blé dessus diz afferoient et appartenoient ausdiz Guil-

5*

laume et Perrot Bateste et ausdiz Ferry et Pierre pour cause desdites damoiselles leurs fames pour leurs parties et portions par vertu desdites lettres et pour cause de la succession dudit feu monseingneur Pierre Bateste et de sadite fame quarante sextiers dudit blé, chascun an de rente perpétuelle, aus deus teirmes dessus nommez et sus ladite granche, si comme il disoient. Les quiez quarante sextiers de blé dessus diz a eus deuz chascun an et appartenanz à leur partie et porcion ès quatre muys de blé de rente par an si comme dit est, lesdiz Guillaume et Perrot Bateste, Ferri dit Vilain de Borron, damoiselle Perrenelle sa fame, Pierre de Croy et damoiselle Ysabel sa fame..... recognurent..... avoir vendu.... à Jehan Domont escuier et huissier d'armes nostre seingneur le Roy et à damoiselle Jehanne sa fame à leurs hoirs, etc...

C'est à savoir pour le prix et somme de sis vinz et douze livres parisis, bonne et forte monnoie, que lesdiz vendeurs ont eu et receu.

Transportanz, etc.

Aincois les quarante sextiers de blé de rente par an dessus diz quites francs de tous troubles...

ARCHIVES NATIONALES, J. 148. N° 18.

A tous ceux qui ces lettres verront Jehan, de Milon, garde de la Prévosté de Paris, salut.

Nous, faisons à savoir...

Furent pour ce personelment establiz Jehans Domont, escuier, huissier d'armes dudit nostre seigneur le Roy et damoiselle Jehanne de Bailly femme d'icelui Jehans destrent et affermèrent......

Les quiez quarante sestiers de froment yceus Jehans vendirent......

C'est à savoir au devant dit nostre seigneur le roi achetant pour lui et ses successeurs rois de France.

Parmi le pris et pour la some de huyt vinz livres par bonne et forte monnaie.

Et d'iceus pris et somme intérinement il quittent et clament quitte... ledit nostre seigneur le Roi, ses successeurs.

Renonçanz.........

En tesmoing de ce nous...avons mis en ces présentes lettres le scel de ladite Prévosté de Paris. Faites et données le jueudi veille de feste Saint-Vincent vint et un jour du mois de janvier, l'an de grâce 1332.

ARCHIVES NATIONALES.

CHARTE DE PHILIPPE LE BEL. J. 148. N° 19.

— An 1297. —

Ph. Dei gracia Francorum **rex**, notum facimus universis tam presentibus quam futuris, quod cum Petrus dictus Bateste, serviens noster armorum, quatuor modios bladi ivernagii mediocris nec de meliori vidilicet nec de pejori, in granchia nostra de Gonnesse, medietatem videlicet in festo Ascensionis et aliam medietatem in festo Candelose, ad vitam suam percipiat. Nos volentes eidem Petro obtentu sui grati servicii, graciam facere specialem, predictos quatuor modios bladi percipiendos, loco et terminis supradictis, ab ipso, heredibus et successoribus suis qui pro tempore fuerint eorumdem tenore presencium in mandatis, ut predictos quatuor modios bladi eidem Petro heredibus et successoribus suis annis singulis, terminis supradictis, alio non expectato mandato faciat exhiberi. Quod ut ratum et stabile perseveret, presentibus litteris nostrum fecimus apponi sigillum. Actum apud Fontem-Bliaudi, anno Domini M° CC° nonagesimo septimo, mense decembris.

Grand sceau du roi Philippe.

# Note III.

PRÉFACE DE GUIRON LE COURTOIS,

*N° 338 nouveau 6969 ancien des Manuscrits français.
Bibliothèque nationale* [1].

(Cette préface n'a jamais été publiée complétement; nous la donnons pour la première fois *in extenso*.)

« A Dieu qui m'a donné pooir et engien et mémoire de finer hounouréement le livre du Bret, entour qui je ai travaillié moult lonc temps ententivement et curieusement, dont je rent grasces et mercis et loenges, telles comme chevalier péchéour, jolis et envoisiés et ententis as déduis du monde puet ne doit rendre à son créatour, que nous devons premièrement entendre el père qui onques ne fut conceus ne engendrés et el fil qui fu du père seulement et el saint esperit qui du père et du fil issit, ces .III. personnes ne doivent être entendues que en Dieu le père seulement; et celui merci-je et aour et suppli et li rens grasces de ce que, par sa benigneté et par sa débonaireté, ai eu temps et loisir de mener à fin le riche ouvrage que je ai empris, à faire du livre du Bret. Après le merci-je moult autrefois de ce qu'il m'a donné tel grasce que je ai conquesté la bonne volente du noble roi Henry d'Engleterre, à qui mon livre a tant pleu, pour les dis plaisans et délitables qu'il a trouvé dedenz, qu'il vueult por ce qu'il li samble que je n'ai encore mie mis tout ce qu'il i apartenoit, que je encommence un autre livre de celle meismes matère et vueult que je, en cestui livre que je commencerai à l'honneur de lui, soient contenus toutes les choses qui en

---

[1] Il n'existe à la Bibliothèque nationale que deux manuscrits de *Guiron le Courtois* qui contiennent cette préface, les autres manuscrits ont perdu leurs premiers feuillets.

mon livre du Bret faillent et ès autres livres qui de la matère
du Saint Graal furent extraites. Car bien est vérités que
aucun saint home clerc et chevalier s'en sont déjà entremis
de translater ce livre de latin en langue françoise. Messires
Luces de Gau s'en entremist premièrement. Ce fu li premiers
chevaliers qui s'estude i mist et sa cure ; bien le savons. Et
cil translata en langue française partie de l'istoire monseigneur Tristran et mains assez qu'il ne déust. Moult commença bien son livre ; mais il ne dist mie d'assez les œuvres
Monseigneur Tristan, ains en laissa bien la gregneure partie.
Après s'en entremist messire Gasse li blons qui parenz fu le
roi Henri ; apriès s'en entremist maistre Gautiers Map qui fu
clers au roi Henry et devisa cil l'estoire de Monseigneur Lancelot du Lac, que d'autre chose ne parla il mie gramment
en son livre. Messires Robers de Borron s'en entremist après.
Je Helis de Borron, par la prière Monseigneur de Borron et
pour ce que compaignon d'armes fusmes longement, en com-
mençai mon livre du Bret. Et quant je l'oi mené jusques en
la fin, ainsi qui il appert encore, messires li rois Henris à qui
mes livres ot tant pleu ainsi comme je vous ai dit, quant il ot
regardé dès le commencement jusques en la fin, pour ce qu'il
avoit oï tous les autres livres qui du livre du Saint Graal
estoient trait en françois devant lui et le mien et les autres
les avoit toz ; ne encore n'estoit dedens tous ces livres mis
ce que le latin devisoit, ainsi en remest à translater moult
grant partie, et pour ce vost-il que je m'entremeisse à mon
pooir, de mener à fin, tout ce qui en ces autres livres failloit.
Je, endroit moi, et qui pour son chevalier me tieng, et bien
le doi faire par raison, vueil accomplir le sien commandement et li promet que je mon pooir en ferai ; et pour ce que je
voi que le tems est biaus et clers, et li airs purs et la grant
froidure de l'iver s'est d'entre nous partie, vueil commencier
mon livre en tel manière. »

« Grant temps a jà que je ai esgardé et veu les merveilleuses
aventures, estranges faits que la haute histoire du Saint Graal

devise apertement; moult y ai curieusement mise m'entente
et le sens que nature m'a donné; moult y ai pensé et vueillié
et travaillié estudieusement et moult m'esjoïs du travail que
j'ai fait; car je vois tout apertement que de l'euvre que je ai
traite, des dis plaisans et délitables seront aussi esjoissant li
povre comme li riche qui ont aucun entendement, qui ont
pooir et aaise de veoir et de regarder ce que j'ai dit en langue
françoise. »

« Car estranges choses et merveilleuses ai trouvé en latin et
tant en ai dit que je connois que en tous les lieus ou chevalier à langue françoise repèrent, sont li mien dit chieri et
hounouré, sor tous autres dis françois qui, à notre temps
furent espandu entre peuple; hounouré sont de ceulz qui à
honneur entendent et se il ne sont plus prisié de ceulx qui
ne connoissent l'onnour ne le pris dou monde, ce ne m'est
pas grant deshounour; car qui en soi-même ne connoit son
povre estat, ne son povre fait, mauvaisement puet recong-
noistre aucun bon dit quant il le trueve. Et se telles gens
m'aloient blasmant, ce me seroit uns reconfort; car on dit
tout apertement que blasme de chaitif homme est loenge as
bons et hounours. Or donc, quant je vois et connois que li
plus sage et plus prisié d'Engleterre et de la riche court sont
ardant et desirans d'escouter li miens dis, et à monseigneur
le roy Henry plaist que je die encore avant et je voy que la
grant hystoire du Saint-Graal, dont maint preudome se sont
jà travaillié pour translater en françois, ne encore ne l'ont
traite à fin et si en ont jà esté fait maint bel despens et maint
riche don; et à moi-mesme en a jà messires li rois Henris
donné .II. chastiaus, la seue merci, et si n'est pas encore
l'euvre del tout acomplie et pour ce veuil-je huimais la main
mettre pour acomplir ce que li autre commencèrent. Huimais
veuil-je de ceuls parler qui furent si entièrement preudomme
et bon chevalier que encore en appert el royaume d'Engleterre grant partie de leurs œuvres. Encore véons nous par
escrit et par aussi chascun jour, qui il furent, et comme grans

fut la bontez et comme il furent preud'homme et hardi, et des
bons ne puet l'en mie trop de bien dire, ne des mauvais ne
puet on dire si pou de mal que trop ne soit grief à escouter ;
je lesse les mauvais d'une part, en loins de moi soient tous
jours, jà Dieus n'en veille qu'il m'approchent. Des bons dont
auques scay la vie, les grans merveilles et les grans fais qu'il
firent en l'ancien temps, veuil-je mettre en auctorité un livre
grant et merveilleux tel comme je le voi en latin. Se mon
livre du Bret est grans, cis ne sera mie menor, car à force
le convient estre ; autrement ne porroie-je metre entièrement
ce que messires me commanda. Bien sai que il plaira as bons
et por ce que li bons se sachent, je veuil por les bons si mon
livre translater que li bons y praignent bon exemple des
haus faits des bons chevaliers anciens. Li bon qui verront
cest mien livre et escouteront les beaux dis que je y metrai
et s'en reconforteront souventes fois et souvent en osteront
leur cuers de diverses cures et de greveuses pensers , de
biaux dis et de courtois et de haus fais et de hautes œuvres
sera cis miens livres estrais. De ce prendra commencement
et selon ce, se définera. Autre proposement ; je n'ai fors à
parler de courtoisie et quant courtoisie est le chies de mon
livre, or seroit bien raison et drois, que je, de courtois chevalier commençasse ma matère et je si ferai si je puis. De qui
dirai-je? je commencerai cest mien livre? Ce n'iert mie de
Lancelot car maistre Gau. Map en parla bien et souffisamment
en son livre; de monseigneur Tristran n'iert mie cestui mien
livre, car el Bret en ai auques dit, et de li a on proprement
un livre fait. Quel non li porrai-je donner? Tel comme il
plera à monseigneur le roi Henry. Il vuelt que cestui mien
livre qui de courtoisie doit nestre soit appelés Palamèdes,
pource que si courtois fu toutes voies Palamèdes que nus plus
courtois chevaliers ne fu au temps le roy Artus et tel chevalier et si preu comme l'estoire vraie tesmoigne. Or donc
quant à Monseigneur plest que je cest mien livre commence
el non de Palamèdes, et je le vueil commencier puisqu'il

plaist au noble roi Henry mon seigneur, si prie Dieu qu'il me
doint, c'est moye ouvrage, qui au nom de Palamède est commenciée, de finer à mon honneur. Or commencerai donc mon
livre el nom de Dieu et de la sainte Trinité qui *ma jouvente
tiengne en joie et en santé et la gráce de mon seigneur terrien* et dirai en tel manière cou vous orrois. »

### ÉPILOGUE DE TRISTAN.

*Manuscrit n° 757 nouveau 7177 ancien. Bibl. nat.*

(Cet épilogue n'a jamais été publié en entier, et n'a pas été
reproduit d'ailleurs dans les *Manuscrits français* de M. Paulin
Paris ; il a été copié malheureusement sur un original peu
lisible et le transcripteur a sauté plusieurs mots, néanmoins
il mérite d'être publié à l'appui de ce que nous savons touchant les auteurs des romans de la *Table ronde*.)

« Assez me sui or travailliez de cestui livre mettre à fin ; longuement j'ai entendu et longue ovre ai achevé, la Dieu merci
qui de sens et de poer me donna. Biaus diz plesanz et déli-
table ai por tout à mon poeir et por les biaus diz qui i sont et
que rois Henrri d'Engleterre a bien veu de chief en chief et
voit encore souventes fois, com cil qui forment se délite, se
m'est avis, parce qu'il a assez plus trové au livre de latin
quant li translateor de cestui livre en on tret en langue françoise. Mais il requiert et prie (*en blanc*) et por autre et por
soe (*en blanc*) et por sa boiche et porce qu'il a trové que
moultes choses faillent en cest livre qu'il en conviendroit
metre, ne metre ne si porroit desoremes que je autrefois me
travaillasse de fere .I. autre livre où soit contenu tout ce
que en cest livre faut et je, qui sa prière et son commandement n'oseroie trespasser, li promet de la fin de cestui livre,
comme à mon seignor, que maintenant que la froidure de
cestui yver sera passée et nous serons au commencement de
la douce saison que l'on apelle la saison de verie, que à donc,
me serai reposez .I. pou, après le grant travail de cestui livre

que fait ai, ai demoré un an entier, ai laissé totes chevaleries
et autres soulaz, me retornerai sor le livre de latin et sor les
autres livres qui trait sont en françois et parverrai de chief
le livre que nos i troverron. Je complirai, ce diex plest, tot ce
que mestre Luces del Gait qui premièrement comença à
translater et mestre Gautier Mes qui fist le propre livre de
latin, maistre Robert de Boron, tot ce que nous n'avons mené
à fin, je acomplirai, se Diex me doint tant de vie que je puisse
celui livre mener à fin. Et je, en droit moi, merci moult le roi
Henri mon signor de ce qu'il loe le mien livre et de que il li
donne si grand pris.

Ycy fenist le livre de Tristan
Diex graces et la virge Marie.

# LE PETIT SAINT GRAAL

## OU LE ROMAN DE

## JOSEPH D'ARIMATHIE

### MIS EN LANGAGE MODERNE

#### D'APRÈS LE MANUSCRIT CANGÉ DE LA BIBLIOTHÈQUE NATIONALE.

———

Le *Petit Saint Graal*, connu aussi sous la rubrique de *Roman de Joseph d'Arimathie*, est comme le préambule ou la préface du roman de *Merlin*. Néanmoins il forme un ensemble homogène et indépendant de ce dernier, c'est-à-dire qu'il peut, sans en souffrir, être détaché des aventures de *Merlin;* tandis que celles-ci n'ont pas de raison d'être si elles ne sont précédées du *Joseph*, tout comme le *Perceval* ne peut exister qu'à la condition d'avoir été annoncé et préparé par ce dernier roman.

Le *Saint Graal,* tel que l'avait conçu Robert de Borron et tel que nous le donnons plus bas, est une œuvre essentiellement religieuse, qu'on devait s'étonner de voir éclore du génie d'un homme de guerre. On pouvait, à bon droit, suspecter un chevalier français d'être resté étranger à l'ordre de faits qui

domine dans le roman ; mais, depuis que nous savons
que nous devons considérer Robert de Borron plutôt
comme un trouvère pieux que comme un chevalier
aventureux, plutôt comme un ami des ascètes que
comme un homme du monde, — puisque, par zèle
religieux, nous le voyons donner à une abbaye nais-
sante une étendue de terres échelonnées sur près de
quatre lieues (de Grès à Samois et à Recloses), — rien
n'étonne plus dans la conception de son *Saint Graal*, ni
le fond si religieux du roman, ni la forme empreinte
d'une piété si tendre et si vive.

Nous avions pensé à ne donner qu'une analyse du
*Joseph* ; notre tâche eût été bien ingrate et presque
stérile en résultats, car tout l'intérêt réside surtout
dans la naïveté et le choix des expressions de l'auteur ;
nous avons donc été contraint de rédiger presque
une traduction dans laquelle nous avons cherché à
garder la concision remarquable du récit et ses tours
heureux.

# ANALYSE

EN FORME DE

## TRADUCTION SOMMAIRE

# DU PETIT SAINT GRAAL

DE ROBERT DE BORRON.

---

Avant que Notre-Seigneur vînt sur terre, il faisait parler les prophètes en son nom et annoncer sa venue ; alors tous les hommes allaient en enfer, même les prophètes ; et quand le diable les y avaient menés, il croyait avoir fait merveille, mais il devait être déçu, car les hommes se consolaient en pensant à la venue de Jésus-Christ.

Notre-Seigneur voulut donc venir en terre et s'enferma (*s'aombra*) [1] dans le sein de la vierge Marie, pour racheter les enfants d'Ève et d'Adam au nom du Père, du Fils et du Saint-Esprit. Notre-Seigneur parcourut la Judée, se fit baptiser par saint Jean-Baptiste et dit que tous ceux qui recevraient le baptême au nom du Père, du Fils et du Saint-Esprit

---

[1] Cette expression, comme beaucoup d'autres de notre Ms., doit appartenir à l'original de Robert de Borron. Plus tard, d'autres trouvères l'ont employée dans le même sens.

seraient soustraits à la puissance del'ennemi (le diable),
à moins qu'ils n'y retombassent d'eux-mêmes par
leurs mauvaises œuvres. Ce pouvoir, Notre-Seigneur
le donna à sainte Église, et ses ministres le reçurent
de saint Pierre. Ainsi sanctifia-t-il l'union de l'homme
et de la femme par un sacrement, et ainsi le diable
perdit-il le pouvoir qu'il avait sur les hommes.

Cependant notre sire, qui savait combien est grande
la fragilité humaine et que l'homme devait nécessairement pécher, commanda à saint Pierre une autre
manière de baptême, à l'aide duquel l'homme, s'il
voulait se repentir de son péché et tenir les commandements de sainte Église, pourrait gagner la misé-
corde de Dieu et parvenir à la gloire du Ciel.

Pilate qui était alors gouverneur de la Judée pour
les Romains, avait à son service un chevalier qui
s'appelait Joseph d'Arimathie. Celui-ci vit Jésus en
divers lieux et l'aima ; mais il n'osait le faire voir, à
cause des autres Juifs. Notre-Seigneur avait alors
beaucoup d'ennemis et ses disciples étaient peu nombreux. Parmi eux, s'en trouvait un plus mauvais qu'il
n'aurait dû être.

Les Juifs complotèrent la perte de Jésus, qui savait
leurs errements comme un Dieu qu'il était. Judas,
qu'il aimait beaucoup, avait une rente que l'on appelait dîme et dont il jouissait en qualité de sénéchal
des disciples de Jésus ; mais son mauvais caractère
l'ayant poussé à se séparer de plus en plus des autres
disciples, il commença à haïr son maître lui-même
au sujet du parfum que madame Marie-Madeleine
avait répandu sur la tête de Jésus. Il récapitula, en
lui-même, que ce parfum valait bien trois cents deniers

et qu'il en perdait la dîme, c'est-à-dire trente deniers. Dès lors il poursuivit l'idée de recouvrer cette somme. Le jour d'avant la Pâque, les ennemis de Jésus se réunirent chez un des leurs qui avait nom Caïphe et se demandèrent comment ils prendraient Jésus. Joseph d'Arimathie assistait à cette réunion. Judas s'y rendit et leur promit de le leur vendre moyennant trente deniers ; l'un de ceux qui étaient là les avait dans sa bourse et les lui paya.

Judas ayant ainsi recouvré la dîme de la valeur du parfum dont on vient de parler, convint avec eux de leur livrer son maître le jeudi, leur recommandant d'être bien armés et de faire attention de ne pas prendre Jacques au lieu de Jésus ; car ils se ressemblaient beaucoup, ce qui était juste puisqu'ils étaient cousins germains. Ils le reconnaîtraient au baiser qu'il lui donnerait.

Le jeudi soir, Notre-Seigneur était chez Simon le lépreux ; c'est là qu'il dit à ses disciples que l'un de ceux qui mangeaient et buvaient avec lui le trahirait. Judas s'écria : « Est-ce pour moi que vous le dites? » et Jésus lui répondit : « Tu l'as dit. » Jésus lava encore ce soir-là les pieds de ses disciples ; saint Jean l'évangéliste lui ayant demandé ce que cette action signifiait, Jésus répondit : « Cet exemple est pour Pierre ; car de même que l'eau fut souillée par les premiers pieds que j'y ai lavés, de même nul homme ne peut-être sans péché et par conséquent sans souillure ; mais en ces pécheurs, les autres hommes pourront se laver de leurs fautes ; que Pierre médite cet exemple ; parmi les ministres de sainte église, il y en aura de souillés par le péché, ce qui ne les empêchera pas de laver les pécheurs qui, à leur commandement, voudront obéir au Père, au Fils et au Saint-Esprit et à sainte Église ; leur souillure personnelle ne pourra nuire aux autres gens, de même que l'eau déjà salie par les premiers pieds lava et blanchit ceux qui s'y plongèrent après. »

Quelques moments après, les Juifs envahirent la maison de Simon, et Judas ayant baisé Jésus, celui-ci fut saisi de tous côtés. « Tenez-le bien ! s'écrie Judas, car il est très-fort. »

Cependant on emmène Jésus, et ses disciples se dispersent en proie à la douleur. Le vase dans lequel Jésus « sacrifiait », était resté chez Simon ; un Juif qui le trouva, le prit et l'emporta. Le lendemain, Jésus fut conduit devant Pilate et les Juifs le chargèrent autant qu'il leur fut possible ; mais ils ne purent trouver rien d'assez grave pour justifier une condamnation capitale ; Pilate qui eût pu s'opposer à la mort de Jésus, ne voulut pas recourir à la force ; il laissa faire. Seulement il dit aux Juifs : « A qui m'en prendrai-je si messire Titus, l'empereur de Rome, me reproche la mort de Jésus, car je ne vois pas qu'il l'ait méritée ? »

Tous s'écrient alors : « Que son sang retombe sur nous et sur nos enfants. » Les Juifs l'emmènent et Pilate, s'étant lavé les mains, dit : « Aussi nettes sont mes mains de l'eau dont je les ai lavées, aussi innocent suis-je de la mort de cet homme. »

Le Juif qui avait pris le vase chez Simon le lépreux, vint à Pilate et le lui donna. Joseph ayant appris la mort de Jésus, en fut tout triste et tout irrité ; il se rendit auprès de Pilate et lui dit : « Sire, je t'ai servi longtemps, moi et mes cavaliers, sans récompense ; aujourd'hui je viens te demander le prix de mes services. »

Pilate, lui dit : « Joseph ! demandez et je vous donnerai tout ce que vous me demanderez, sauf la foi que je dois à mon seigneur. » « Eh bien, lui dit Joseph, je vous demande le corps de ce prophète qu'ils ont fait mourir à tort. » Pilate s'étonne de le voir lui demander si peu de chose et lui accorde aussitôt le corps de Jésus. « Mais, dit Joseph, ils sont nombreux et ils ne me le laisseront pas. » « Ils le feront » dit Pilate.

Joseph va alors à la croix que les Juifs appelaient *dépit*, et quand il vit le corps de Jésus, il en eut grand' pitié et pleura tendrement, trahissant ainsi son amour pour lui. « Pilate, dit-il aux Juifs, m'a donné le corps de cet homme. » « Vous ne l'aurez pas, répliquent-ils, car ses disciples ont dit qu'il ressusciterait, et autant de fois ressuscitera-t-il, autant de fois le tuerons-nous, et vous auparavant si vous insistez. » Joseph s'en retourna alors chez Pilate qui entendit sa plainte, en fut touché, et s'adressant à un personnage haut placé qui se trouvait là, nommé Nicodème, lui ordonna d'aller avec Joseph pour ôter Jésus du « dépit. » Puis se souvenant du vase que le Juif lui avait donné, il appela Joseph et lui dit : « Vous aimiez beaucoup ce prophète, prenez ce vase qu'un Juif m'a donné et qu'il a trouvé dans la maison de Simon ; car je ne veux rien garder qui lui ait appartenu. » Joseph s'inclina et le remercia beaucoup.

Cependant Joseph et Nicodème se rendent au calvaire. En passant devant la boutique d'un forgeron, ce dernier prend une tenaille et un marteau, et s'adressant aux Juifs leur dit : « Vous avez fait de Jésus ce que vous avez voulu, et maintenant que le voilà mort, Pilate a accordé son corps à Joseph et m'a commandé de l'ôter du « dépit » et de le lui donner. » Les Juifs s'écrièrent encore qu'il doit ressusciter et qu'ils ne le lui donneront pas. Nicodème résiste ; les Juifs s'en vont réclamer à Pilate.

Nicodème alors et Joseph montent au haut de la croix et ôtent le corps de Jésus. Joseph le reçoit dans ses bras, le met à terre et le dispose aussi bien qu'il le peut ; puis il le lave et, tout en le faisant, il voit ses plaies qui saignaient : il eut grand'peur quand le sang se mit à couler, car il se souvint de la pierre qui fut fendue au pied de la croix [1]. Alors le vase que Pilate lui a donné lui revient en mémoire et il pense que ces gouttes de sang y seraient mieux que partout ailleurs ; il le prend donc, presse sur le bord la plaie du côté et celles des pieds et des mains ; puis, ayant déposé le vase près de lui, il enveloppe le corps de Jésus dans un riche linceul qu'il avait acheté et le met dans un cercueil de pierre qu'il avait gardé longtemps pour lui-même, puis il le couvre d'une très-grande pierre plate.

Cependant les Juifs qui avaient été chez Pilate reviennent ; ils ont le pouvoir de faire guetter Jésus de peur qu'il ne ressuscite, et pour cela ils se munissent d'armes.

Sur ces entrefaites, Notre-Seigneur s'en alla en enfer, en brisa les portes et en fit sortir Adam et Ève et tous les autres justes qu'il lui plut ; ne les avait-il

---

[1] Voir la note au bas du texte ci-après.

pas rachetés de la mort et des tourments au prix de
sa chair et de son sang?

Quand Notre-Seigneur eut fait ce qu'il lui plut, il
ressuscita à l'insu de ceux qui le gardaient et apparut
ensuite à Marie-Magdeleine et aux autres disciples.
Lorsque les Juifs l'apprirent, ils s'assemblèrent et se
dirent : « Cet homme nous fera beaucoup de mal, s'il
est vrai qu'il est ressuscité ; » les gardes disent qu'ils
savent bien que le corps n'est plus là où Joseph le
mit. Les Juifs complotent alors la mort de ce dernier
et de Nicodème qui sont la cause de tout cet ennui.
Puis ils conviennent que si l'empereur Titus de Rome,
qui est leur maître et leur seigneur, leur réclame
Jésus, ils répondront : « Nous l'avons donné à Joseph
par ordre de Nicodème; » mais s'il ajoute : « Vous le
fîtes guetter par vos gardes, que dirons-nous? » L'un
d'eux répond : « Nous pouvons encore nous mettre à
l'abri sur ce point; prenons Joseph et Nicodème à
l'insu de tous, et faisons-les mourir ; puis si l'on nous
demande Jésus, nous dirons : « Rendez-nous Joseph
et Nicodème à qui nous l'avons donné. »

Nicodème avait à ce conseil un ami qui lui fit
savoir la décision prise; il put s'enfuir ; mais
Joseph fut saisi la nuit, dans son lit, et conduit chez
le grand prêtre Caïphe qui possédait une tour dans
laquelle était la plus horrible prison qu'on pût voir.
« Qu'as-tu fait, lui dit-on, de Jésus? » « Rien, leur
répondit-il, que vous ne sachiez, puisque vous l'avez
gardé. » Et ils répliquent : « Joseph! tu l'as dérobé,
car il n'est plus là où nous l'avons vu. Nous te met-
trons en cette prison et tu y mourras si tu ne nous le
rends. » « S'il plaît, réplique Joseph, à Notre-Sei-

gneur que j'ôtai de la croix, que je meure, je mourrai
volontiers. » Alors les Juifs le prennent, le jettent à
terre et le battent à outrance ; puis ils le descendent
dans la prison de Caïphe et ils en scellent l'orifice, de
sorte qu'en apercevant cette tour, personne ne croie
voir autre chose qu'un pilier de pierre.

Joseph disparut ainsi du monde et nul ne sut ce
qu'il était devenu. Quand Pilate apprit sa disparition,
il en fut très-chagrin et très-irrité, car c'était son
meilleur ami et il n'avait pas de plus vaillant défen-
seur.

Cependant celui pour qui il avait souffert ne l'ou-
blia pas, il lui apparut dans sa prison et lui apporta
le vase contenant son précieux sang ; aussitôt que
Joseph vit la clarté qui accompagnait Jésus, il s'en ré-
jouit, car il était rempli de la grâce du Saint-Esprit.
«Dieu tout-puissant, dit-il, d'où peut venir cette clarté
si ce n'est de toi ? » Jésus lui répondit : « Joseph !
Joseph ! prends courage, car la puissance de mon père
te sauvera : je suis Jésus-Christ, le Fils de Dieu, qui
vins en terre pour souffrir la mort et sauver l'œuvre
de mon Père. Lorsqu'il eut fait Adam et Ève, l'ennemi trompa celle-ci et la fit pécher ; mon père les
chassa tous deux du paradis et ils commencèrent une
vie de labeurs et de tribulations ; dès lors l'ennemi
voulut les avoir, eux et leurs enfants, en son pouvoir,
et il y réussit. Il les retint ainsi jusqu'à ce qu'il plut à
mon Père que son Fils vînt en terre et s'enfermât dans
le sein de la vierge Marie, qui le mit au monde ; et le
doux Seigneur le fit ainsi parce que le monde ayant
été perdu par la femme, il convenait qu'il fût sauvé
par elle ; et de même que l'arbre porta la pomme qui

fit pécher la femme, de même ce fut sur un arbre que
le Fils de Dieu dut mourir pour sauver les hommes. Je
vins donc en terre, je naquis de la vierge Marie, je
souffris tous les tourments possibles et reçus la mort
trois ans après que j'eus été baptisé. De mes cinq plaies
coulèrent sang et eau. »

« Comment ! sire ! dit Joseph, êtes-vous donc Jésus
de Nazareth, le fils de Marie l'épouse de Joseph,
celui que j'ôtai de la croix et mis dans un tombeau
que j'avais si longuement gardé ? » « Je suis, lui répondit-il, celui-là même. » « Ha ! beau sire ! fit Joseph,
ayez pitié de moi, qui, pour vous, suis ici ; car je vous
ai toujours beaucoup aimé, bien que je n'osasse vous
parler ; je craignais que vous ne me crussiez pas,
parce que je parlais souvent et j'allais avec ceux qui
complotaient votre mort. » Alors Jésus lui répond :
« Mes amis me rendent service en restant avec mes
ennemis, tu en peux juger par toi-même ; tu étais
mon ami et je le savais ; je te laissais au milieu de
mes ennemis en vue du grand service que tu devais
me rendre, car je savais que tu me secourrais et
m'aiderais dans un moment où mes disciples m'aban-
donneraient. Ainsi l'as-tu fait et es-tu resté au service de Pilate qui t'a tant aimé que je te fus donné et
que je suis tien. » « Ah ! sire, fait Joseph, ne dites pas
que vous soyez mien. » « Si, je le suis, réplique
Jésus, je suis à tous les bons et tous les bons sont
miens ; et sais-tu ce que tu as gagné à ce que je te
fusse donné ? Tu auras acquis l'éternelle joie après
cette vie mortelle. Je n'ai amené ici aucun de mes
disciples, parce que nul ne sait l'amour que nous
avons l'un pour l'autre. « Mais sache bien que notre

amour deviendra apparent à tous et sera fatal aux non-croyants, car tu auras le symbole de ma mort en garde, et le voici. » Aussitôt Notre-Seigneur présente le vase précieux avec tout le saintissime sang que Joseph avait recueilli de son divin corps lorsqu'il le lava.

A cette vue, Joseph reconnaît le vase et s'agenouille en s'écriant : « Ah! sire, merci; suis-je donc digne d'avoir en garde un objet si précieux ? » « Oui ! dit Notre-Seigneur, toi et celui à qui tu le confieras, vous devez le garder; mais les possesseurs de ce vase ne doivent être que trois, et ces trois personnes l'auront au nom du Père, du Fils et du Saint-Esprit que tu dois regarder comme une seule chose en Dieu. » Joseph ayant pris le vase, Jésus lui dit : « Tu tiens le sang des trois personnes en un seul Dieu, et jamais sacrement ne sera fait que le symbole de ton action n'y soit représenté ; de plus, tous ceux qui l'entendront raconter en deviendront meilleurs, et ceux qui pourront en lire le récit et l'apprendre en seront plus aimés dans le monde et on recherchera leur compagnie plus que celle des autres gens, il en sera de même de ceux qui le retiendront dans leur mémoire et l'écriront de leur main. » « Mais, sire, répond Joseph, qu'ai-je donc fait pour mériter une telle faveur ? » Jésus répond : « Tu m'ôtas de la croix et me mis dans le cercueil après que je me fus assis à la cène chez Simon et que j'eus dit que je serais trahi ; et ainsi, comme je le dis à cette table, on en établira plusieurs autres pour rappeler à jamais le sacrifice de la croix. Le vase où mon corps sera consacré sous la forme d'une hostie, représentera la

pierre où tu me mis ; la patène qui le couvrira signi-
fiera le couvercle qui ferma le tombeau ; le drap qui
recouvrira le calice et qui sera appelé corporal, représentera le suaire avec lequel tu m'enveloppas, et ainsi
apparaîtra à toujours le symbole de ton action ; et tous
ceux et toutes celles qui le verront et seront en la
compagnie des croyants en auront joie éternelle et
satisfaction de cœur pourvu qu'ils soient vrais
« confés » et repentants de leurs péchés. Tous ceux
qui pourront apprendre ce récit, en seront plus agréa-
bles au siècle et à Notre-Seigneur ; ils ne pourront
être forjugés en cour, ni vaincus par bataille, s'ils
m'invoquent pour le bon droit. »

Alors Jésus-Christ lui apprend les paroles secrètes
que personne ne peut conter ni écrire à moins qu'il
n'ait lu le grand livre où elles sont consignées, et ce
sont les mots que l'on prononce au moment de la
consécration du Graal, c'est-à-dire du calice, et je prie
tous ceux qui entendront la lecture de ce livre de,
pour Dieu, n'en pas demander davantage en cet
endroit, car qui plus en voudrait dire pourrait bien
mentir, et il ne gagnerait rien au mensonge.

Jésus ajoute que toutes les fois que Joseph aura
quelque besoin, il demande conseil aux trois puissances qui sont une même chose et à la bienheureuse
dame qui porta le fils, et aussitôt il entendra la voix
du Saint-Esprit qui viendra lui parler. « Tu vas rester
encore dans ce lieu, il n'est pas temps, pour toi, d'en
sortir ; la clarté que tu vois te durera jusqu'à l'heure
de ta délivrance, et ne t'émeus pas, car les mécréants
tiendront cette délivrance à grande merveille ; de
plus, tu mettras celui qui brisera tes chaînes sur la

voie de mon amour; dis-lui, au sujet des trois puissances, ce qui te viendra au cœur, le Saint-Esprit t'apprendra à parler ce que tu ignores en ce moment. »

Joseph resta donc en prison; les apôtres ne disent
rien de cette détention, ni ceux qui établirent les
saintes Ecritures; ils savent seulement que Notre-
Seigneur voulut que son corps lui fût donné, à cause
de l'amour que Joseph avait pour lui.

Joseph resta ainsi longtemps en prison, jusqu'à ce
qu'un chevalier qui avait été en pèlerinage en Judée,
revint à Rome. Il avait vu Jésus faisant des miracles,
guérissant les malades, redressant les gens contre-
faits et rendant la vue aux aveugles, et quand il
apprit que les Juifs l'avaient pris, battu et tué sur la
croix, dans un pays soumis à l'autorité de Pilate,
il quitta la Judée et vint, après un long voyage,
jusqu'à Rome où Vespasien, le fils de l'empereur
souffrait alors d'une lèpre si affreuse que ses meilleurs
amis ne pouvaient rester près de lui. L'empereur en
éprouvait un violent chagrin. On fut même obligé de
mettre son fils dans une chambre de pierre toute
ronde, et on lui donnait à manger par une petite
fenêtre à l'aide d'une pelle. Ce pèlerin se logea à Rome
chez un homme riche, et le soir on se mit à parler
de diverses choses. L'hôte en vint à dire qu'il était
bien dommage que le fils de l'empereur fût atteint
d'une maladie pareille, et que s'il connaissait quelque
remède efficace, il l'indiquât. « Je n'en connais pas,
répond le pèlerin, mais je puis bien vous dire qu'il y
avait en Judée un homme que l'on appelait le bon
prophète, et pour lequel le grand Dieu fit de grands
miracles. Cet homme guérissait tous ceux qu'il vou-

lait, quelque grave que fût leur maladie ; de sorte que les gens riches le haïssaient parce qu'ils ne pouvaient l'imiter. » L'hôte demanda au pèlerin ce qu'il était devenu et comment il se nommait. « On l'appelait, répond ce dernier, Jésus de Nazareth, le fils de Marie ; ceux qui le haïssaient firent tant qu'ils le prirent et l'accablèrent de mauvais traitements, puis ils le crucifièrent et le tuèrent ; mais je vous certifie sur mon âme et sur mon corps, que s'il fût vivant et qu'on l'amenât au fils de l'empereur, et qu'il voulût bien le guérir, il le ferait. » Son hôte lui dit : « Avez-vous jamais entendu dire pourquoi ils le tuèrent ? » « Non, répondit-il, si ce n'est pour l'envie qu'ils lui portaient. » « Et en quel lieu cela se passait-il, et en quelle seigneurie ? » « En la seigneurie de Pilate, le bailli de la ville. » « Répèteriez-vous tout cela devant l'empereur ? » « Certes, il n'est homme devant qui je ne le dise. » A ces mots, le prud'homme court chez l'empereur et lui raconte, mot pour mot, ce que lui a dit le pèlerin. L'empereur lui ordonne d'aller chercher ce dernier. Le pèlerin répète devant l'empereur ce qu'il avait raconté à son hôte, et l'empereur l'assure qu'il sera le bienvenu s'il dit la vérité.

Il mande aussitôt les gens de son conseil qui écoutent le récit du pèlerin et disent qu'ils regardent Pilate comme trop sage et trop prud'homme pour croire qu'il ait souffert une si grande folie dans son gouvernement. Le pèlerin dit à l'empereur que Pilate l'a soufferte sans nul doute. « Alors, dit l'empereur, il l'a soufferte pour son malheur, puisqu'il a permis qu'on fît périr un homme sans jugement. »

Pilate avait dans ce conseil un ami haut placé,

qui dit : « Sire, j'aime beaucoup Pilate et je ne croirai jamais qu'un homme si sage ait laissé périr un si bon médecin, s'il avait pu s'y opposer. »

Les membres du conseil invitent le pèlerin à leur répéter ce qu'il a dit à l'empereur. Il recommence alors à raconter les beaux miracles de Jésus et certifie qu'il était très-vrai qu'il avait été mis à mort par les Juifs dans le gouvernement de Pilate et « sachez que s'il fût encore vivant il guérirait le fils de l'empereur et pis encore, et si quelqu'un ne voulait pas me croire, je mettrai ma tête en gage de la sincérité de mes paroles. Certainement Pilate en conviendrait et si l'on trouvait quelque chose qui eût appartenu à ce prophète et que le fils de l'empereur y touchât, il guérirait sans nul doute. »

Quand ils l'eurent écouté, ils en furent tout ébahis ; ils n'osèrent soutenir Pilate et se bornèrent à mettre, sur sa demande, le pèlerin en prison jusqu'au retour des messagers que l'empereur voulait envoyer. Alors un des amis de Pilate dit à l'empereur : « Envoyez-moi en Judée, je saurai mieux que personne comment Pilate s'est conduit. » L'empereur répond : « J'y enverrai vous et d'autres. »

Puis il va conter à Vespasien ce qui se passe et comment il a mis l'étranger en lieu sûr. Vespasien se met à rire, son cœur se dilate et ses souffrances sont diminuées. Il prie son père, s'il veut le voir guérir, d'envoyer au plus tôt en Judée. L'empereur choisit ses messagers et leur donne des lettres de créance. Il leur ordonne d'enquérir sur toute cette affaire, et, si Jésus est mort, il demande qu'on lui apporte quelque chose de lui, pour la guérison de son fils. Il

menace Pilate qu'il lui fera payer cher la mort de
Jésus.

Les messagers étant arrivés en Judée, l'ami de Pilate
lui envoya une lettre dans laquelle il s'étonnait beaucoup qu'il eût été assez fou pour souffrir que Jésus
fût mis à mort sans jugement sous son gouvernement ; il l'informait de l'arrivée des messagers de
l'empereur et l'engageait à venir à leur rencontre.

Quand Pilate eut lu cette lettre, il eut peur et
ordonna à ses gens de monter à cheval pour aller audevant des messagers qu'ils rencontrèrent à Arimathie. Ceux-ci, à la vue de Pilate, n'osèrent lui faire
accueil, car ils ne savaient pas encore s'ils ne l'em-
mèneraient pas à Rome, pour le livrer à la justice
de l'empereur.

Ils lui remirent les lettres de l'empereur et Pilate
reconnut que tout ce qu'elles contenaient était vrai.
Les messagers s'en étonnèrent fort et lui dirent
qu'il avait commis une grande faute dont il ne pourrait se disculper.

Pilate introduit alors les messagers dans une
chambre dont il fait soigneusement fermer les portes
pour n'être pas entendu, et il se met à raconter les
enfances de Jésus, ce qu'il en sait et ce qu'il a entendu
dire ; il leur apprend pourquoi les riches et les puissants
le haïssaient, comment il guérissait ceux qu'il voulait,
comment les Juifs l'accusèrent, comment ils l'achetèrent de l'un de ses mauvais disciples qui, depuis, s'en
pendit de désespoir à un sureau ; il leur raconte tous
les outrages qu'ils lui firent subir et comment ils le
requérirent de le condamner à mort. « Comme je n'y
voyais pas matière à condamnation capitale, ils me

dirent qu'ils le tueraient néanmoins. » C'étaient des gens riches et puissants. « Mais si mon seigneur, reprend Pilate, m'en demandait raison, quelle garantie me donnerez-vous ? » Ils me répondent : « Que le sang de Jésus retombe sur nos têtes et celles de nos enfants ! » Ils le prirent alors et en firent ce que je vous ai dit. Et pour qu'on sût que je n'y étais pour rien et que cette mort m'était plus pénible qu'agréable, je demandai de l'eau et lavai mes mains, puis je dis : « Je suis aussi innocent de la mort de cet homme que mes mains sont nettes de l'eau qui les a lavées. »

« Quand il fut mort, je donnai son corps à un chevalier qui avait nom Joseph et qui m'avait fidèlement servi avec cinq chevaliers depuis mon arrivée en Judée ; Joseph prit le corps de Jésus et le mit dans un cercueil qu'il avait fait faire pour lui ; depuis lors je ne vis plus Joseph et je ne sais ce qu'il devint ; mais je crois bien que les Juifs l'ont tué. C'est ainsi que je me suis conduit ; examinez maintenant si je pouvais faire autrement. »

Quand les messagers eurent entendu que Pilate n'avait pas aussi grand tort qu'ils le croyaient, ils lui dirent : « Si tout ce que tu nous dis est vrai, tu pourras te disculper devant l'empereur. » Pilate répond : « Tout ce que je vous ai dit, les Juifs eux-mêmes vous le répéteront, sauf ce qui concerne Joseph dont je ne sais rien. » « Fais-les donc mander, » lui disent-ils. Pilate alors envoie partout des messagers pour convoquer les Juifs ; en même temps il fait rechercher dans tout le pays si l'on ne pourrait rien trouver qui eût appartenu à Jésus, mais toutes les recherches sont inutiles.

Les Juifs se rassemblent donc à Arimathie et Pilate demande aux messagers de le laisser leur parler d'abord : « Et vous entendrez ce qu'ils diront. »

« Seigneurs, leur dit Pilate, voici les messagers de l'empereur qui sont venus enquérir quel homme était ce Jésus qui, en ce pays, se mettait au-dessus de la loi ; l'empereur a entendu dire qu'il était bon médecin et veut le faire venir à Rome. J'ai dit aux messagers qu'il est mort et que les plus riches et les plus sages de cette région l'ont mis à mort, parce qu'il disait qu'il était Dieu et fils de Dieu. Est-ce vrai ? » « Oui, vraiment, répliquent-ils, nous l'avons tué parce qu'il se disait notre roi et seigneur de notre empereur ; tandis que toi tu fus assez lâche pour n'en pas tirer vengeance. » Pilate dit alors aux messagers : « Vous avez bien entendu quelles gens ce sont et vous avez compris que je n'avais pas le pouvoir de leur résister. » « Je n'ai pas encore, dit un des messagers, entendu traiter le point principal de la question. » Puis se tournant vers les Juifs, il leur dit : « Ainsi Pilate ne voulut pas condamner à mort cet homme qui se mettait au-dessus de l'empereur ? » « Non, répondirent-ils, et même nous avons dû lui dire que si l'empereur s'enquérait de la chose, nous consentions que le sang de cet homme retombât sur nos têtes et sur celles de nos enfants. Ce n'est qu'à cette condition qu'il toléra sa mort. »

Quand les messagers virent qu'il n'avait pas si grand tort, ils demandent quel homme était ce prophète dont on avait tant parlé. « Il faisait, répondent les Juifs, les miracles les plus extraordinaires et c'était un enchanteur, au dire des grands. » Les

6

messagers leur demandent alors, s'ils ne connaîtraient pas quelque chose qui lui eût appartenu ; ils disent que non, parce que, quand on le prit, tout fut jeté hors de la maison. Ainsi finit la réunion et Pilate fut délivré des soupçons des messagers.

Longtemps après, un homme vint trouver ceux-ci et leur dit qu'il connaissait une femme qui possédait un visage empreint sur une toile qu'elle avait coutume d'adorer. « Mais je ne sais où elle le prit, » dit-il.

Ils appellent alors Pilate, qui demande comment elle se nomme et dans quelle rue elle demeure. « Elle s'appelle Vérone, dit cet homme, et elle réside dans la rue de l'Ecole. » Pilate l'envoie chercher et quand il la voit, il se dresse à sa rencontre, l'embrasse et lui dit : « Vérone, j'ai entendu dire que vous avez chez vous un portrait d'homme, je vous prie d'aller le chercher et de me le montrer. » La femme, après s'être quelque peu défendue, promet aux messagers d'aller avec eux à Rome s'ils veulent lui assurer qu'on ne lui enlèvera rien de ce qu'elle leur montrera. Les messagers le lui ayant promis, Vérone court chez elle chercher son portrait et le leur apporte ; mais, auparavant, elle leur dit de s'asseoir, et quand ils l'eurent fait, elle leur présente le portrait ; les messagers se lèvent comme poussés par une force irrésistible, et l'avouent à Vérone qui leur raconte comment ce portrait lui est venu.

« J'avais, dit-elle, un voile que j'avais fait faire et je l'emportais sous mon bras dans la ville, pour le vendre, lorsque je rencontrai ceux qui emmenaient le prophète à qui les Juifs avaient lié les mains. Quand le prophète me vit, il m'appela et me pria, pour le grand Dieu, que je lui essuyasse le visage de mon voile; ce que je fis, puis je m'en allai. Lorsque je fus chez moi, je regardai mon voile et y trouvai ce portrait d'homme. Si vous croyez qu'il puisse servir au fils de l'empereur, je m'en irai avec vous et le lui porterai. »

Les messagers acceptent et se préparent à s'en aller sans avoir rien trouvé autre chose que ce portrait.

Quand ils furent arrivés à Rome, l'empereur fut tout joyeux et demanda comment ils avaient exploité, et si le pèlerin avait dit vrai. Ils l'assurèrent que tout ce qu'il avait raconté était la vérité et plus encore. Puis, l'empereur leur ayant demandé s'ils n'apportaient rien de Jésus, ils lui racontent l'histoire de Vérone et de son voile. L'empereur tout joyeux va trouver la femme, l'accueille avec transport et l'assure qu'il la fera riche pour le service qu'elle lui a rendu. Vérone alors présente son portrait, l'empereur s'incline trois fois devant et dit que c'est la plus belle figure d'homme qu'il ait jamais vue. Il le prend ensuite et, sans tarder, le met à la fenêtre de la chambre où reposait son fils. Dès que celui-ci le voit, il est guéri et commande qu'on abatte le mur qui le retient prisonnier... L'empereur Titus en eut grande joie ; Vespasien demanda d'où venait ce portrait et ce qu'il représentait. Son père lui raconte l'aventure de Vérone et les autres miracles dont le pèlerin avait été témoin. Vespasien demande alors aux messagers s'il est vrai que les Juifs aient mis à mort un homme aussi sage. Ceux-ci répondirent que oui. « Mal leur en a pris, dit-il, et je n'aurai jamais de joie tant que je

ne l'aurai pas vengé. » « Sire, dit-il à son père, vous
n'êtes ni roi, ni empereur, ni seigneur de moi ou
d'autrui ; mais celui-là est vraiment empereur qui,
de là où il est, a donné à ce portrait le pouvoir de
me guérir. Celui-là est seigneur des hommes et je
vous prie, comme mon seigneur et mon père, de me
laisser aller venger sa mort sur ceux qui l'ont ainsi
sacrifié sans raison. » L'empereur y consent.

L'un et l'autre font leurs préparatifs pour passer en
Judée. Quand ils furent arrivés, ils mandèrent Pilate,
qui voyant un si grand déploiement de forces, eut
peur, et demanda à Vespasien pourquoi il avait
amené tant de monde. Ce dernier lui dit : « Pilate,
je suis venu pour venger la mort de ce prophète qui
m'a guéri. »

« Voulez-vous avant, dit Pilate, savoir quels sont
les Juifs qui ont eu tort dans cette affaire? faites-moi
prendre et mettre en prison et dites que vous voulez
me détruire, parce que je refusai de condamner le
prophète; faites semblant de m'en vouloir beaucoup. »

Vespasien réunit les Juifs et leur demanda quel
était ce prophète qui se mettait au-dessus de l'empereur. « Vous avez agi comme des traîtres, leur
dit-il, en permettant qu'il vécût seulement un jour. »
Ils répondirent que Pilate devait en être responsable,
qu'il lui montrait ses enchantements et lui disait
qu'il devait être roi; que ce furent eux qui le prirent
et le conduisirent devant Pilate pour le juger.
« Au lieu de nous écouter, celui-ci nous dit qu'il
n'avait pas mérité la mort pour avoir prétendu qu'il
était le Roi des rois; nous lui dîmes que si, et que
nous ne voulions pas qu'il continuât ses enchante-

ments et qu'il se targuât devant le peuple d'être supérieur à notre père et notre roi. »

Vespasien répondit : « C'est pour cela que j'ai mis Pilate en prison, car j'ai bien ouï dire comment il s'est conduit et qu'il l'aimait plus que nous.

« Or je veux savoir de vous quels sont ceux qui se montrèrent le plus irrités contre le prophète, et qui lui firent payer le plus cher ses paroles séditieuses ; dites-moi comment vous l'avez traité, quels étaient les membres de votre conseil, enfin racontez-moi tout ce que vous avez fait. »

Quand les Juifs virent qu'il voulait savoir toute la vérité, ils en furent contents, car ils croyaient qu'il parlait ainsi pour leur bien et pour la perte de Pilate. Pleins de joie, ils lui content toute l'œuvre, comment ils l'ont conduite et comment Jésus se disait leur roi ; ils lui racontent la trahison de Judas moyennant trente deniers, lui montrent celui qui les paya et ceux qui le prirent. Chacun se vante des outrages qu'il lui fit subir, ils accusent Pilate de n'avoir pas voulu le juger et disent qu'ils tuèrent Jésus contre le gré de Pilate. « Et encore fallut-il que nous prissions sa mort sur nous et sur nos enfants. Nous en appelons à ta décision et demandons que tu nous tiennes quittes de cette promesse. »

Vespasien ayant compris leur déloyauté, les fit tous saisir et mettre en lieu sûr. Puis il dit à Pilate, qu'il envoya chercher, qu'il n'avait pas si grand tort qu'il croyait et qu'il allait tous les faire périr. Il en prit quelques-uns et leur fit rompre les membres en les tirant à quatre chevaux ; les autres qui le surent en furent fort effrayés et demandèrent pourquoi il

agissait ainsi. « Pour venger, dit-il, la mort de Jésus;
tous devront subir le même sort à moins qu'ils ne
rendent le corps de Jésus. » « Sire, répliquent-ils, nous
l'avons donné à Joseph d'Arimathie, nous ne savons
ce qu'il en fit, mais si tu nous rends Joseph, il nous dira
bien ce qu'il en fit. » Pilate leur dit alors : « Vous ne
vous êtes pas fiés en lui et vous avez fait surveiller le
tombeau par vos gardes; ses disciples disent qu'il est
ressuscité. »

Vespasien les condamna tous à mort et il en fit
tant périr que je n'en sais le compte. Puis il dit à
ceux qui restaient de rendre Jésus ou Joseph, car il
sait bien qu'ils sont la cause de la perte de ce dernier.

Les Juifs ne sachant ce que tous deux sont devenus,
Vespasien en fit brûler une grande partie, et lorsqu'ils virent que c'en était fait d'eux, il y en eut un
qui dit : « Si je fais connaître le lieu où Joseph est
enfermé, aurai-je la vie sauve, moi et mes enfants? »
Vespasien répond que oui. Alors il mena l'empereur
à la tour où Joseph avait été enfermé et lui dit qu'il
le vit mettre dedans. « Combien y a-t-il de temps? »
demande Vespasien. « Il y fut mis le troisième jour
après la mort du prophète; » « Pourquoi l'avez-vous
enfermé et qu'avait-il fait de mal? » « Parce qu'il
nous déroba le corps du prophète; mais comme nous
savions bien que dès qu'il nous aurait été dérobé,
il nous serait réclamé, nous nous dîmes que si nous
pouvions prendre Joseph et le faire mourir, nous
dirions à ceux qui nous demanderaient Jésus, rendez-nous Joseph, nous vous rendrons Jésus; tel a été
le mobile de notre conduite. » Vespasien leur ayant
demandé s'ils tuèrent Joseph avant de l'avoir mis

dans la tour, ils répondent que non, mais qu'ils le battirent pour toutes les folies qu'il disait. « Croyez-vous qu'il soit mort ? » dit Vespasien, et ils répondent : « Sire! comment pourrait-il être vivant, depuis si longtemps qu'il fut mis dans cette tour. » Mais Vespasien répond : « Celui-là peut bien l'avoir sauvé qui m'a guéri de ma maladie, ce que personne, sinon lui, ne pouvait faire ; je ne crois donc pas que Jésus, dont le corps lui fut donné et pour qui il fut battu et emprisonné, l'ait laissé mourir si misérablement. »

Vespasien fait alors enlever la pierre qui fermait l'orifice et, se baissant vers la prison, appelle Joseph, celui-ci ne répond pas. « Sire, lui dit-on, c'est merveille que vous pensiez que cet homme puisse encore être en vie. » « Certes, dit-il, je ne croirai pas qu'il soit mort avant de l'avoir vu. » Il demande alors une grosse corde et se fait descendre dans la prison ; il voit aussitôt une clarté dans un coin de la prison et s'y rend.

Quand Joseph, qui était vivant, le vit venir, il se leva et lui dit : « Vespasien, sois le bien venu. » Quand l'empereur s'entendit nommer, il s'en étonna fort. « Qui es-tu, lui dit-il, qui me connais si bien et cependant ne voulus pas me répondre quand je t'appelai? » « Je suis, répondit-il, Joseph d'Arimathie. » Et quand Vespasien l'entendit, il lui dit : « Béni soit Dieu qui t'a sauvé, car lui seul pouvait le faire! » Ils s'embrassent et se font grandes caresses ; Vespasien lui demande ensuite s'il sait qui l'a guéri de sa maladie. Joseph se met à rire et lui répond : « Vespasien, je sais bien qui t'a guéri et veux-tu apprendre qui il est et comment il a nom ? Si tu voulais croire en lui, je t'apprendrais à le connaître. » « Certes, fait-il, je croirais volontiers en lui. » « Crois donc, fait Joseph, que c'est l'Esprits-Saint qui créa toutes choses, qui fit le ciel et la terre, la nuit et le jour, les quatre éléments et les anges et tout ce que je te dirai.

« Quand Dieu eut créé les anges, il y en eut une partie qui devinrent mauvais, pleins d'orgueil, d'envie et de convoitise. Notre-Seigneur le sut tout de suite et les précipita du haut du ciel; ils plurent trois jours et trois nuits en nuées si épaisses que depuis on ne vit plus de pluie pareille; il en tomba trois générations en enfer, et trois en terre, les trois autres restèrent dans l'air. Celles qui sont en enfer tourmentent les âmes; les trois qui sont sur terre et dans l'eau mêlées aux humains, leur tendent des piéges et les font pécher; elles mettent par écrit les fautes des humains pour qu'on ne les oublie pas. Ceux qui sont restés dans l'air ont une autre manière de tromper les hommes, ils prennent toutes sortes de figures, leur inspirent des idées folles et s'efforcent ainsi de les mettre en la puissance de l'ennemi.

« Ainsi ces trois générations, qui sont triples chacune, font neuf générations qui tombèrent du ciel et apportèrent le mal et la tromperie sur la terre.

« Les autres qui restèrent au ciel, confirment les hommes dans le bien et les empêchent de pécher, à la confusion de ceux qui poursuivaient Dieu de leur haine. Notre-Seigneur, en effet, qui avait fait les anges d'une substance si spirituelle comme est sa volonté, résolut, pour les punir, de faire perdre à ces mauvais esprits la gloire du ciel, et pour augmenter leur dépit, il fit l'homme de la chose la plus vile qui existe, le limon de la terre. Et quand il l'eut fait si beau, comme vous savez, lui eut donné sens et mémoire, vue et lumière, il dit que de cet être, il emplirait les siéges du paradis laissés vides par ces neuf générations d'anges déchus.]

« Quand le démon sut que si vile chose, comme était l'homme sorti du limon des eaux, irait là d'où il était venu, il en fut très-irrité et songea longtemps comment il le ferait tomber dans ses piéges. »

Joseph raconte alors l'histoire d'Adam et d'Ève, leur chute et leur condition précaire sur la terre; exposés à toutes les embûches du démon. Mais le doux père, qui est Seigneur de toutes choses, fit alors une œuvre merveilleuse pour sauver ceux qui lui devaient l'être, car il envoya son fils en terre, il le fit naître du sein de la vierge Marie, parce que c'était la femme qui avait fait damner les humains. Jésus fit des miracles et des bonnes œuvres, et même jamais il n'en fit une mauvaise; c'est lui que les Juifs mirent à mort sur une croix de bois, cinq ans et demi après avoir été baptisé; car, parce que Ève et Adam péchèrent par la pomme que l'arbre avait porté, il convenait que le Fils de Dieu mourût sur un arbre, pour racheter l'homme et sauver l'œuvre de son père.

« C'est ce même Jésus qui t'a guéri, et pour qui je fus mis en prison, c'est lui qui a été le prix du rachat de l'humanité et a sauvé l'œuvre du Père, du Fils et du Saint-Esprit; crois donc que ces trois parties sont une même chose en Dieu.

C'est lui qui t'a amené ici pour te faire voir qu'il m'a sauvé, ce que nul homme n'aurait pu faire. C'est pourquoi écoute la voix de ses disciples qu'il a laissés en terre pour exaucer son nom et garder les pécheurs. » Vespasien lui répond qu'il est touché de ce que Joseph lui a dit et qu'il le croit et croira. « Aussitôt donc que tu seras sorti d'ici, reprend Joseph, cherche les disciples de Jésus, fais-toi baptiser et crois qu'il est ressuscité et s'en est allé vers son père, avec cette apparence humaine qu'il a prise sur cette terre. »

Vespasien confirmé par Joseph dans la doctrine de Jésus, fait dépecer la tour où est Joseph qui en sort sain et en bonne santé. Vespasien l'emmène alors et les assistants disent que grande est la puissance qui l'a sauvé de là.

Vespasien s'adressant alors aux Juifs : « Voici, dit-il, Joseph, rendez-moi Jésus. » Les Juifs répondent : « Nous avons livré son corps à Joseph, qu'il nous dise ce qu'il est devenu. » Joseph répète ce qu'il a dit déjà souvent et ajoute : « Sachez bien qu'il est ressuscité comme Dieu. »

Vespasien fit d'eux tout ce qu'il voulut; quant à celui qui lui avait appris où était Joseph, il l'abandonna à la merci de Jésus, car il le fit mettre, lui et sa famille, sur un vaisseau et lancer sur la mer. Puis il vint à Joseph et lui dit : « Sire, ne voudras-tu pas sauver quelques-uns de ces gens.» Et Joseph répond : « Non, à moins qu'ils ne croient au Père, au Fils et au Saint-Esprit, à la Trinité et au Fils de Dieu prenant naissance dans le sein de la Vierge Marie. » Vespasien dit tout haut : « Y a-t-il de mes hommes qui veuillent acheter quelques-uns de ces Juifs? » Il s'adressait aux Romains qui sont tous païens. Ceux-ci en achetèrent beaucoup et on leur en donnait trente pour un denier.

Joseph avait une sœur qui se nommait Enysgeus, et son mari Brons aimait beaucoup son beau-frère. Quand ils eurent entendu dire que Joseph avait été trouvé vivant, ils vinrent le trouver et lui dirent : « Sire, nous venons à votre merci. » « Ne dites pas à la mienne, reprend Joseph, mais à celle du Fils de Dieu qui naquit de la Vierge Marie et qui m'a sauvé la vie si longtemps et en qui je croirai toujours. » Joseph leur demanda s'il y en avait d'autres qui voulussent croire, et beaucoup se présentèrent qui dirent qu'ils croiraient en lui et en ses paroles ; Joseph leur dit : « Prenez garde de mentir dans la crainte de Vespasien ; mais si vous voulez me croire vous ne resterez pas en vos demeures et nous nous en irons en exil et quitterons tout pour Dieu. » Ils disent qu'ils le feront volontiers. Joseph prie alors Vespasien de leur pardonner leurs mauvaises intentions et l'empereur leur pardonne pour l'amour de Joseph.

Ainsi Vespasien vengea la mort de Jésus-Christ. Joseph se fit baptiser avec toute sa suite de la main de saint Clément ; Vespasien en fit autant. Puis Joseph rassembla ses gens et s'en alla hors de la Judée, en des contrées étrangères, là où Notre-Seigneur lui commanda d'aller et où il convertit le peuple à la loi de Jésus-Christ.

Quand ils furent arrivés, il leur enseigna maints beaux préceptes de Notre-Seigneur et leur apprit à labourer. Pendant longtemps leur affaire alla bien ; mais après, tout dépérit et tout leur travail n'aboutissait à rien ; tant qu'enfin ils ne purent plus supporter leur position. Ces malheurs ne leur arrivaient que parce qu'ils commettaient entre eux un péché qui avait pris naissance dans leurs réunions, et ce péché était la luxure.

Quand ils furent si frappés qu'ils ne purent s'en remettre, ils vinrent à Brons qui était l'ami de Joseph et lui dirent : « Sire, tous les biens et toute l'abondance dont nous jouissions nous font maintenant défaut, nous te prions de parler à Joseph, car peu s'en faut que nous et nos enfants ne mourions de faim. » « Y a-t-il longtemps que vous souffrez de cette famine? » « Oui, mais nous l'avons cachée jusqu'ici et nous te prions de demander à Joseph si elle nous est survenue par notre péché ou par le sien. »

Joseph, que Brons va consulter, répond qu'il le demandera à Celui qui naquit de la Vierge Marie. Joseph, qui avait peur d'avoir fait quelque action qui eût courroucé le Sauveur, se met en prière devant son vase, invoque le Sauveur qu'il a reçu dans ses bras et qui lui recommanda dans la tour de l'invoquer lorsqu'il serait dans l'embarras ; il le prie de l'éclairer sur ce que ce peuple lui demande, pour qu'il puisse faire son plaisir et sa volonté.

La voix du Saint-Esprit se fait alors entendre à Joseph et lui dit qu'il n'a rien à se reprocher dans tout ceci. « Ha ! dit-il, souffrez donc que je supprime de ma compagnie ceux qui ont fait la faute. » « Joseph, lui répond la voix, tu feras, pour arriver à ce but, une épreuve décisive ; car tu mettras mon sang et moi-même en épreuve devant les pécheurs. Rappelle-toi que lorsque je fus à la cène, chez Simon, je dis que celui qui mangeait et buvait avec moi me trahirait. Celui qui l'avait fait sut bien que ces paroles s'appliquaient à lui, il eut honte et se retira un peu en arrière ; depuis il ne se retrouva plus dans la compagnie de mes disciples, et pour en compléter le nombre, il fallut en mettre un autre à sa place. Mais le lieu qu'il occupait resta vide et il ne sera rempli que quand tu seras toi-même à table ; mais la table ne sera pas celle où les disciples de Jésus se réunissaient ; c'en sera une autre qui représentera la première et dont elle sera le symbole. Je veux donc qu'en souvenir de cette première table, tu en fasses une carrée et quand tu l'auras faite, appelle Brons, ton beau-frère, qui est sage et de qui maints hommes sages naîtront. Dis-lui qu'il aille dans cette eau que tu vois, il y pêchera un poisson pour toi ; qu'il t'apporte le premier qu'il prendra, prépare la table pendant ce temps, mets-y une nappe, prends ton vase et mets-le devant toi à la place où tu t'assiéras ; tu le couvriras d'un morceau de toile et quand tu auras fait cela, prends le poisson que Brons t'apportera et mets-le de l'autre côté près du vaisseau, puis convoque ton peuple et dis-lui qu'on va voir pourquoi il souffre et qui sont ceux qui ont péché.

« Alors assieds-toi, comme je faisais à la Cène, place Brons à la droite ; dans ce moment, tu verras qu'il se retirera en arrière en laissant une place vide entre toi et lui et sache que ce lieu vide représentera celui dont Judas se retira quand il sut que je connaissais sa trahison. Ce lieu ne pourra être rempli tant que le fils du fils de Brons et d'Anygeus ne l'occupera pas. Appelle alors ton peuple et dis-leur que s'ils croient en Dieu, à la Trinité, aux commandements d'obéissance que je t'ai appris, ils se présentent et s'asseyent à la grâce. »

Joseph fit comme Notre-Seigneur le lui avait commandé ; une grande partie s'assirent, mais il y en eut plus qui ne s'y assirent pas. La table fut toute pleine, sauf le siége entre Joseph et Brons qui ne pouvait être occupé. Quand ceux qui s'assirent sentirent les bienfaits de la grâce, ils oublièrent bien vite ceux qui restaient debout. Parmi les premiers s'en trouvait un qui s'appelait Pierre : il regarda ceux qui entouraient la table et leur dit : « Seigneurs, ne sentez-vous rien de cette grâce que nous éprouvons ? » et ils lui répondent : « Non, sire, nous n'en ressentons aucun effet. » Alors Pierre leur dit : « Ceci prouve que vous êtes coupables du péché qui nous vaut la disette dont s'enquiert Joseph. »

Quand ceux-ci entendirent les paroles de Pierre, ils eurent honte et sortirent. Il y en eut un qui resta dans la maison, qui pleura en faisant piteuse figure. Quand le service fut fini, Joseph leur recommanda de revenir chaque jour à tierce, et ainsi connut-il les pécheurs et éprouva-t-il, pour la première fois, la vertu du saint Graal. Il y avait longtemps que cela durait, ceux qui s'asseyaient à la table disaient aux autres la grande joie dont leur cœur débordait tant qu'ils étaient à la table, joie qui leur durait jusqu'au lendemain matin. « Mais quel est donc ce vase, disaient les exclus, que nous avons vu sur la table? que signifie-t-il? » Pierre répondait : « Par ce vase nous nous sommes triés ; car il ne souffre nul pécheur en sa compagnie et vous pouvez bien le voir à vous-mêmes. » « Mais dites-moi, reprend Pierre quelles furent vos dispositions quand Joseph vous, nvita à vous asseoir? » Ceux-ci lui répondirent qu'ils ne sentirent aucun atteinte de la grâce et qu'ils ne purent approcher. « Surtout que nous vîmes la table si pleine de gens que nul de nous n'y put trouver place, si ce n'est près de Joseph, où il n'est pas permis de se placer. »

« Par là, dit Pierre, pouvez-vous bien connaître ceux qui commettaient le péché qui nous vaut la grande disette qui nous accable, et qui vous prive de la grâce dont nous jouissions. » « Nous nous en irons donc comme chétifs, répliquent les autres; mais auparavant dites-nous quelle sera notre excuse auprès de ceux qui resteront? » « Vous leur direz que nous sommes restés remplis de la grâce du Père, du Fils et du Saint-Esprit et soumis à l'enseignement de la croyance de Joseph. » « Que dirons-nous du vaisseau, et comment l'appellerons-nous, lui qui tant nous agrée et à vous plus encore puisque vous n'avez plus de peines en votre vie. » « Ceux qui voudront lui donner son véritable nom, dit Pierre, l'appelleront le Graal, parce qu'il agrée et plaît à tous ceux qui peuvent durer en sa compagnie et qu'il leur fait goûter autant de plaisir qu'en éprouve le poisson qui s'échappe dans l'eau des mains de la personne qui le tient. »

Ceux qui s'en allèrent et ceux qui restèrent s'accordèrent à l'appeler le Graal. Joseph sut qu'on l'appelait ainsi et en fut charmé. Lorsque ceux qui restèrent allaient au service et qu'on leur demandait où ils allaient, ils répondaient qu'ils allaient au service du Graal; c'est de là que ce récit est appelé le conte du Graal.

Cependant ces faux personnages laissèrent un

de leurs compagnons en arrière. C'était un homme
fourbe, déloyal et luxurieux, qui s'appelait Moÿse; ce
Moÿse se faisait passer, en apparence, pour sage et
consciencieux. Il savait bien parler, et sa parole était
persuasive lorsqu'on le chargeait de traiter quelque
sujet; de plus, il semblait, à première vue, sage,
humble et compatissant. Il dit à ceux qui s'en allaient :
« Je ne me séparerai jamais de ces bonnes gens que
Dieu repaît de sa grâce. » Il pleura et fit une figure
humble et piteuse. Il resta donc et les pécheurs s'en
allèrent, eurent de grandes tribulations, mais ne
purent retourner d'où ils venaient. Moÿse resta
avec les bons, et toutes les fois qu'il apercevait l'un de
ceux qui ont la grâce, il lui criait miséricorde, simplement et du fond de son cœur, en apparence, et lui
disait : «Pour Dieu, priez Joseph qu'il ait pitié de moi
et me permette de m'asseoir à la grâce. »

Longtemps Moÿse simula cette douleur, au point
que tous ceux de la grâce se concertèrent et dirent
qu'ils avaient grand'pitié de Moÿse, et qu'il fallait
prier Joseph de lui permettre de s'asseoir à la table du
saint Graal. Ils se jettent alors un jour à ses pieds,
l'implorent en faveur de Moÿse et lui demandent de
lui donner un peu de cette grâce que Dieu veut bien
accorder en sa compagnie. « Beaux Seigneurs, leur
dit Joseph, ce n'est pas à moi à donner cette grâce;
et Notre-Seigneur la donne à ceux qu'il lui plaît
et qui sont sans péché; mais celui pour qui vous la
demandez ne me semble pas tel qu'il veut paraître;
s'il trompe quelqu'un, ce n'est pas nous, mais lui-
même; et s'il cherche à nous tendre un piége, il y
tombera avant peu. » Les autres reprennent : « Nous

ne croirons jamais qu'il simule pour le plaisir de tromper et, pour Dieu, donnez-lui un peu de cette grâce, si vous pouvez. »

Joseph répond : « S'il veut y prendre part, il faut qu'il soit tel qu'il paraît; mais lorsqu'un trompeur veut duper autrui, n'est-il pas réjouissant de voir le trompé duper le trompeur. » (Voir le texte où cet adage a une bien autre énergie.) « Oui, » disent-ils. « Eh bien! dit Joseph, vous verrez avant peu ce qu'il sait faire, et néanmoins je prierai Notre-Seigneur, puisque vous me le demandez. »

Joseph alors vient tout seul à son vaisseau, se couche par terre, à coudes et à genoux, et prie Notre-Seigneur de lui dire la vérité au sujet de Moÿse.

Alors la voix du Saint-Esprit se fit entendre et lui dit : « Joseph! Joseph! or est venu le temps où tu vas faire l'épreuve du lieu vide entre toi et Brons; tu pries pour Moÿse que tes compagnons croient digne de s'asseoir à la table; eh bien! s'il aime tant la grâce, comme il en fait semblant, qu'il se présente et s'asseye à la table et tu verras ce qu'il deviendra. »

Joseph dit alors à ses compagnons : « Si Moÿse est tel qu'il paraît, qu'il vienne à la grâce, nul ne peut l'en empêcher; mais s'il est autrement, qu'il se garde d'en approcher, car il tombera dans le piége qu'il aura creusé sous ses pas. »

Moÿse les ayant entendus rapporter ces paroles, reprit : « Je n'attends que la permission de Joseph et je ne crains pas de n'être pas tel que je parais, je suis digne de m'asseoir avec vous. » « Tu en as la permission, disent-ils, si tu es tel que tu le fais paraître. »

Alors ils le prennent entre eux, s'en réjouissent fort et vont au service.

Dès que Joseph le voit il lui dit : « Moÿse ! Moÿse ! ne t'approche pas de chose dont tu ne sois digne, car nul ne peut si bien te faire tomber dans le piége comme toi-même ; et tâche d'être tel que ces gens te croient et que tu le leur fais paraître. » « Aussi vraiment que je suis bon, dit Moÿse, suis-je digne de rester en votre compagnie. » « Eh bien, dit Joseph, avance et si tu es tel, nous le verrons bien. »

Joseph et Brons, son beau-frère, s'assirent à table et tous les autres avec eux, chacun à sa place. Quand ils se furent tous assis, Moÿse, qui était resté en arrière, eut peur ; il courut autour de la table et ne trouva pas de place où s'asseoir ailleurs que près de Joseph ; il s'y mit, mais dès qu'il se fut assis, il disparut soudain, car la terre s'ouvrit sous lui, l'engloutit, et tout de suite se referma sur lui, de sorte que rien ne parut ; et quand ceux de la table le virent, ils furent très-effrayés de sa disparition.

A l'issue du service, Pierre parla à Joseph et lui dit : « Sire, sire, nous n'avons jamais été si effrayés qu'en ce moment. Nous te prions, par toutes les puissances célestes auxquelles tu crois, de nous dire ce que Moÿse est devenu. » Joseph répondit : « Je n'en sais rien, mais s'il plaît à celui qui nous a déjà tant révélé de choses, nous le saurons bientôt. »

Alors Joseph vient tout seul à son vaisseau, il pleure et se met à coudes et à genoux : « Beau sire, dit-il, excellentes sont vos vertus et sages sont vos œuvres ; aussi vraiment que vous prîtes chair et sang dans le sein de la vierge Marie, que vous vîntes en

terre pour souffrir tous les tourments possibles, et
vous vous livrâtes à la mort pour nous sauver, aussi
vraiment que vous m'avez délivré de la prison de
Caïphe où Vespasien vint me chercher par votre commandement, et que vous m'avez dit que lorsque je
serais embarrassé vous daigneriez me secourir, sire,
je vous prie et vous requiers de dissiper mes doutes
et me dire ce qu'est devenu Moÿse, afin que je puisse
le rapporter à ces gens à qui tu as donné ta grâce et
ma compagnie. »

Alors la voix du Saint-Esprit descendit vers Joseph
et lui dit : « Voici le moment où tu reconnaîtras l'utilité de la table que tu as établie ; je te dis, en effet, que
la place qui était à ton côté resterait vide en souvenir
du lieu abandonné par Judas qui était à la cène près
de moi, lieu qu'il perdit par sa trahison. Je dis alors à
mes disciples, quand il quitta la table, que ce lieu ne
serait jamais rempli avant le jour du jugement ; de
même, je te fis savoir que le lieu vide de la table que
tu as établie ne pourrait être occupé avant que le
troisième descendant de ton lignage ne le remplît et
c'est par le fils de Brons et d'Enygeus qu'il doit être
engendré ; ce troisième descendant occupera en outre
un autre lieu vide qui sera établi à une autre table, en
souvenir de celui-ci. Quant à Moÿse je vais te dire ce
qu'il est devenu. Lorsqu'il se sépara des autres mécréants, il ne le fit que pour te tromper, car il ne croyait
pas que toi et ceux de ta compagnie vous eussiez la
grâce au point où vous l'avez ; sache donc qu'il est tombé
dans un abîme et on n'en parlera plus avant que
celui qui remplira le lieu vide ne l'ait trouvé ; maintenant il n'a plus de désirs et on ne doit pas s'en

occuper. Ceux qui s'éloigneront de ma compagnie et de la tienne appelleront sa sépulture : cörs Moyse [1].

« Raconte tout cela à tes compagnons et pense à maintenir ma loi pour obtenir de ton vivant et après ta mort la récompense que je te dois. »

Ainsi parla la voix du Saint-Esprit à Joseph, qui apprit à ses fidèles les mauvais errements de Moÿse. Brons, Pierre et tous les autres dirent : « Que sévère est la justice de Notre-Seigneur, et que bien fou est celui qui, pendant cette chétive vie, perd son âme pour courir après les plaisirs des sens. »

Ils restèrent longtemps dans cette région, puis Joseph alla prêcher en Grande-Bretagne, où tous les hommes puissants et le menu peuple embrassèrent la religion chrétienne (se furent crestiennés), et s'arrêta en ces contrées d'occident comme le conte le rapporte.

Mais je ne puis vous raconter toutes les aventures qui leur arrivèrent. Je dois revenir en arrière et entamer un autre chapitre.

Pendant que Joseph et ses compagnons résidèrent dans ces lieux déserts, Brons et Enysgeus eurent douze enfants mâles, beaux et grands jeunes gens, dont ils furent embarrassés, au point qu'Enysgeus pria son mari de demander à Joseph ce qu'ils devaient

---

[1] Le Ms. Huth met : « ceux qui te trahiront ma compagnie... » sans doute pour « retrairont. » Le Ms. Didot : « Ceux qui recreront... si le clameront *conteor*. » Ce qui fait voir que « cors Moyse » est peut-être une ironie, puisque son corps a disparu à moins que *cors* ne soit mis pour *corpes*, c'est-à-dire le péché de Moyse.

faire de leurs enfants. Joseph, à la requête de Brons, répondit qu'il le demanderait au Seigneur. Un jour donc qu'il était en prière devant son vaisseau, il se souvint de ses douze neveux et demanda à Dieu s'il lui plairait qu'ils fussent tous consacrés à son service. Un ange lui apparut, lui dit que Jésus l'envoyait à lui pour lui recommander de diriger ses neveux dans la voie du salut. Il veut qu'ils soient ses disciples et aient un maître au-dessus d'eux ; qu'ils « tiennent le tiers ordre, » c'est-à-dire que ceux qui voudront se marier, prennent femmes, et les autres qui refuseront, soient destinés au service de Dieu et à maintenir sa sainte Église.

Joseph, après le départ de l'ange, est joyeux de l'honneur dévolu à ses neveux, il va trouver Brons et lui répète les paroles de l'ange ; Brons raconte le tout à sa femme et convoque ses fils qu'il instruit de la volonté divine ; les enfants se soumettent volontiers et prennent femmes selon la loi de Jésus-Christ et le commandement de sainte Église.

La chrétienté était encore peu vivace dans ce pays qu'on appelait la « Bloie, » Bretagne, que Joseph avait si nouvellement convertie; l'un des douze fils de Brons, nommé Alain le Gros, déclara qu'il ne voulait pas prendre femme et qu'on l'écorcherait plutôt que de le faire changer de résolution. Son père s'en étonna et lui dit : « Beau fils, que ne prenez-vous femme comme vos frères ? » « Sire, répondit-il, je n'en ai et n'en aurai jamais nulle envie. »

Brons l'amena à Joseph et lui dit : « Voici mon neveu qui, pour moi ni pour sa mère, ne veut prendre femme » Joseph sourit et dit : « Vous me donnerez celui-là, vous et votre femme. » « Volontiers, » lui dit-il ; alors Joseph prit Alain dans ses bras, l'embrassa et le garda près de lui.

« Beau cher fils, dit Joseph en le pressant sur son cœur, grande joie vous devez avoir, car le Seigneur vous a choisi pour faire son service et exaucer son nom. Beau doux neveu, vous serez chevecier de tous vos frères, restez près de moi et vous entendrez la vérité sur notre Sauveur. »

Joseph alla alors à son vaisseau et pria Dieu de lui révéler la destinée d'Alain.

La voix du Saint-Esprit se fait entendre, rappelle à Joseph qu'il doit enseigner à son neveu combien Jésus fut aimé de Joseph, comment il vint en terre, toutes les circonstances de sa mort, le séjour de Joseph en prison pendant quarante-deux ans. « Tu lui diras quel présent je te fis à toi et à ceux de ton lignage, et même à tous les hommes qui pourront apprendre et raconter mon amour pour toi. Rappelle-toi toujours et dis-le à ton neveu que je t'ai donné la satisfaction du cœur pendant ta vie et à ceux qui t'accompagnent et à tous ceux qui, dans le monde, pourront raconter d'une manière parfaite la grâce dont nous jouissons ; ceux qui entendront ces paroles en seront rendus meilleurs, ils conserveront plus sûrement leurs héritages et ne pourront être forjugés en cour de justice. De plus, leur âme et leur corps se garderont mieux de pécher, de se souiller de vices honteux, de faire de faux serments.

« Quand tu lui auras enseigné tout cela, montre-lui ton vaisseau ; dis lui que le sang qui est dedans est le mien et que ce sera la confirmation de ma croyance.

Apprends-lui comment l'ennemi s'efforce de tendre des piéges à mes fidèles; qu'il se garde bien lui-même d'entrer en ces grandes colères qui obscurcissent la vue de l'âme; qu'il s'entoure des choses les plus propres à lui faire éviter les mauvaises pensées et la colère, et qu'il les recherche de préférence, car ce sont elles dont il a le plus besoin; qu'il se garde des plaisirs des sens, car ils ne peuvent lui servir; plaisir qui tourne à deuil n'est guère profitable.

« Que partout où il ira il parle de moi et de mes actions, et plus il en parlera, plus il y trouvera de satisfaction s'il m'aime réellement. Dis-lui qu'il sortira de lui un fils qui doit hériter de ton vaisseau; recommande-lui de veiller sur ses frères, qu'il s'en aille vers l'occident, dans les régions les plus éloignées, et qu'il exauce mon nom dans tous les lieux où il ira. Demain, quand vous serez tous réunis, vous verrez une clarté descendre du ciel et vous apporter un bref. Tu donneras ce papier à Pierre et tu lui commanderas de se rendre dans les contrées qui lui plairont le mieux, et il te dira qu'il ira vers les vaux d'Avaron, toutes ces terres sont situées vers l'occident. Tu lui diras qu'il attende là le fils du fils Alain, car il ne pourra aller de vie à mort avant qu'il ait vu celui qui lira son bref et lui enseignera la force et la vertu de mon vaisseau; celui-ci lui donnera des nouvelles de Moÿse, et quand il aura vu et entendu toutes ces choses, il mourra et entrera dans la gloire de Dieu [1]. »

---

[1] Ce passage semble plutôt s'adresser à Brons qui, en effet, ne peut mourir avant d'avoir vu son petit fils Perceval.

Joseph ayant entendu ces paroles, rapporte à Alain tout ce qu'il sait de Jésus. Messire Robert de Borron dit ici que s'il voulait détailler tout ce qu'il conviendrait d'exposer en cet endroit, ce livre contiendrait deux fois plus d'écriture qu'il n'en renferme[1]. Mais après tout ce qui a été dit, bien serait fou celui que ne comprendrait ce que Joseph dit à son neveu.

« Brons, dit ensuite Joseph, celui-ci sera le gardien de ses frères et de ses sœurs ; commandez qu'ils le croient et le consultent sur toutes les choses dont ils douteront, et donnez-lui, en leur présence, votre bénédiction ; ils le croiront plus volontiers et mieux l'aimeront. »

Ainsi que Joseph le lui avait dit, Brons le fit. Le lendemain, ils furent tous au service à l'heure de prime, et alors une clarté parut qui apporta le bref ; Joseph le prit, appela Pierre et lui dit : « Pierre, Notre-Seigneur vous a choisi pour son messager, prenez donc ce bref et portez-le où vous voudrez ; mais nous vous prions tous de nous dire où vous avez le projet d'aller. » Pierre répond : « Je le sais à merveille, j'irai dans les vaux d'Avaron, dans un lieu solitaire situé vers l'occident, et là j'attendrai la miséricorde de Notre-Seigneur. Je vous prie tous de le supplier que l'ennemi n'ait ni la force, ni le pouvoir de me détourner de la voie droite et qu'il ne puisse me faire tomber dans des piéges qui m'exposent à perdre l'amour de Dieu. » Et ils lui répondent : « Pierre ! qu'il t'en garde, puisqu'il le peut. »

Puis ils allèrent tous ensemble chez Brons qui

---

[1] Le poëme dit « presqu'à cent doubles doubleroit. »

leur dit : « Vous êtes tous mes fils et mes filles et vous ne pouvez gagner la joie du paradis si vous n'êtes sous l'obéissance de l'un de vous, je veux dès lors que vous obéissiez à mon fils Alain et je le prie de vous prendre tous en garde. Toutes les fois que vous serez embarrassés, vous irez à lui et il vous guidera. »

Puis ils s'en vont en promettant de prendre Alain pour directeur de leur conduite.

Alain les emmena tous en terres étrangères, et partout où il allait, il faisait réunir les gens du lieu par les meilleurs habitants des villes et des châteaux, les préchait, racontait la mort de Jésus-Christ et leur annonçait la nouvelle croyance [1].

Le conte dit en cet endroit que quand ils furent partis, Pierre appela Joseph et les autres disciples et leur dit : « Sire, il convient que je m'en aille là où Jésus m'a commandé d'aller. » Alors tous, mus par un même sentiment, supplient Pierre de rester ; mais celui-ci dit qu'il n'en a ni le désir, ni la volonté ; mais que pour l'amour qu'il leur porte, il restera aujourd'hui et demain, jusqu'après le service. Notre-Seigneur qui avait tout disposé pour le mieux, envoya un ange à Joseph pour lui dire de se soumettre à la volonté de Jésus-Christ et « Sais-tu, lui dit-il, pourquoi l'idée vous est venue à tous de retenir Pierre ; Notre-Seigneur l'a voulu ainsi pour qu'il pût rendre témoignage de la vérité ; lorsqu'il aura vu de ses yeux la transmission de son vaisseau et les autres choses

[1] Dans le *Grand Saint Graal* de Gautier Map, c'est Josephe, fils de Joseph d'Arimathie, qui remplit ce rôle.

6**

que je te dirai, il s'en ira. Notre-Seigneur sait bien
que Brons est sage et parce qu'il voulut qu'il péchât
le poisson qui figure à votre service, il veut qu'il ait
ce vaisseau en sa garde après toi, et que tu lui
apprennes comment il devra se conduire, que tu lui
dises l'amour que Jésus et toi avez eu l'un pour
l'autre, comment il vint dans la tour et t'apporta ce
vase; dis-lui les secrètes paroles que t'apprit Notre-
Seigneur et que l'on appelle les secrets du Graal, et
quand tu lui auras confié tout cela, remets-lui le
vaisseau et confie-le à sa garde. Dès lors, on se
méprendra sur son nom et tous ceux qui voudront
parler de lui l'appelleront le riche pêcheur pour
l'unique poisson qu'il pêcha. Aussi iront les choses :
et comme tout le monde va et ira « en avalant, » il
convient que tous ces gens se rendent en Occident.
Aussitôt que le riche pêcheur sera saisi de son
vaisseau, il devra se diriger vers cette région, et là
où il s'arrêtera, il attendra le fils de son fils, et
lui remettra, quand il en sera temps, cette grâce du
Graal dont il est en possession. Et alors sera accomplie la figure de la Trinité par cette succession des
trois possesseurs du Graal. Quant au troisième, il
en sera au plaisir de Jésus-Christ qui est le seigneur
de toutes choses.

Quand tu auras remis à Brons ton vaisseau, alors
Pierre s'en ira et il pourra dire, avec raison, qu'il en
a vu saisir le riche pêcheur et c'est pour cela qu'il
reste jusqu'à demain. Brons s'en ira alors par mer
et par terre et celui qui a toutes les bonnes choses en
garde le protégera. Et toi, quand tu auras ainsi fait,
tu quitteras la terre et tu viendras goûter l'éternelle

joie, ainsi que tes hoirs et tous ceux qui naîtront de ta sœur. Tous ceux qui sauront raconter ces choses en seront plus aimés des hommes sages et de tout le peuple. »

Joseph fit ce que la voix lui avait commandé. Le lendemain, au service, il raconte tout ce que l'ange lui a dit, sauf les secrètes paroles que Jésus-Christ lui avait apprises dans la prison, et dont il ne fit part qu'au riche pêcheur à qui il montra l'écrit où il avait consigné ces paroles.

Quand les autres eurent appris que Joseph allait les quitter, ils en furent émus ; Pierre qui avait vu Joseph donner le Graal et les grâces y attachées, à Brons, prit congé de la compagnie et s'en alla.

A la séparation, il y eut maints soupirs et maintes larmes versées, on fit oraisons et prières ; Joseph resta encore trois jours avec le riche pêcheur ; le quatrième jour, Brons lui dit : « Sire, j'éprouve un grand désir de m'en aller, s'il te plaît ? » Joseph lui répond qu'il le fasse, puisque son départ plaît à Notre-Seigneur. « Tu sais bien ce que tu emportes et en quelle compagnie tu t'en vas ; nul de nos compagnons ne le sait aussi bien que nous deux. Tu t'en iras quand tu voudras et je resterai à la volonté de Notre-Seigneur. »

Ensuite ils se séparent. Le riche pêcheur s'en alla dans la Grande-Bretagne où depuis il en fut souvent question. Joseph resta et finit en la terre et au pays où il fut envoyé par Jésus-Christ. Messire Robert de Borron, qui mit ce conte en lumière, avec la permission de sainte Église et à la prière du preux comte de Montbéliard, au service de qui il était, dit

que qui voudra bien connaître ce livre, devra savoir ce
que devint Alain le Gros, le fils de Brons ; où il alla
et quelle vie il mena ; il conviendra aussi qu'il connaisse la vie de Pierre, le lieu où on le trouvera ; qu'il
sache ce qu'est devenu Moÿse et qu'on le retrouve
dans la suite du récit; enfin qu'il connaisse les aventures du riche pêcheur et sache conduire celui qui
veut l'apprendre.

Il convient donc de réunir ces quatre parties
actuellement séparées et nul homme ne peut le faire
s'il n'a entendu raconter le livre de l'histoire du Graal.
Au temps que messire Robert de Borron la mit en
roman pour monseigneur Gautier, le preux comte de
Montbéliard, elle n'avait jamais été extraite du grand
livre par personne. Je veux que tous ceux qui verront
le présent ouvrage, sachent bien que si Dieu me
donne santé, vie et mémoire, et si par erreur ou par
méchanceté, on veut m'attribuer une œuvre qui
n'appartient qu'à Dieu, je réunirai ces quatre parties
en une seule, comme d'ailleurs je les ai extraites d'un
seul ouvrage, si Dieu me vient en aide. Mais il conviendra que je laisse pour le moment ces quatre récits
et que j'entreprenne avant, de conter une histoire
qui traite d'une lignée de Bretagne et qui est la cinquième, puis je reviendrai à ces quatre autres lignées,
car si je les laissais et si la cinquième n'y était mêlée,
nul ne saurait le but et la fin de ces récits et pourquoi je les aurais traités séparément.

FIN.

# LE PETIT SAINT GRAAL

## EN PROSE, OU

## JOSEPH D'ARIMATHIE

*Manuscrit de la seconde moitié du XIII⁰ siècle*

DIT MANUSCRIT CANGÉ

N° 748 de la Bibl. nat. de France, n° 7170³ anc., Cangé 4, Delange 89.

———

E [1] doivent savoir tuit li péchéor que devant
ce que nostres sires venist en terre, que il
faisoit parler les prophètes en son non et
anoncier sa venue en terre. En icel tens
dont je vos parol, aloient tuit en anfer, nès les prophètes i aloient et quant deiables les i avoit menez,
si quidoit avoir moult bien esploitié; et il i estoit
moult angigniez, que il se confortoient en la venue
de Jhésu-Crist. A nostre Seigneur plot que il venist
en terre et s'aombra en la virge Marie. Mout fut

---

[1] La vraie leçon est « Ce doivent savoir, » il y a ici une
erreur de miniaturiste; le B majuscule du présent manuscrit
devait être un C comme dans le Ms. D. qui suit, et dans
le *Grand Saint Graal* du Mans que nous donnons ensuite.

6***

nostres sires simples et douz qui por raambre les péchécurs d'anfer, li plot que il féist de sa fille, mère; et ensinc lou covenoit à estre, por raäimbre lou pueple d'Eve et d'Adan. Ore entendez en quantes manières il lo raent : Il lou raent, par lou père, par lou fil et par lou saint esperit ; ices trois parties sont une meisme chose en Deu ; et au père plot que li filz venist en terre et nasquit de la virge Marie sanz péchié et sans ordure et prist humainne char terrestre.

Moult fu plains d'umilité cil sires cui il plot à venir en terre morir, por sauver l'uevre de son père; car li père fist Adan et Adans et Eve péchièrent par l'angin de l'annemi. Et quant Adans ot péchié, si se vit et ot honte. Si santi luxure et tant tôt fu gitez de grant délit en grant chaitiveté, entre les tulmultes de ceste chaitive vie. Ensinc amendèrent et crurent et quanc que issi d'els. Et dès lors en cà, les vost avoir anemis, en son lieu. Si les ot tant que li filz Dieu vint en terre sauver l'uevre dou père. Por cel besoig vint nostres sires en terre et nasqui de la virge Maric em Belleam. Ici a moult à dire; que la fontainne ne puet estre espuisiée, tant i a de toz biens. Porc me couvient à guanchir seur la moie œvre dont il me preste, soe merci, san et mémoire que je la face.

OIRS est que nostres sires ala par terre et fu bauptizié; si lou bauptiza sainz Johanz Bauptistes et li commenda et dist que tuit cil qui seront bauptizié en eive, en non dou père et dou fil et dou saint esperit, seroient gité de toz les pooirs à l'annemi hors à toz jors, se il meesmes ne si remetoient par lor mauveises oevres. C'est pooir dona nostre sires sainte église et les commandemenz

des menistres dona messires sainz Peres. Ensinc lava
nostres sires luxure d'ome et de fame, de père et de
mère par mariage, et ensinc i perdi deiables sa vertu
que il avoit sor les homes, tant que il meesmes repé-
chassent. Et nostres sires qui savoit que la fragilitet
d'ome estoit si mauveise, que péchier lou covenoit,
por ce si commenda messires sainz Peres une autre
manière de baptoisme ; et si commenda que, par tantes
feiees com il se voldroit repantir et son péchié guerpir et tenir les commendemenz de sainte église, ensinc
porroient parvenir en la gloire de lor père.

En icel tens que nostres sires ala par terre, respon-
doit la terre de Judée, une grant partie, à Rome, et
en icele terre où nostres sires estoit, avoient cil de
Rome lor baillie et li baillis avoit à non Pilates. Icil
baillis avoit un suen chevalier qui avoit à non Joseph
d'Abarimathie. Icil Joseph dont ge vos di, si vit Jhésu
en pluseurs leux ; si l'aama moult en son cuer et si
n'en osa faire samblant pour les autres Juis. Nostres
sires avoit moult anemis et averssaires encontre lui et
avoit déciples poi ; et de cels que il avoit, en i avoit un
pejor que mestiers ne li fust. En maintes manières,
fu porparlée la morz de Jhésu-Crist et li tormenz ; et
il savoit tot come Dex. Et Judas, ses déciples, qu'il
amoit moult, avoit .I. rante que l'en apeloit disme et
sénéchaux estoit des déciples Jhésu-Crist. Et por ce
qu'il n'estoit mie si gracieux déciples come li autre
estoient li un vers les autres, si se conmença moult à
estrangier, de jor en jor et à correcier vers els. Si en
conmença moult à meserrer et à estre plus cruieux as
déciples qu'il ne soloit. Si lou doutoient moult ; et
nostres sires savoit tot come sires et Dex. Et com-

menca haine vers lui, icil Judas, à emprandre par un oignement issi con je vos dirai. A icil jor avoient li chambelain les dismes de ce qui venoit ès borses à lor seignor et madame sainte Marie avoit espandu un oignement sor lou chief de Jhésu-Crist. Si s'en correca Judas, et conta, en son cuer, que li oignemenz valoit bien .III. C deniers et que il n'en voloit pas perdre la soe rante. Si li fu avis que sa disme valoit bien XXX deniers. Au plus tost que il pot, porchaça vers les anemis Dame-Deu, l'acoison par coi et coment il poist icels XXX deniers recovrer. Set jorz[1] avint devant la Pasques que li anemi Jhésu-Crist furent assemblé, .I. grant partie, chiés un homme qui avoit non Cayphas. Là estoient ansamble et parloient coment il porroient estre saisi de Jhésu-Crist. A cest paroles dire, estoit Joseph d'Abarimathie et esgardoit en son cuer qu'il disoient et voloient faire péchié. A ces paroles dire vint Judas; et quant il le virent, si se torent tuit quoi, qu'il lou doutoient mout; car il cuidoient que il fust moult buens déciples Jhésu-Crist Et qant Judas les vit toz taire, si parla et lor dist : « Por quoi i estes-vos ci assemblé? » et il li tornent lor paroles en autre san; si li demandent où est Jhésu et il lor dist leu leu où il savoit que il estoit et lou porquoi il estoit à els venuz iqui. Et qant cil oïrent comment il anfrenoit sa loi, si en orent moult grant joie, et li

---

[1] « Ce jour avint devan' la Pasques? » ce jour est le mercredi avant le jeudi des pains azymes. Le Ms. D. met : « La nuit devant la Pasque .I. jor que » Mais on pourrait lire aussi « sept jours avant la Pasque il avint que... » Ce qui ne serait pas conforme aux Écritures.

distrent : « Sire, car nos aidiez et conseilliés comment nos lou prandrom. » Et Judas respont : « Ge lo vos vendrai se vos volez, » et cil respondent que il l'acheteront moult volentiers. Tant parlèrent ensamble que il lor en demenda XXX deniers et il i avoit l'un de cels qui les avoit, si les li paia.

Ensinc restora Judas la disme des .III. C. deniers à XXX deniers, de l'oignement qui fu espanduz sus lou chief Jhésu-Crist. Lors lor devise Judas coment il lou prandront. Si en pristrent jor au juesdi. Par tel (con vent) que Judas lor feroit savoir où il lou troveroient. Et il furent atorné, armé et désarmé comme por lui prendre et Judas lor dist que il se gardassent bien que il ne préissent se lui non et que il ne préissent Jaque en leu de lui, qui a mervoilles lou sambloit ; et il estoit droiz qu'il lou resemblast, car il estoit ses coisins germains en humanité. Et lors demandèrent cil à Judas : « Judas ! coment conoistrons nos Jhésu ? » et li lor dist : « Celui cui ge baiserai, prenez. » Ensinc ont lor affeire atorné. A ces paroles dire et à toz ces affeires, fu Joseph d'Abarimathie à cui il moult en pesa. Mes il n'en osa plus dire ne plus faire. Ensinc départirent d'une part et d'autre et atendirent en tresc'au juesdi. Lou mescredi [1] à soir, fu nostres sires chiés Symon lou liépreux, et parla à ses déciples, et

---

[1] « Lou mercredi » est une erreur du scribe. Le mercredi est d'après les traditions de l'Église le jour où Jésus fut vendu par Judas ; le jeudi est le premier jour des pains azymes ; c'est ce jour qu'on célébra la Pâque.

Notre romancier dit que ce fut chez Simon le Lépreux ; c'est là une allégation erronée dont nous n'avons pas besoin de relever le peu de fondement. Les apôtres saint Pierre et

lor mostra essamples que je ne puis ne ne doi toz
retraire : que il dist que avoc lui menjoit et bevoit qui
lou traïroit. Cele parole dist, nostres sires entre ses
déciples. Si en orent paor tex i ot, et si en demandèrent noveles. Et à cels qui n'i avoient corpes, lou
dist Jhésu-Crist. Et qant Judas li demanda : « Dites
lou vos por moi tout seulement ? » et lors li respondi
Jhésu-Crist : « Tu lou diz. » Et autres essamples lor
fist et mostra Jhésu-Crist que il lava à toz les apostres les piez en eive et lors demanda privéement messires sainz Johanz-Bauptistes [1] à Jhésu-Crist : « Sire !
se il te plaist que je sache une chose ? oserai la te je
demander ? » Et il l'en done lou congié et si li dist :
« Sire ! or me dites donc por quoi vos nos avez les

---

saint Jean trouvèrent, à la porte de la ville, un homme portant une cruche d'eau qui les conduisit dans la maison où
l'agneau devait être immolé. On ignore à qui la maison
appartenait. On a dit qu'elle était à saint Jean l'évangéliste ;
mais ce dernier, pauvre pêcheur de Galilée, ne devait pas
posséder de maison à Jérusalem ; on a pensé qu'elle appartenait plutôt à un Jean surnommé Marc, qui depuis fut le
compagnon de saint Paul.

[1] Cette explication du lavement des pieds, donnée par Jésus
à la requête de saint Jean, semble être le développement de
cette phrase de son évangile, chapitre XIII, 15 ; « Je vous ai
donné l'exemple afin que ce que je vous ai fait, vous le fassiez
aussi vous autres. » Mais généralement on ne lui donne pas
ce sens extensif ; cette cérémonie fut comme un sacrement
qui purifia les apôtres et effaça leurs péchés véniels ; elle fut
aussi une leçon d'humilité. L'explication du romancier n'en
est pas moins fort curieuse et reste un monument de l'esprit
bienveillant du temps pour tout ce qui touchait à l'Église.

piez lavés, en une eive. » Et Jhésu-Crist respont :
« Cist essamples est Perron, car autresinc come l'eive
fu orde des premiers piez que je oi lavez, ne porroit
nus hom mortex estre sanz péchié ; et tant com il
seront péchéor, seront ort ; et en ces autres péchéors
se porront les autres gens láver qui seront ort ;
ensinc con j'ai lavez toz les autres piez en l'eive
qui fu orde. Si samble que tot autresinc fussient tuit
li pié net, autresinc li darreain come li premier. Cist
essamples est Perron et as menistres de sainte église,
dont il i aura moult des orz, et en lor ordure, laveront-il les autres péchéors qui par icest conmendement, voldra hòbéir au père, au fils et au saint esperit
et à sainte église ; que lor ordure ne porra rien nuire
as autres gens ; sauf seront autresinc come li pié
blanchirent en l'orde eive où je les lavai et i devindrent net ; ne porra rien nuire as péchéors, l'ordure
des menistres qui les laveront par confeission.

Nsinc mostra nostres sires Jhésu-Crist cest essample mon seignor saint Johan évengeliste et
ensinc furent ensamble chiés Simon lou liépreux,
tant que cil vindrent cui Judas lou fist à savoir ;
et qant ce virent li déciple, si orent paor. Et qant
Judas vit que la mesons ampli et que cil orent la
force, si se traist avant et baisa Jhésu. Et il lou prannent de totes parz ; et Judas lor crie : « Tenez lou
bien. » Et ce, lor dist-il, por ce que il lou savoit
moult à fort. Ensi enmenèrent Jhésu et moult remestrent li déciple esgaré et plain de grant dolor. Et
ensinc firent grant partie de lor volenté de Jhésu.
Là où Jhésu-Crist fu pris chiés Symon, si estoit ses

vaissiaus remex en coi il sacrefioit et à la prise de
Jhésu ot un Jui qui lou trova ; si lou pris et garda
tant que l'endemain que Jhésu fut amenez devant
Pilate. Et qant il vint devant lui, si i ot moult paroles
et l'ancorpèrent li Juif au mielz qu'il porent, mais lor
pooirs fust moult petiz, si il vossist ; car il ne pooient
en lui trover nule droiture par coi il deust par aus
recoivre mort, mais la justise li covint à soffrir issi
cou il le jugièrent, et itel juise à recevoir ; ne il ne
lor vost onques mostrer sa force. Et Pilates lor dist,
itant come prévot : « A cui me prandrei-ge, si messires
Titus li amperères de Rome me demande rien de la
mort Jhésu, car ge ne vois en lui par quoi il doie recevoir mort ? » Et il s'escrient tuit ensamble : « Sor nos
et sor noz anfanz soit espanduz li sans de lui. » Lors
le pristent et l'enmenèrent veiant Pilate. Et Pilates
demenda de l'eive et dist, qant il lava ses mains, que si
netes come ses mains estoient de leive dont il les lavoit ;
einsinc nez fust ses cors de la mort à cel home. Et icil
juis qui avoit lou vaissel pris, que je vos ai dit, en chiés
Symon, vint à Pilates et si li donna et qant Pilates lou
tint, si l'estoia tant que noveles furent venues que li
juif avoient mort Jhésu. Et qant Joseph l'oï, si en fu
moult tristes et moult iriez, et lors s'en vint à
Pilates, si li dist : « Sire ! ge t'ai servi moult longuement et ge et mi chevalier, que onques rien
ne me donas ; ne ge ne vos onques rien prandre del
tuen por lou grant guerredon avoir que tu m'as tozjorz promis. Sire ! or te pri-ge que tu lou me randes
que tu en as grant pooir. » Et Pilates li dist :
« Joseph ! or demandez et ge vos donrai, à devise,
quancque ge porrai, tant que vostres grez sera, sauve

la feauté à mon seignor, por vos sodées. » Et il respont : « Granz merciz sire et ge demant lou cors à
la prophète que il ont murtri à tort. » Et Pilates
s'émerveilla moult de ce que il li a si poi demendé et
dist : « Ge quidoie que vos demandesiez plus grant
chose et qant vos m'avez cesti demandéé por vos
sodées, vos l'aurez moult volentiers. » Et il li dist :
« Sire ! cent mile merciz, donc coumendez que ge
l'aie. » Et il respont : « Alez, si lou prenez. » Et Joseph
lui dist : « Sire il sont unes moult granz genz et unes
forz, si n'el me lairoient mie. » Et Pilates respont :
« Si feront. » Et lors s'entorna Joseph et vint droit à
la croix, que il apeloient despit, et qant i vit lou cors
Jhésu mort, si en ot moult grant pitié et plora moult
tenrement des iauz, come cil qui moult l'amoit de
grant amor. Et lors vint as juis qui lou gardoient,
si lor dist : « Seignor! Pilates m'a doné lou cors de
cest home, por oster de cest despit. » Et il dient :
« Vos ne l'auroiz mie, car si déciple ont dit que il
résuscitera et par tantes foiees com il résuscitera, par
tantes foiees l'ocirrons nos. » Et il dist : « Laissiez
lou moi, qu'il lo m'a doné. » Et il li distre : « Nos vos
ocirrsiens encois. » Et lors s'en parti Joseph et vint à
Pilates, si li dist coment li jui li avoient respondu et
qant Pilates l'oï, si l'en pesa molt et moult s'en
correca et lors vit un home devant lui qui avoit non
Nichodemus, si l'apela et li coumenda que il alast,
avoc Joseph, au despit et lou cors Jhésu en ostast et
à Joseph le baillast. Et qant il li ot ce coumendé, si
li sovint dou vaissel que li juis li avoit doné; si
apela Joseph et li dist : « Joseph! vos amiez moult
cele prophète ? » Et Joseph li respont : « Certes ! sire,

voire moult. » « Et je ai, fait Pilates, son vaissel que
uns juis me dona, que il prist en la maison Simon où
il fu pris ; et ge lo vos doig que ge ne voil rien avoir
de chose qui soe fust. » Lors li dona et cil l'ancline qui
moult en fu liez.

Ensinc en vont entre Joseph et Nichodemus; si
entre Nichodemus chiés un fèvre, si prist unes tenailles et un martel et vindrent jusqu'à la croiz et qant
les gardes as juis virent Nichodemus qui aportoit les
tenailles et lou martel, si vindrent, tuit cele part, encontre lui, et Nichodemus lor dist : « Vos avez fait ce
qu'il vos plot de ce que vos demandâtes à Pilates
jugement de Jhésu et vos l'avez, sanz lui, jugié, et mis
el despit, et tant en avez fait que ge voi bien que il
est morz et Pilates en a doné lou cors à Joseph et m'a
coumendé que je l'ost dou despit et que ge le li bail. »
Et il s'escrient tuit ensamble que il doit reşusciter
et que il n'an bailleront point. Et qant Nichodemus
l'oï, si s'en correca moult et dist qu'il n'en feroit rien
por els. Et lor s'en vont tui ensamble clamer à Pilates,
et cil montèrent en haut et ostèrent Jhésu. Et lors lou
prist Joseph entre ses braz et lou mist à terre et
atorna lou cors moult belement et si lou lava et qant il
lo lavoit, si vit les plaies qui seigneient, si ot moult
grant paor, qant il li vit lou sanc raïer ; car il li menbra de la pierre qui en ot esté fendue, au pié de la
croiz[1]. Lors li sovint de son vaissel, si se pensa que

[1] Dans le mystère de « la Passion de Notre-Seigneur »
publié par M. Jubinal d'après un manuscrit de la Bibl.
Sainte-Geneviève, le Centurion s'exprime ainsi :

Seigneurs sachés certainement

cels gotes seroient miauz en son vaissel que en autre leu; lors prist lou vaissel, si li tert anz la plaie dou costé et recoilli anz, lou sanc des plaies et des piez et des mains et dou costé. Et qant li sans fu receuz en ce vaissel, si lou mist Joseph lez lui et puis si prist lou

> Cilz estoit filz Dieu et homs juste.
> Vous trestous qui à sa mort fustes
> Se bounes personnes fussiez,
> Savoir devoir bien déussiez,
> *Les pierres fendre vous véistes*
> Et la terre crouler sentistes.

Ici cependant le miracle des pierres qui se fendent est pris dans un sens général, et qui ne se rapporte pas précisément à l'effet produit par le sang qui s'échappe du côté de Jésus ; mais plus loin nous retrouvons dans une conversation de Caïphe avec Anne, cette dernière idée très-formellement exprimée en ces termes :

#### CAÏPHAS

> Sire Anne, bien entendu é
> Ce que répondu vous m'avez,
> Mais de vérité bien savez
> Que .I. Dieu puet tout sans nulle some
> Et se met bien en guise de home.
> Tantost que c'est home tenismes
> Jusques à la mort le batismes :
> Sanglant fut devant et derrière.
> Se Dieu est, alé est arrière
> En paradis en sa maison ;
> *Que ce ne fust pas sans raison*
> *Que ainçois que la mort l'estendist*
> *Convint que la pierre fendist,*
> *De son sang, et en fût quassée,*
> Et quant l'ame fut trespassée.....

cors Jhésu, si l'envelopa en un moult riche drap qu'il
avoit acheté et puis lou mist en une pierre qu'il avoit
gardée moult longuement, por lui metre qant il morroit. Et qant il li ot mis, si lou covri d'une pierre
plate moult grant et lors repairièrent li jui qui avoient
esté à Pilate et orent congié que en quelque leu que
Joseph lou méist que il lou feroient gaitier que il ne
résuscitast. Et il si firent de genz armées une partie et
Joseph s'en ala et cil remètrent. Entre ces entrefaites,
s'en ala nostres sires en anfer, si lou brisa et en gita
Adam et Eve et des autres, tant come lui plot, come
cels que il avoit achetez de sa char et de son sanc,
livrés à martire de mort et à toz autres tormens.

ᴀɴᴛ nostres sires ot fait ce que lui plot,
si résuscita sanz lou sau et sanz la veue
de cels qui lou gardoient, si s'en ala et
s'aparut · à la Magdelainne et à ses autres déciples, si com lui plot. Et qant il fu résuscitez, si
l'oïrent dire li jui, et s'asamblèrent et en tindrent parlement, et dist li uns à l'autre : cist hom
nos fera assez mal, se c'est voirs que il soit résuscitez. Et cil en parolent moult qui l'avoient gardé, il
distrent que il savoient bien que li cors de Jhésu
n'estoit pas là où Joseph l'avoit mis. Et lors dient li
Juif que par Joseph l'ont-il perdu, et se nus maus
nos enuient, tot ice, nos a-il fait entre lui et Nichodemus. Et lors pristrent consoil et distrent que se il
lor estoit demandez de l'ampeéreur Tytus de Rome,
qui lor sires et lor maistres estoit, et en cui subjec-
tion il sont, que il porront respondre : et lor consaus

si fu tex que il diront que il lou bailliérent à
Joseph, par lou conmendement à Nichodemus. Et se il
dient : « Vos lou féites gaitier là où nos lou meismes ;
demendez lou à vos gardes, que dirons nos ? » Et li uns
d'ès respont : « De ce nos poons nos moult bien gar-
nir. Prenons Joseph et Nichodemus encore ennuit
si que nus n'el sache et si les faisons morir de male
mort, et qant il seront mort et en nos demande Jhésu,
si dirons que nos lou baillerons, se il nos randent
Joseph et Nichodemus à cui nos baillâmes lou cors
Jhésu. »

A cest consoil, s'acordent tuit et dient que moult est
icil sages qui si boen consoil lor a doné ; ensinc dient
qu'il les prandront en medeus la nuit. A cest consoil
ot Nichodemus amis qui li firent à savoir que il
s'anfoist. Et il si fist, et qant cil vindrent la nuit à
son ostel, si n'en trovèrent point. Et lors vindrent
à la maison Joseph, si la brisièrent et lou pristrent
tot nu et endormi dedanz son lit. Lors lou firent
vestir, si l'enmenèrent chiés un des plus riches homes
qui fust en la vile. Et cil riches hom avoit un tor où
il avoit moult félenesse prison ; et qant il lou tindrent
illuec tot seul, si li demandèrent que il avoit fait de
Jhésu. Et il lor dist que ce sevent cil bien qui lou
gardoient, que ge n'en fis onques chose que ge ne
vossisse bien qu'an seust, et que il bien ne véissent,
et cil li dient : « Joseph, tu l'as amblé ; car il n'est pas
là où nos lou te véimes metre ; nos vos metrons en
cele chartre, distrent-il, et si vos covendra à morir
où vos lou nos randroiz. » Et il respont : « Se à celui
seignor plaist que ge ostai de la croiz, que ge, por
lui, muire, il me venra moult à gré. » Lors lou pran-

nent li Jui, si lou batent moult durement et puis si
l'abatent contre terre et moult lou laidirent forment,
et après l'avalent aval en la chartre Cayphas, et puis
si la scélèrent en tel manière, que nus, qui cele tor
véist, ne cuidast que ce fust fors que uns pilers de
pierre, car la chartre estoit autresinc graisle par
desus, com est li tuyaus d'une cheminée et par
dedanz terre, bien en parfont, estoit et granz et lée.
Ensinc fu Joseph amblez et reposz que nus n'en pot
oïr nouveles que il fust devenuz et si fu-il moult quis
et demandez. Et qant Pilates sot que il fu ensinc
perduz, si en fu moult iriez et moult l'an pesa, car
il n'avoit nul si boen ami entor soi, ne nul si loial
chevalier, ne, qui tant l'amast, ne qui tant li fust de
boen servise, ne meillor chevalier as armes n'avoit-il
onques eu en son tens.

Ensinc fu Joseph perduz une moult grant pièce, au
siègle. Et cil porcui il avoit ce sosfert et sosfroit, ne
l'oblia pas. Ainz, lou regarda come sires et come dex;
et vint à lui là où il ert, en la prison et si souleva la
tor par terre, et si li aporta son vaissel. Et qant
Joseph vit la clarté, si li esjoï moult li cuers et
raempli de la grace dou saint esperit et s'enmerveilla
moult et dist : « Dex puissanz de totes choses ! et dont
puet venir cele clartez se elle ne vient de vos. » Et
Jhésu-Crist li respont : « Joseph ! Joseph ! ne t'es-
maier-tu mie, que la vertuz de mon père te sauvera. »
Et Joseph li respont : « Et qui iestes-vos qui à moi
parlez, car vos iestes si clers que ge ne vos puis
véoir ne conoistre. » Et la voiz li dist : « Ore antant
bien ce que ge te dirai : je sui Jhésu-Crist, li filz Deu,
cil cui il enveia en terre por sauver les pécheurs, si

entan que ge te dirai. Ge vig en terre por sosfrir mort
et por l'uevre de mon père sauver, car il fist Adam
et de Adam fist-il Evain, et anemis l'engigna, si le
fist péchier, et qant il orent amediu péchié, si les
gita hors de paradis et les mist en chaitivoisons; si
orent anfanz et lignées qant il se furent conneu, et
laborèrent en terre, il, et tuit cil qui d'els issirent dès
iqui en avant, par lou pechié que Adam ot fait, qui
trespassé avoit le conmendement de mon père, les
vost avoir anemis en sa cordele. Si les ot tant com il
plot à mon père et lors vost que li filz Deu, mon
père, venist en terre et il si fist : si s'aombra en la
virge pucele Marie et an nasqui ; et ce fist li douz
sires, porce que par fame avoit esté perduz li siègles
et par fame voloit que il fust recovrez ; car li annemis
qui ne fait se gaitier non lou peuple, por torner à
mal, parce que il vit que fame estoit de foible corage,
l'angigna-il avant et porce que par fame estoit toz li
siègles emprisonez, ce est ès mains au déiable qui
toz les enportoit en anfer, autresinc, les boens comme
les mauvais, vost li sires que par fame fussient tuit
desprisoné et raënt des painnes d'anfer où tuit s'en
aloient. »

Or oïez coment li filz Deu vint en terre et la raison
par qûoi il nasqui de la pucele virge et orroiz lou torment et la painne que le filz Deu encharja. Et vos
avez oï coument fu anfraint l'obédiance et li commendemenz dou père, et se tu croiz que autresinc
come li fuz charja la pome qui de l'arbre issi, par le
miracle de Deu mon père, parquoi li premiers hom
pécha par l'amonestement de la fame, cui li déiables
avoit angigniée, covenoit que li filz Deu morist en

fust, por sauver l'uevre de mon père et ice sauvement
vig-ge faire en terre ; si nasqui de la virge Marie et
sosfri les tormanz terriens et reciu mort en fust,
.III. anz après ce que je fusse bauptiziez ou plus, et de
.V. leux issi sans et eive fors de moi. » « Coment, sire,
dist Joseph, estes-vos donc Jhésu de Nazareht, li filz
Marie, l'espose Joseph, cil cui Judas, vostres déciples,
vendi .XXX. deniers et cil cui li Juif pristrent et cui
il menèrent devant Pilate et cui il ocistrent en croiz,
et cui il distrent que ge avoie amblé porce que je
l'avoie osté de la croiz et mis dedanz lou sepulcre, en
la pierre que je avoie si longuemant gardée. » Et
Jhésu-Crist respont : « Ce sui-ge icil meismes. » « Ha,
biax sire, fait Joseph, aiez merci de moi et pitié, par
la vostre saintisme grâce, car par vos sui-je ici mis,
et je vos ai tozjorz moult amé ; ne onques mès n'osai-
je à vos parler, car ge dotoie que vos ne me créussiez
pas, porce que ge parloie sovant et tenoie compàignie
à cels qui porchaçoient vostre torment. » Lors respont nostres sires: « Mes amis est boens avoc mes
anemis, et si la poez véoir à vos meismes, car la chose
est aperte : bien en est mostrée la sénéfiance; tu estoies
mes boens amis et ge te conoissoie miauz que tu
meismes ne te conoissoies, et por ce te laissoie-ge
devers els, por lou grant mestier que ge savoie que tu
m'auroies, que tu as eu pitié et dolor de mon torment ;
et je savoie bien que tu me secorroies et aiderois là
cù mi déciple ne m'oseroient aidier et ce féis-tu de
pitié, por l'amor de mon père qui t'avoit doné lou
cuer et la volenté et lou pooir d'ice service faire por
moi et il t'a sosfert à feire lou servise à Pilates dont li
t'a tant amé, que je te fui donez et je sui tiens. » « Ha !

sire, fait Joseph, ne dites mie tel chose que vos séiez miens. » « Si sui, Joseph, je sui à toz les boens et tuit li boen sont mien, et sez tu quel guerredon tu auras de ce que je te fui donez ; tu en auras joie pardurable après la fin de ceste mortel vie. Je n'ai ci amenez nul de mes déciples, porce qu'il n'en y a nul qui sache l'amor de moi et de toi. Et bien sai que tu n'as féit ce que féit as por moi, por nule vainne gloire ; ne nus ne set ton boen cuer, fors que ge ; tu m'as amé céléement et ge toi ; et saches-tu bien que nostre amors revendra devant toz aparanz, qui sera moult nuisable as mescréanz, car tu auras la sénéfiance de ma mort en garde et cil cui tu la conmenderas ; et voi la ci. » Et lors trait nostres sires avant, lou vaissel précieux à tot lou saintisme sanc que Joseph avoit recoilli de son précieux cors, qant il lou lava.

Qant Joseph vit lou vaissel, si conut que ce estoit icil mesmes qu'il avoit en sa maison repost en tel leu que nus hom terriens n'el savoit, fors que il seulement. Si fu si maintenant repleinz de sa grâce et de ferme créance plains. Lors s'agenoille et crie merci à dame Deu et si li dist. » « Ah ! sires, merci, sui-je donques tex que ge, si précieuse chose et si sainte, doie garder, ne tel vaissel ? » Tu lou doiz avoir et garder, fait nostres sires, et tu et cil cui tu lou conmenderas ; mès à cels qui le garderont, n'en doit avoir que trois, et cil troi l'auront en non dou père et dou fil et dou saint esperit et tu ainsin lou doiz croire et tuit cil qui l'auront en garde et ces trois vertuz sont une meismes chose en un Deu. » Joseph fu à genoillons et nostres sires li tant lou vaissel et cil lou prant et lors li dist nostres sires : « Tu tiens lou sanc as trois persones en

une déité, qui dégota des plaies de la char au fil qui
reçut mort, por sauver les âmes des péchéors ; et sez-
tu que tu as gaaignié et quex sodées tu en auras, g'el
te dirai ; tu i as gaaignié que jamès sacremanz ne sera
faiz, que la sénéfiance de t'uèvre n'i soit, dont tuit
cil amenderont qui l'orront et plus gracieux en seront
qui conoistre la porra, ne lire la saura ; ne qui aprandre la porra , en seront plus amé au siègle et lor compaignie à avoir, en iert plus désirrée que d'autres
genz, d'ices qui les livres en retendront et escriront
de lor mains, et tot por l'amor de la grâce que je t'ai
donée par lou présant de ce vaissel. » Et lors rede-
menda Joseph à Jhésu-Crist ; « Sire ! se il te plaist et
tu vels que je lou sache, di moi que je ai donques fait,
dont j'ai si grant grâce receue ; car je n'el sai mie. »
Jhésu-Crist respont : « Tu m'ostas de la croiz et méis
en ta pierre, après ce que j'oi sis à la cienne, chiés
Symon et que je dis que je seroie traïz ; et ensinc con
ge lou dis à la table, seront pluseurs tables establies
à moi sacrefier, qui sénéfiera la croiz, et lou vaissel
là où l'an sacrefiera et saintefiera, la pierre où tu méis
mon cors, que li caalices sénéfiera où mes cors sera
sacrez, en samblance d'une oïste, et la platainne qui
sera dessus mise sénéfiera lou couvercle de coi tu me
covris et li dras qui sera desus lou caalice, qui sera
clamez corporaux, si sénéfiera lou suaire, cest li dras
de quoi tu m'envelopas, et ensinc sera, à toz jorz mès,
aparissanz, jusqu'à la fin do monde, la sénéfiance de
t'uèvre, aparissanz en la crestienté ; et iert veue en
apert des péchéors dont tuit cil et totes celes qui cest
vaissel verront et seront de la compaignie as créanz,
en auront joie pardurable et acomplissement de lor

cuers, puisqu'il soient verai confès et repantant de
lor péchiez. Et tuit cil qui cels paroles porrant
aprandre ne savoir, en seront plus gracieux et plus
plaisant au siègle et vers nostre seigneur, et si ne
porront estre forsjugié en cort, ne vaincu de leur droit
par bataille, dont sairement soient fait sor moi. »
Lors li aprant Jhésu-Crist tex paroles que jà nus conter ne retraire ne porroit, se il bien feire lo voloit,
se il n'avoit lou grant livre où eles sont escriptes et
ce est li secrez que l'en tient au grant sacrement que
l'an feit sor lou Graal c'est-à-dire sor lou caalice,
et ge pri à toz cels qui cest livre orront, que il, por
Deu, plus n'en enquièrent, ci endroit, de ceste chose,
car qui plus en voldroit dire bien en porroit mentir,
car deviser ne la sauroit, ne en la menconge, ne
gaaigneroit-il rien.

Ensinc bailla Jhésu-Crist lou vaissel Joseph à
garder et qant Joseph lou tint et nostres sires
li ot aprises les secrées paroles, si li dist : « Totes
les foiz que tu voldras, ne que tu auras besoig,
si requier as trois vertuz qui une meismes chose sont,
et à la boenne éurée dame qui lou fil deporta, consoil
et tu l'auras, si com tes cuers meesmes lou dira ; car
tu orras la voiz del saint esperit parler à toi. Et je
ne t'enmenrai ore pas d'ici, car il n'est pas raisons ;
ainz remaindras en itel prison et einsinc obscure
comme ele estoit qant tu i fus mis. A cele hore
que tu en seras gitez et jusqu'alors, te durra ceste
clartez que tu as ores ; et ne t'esmaier mie, car
moult sera tenue ta délivrance à grant merveille as
mescréanz et celui qui délivrer te vendra, metras

en m'amor et parole à lui des trois vertuz, tot ensinc
com au cuer te vendra, et li sainz esperiz iert en ta
compaignie, qui t'apenra à parler, de ce dont tu ne
sez nule rien.

Ensinc remest Joseph en la prison, ne de ceste
prison ne parolent pas li aposte, ne cil qui establirent
les escriptures, que il n'en sorent rien, fors tant que
nostres sires vost que ses cors li fust donez, c'aucune amor avoit il en lui. Et qant il fu perduz à la
veue del siègle, si l'oïrent bien dire tex i ot; mais il
ne vostrent pas parler de celui, ne rien n'en mistrent
en escrit qu'il n'eussient veu et oï, qu'il ne voloient
pas lou siègle metre en dotence de sa foi ne de sa
créance, que droïz estoit. Ensinc fu Joseph longuement en la prison, tant que il avint que uns pèlerins
qui avoit esté an pèlerinnage en la terre de Judée, qui
chevaliers estoit, au tens que notres sires ala terre,
lorsque il faisoit les miracles et les vertuz des
avugles et des contraiz et des mésaaisiez, que il garissoit toz cels cui il lo voloit faire et cui lui plaisoit;
diceles miracles, vit li preuzdom, qui chevaliers
estoit, assez; et puis fu tant en la terre que il lo vit
et oï tesmoignier maintes foiz por lou fil Dieu. Et
qant il sot qu'il l'orent pris et batu et laidi et ocis
en croiz el pooir et en la seignorie Pilates, si s'an ala
fors de la terre et cercha puis mains païs et maintes
terres. Et tant que après ce, avint que ce ot esté
fait, grant pièce après, s'en vint à Rome au tens que
Vaspasian li filz l'amperéor de Rome fu malades d'une
lièpre si puant que nus, tant l'amast, ne lou pooit
sosfrir. Moult en estoit l'amperéres dolanz et tuit cil
qui l'amoient et par la force de ce que l'an ne pooit

sosfrir ne son cuivre [1], ne son vivre, ne son estre, si le mist en une chambre de pierre qui estoit faite tote reonde, et si i avoit une petite fenestre par où en li donoit à mengier à une pèle. Icil preuzdom vint à Rome et herberja chiés un moult riche home de la vile et lou soir commencièrent à parler ansamble, entres deux, de pluseurs choses, et tant que li preuzdom de la maison dist à son oste, que moult estoit granz domages del fil l'amperéeur qui ensinc estoit et par tel maladie perduz ; et, pour Deu, se il savoit chose qui mestier li poist avoir, si li déist. Et li preuzdom respont : « Que nenil ; mais tant vos puis-ge bien dire que il ot là, d'outre la mer, en la terre de Judée, un home que l'an apeloit la boenne prophète ; et maintes vertus fist li granz Dex por lui, que ge vi contraiz qui ne povient aler et avugles qui gote ne véoient que il ralumoit et randoit la santé ; et autres miracles assez et autres vertuz fist-il que je ne sai pas totes retraire, mais tant vous puis-ge bien dire que il ne voloit nelui garir de sa maladie que il ne garist bien, jà si granz ne fust ; si que li riche home et li puissant home de Judée lou haoient porce qu'il ne pooient rien feire ne dire, si com il faisoit. Et li preuzdom de la maison demanda à son oste que il estoit devenuz et coment il avoit à non, et il le dist : « G'el vos dirai bien : il lou clamoient Jhésu de Nazareth, lou fil Marie. Et cele gent qui lou haoient donnèrent tant et promistrent à toz ces qu'il sorent qui lor povient aidier envers lui, qu'il lou pristrent et baptirent et làidoièrent en totes les manières que il

___
[1] De cuivers *abject*.

porent. Et qant il li orent faiz toz les anuiz que il
porent, si lou crucefièrent et ocistrent ; et je vos
créant sor m'ame et sor mon cors que se il fust vis
et l'an l'amenast au fil l'amperéeur, se il lou vossist
garir, il lou garist bien. » Et li ostes li dist : « Et oïtes
vos onques dire por quoi il l'ocistrent ? » Et il respont : « Que nenil, fors que par envie que il li portoient. » « Et en quel leu, fait-il, fu-ce fait ? et en quel
seignorie ? » Et cil respont que en la seignorie Pilates
lou bailli de ceste vile. « Voire, fait cil, diriez lou vos
einsin devant l'amperéeur. » Et il respont : « Il n'est
hom devant cui ge n'el déisse por voir. » Et qant li
preuzdom ot ce oï et entendu que li pèlerins ot conté,
si s'en ala à la cort l'amperéeur et si l'apela à une part, si
li conta tot mot à mot, ce que ses ôstes li ot conté.
« Et ge lou ferai, fait-il, à vos parler se vos volez. »
Et li amperères respont : « Va lou querre. » Et li ostes
i ala et cil i vint moult volentiers ; et qant il vint
devant l'amperéor, si li conta tot l'errement, moult
bien, ansinc comme il l'avoit conté à son oste. Lors
dist li amperères : « Se ce estoit voirs, que moult bien
seroit venuz. »

Qant li amperères oï ce et entendi, si manda son
consoil et qant il furent tuit assamblé, si lor dist ce
que li estranges hom ot conté. Et qant il l'oïrent, si
s'an merveillèrent moult et distrent que il quidoient
moult Pilates à preudom et à sage, et que il ne sos-
frit pas si grant desraison à feire souz son pooir.
Et cil dist à l'amperéeur qu'il l'a sosfert sans faille,
« Mais mar lou sosfri qant il, en leu où il eust lou
pooir, li sosfri mort à recevoir, fait l'amperères, et
puis sanz jugement. » Et il ot iqui un ami Pilates qui

dist à l'amperéeur et il estoit hauz hom, si li dist :
« Sires, ge aim moult Pilates, ne ge ne crerroie pas
que si preuzdom, ne si vaillanz com il est, issi boen
mire laissast ocirre, einsinc faitement en nule manière,
si desfandre l'an poist. » Lors fu li preuzdom apareilliez
cil qui les noveles ot dites. « Sires, fait li consauz à
l'amperéor, or nos conté ce que vous avez conté
à l'amperéor. » Et il lor conte les beles miracles et les
beles vertuz que Jhésu fist tant com il fu en terre
et si dist que por voir l'avoient li jui ocis en la terre
que Pilates gardoit et voirs estoit et à tort. « Sachiez
que se il fust ancor vis, qu'il garissist lou fil l'amperéor et péjor maladie assez, et qui ce ne voldroit
croire que ce soit voirs, ge metroie ma teste en
espison [1] que Pilates n'el celeroit jà, car qui troveroit
rien de la soe chose, et lui crerroit et il l'atochast au
fil l'amperéor, qu'il garroit. » Qant cil l'oïrent si en
furent tuit esbahi et n'osèrent rescorre Pilate, fors
que itant distrent-il : « Se messire i anvoie et ce ne
« soit voirs, que vels-tu que l'an face de toi ? » « Ge
voil, se il me done ma despanse, tant que li messages
remaigne, se il n'est voirs ce que ge ai dit, que il me
face colper la teste. » Lors dient cil qu'il dit assez.
Lors lou firent prandre et mener dedans une chartre
et bien garder. Lors apela l'amperères ses genz et
dist qu'il voloit là envoier par savoir se cele mervoille

[1] Espison ou espoisson. Mot qui n'est ni dans Roquefort
ni dans M. Hippeau, vient d' « Espisio, » *sponsio*, *pignus*,
« gage. » Une charte de 1303, Baluze, t. II, Hist. Arvern.,
donne aussi le mot « Espoisso » dans le même sens. Ducange'
verbo *Espisio* et *Espoisso*.

seroit voire, ne se jà ses filz en pouroit garir, que jamès nule si granz joie ne li pourroit avenir. Lors dist uns amis Pilates : « Vos m'i envoieroiz, que je saurai miauz que nus coment ce a esté, enquerre tote la vérité. » Et l'amperères respont : « Ge i envoierai et vos et autrui. » Lors ala parler l'amperères à Vaspasian et si li conta tot cest afeire, si con vos l'avez oï ; et que il avoit mis l'ome estrange em prison. Et qant Vaspasians l'oï, si rist et li esjoï moult li cuers et li asoagierent moult ses dolors. Adonc pria son père que se il voloit sa garison véoir, que au plus tost que il porra, i anvoit. Et l'amperères prist ses messages au plus tost que il pot et fist ses letres escrire et en fu tex li conmendemenz que tuit cil soient creu de quancque il demanderont de la mort de tel hom.

Ensinc envoie l'amperères les plus sages homes qu'il ot, por tost feire savoir cest afeire et ancerchier ; et comenda que se il estoit morz, que l'an li aportast aucune chose de lui, porce que en lou tenoit à si preudome, por la garison de son fil ; et menace Pilates que, si ce estoit voirs qu'il avoit oï dire de lui, il li feroit comparer. Ensinc départirent li message l'amperéor de lui, por aler en Judée et passèrent la mer. Et qant il furent passé, li amis Pilates li enveia unes letres et en tex paroles qu'il se merveilloit moult de sa folie et del grant désavenant qu'il avoit sosfert affeire en son pooir, de la mort à celui Jhésu qui einsinc fu ocis sanz jugement feire ; et si sache-il que li message l'amperéor sont arivé et vaigne encontre aus, que il ne lor puet foir.

Qant Pilates ot oïes les letres que ses amis li ot envoiées si ot paor et lors conmenda ses genz à mon-

ter, que il voloit, ce dit, aler encontre les messages
l'amperéor ; et li message l'amperéor chevauchent
cele part où il lou cuidoient trover, et Pilates che-
vauche encontre ax, ausin. Si s'entrencontrèrent en
Barimathie. Et qant li message virent Pilates, si ne li
osèrent faire joie qu'ils ne savoient encore se il
l'enmenroient à Rome por destruire. Si li baillièrent
les letres l'amperéor qui tot li ont conté ce que li
pèlerins ot conté à Rome l'amperéor. Et qant Pilates
l'oï, si sot bien qu'il li dist voir et qu'il avoit eu
boen message au conter. Lors s'en vint Pilates avoc
les messages et fist moult bele chière et lor dist :
« Seignor, ces letres dient voir de quancque eles
dient et ge conois bien que il fu issi. » Et qant li
message l'oïrent, li s'en merveillièrent moult et distrent que grant folie avoit conneue, car se il ne s'en
set descorper, à morir l'en covendra. Lors a parlé
Pilates et appela les messages en une chambre et fist
les huis moult bien garder por les Juis qui n'ès
escoutassent. Si lor conmença à conter totes les
anfances de Jhésu-Crist, celes qu'il sot et qu'il ot oï
dire, por quoi li riche hom de la terre lou haoient et
coment il garissoit cels cui il voloit et coment il
l'acusèrent et coment il l'achetèrent de l'un de ses
mauveis déciples, qui puis s'en pandie de duel à un
sau [1], et tot lou lait que cil li firent, qant il l'orent
pris et coment il l'amenèrent devant lui et coment il
l'acoisonnèrent et « me requistrent, fait-il, que je lor
jujasse à mort; mès je n'i vi por quoi, si ne lor vox
jugier. » Et il furent moult grant gent et gaignart

---

[1] A un sureau.

et riche et puissant ; si distrent tote voie que il l'ocir-
roient et ce pesa moi ; et si lor dis que « se messires
m'en demandoit rien et coment m'en garantiroient-
i!s ? » Et il distrent que « sor lor anfanz fust espanduz
li sans de celui. »

« Ensinc lou pristrent, si l'enmenèrent, si en firent
ce que vos avez oï ; ge n'el poi rescorre et porce que
ge vos [1] que l'an seust que ge n'i avoie corpes et
que plus m'en pesoit que biau ne m'en estoit, et porce
que ge voloie estre nez dou péchié, si demandai-ge
de l'eive et lavai mes mains, et dis : ansinc nez soie-
ge de la mort à cel home, com mes mains sont de
ceste eive. Qant il fu morz, ge avoie un chevalier qui
estoit à moi et nez d'Arimathie, qui avoit à non
Joseph ; cil me servi à .V. chevaliers, dès que je vig en
ceste terre ; que onques de moi nul don ne vost prandre et je li prometoie la plus haute eschaoite [2] de
ma baillie. Et qant li prophètes fu morz, si lou demanda icil chevaliers por ses soudées et ge li
donai volentiers, car ge li quidoie greignor don
doner que ge ne li donai ; si l'ot et l'osta do despit et
lou mist en une pierre qu'il ot faite taillier à son huès ;
et puis qu'il li ot mis, ne lou vi-gie, ne ne soi que il
devint ; mais ge quit bien que li Juif l'ouront ocis. Et
einsinc ai ovré con ge vos ai dit, mais or esgardez se
ge oi la force vers els toz. »

Quant li message oïrent que Pilates n'avoit pas si
grant tort com il quidoient, si li distrent : « Nos ne

---

[1] « Et parce que je voulus que l'on sçût. » (Ms. D.)

[2] Plus souvent on trouve « eschoaite, eschoête, » *échéance,
aubaine, succession.*

savons se ce est voirs ou non que tu nos as dit; et se il
est ensin, bien te porras descorper envers l'amperéor.
Et Pilates respont : « Einsin con ge lo vos ai dit, lo vos
ferai-ge conoistre as Juis par devant vos et que il
meismes lo vos diront de lor boche, tot quancque je vos
ai conté, fors que de Joseph dont ge ne sai rien qu'il
est devenuz. » Et il li respondent : « Fai les mander
et qu'il soient tuit en ceste vile au chief d'un mois, icil
qui à ce faire furent. » Et Pilates prant ses messages,
si les envoie par tot semondre et lor fait dire que li
message l'amperéor viennent à els parler.

En démentres que li jorz del mois vint, fist Pilates
querre par tot lou pais, s'ils porroient rien trouver
qui eust esté à Jhésu; n'onques rien n'en porent trover. Et li Jui assamblèrent à Barimathie et Pilates
dist as messages : « Or me laissiez avant parler et si
orroiz que ge lor dirai et que il diront moi, qant il
seront tuit ansamble; et selonc ce, si feroiz. » Ensinc
parla Pilates et si lor dist : « Seignor, vez-ci les messages l'amperéor qui sont venu savoir quex hom
c'estoit, qui, en cest pais, se faisoit plus sires de la loi
que vous; que il ont, et li emperères, oï dire que il
estoit plus boens mires que nus, si lou mandoit
l'amperères que il alast à lui, sitost com cist message
qui ci sont, l'auroient trové; et ge ai dit as messages
que il est morz et que vos meismes, li plus preudom
de cest terre et li plus riche, l'océites, porce qu'il disoit qu'il ière Dex et filz Dieu, dont ne fu-ce voirs? »
Et il respondent : « Oïl, voirement l'océimes-nos, sanz
faille, porce que il disoit que il estoit rois de nos et
sires de sor nostre amperéor et endroit de toi fus-tu si
mauveis que tu n'en osas prandre vangence; ainz t'an

pesa par samblant; mais nos ne vossimes soffrir
que il se féist sires de sor nostre seignor. Ainz li
déimes bien et toi que nos l'ocirriens, se nos poïens,
ou il hobéiroit à nos. » Lors dist Pilates as messages :
« Seignor vos avez bien oï qu'il dient, et quel genz
l'ont ocis, ne ge n'oi pas lou pooir de combattre à es. »
Et li plus sages des messages dist : « Encor, n'ai-ge
pas oïe la force de la parole, mès ge la demanderai. »
Lors parla cil as message qui si compaignon estoient.
« Or me laissiez, fait-il, à els parler. » « Dites, » font
cil. « Seignor, fait-il as juis, dont ne vos juja Pilates
cel home à mort, qui se faisoit plus que amperères. »
« Par foi, nenil, font-il, ainz nos covint, firent-il, que
nos li créantissiens que se l'amperères l'an demandoit
rien, que sor nos et sor noz anfanz; fust li sans de
lui espanduz et la vangence prise, ne onques ne vost
autrement sa mort soffrir. »

Qant li message oïrent que Pilates n'avoit pas si
grant tort com il quidoient, si demandèrent : « Seignor, quex hom estoit cil prophès dont si granz parole a esté? » Et il responnent : « Il faisoit les greignor miracles dou monde et disoient que ce ière uns
anchanterres, tuit li haut home. » Et li message lor demandent se il sevent rien nule de sa chose, ne nule rien
à quoi il eust atochié ni qui ait esté à cel anchantéor;
et il responnent : « Nous n'an savons rien, car quanc
que il avoit, fu tot gité hors, si ne savons qui lou
prist. » Enfin départi li parlemenz et einsinc fu Pilates
délivrés de la haine as messages. Une grant pièce
après ce que ce ot esté, avint que uns hom vint as
messages qui moult estoit iriez de ce que il n'anpor-
toient rien et que rien nule n'avoient trové de chose

qui eust esté à ce Jhésu et tant que cil hom lor dist :
« Seignor, ge sai une fame qui avoit un visage an-
praint, que ele soloit aorer, mais ge ne sai où ele
lou prist, mais itant vos di-ge bien, que ge li ai veu
avoir et aorer. » Lors fu apelez Pilates, si li content ce
que cil lor avoit dit, et Pilates li demande coment ele
avoit non et en quele rue ele estoit et cil li dist : « Ele
a non Vérone et si esta, fait-il, en la rue de l'Escole,
et est une poure fame. » Et qant Pilates ot bien apris
qui ele ière et coment ele avoit non, si l'envéia
querre et ele i vint, et qant Pilates la vit venir, si se
dreça encontre li et l'acola et la poure fame s'émerveilla moult de Pilates qui si grant joie li faisoit. Et
il la traist à consoil, si li dist : « Vérone, je ai oï
dire que vos avez une samblance d'ome en votre
baillie; si vos voil préier et requerre que ge la voie. »
Et la fame fu moult espoentée et dist : « Sire, ge n'an
sais rien de ce que vos me demandez. » Si l'escondit
moult durement. A ces paroles, vinrent li message et
Pilates lor dist : « Veez-ci la fame. » Lors l'acolent
tuit et font moult grant joie et li dient lou besoig por
quoi il sont venu en la terre et lou malage au fil
l'amperéor, que il garroit, ce li a l'an fait entendant,
se il avoit cele samblance veue que ele a, et se ele la
voloit vendre il l'acheteroient volentiers. Et qant ele
oï lou besoig, si sot bien que à descovrir li convenroit; si lor dist : « Ha! seignor, ge ne vendroie pas ce
que vos me requérez, neis se vos m'en donneiez
quancque vos porriez avoir ; mès se vos me jurez et
trestuit vostre compaignon, que vous me man-
roiz à Rome et que vos ne me toldroiz nule rien
que ge vos mostrasse de ce que vos demandez,

ge m'en iroie avec vos. » Et qant cil l'oïrent, si en furent moult lié et dient : « Nos vos enmenrons à grant
joie et vos jurerons à tenir ce que vos nos avez demendé. » Lors li jurèrent tuit, tot ce que ele vos. Et
qant il orent juré, si li distrent : « Véronne, sachiez
que vos seroiz ancor moult riche fame; or nos mostrez, s'il vos plaist, ce que nos vos avons demandé; » et
ele respont : « Atendez moi ci, et ge vos irai querre
ce que vos me demandez. » Il demeurent, et ele s'en
va et qant ele fu en meison, si prist lou suaire, et lou
mist souz son mentel et lors s'en vint arrières; si
apela les messages à une part et si lor dist : « Or vos
séez tuit ci devant moi. » Et il s'asistrent, et ele lor trait
hors la samblance, si la desvelope, et qant cil la virent
si en furent moult lié et se levèrent encontre, et ele
lor dist : « Seignor et porquoi vos iestes vos levé ? »Et
il distrent : « Nos ne nos en poïmes tenir, qant nos
véimes ceste samblance, que nos ne nos levesiens.
Ha! Véronne, font-il, dites nos o vos la préites, et
coment vos l'eutes. » Et ele respont : « Ce vos con-
terai-ge bien coment. »

« Il avint que ge avoie un sydoine que ge avoie fait
faire, si l'emportoie en mon braz, come por vendre
aval la vile, et lors si avint chose que ge encontrai
cels qui enmenoient la prophè batant, li mains liées,
et toz li Juis après lui, qui moult laidement lou de-
menoient. Et qant la prophè me vit, si m'apela et me
pria, por lou grant Deu, que je li essuiasse et tuersisse lo vis de ma toaille. Et ge pris maintenant lou
chief de mon sydoine, si li essuiai et si m'en vig. Et
cil l'enmenèrent outre batant et qant ge fui en ma
meison et ge regardai mon sydoine, si i trovai ceste

samblance ampriente et einsinc m'avint lors. Et or se
vos quidez que ele ait mestier au fil l'amperéeur, ge
m'en irai avec vos et si li porterai. » Et il dient : « A
granz merciz, douce dame, et nos quidons bien que ele
li ait grant mestier. » Lors pristent consoil ansamble
et distrent que il s'en iroient aitant. Issi atornèrent
lor oirre, ne onques ne trovèrent el païs, chose qui
eust esté soe, niès que ceste.

Ensinc s'en revinrent li message à Rome et passèrent la mer, et Pilates remest en sà baillie. Et qant
cil vindrent à Rome si fu l'amperères moult liez de
lor venue et lors lor demanda Titus coment il avoient
erré et esploitié; et se li pèlerins avoit voir dit. Et
il distrent que tot einsinc com il l'avoit dit, estoit-il
voirs et plus ancor; mais Pilates n'i avoit mie si gran
tort com en disoit. Lors li content tot l'errement, si
com il l'avoient oï dire d'une part et d'autre. Et lors
lor redemanda l'amperères : « Et estoit-il donc si
preuzdom com icil dit? » Et il respondent : « Oil, assez
plus. » Et il lor demande : « Aportez me vos rien del
suen? » Et il respondent : « Oil, en tel manière, com
nos vos dirons. » Lors li contèrent l'errement de la
fame et coment ele meesmes li a porté lou drap. Et
qant l'amperères a ce oï, si en fu à mervoilles liez ; si
dist que c'estoit moult boene chose qant il, la fame
avoient amenée : « Car onques mais, fait-il, de tel
mervoille n'oï parler. » Et cil li dient : « Nos ne quidons pas que nus hom se déust séoir qui la véist. »
Et lors s'en ala l'amperères à la fame, si li fist moult
grant joie, et li dist que bien fust-ele venue, que il la
feroit moult riche fame, porce que ele li avoit aporté
lou suaire à cele prophète. Et qant cele l'oï, si en fu à

mervoilles molt liée et dist : « Sire ge voldroie moult
volantiers faire vostre plaisir. » Et il li demanda ce
qu'ele li avoit aporté, et ele lou traist fors ; et qant il la
vit, si l'ala ancliner .III. foiz ; si s'an mervoille moult
et dist que ce est la plus bele samblance d'ome que il
onques mès véist. Lors l'a prise en ses deux mains, si
la porte en la chambre où ses filz estoit enmurez et
met la samblance sor la fenestre. Et qant cil la vit,
si fu maintenant plus sains que il n'avoit onques mais
esté. Et lors si dist : « Biaus sires Dex ! à cui est ceste
samblance qui m'a alégié de totes mes dolors ? » Lors
s'escria : « Dépeciez moi cest mur. » Et cil si firent
au plus tost que il porent. Si l'ont trové tot sain et
tot haitié.

Molt fu granz la joie que l'amperères Tytus fist de
Vaspasians son fil et tuit li autre, qant il lou virent
sain et haitié. Lors demanda Vaspasians cui cele samblance fu et où ele fu prise, qui si sainement l'à gari ;
ce que nus hom terriens ne pot onques mais feire. Et
li message et ses pères li content ce que la fame lor
ot conté et les autres vertuz que li pèlerins vit au
vivant de la prophète. Et Vaspasians demande as
messages : « Coment est il dons voirs que li Juif aient
mort ensi preudome come cil estoit. » Et il respondent que oil, et qant il l'oï, si en fu moult iriez et dist
que mar l'aveient fait, que il n'aura jamès joie tant
que il l'auront comparé. Lors dist à son père : « Sire,
sire, vos n'iêtes mie rois ne emperères, ne sires ne de
moi ne d'autrui, mès cil sires est amperères qui a tel
pooir, que dès là où il est, a donné à ceste samblance
tel pooïr et tel vertu et tel force que ele m'a gari, ce
que nus hom, tant fust hauz, ne poist faire ; mais

cist est sires des homes et de totes choses et ge vos
pri come mon seigneur et mon père que vos me
laissiez aler vanchier sà mort de cels qui l'ont à tel
tort ocis. » Et l'amperères li respont : « Ge voil que
tu faces tote ta volente. » Et qant cil l'oï, si an fu à
mervoilles liez.

Ensinc fu aportée la samblance de Jhésu-Crist à
Rome, que l'an claimme la Véronnicle. Et Titus et
Vaspasians atornèrent lor oirre por aler en la terre
de Judée. Et qant il i furent passé, si mandèrent
Pilates que il venist encontre els. Et qant Pilates vint
et il vit qu'il amenoient si grant gent, si ot paor et
parla à Vaspasians à une part et li dist : « Sire ge
sui en vostre merci et, por Deu, faites-moi à savoir
que vos avez an pansé à feire et por quoi vos menez
issi grant gent. » Et il respont : « Pilates, ge sui
venuz vangier la mort à la prophète qui m'a gari. »
Qant Pilates l'oï, si ot paor, car il cuida estre encusez
envers lui. Si li dist : « Sires, volez-vos toz les Juis
prandre ou savoir avant li quel ont tort ne droit? »
« Oil, fait il, ge lo voldroie moult savoir li quel en
ont tort ne droit. » Et Pilates li dist : « Sires, féites
me prandre et metre an prison et dites que vos me
volez destruire, porce que ge ne vos jugier la prophète et faites grant samblant de moi haïr. » Ensinc,
com Pilates l'ot devisé et Vaspasians lou fist, et les
manda par tot lou païs. Et qant li Juis furent tuit
assamblé, si lor demanda noveles de cele prophète
qui plus se faisoit sires que ses pères n'estoit; et lors
dist : « Vos féites tuit que traiteur, quand vos lou
soffrites nul jor à vivre. » Et il respondirent : « Tot
ce nos faisoit Pilates vostres baillis qui se tenoit

7**

devers lui et si voloit qu'il fust autresinc com rois sor
nos, porce qu'il li mostroit ses anchantemenz et li
disoit qu'il devoit estre rois et porce lou prméies-
nous et menâmes devant li por jugier. Et qant nos
quidâmes que Pilates lou nos jugast, si nos dit qu'il
n'avoit pas por ce, mort deservie, qu'il disoit qu'il
devoit estre rois sor toz les rois, et nos li déimes que
si avoit; si ne li vossimes plus soffrir ses anchantemenz affeire, ne qu'il déist au pueple qu'il fust rois
de sor vostre père et nostres sires et il, tote voies,
disoit que si seroit; et qu'il estoit rois des rois. » Et
Vaspasians respont : « Por ce, fait-il, ai-ge Pilates mis
em prison, que ge ai bien oï dire coment il a ovré et
que il l'amoit plus que nos. Or voil savoir, par vos
meismes, li quel furent ce de vos cui il plus pesa de
ce que il se faisoit sires et li quex li fist plus comparer
et coment vos ovrâtes envers lui dès lou premier jor
que vos lou véites et porquoi vos lou cuillites en
haine avant et li quel estoient en vostre consoil et
tote l'uèvre, si com ele a esté. » Et qant il oïrent qu'il
voloit savoir tote la vérité, si en furent moult lié,
que il cuidoient que il lou déist pour lo preu et por
lou domage Pilates ; s'en sont lié et joiant et li
content trestote l'uevre ; coment il l'ont menée et
coment il se faisoit rois seur aus et por quoi il lou
haoient et coment Judas lor avoit vendu .XXX.
deniers, et li mostrent celui qui les li paia et cels qui
lou pristrent ; et se vente chascuns dou lait que il li
firent et li content coment il l'enmenèrent et coment
il s'en plaintrent à Pilates ; mais il ne lor vost jugier
et que maugré suen l'ocistrent. Ainz covint ancois
qu'il lou nos en laissast mener, que nos préissiens la

mort et lou sanc de lui sor nos et sor noz anfanz, ne
autrement ne la nos en laissa mener ; et nos nos en
clamons à toi de lui, et si te mostrons que tu nos
quites d'icels covenances.»

Qant Vaspasians oï et entendi lor desléiautez, si
les fist toz prandre et metre en une maison, et puis
si menda Pilates et qant Pilates vint devant lui, si li
dist : « Sire! sire! or sez tu bien se ge ai nul tort en
la mort à la prophète. » Et Vaspasians respont : « Tu
n'i as pas si grant tort con ge quidoie ; mes ge voil
toz cels destruire qui sont emprisoné ; car il m'ont
tot requeneu lor errement ; si les en covient toz à
morir. » Lors les fist toz prandre et mener devant
lui, toz liez sor granz plantez de chevax ; si an
prist .IIII. si les fist tot maintenant derompre et cant
li autre le suirent, si s'en esmaièrent fort, si li demandèrent porquoi il faisoit ce faire et il lor dist : « Por
la mort de Jhésu vanchier. » Et dist que toz les covendroit de tel mort à morir, ou il rendroient lou
cors de Jhésu. Et il li dient : « Sire nos lou baillâmes
Joseph de Barimathie ; ne nous ne savons qu'il en
fist, et si tu nos ranz Joseph, il nos dira bien que il
en fist ; et lors si lou te rendrons. » Et Pilates lor respont : « Vos ne vos en atendites mie à lui. Ancois lou
féites garder là où il lou mist en la pierre, à vos
genz ; mais si déciple dient que il l'ont puis veu et que
il est résuscitez de mort à vie. » Lors dist Vaspasians
que toz les covenra à morir ; lors en fist tant ocirre
que ge n'an sai lou conte, et lors dist au remenant
que il randissient ou Jhésu ou Joseph, car il set bien
que par els est Joseph perduz. Et Pilates li dist que
voirement l'amblèrent-il et que il puis ne le vit. Et

cil li dient que il ne sevent ne l'un ne l'autre. Lors en
refist Vaspasians une grant partie ardoir et qant cil
virent que toz les covendroit à morir, si en iot .I. qui
dist : « Sire, se ge ansaig Joseph, serai-ge asseurez
et je et mi enfant. » Et Vaspasians respont que oil.
Lors lou mena en la tor où Joseph fu enmurez et
dist : « Sire ge lo vi ci dedanz metre et si fui à ceste
pierre ci desus enmurer, car nos dotiens que Pilates
ne lou féist querre. « Et Vaspasians li demande combien il a que ce fu. Et cil respont : « Dès lou tierz jor
que la prophète fu ocis. » Et il respont : « Por quoi li
méites vos et que vos avoit-il forfait? » Et cil respont :
« Porce qu'il nos toli lou cors de la prophète et lou
mist en tel leu que nos ne lou poïmes trover. Ensinc
fu la prophète amblée et nos savons bien dès qu'il
nos estoit amblez, que il nos seroit demandez. Si nos
conseillâmes que se il nos estoit demandez et nos
poïens prandre Joseph et faire morir, que nos diriens
toz jorz qu'il l'auroit eu et qui nos randroit Joseph,
nos randriens Jhésu, porce que nos saviens bien que
il seroit morz; et ce féimes nos, porce que nos oïmes
dire que li déciple disoient que il estoit résucitez. Ice
est la raisons por quoi nos lou féimes. » Et Vaspasians
respont : « Océites lo vos ancois que vos lou méissiez
an cel tor? » Et il respont : : « Que nenil; mès nos
lou batimes trop durement por la folie que il disoit. »
Lors dist Vaspasians : « Créez-vos que il soit morz? »
Et cil li respont : « Sire! coment porroit-il estre vis,
que il a si lons tens que il i fu mis? » Et Vaspasians
respont que : « Cil lou puet bien avoir sauvé, qui m'a
gari de ma maladie, ce que nus hom ne pot faire, se
il non; et ce est cil meismes por cui il fu enmurez;

car moi qui onques ne louvi, ne rien nule ne fis por lui, a-il gari, et séné de la plus vil maladie que onques nus hom éust; et ce est cil por cui il fu enmurez et batuz et à cui il fu donez; ge ne quideroie pas que Jhésus l'eust laissié si vilainnement morir. » Lors fist Vaspasians la pierre oster de desus la chartre; si s'abaissa il meismes aval, si apela Joseph, mais cil ne respont pas et les autres genz li dient : « Sire, mereveilles pansez, qui quidiez que cist hom poïst avoir tant duré en vie. » Et il respont : « Certes ge ne croi pas que il soit morz, se ge n'el voi. » Lors demanda .I. corde grosse. Et l'an li aporte et il lou rapele pluseurs foiz et qant il vit qu'il ne respont pas, si s'en avale il meesmes aval et qant il fu aval, si regarde de totes parz et vit une clarté en un requoi de la chartre et qant il vit la clarté, si commanda la corde à treire amont et lors ala cele part. Et qant Joseph lo vit venir, si se dreca encontre lui et dist Joseph [1] : « Bien soies-tu venuz; » et qant il s'oï nomer, si s'enmerveilla moult et dist : « Qui ies-tu qui si bien me nomes et tant come ge t'apelai, ne me vossis respondre? » et il dist : « Je sui Joseph de Barimathie. » Et qant Vaspasians l'oï, si en fu moult liez et dist : « Benéoiz soit li sires qui t'a sauvé, ne cest sauvement ne pooit nous faire se Jhésu non. » Lors s'entracolèrent et baisièrent et s'entrefont moult grant joie et lors dist à Joseph Vaspasiens : « Joseph! qui t'aprist mon non? » Et Joseph li respont : « Cil qui set totes les choses. » Et Vaspasians li demande se il set, qu'il li die, qui est cil hom qui lou gari de sa mala-

---

[1] Il manque ici le mot : Vespasien!

die. Et Joseph li demande de quel maladie ce fu, ét cil li conte la maladie et coment il en gari. Et qant Joseph l'ot entendu, si en rist et dist : « Vaspasian! ge sai bien qui te gari et viaus-tu savoir qui il est et coment il a non; si tu lou voloies croire, ge lou t'aprandroie à conoistre einsinc com il m'a coumendé. » « Certes, fait-il, ge lou crerrai volantiers. » « Or croi donc, fait Joseph, que ce est li sainz esperiz qui cria totes les choses et qui fist lou ciel et la terre et la nuit et le jor et les .IIII. élémenz et fist les angles et cria totes les choses et qancque je te dirai. »

« Qant il ot fait les angles, fait Joseph, si en iot une partie de mauveis et cil qui mauveis furent, si furent plain d'orgueil et d'anvie et de convoitise. Si tost com il lou furent, s'el sot nostres sires; si les fist chaoir del ciel, et plurent .III. jorz et trois nuiz si durement que onques puis si durement ne plut. D'icels si plurent trois généracions en anfer et trois en terre et trois en l'air. Les trois qui sont en anfer tormentent les âmes et les trois qui sont en l'air et en la terre avec lou pueple, les angignent et mostrent la voie de péchier; et qant ils ont péchié, si metent en escrit toz les péchiez, et einsinc déçoivent les homes. Et li autre qui sont laissus en l'air, cil ont autre meniére d'angin dont il se painnent moult durement, car il prannent samblances de maintes figures et tot ce font-il por angignier home et por metre el servage de l'anemi, car il les font songier folement en maintes manières. Et ensinc ces trois généracions qui sont par trois foiz .III. sont einsinc .IX. généracions qui chaïrint dou ciel, qui aportèrent lou mal en terre et la tricherie. Et li autre qui remes-

trent en ciel conferment les homes et les gardent de
péchier por la honte et por lou despit de cels qui porchaçoient la haine de Deu, qui l'avoit fait de si espé-
ritel chose, comme de sa volenté; et cil, par sa
déserte, porchaça que il lou perdi par lou fol déme-
nement de lui. Et por lou despit d'aus, fist Dex home
de la plus vil chose qui soit. Et qant il l'ot feit si bel,
com il fu, si li bailla mémoire et presta vie et clarté
et dist que de cestui ampliroit-il lou siège des
autres .IX.

« Qant déiables sot, fait Joseph à Vaspasians, que si
vil chose com hom estoit, come de limon de li ave,
iroit là dont il estoit venuz, si en fu molt iriez et moult
baa en son cuer coument il l'angignast; car qant nostres sires ot fait home, si lou mist en paradis; et de l'ome
fit nostres sires la famme; et qant li déiables le suit, si
se mist moult en agait coment il l'angigneroit. Si fist
tant li déiables, qu'il angigna la fame par une pome
premièrement, porce que moult est foible chose de
fame, et la fame l'ome. Et qant il furent amedui an-
gignié, si les gita nostres sires hors de son saintisme
leu qui nul péchié ne consant, et lors se conurent li
hom et la fame charnelment tant qu'il conçurent et
orent anfanz et de cel deux fu li pueples, et de cels
qui issirent d'els. Et ce pueple vost avoir li déiables
porce qu'il consanti à sa volenté. Mais li douz pères
qui est sires de totes choses fist puis une merveilleuse
œvre por sauver ceux qu'il avoit faiz, car il envéia
son fil en terre en la virge Marie : porce que toz li
siègles devant estoit dampnez par la fame, si dist,
come cil qui nul tort ne voloit faire, que il lou rache-
teroit par fame. Et il si fist, car il envéia son fil en

terre et ce fu Jhésu qui nasqui am Belleam, de la
virge Marie sanz péchié, et sanz ordure; ce fu cil qui
ala par terre; ce fu cil qui faisoit les beles miracles
et les boennes oevres, ne onques n'en fist une mauveise; ce fu cil que Juif ocistrent an croix de fust,
après ce que il ot esté bauptiziez .V. ans et demi; et
porce que Eve et Adanz péchièrent par la pome que
li futz avoit portée et chargiée, si covenoit que li filz
Deu morist en fut, por racheter home et l'uèvre de
sen père meismes.

Ensinc vint li filz Deu morir en terre por sauver
l'uèvre de son père, et c'est icil filz, qui de la virge
Marie fu nez, que li Juif ont ocis: ne onques n'el vostrent conoistre à Seignor. Et c'est cil qui t'a gari et
por cui ge fuz ci mis em prison et icil qui a fait lou
rachat del péchié de l'ome et qui lou raont des painnes d'anfer. Einsinc a li filz sauvée l'uèvre dou père
et dou fil et dou saint esperit. Et tu doiz croire que
ces trois parties sont une meismes chose en Deu, et si
lou puez véoir à ce qu'il t'a gari, et ce est cil qui t'a
ci amené por véoir qu'il m'a sauvé, ce que nus hom
ne poïst faire se il non Ensinc croi lou conmendement de ses déciples qu'il a laissiez en terre por
essaucier son non et por garder les péchéeurs. » Et
Vaspasians respont : « Joseph, moult m'as bien mostré que il est sires de totes les choses et que ce est Dex
li pères et li filz et li sainz esperiz; et einsinc, con tu
lou m'as dit, et mostré, einsinc lou croi-gié et
crerrai. » Lors li dist Joseph : « Vaspasian! garde
que si tost con tu seras fors de ceianz, si quier les
déciples qui tiennent sa loi et gardent lou conmendement que il lor dona en terre; icil te conseilleront

et si te donront lou saint baptoisme par que tu seras
saus. Et saches tu, de voir, et si lou croi que il est
résucitez et que il s'en est alez au conmendement de
son père et an cele char meesmes où il fu en terre. »

Ensinc a Joseph converti et avoié à ferme créance
Vaspasian. Lors apela Vaspasians cels que ièrent en
haut, et il respondent : « Que volez vos sire? » « Ge
voil, fait il, que vos dépeciez ceste tor par dehors, car
ge ai Joseph trové sain et sauf et vivant. » Et qant cil
l'oïrent, si s'enmerveillièrent moult et dient que ce
ne puet pas estre. Et il lor conmende que il facent
isnellement la tor dépecier ; et il si font. Et qant cil
l'orent dépeciée, si s'en issi Vaspasians et en amena
avoc lui Joseph. Et qant cil de hors lo virent, si
s'enmerveillièrent moult et distrent que moult est forz
la vertuz qui sauvé l'a.

Ensinc délivra Vaspasians Joseph de la prison et si
l'anmena devant les Juis, et qant il vindrent là où li
Juis estoient, si s'enmerveillièrent moult trestuit cil
qui lo virent; et lors dist Vaspasians : « Randez-moi
Jhésu, que véez-ci Joseph. » Et cil respondent : « Nos
li baillâmes, die toi qu'il est devenuz. » Et Joseph
respont : « Vous savez bien que ge an fis et là où ge
le mis; vos lou féites garder à vos gardes; mès sachiez vos bien que il est résuscitez come Dex. » Lors
furent moult esbahi icil Jui, et Vaspasians fist d'aus
qanc que lui plot; et de celui qui Joseph li avoit anseignié et de sa ligniée, mist en la menaie [1] de Jhésu-
Crist; car il les fist metre en vaissiaus et enpoindre

---

[1] On trouve aussi « manaie, » puissance. Cf. Ducange, verbo
*Menagium.*

en la mer. Et puis vint à Joseph et li dist : « Sire! vol-
dras-tu point sauver de cest gent ? » Et Joseph respont : « Que nenil; se il ne croient el père et el fil et
saint esperit et en la trinité, si com li filz Deu nasqui
de la virge Marie; autrement n'en voil-ge point sauver. » Et Vaspasians dist en haut : « A-il nul de mes
homes qui voille acheter nul de ces Juis. » Et ce dist
il as Romains et il estoient tuit païen; si estoient
venu avoc lui por els destruire. Si en orent et achetèrent moult et Vaspasians lor en donoit .XXX. por
un denier.

Et Joseph si avoit un soe sereur qui avoit non
Enysgeus et ses sires avoit non Brons qui moult
amoit Joseph son serorge de Barimathie. Qant Brons
et sa fame oïrent que Joseph estoit trovez vis, si en
furent moult lié; si vindrent à lui, là où il lou sorent,
si li distrent : « Sire! nos venons à ta merci. » Qant
Joseph l'oï, si en fu moult liez et dist : « Non feites
mie à la moie, mais à la celui qui nasqui de la virge
Marie et qui m'a sauvée la vie si longuement et icelui
crerrai-gie tozjorzmais. » Et Joseph lor demanda s'il
en iavoit plus qui i vossient croire et il les sauve-
roit di cest torment. Et cil parlèrent as autres, si en
trovèrent moult qui distrent que il crerroient en lui
et en ce que Joseph lor diroit. Ensinc vindrent devant
lui moult grant partie des Juis et si li distrent que il
crerroient en celui Dieu que il crerroit. Qant il les oï
issi parler, si lor dist : « Biau seignor, gardez que ne
me fêites pas menconge entendant, por la paor del
torment Vaspasian que vos lou comparriez moult
durement. » Et il li distrent : «Sires, nos ne t'oseriens
pas mentir. » Et Joseph respont : « Si vos volez croire

ce que je croi, vos ne remenroiz pas en voz héritages
ne en voz manoirs. Ainz en vendroiz en essil et guer-
piroiz tot por Deu. » Et il dient que ce feront-il moult
volentiers. Et il vint à Vaspasians, si li dist : « Pardonez à ceste gent vostre mautalant. » Et il lor pardone por amour de Joseph.

Ensinc vanja Vaspasians la mort de Jhésu-Crist et
lors se bauptiza Joseph et sa maisniée de la main
saint Climant et Vaspasians refist autretel. Et lors
après assambla Joseph sa gent et s'en ala hors dou
païs là où nostres sires li ot conmandé, par estranges
régions ; mais ancois prist congié à Vaspasian. Si
s'en ala en moult loigtaignes terres et en estranges,
que il converti à la créance de Jhésu-Crist. Moult
mena Joseph loig et en estranges terres cels qui, avoc
li, s'en alèrent ; et qant il furent là, si lor mostra, par
maintes foiz, et dist maintes beles paroles de nostre
seignor ; si lor conmanda à laborer. Une moult grant
pièce, ala lor affeires moult bien et puis après, si
ala si mal, con ge vos dirai, que quancqu'il faisoient
et laboroient aloit à mal. Et einsinc furent une grant
pièce, tant qu'il ne porent plus soffrir et cil maus, si
lor avenoit par une mauvaise menière de péchié que
il avoient entr'aus enconmenciée, et par quoi tuit li
bien terrien lor failloient ; et cil péchiez estoit luxure
sanz raison. Et qant il furent si ataint, qu'il ne
pooient plus soffrir, si vindrent à Bron qui estoit
bien de Joseph, si li distrent : « Sires, tuit li bien et
totes les plantez terriennes que nos soliens avoir, nos
sont faillies, ne onques nule gent n'orent si grant
mésaise con nos avons ; si te volons prier por Deu que
tu en paroles à Joseph, et que tu li dies la grant mé-

saise que nos avons de fain, que par un poi, que nos
ne mengons et nos et noz anfanz. » Qant Brons les oï
ensinc parler, si en ot moult grant pitié et lor dist :
« A-il gaires que vos avez ceste grant doleur. » « Oïl
moult, font-il, mais nos l'avons tant célée com nos
poïmes; si te volons préier que tu demandes à Joseph
se ce est par nostre pechié ou par lou sien. » Et
Brons respont que moult volentiers li demandera.
Lors vint Brons à Joseph, si li conta la grant dolor
que li pueples sostenoit : « Si te demandent et an-
quièrent que por Deu lor sachiez amender se ce est
par leur péchiez ou par lou vostre. » Et il respont :
« Ge pri à celui qui de la virge Marie nasqui et prierai si come à mon père que ge sache ceste chose. »
Lors ot Joseph paor que il n'eust mespris et faite
chose dont nostres sires se fust correciez, et dist :
« Brons, ge le saurai, se ge puis; et lors si le te
dirai. » Et lors s'en vint Joseph devant son vaissel
plorant et s'agenoilla et dist : « Sires, qui de la virge
nasquis, par ta pitié et par ta douçor et por sauver
totes les créatures qui vostrent à vos hobeir, sires,
issi veraiement con ge vos vi mort et vif corporel-
ment et con ge vos reçui entre mes braz après lou travail de la mort, qant Nicosdemus vos ot descloé as
tenailles de la sainte veraie croiz et après me déites
en la tor où ge estoie enmurez, sires! que vos me
commandâtes que totes les foiées que ge voldroie
avoir secors de vos, que je venisse devant cest précieux vaissel où vostres dignes sans est, sires! einsi
veraiement vos requier ge et pri que vos me conseilliez de ce que cist pueples me demande et que ge en
puisse ovrer à votre plaisir et à votre volenté. »

La voiz del saint esperit s'aparut lors à Joseph et si li dist : « Joseph ! ne t'esmaier tu mie que tu n'as corpes en cest péchié. » « Ha ! sire, dist-il, or soffrez que ge ost cels de ma compaignie qui en cest péchié sont. » Et la voiz respont : « Joseph ! tu feras jà une grant sénéfiance, que tu metras mon sanc et moi en esprueve vers les péchéurs. Joseph, sovaigne-toi que je fui venduz et traïz en terre et que ge lou savoie bien, ne onques n'an parlai tant con ge alai par terre, jusqu'au darreain que ge fui chiés Symon, et lors dis que, avoc moi, menjoit et bevoit qui ma char traïroit; cil qui sot bien qui ce avoit fait ot honte. Si se traist un poi arrières de moi; ne onques puis ne se mist en compaignie de mes déciples et por lou nombre parfaire covient-il un autre en son leu; mais en son leu ne sera nus posez devant que tu i soies mis; mais ce n'iert mie à la table di ces déciples, mais à une autre qui sénéfiera celi. Et tu sez bien qant ge fui assis à la table chiés Symon, à la cienne, que je soi bien que mes tormanz mi avenroit. Et en non d'icele table, voil que tu en faces une carrée : et qant tu l'auras faite, si apele Bron ton serorge qui preudom est et de cui maint preudome istront et sont issu; et si li di que il aut en cele aigue, si peschera un poisson por toi et tot lou premier que il panra t'aport. Et qant il ira peschier, si apareilleras ta table, et qant tu l'auras tote appareilliée et les napes mises desus, si pran ton vaissel et lou met en mileu d'icele part où tu voldras séoir et puis si lou cuevre d'un ploi de toaille; et qant tu auras tot ice fait, si pran lou poisson que Brons t'aportera, si lou met de l'autre part encontre lou vaissel. Et qant tu auras ce fait, si mande ton

8

pueple et lor di que il verront jà ce dont il se demen-
tent et ès quex d'els il poiche. Et lors t'asie en sénéfiance de moi, issi con ge sis à la cienne et Brons sera
siée à destre de toi et lors vairas que il se traira en
sus de toi, tant come li leux à un home tient d'espace ;
et saches que li leux sénéfiera lou leu dont Judas
s'osta, qant il sot que il m'ot traï, ne icil leux ne
pourra estre ampliz, tant que le filz [1] Bron et
d'Anysgeus l'acomplisse. Et qant tu auras feit Bron
asséoir, si apele ton pueple et si lor di que si il ont
bien creu lou père et lou fil et lou saint esperit et
l'avènement de la trinité et les conmendemenz de
l'obédiance que je t'avoie anseigniez et tu à els, et
conmendé en non des trois vertuz qui une meisme
chose sont en Deu, vaignent avant, si s'asiéent à sa
grâce. »

Ensinc fist Joseph si com nostres sires li commenda ; si s'i asiéent une grant partie et plus iot de
cels qui n'i sistrent mie, que de cels qui sistrent :
la table fu tote plainne fors li leux entre Joseph et
Bron qui plains ne pot estre. Et qant cil qui sistrent
au mangier à la table, santirent la douceur que il
avoient et l'acomplissement de lor cuers, si orent
moult tost les autres obliez. Un en iot de cels qui
séoient à la table, qui avoit à non Petrus. Icil Petrus
si esgarda cels qui estoient environ els en estant, si
lor dist : « Seignor, santez vos rien de ceste grace

---

[1] On pourrait croire qu'il faut ici : le fil du fil Brons....
c'est-à-dire Perceval. Cependant dans toutes les versions il
n'est question en cet endroit que du fils de Brons. Remarquons, il est vrai, qu'il ne s'agit pas de la Table ronde où c'est
Perceval (le tiers hons) qui remplit le lieu vide.

que nos santons? » Et cil li respondent : « Nenil, sire,
nos n'en sentons nule rien. » Lors lor dist Petrus :
« Dont féites vos lou péchié par que vos avez eù la
disiète que vos féites anquerre à Joseph. »

Qant cil oïrent einsinc Petrus parler, si orent
honte ; si issirent hors de la meison ; si en iot un qui
remest en la meison qui plora et fist molt mauveise
chière et qant li servises fu finez, si se levèrent et
ralèrent entre les autres genz. Et Joseph lor ot conmendé que chacun jor venissient à hore de tierce à
cele grâce, et einsinc conut Joseph, par lou conmendement de Jhésu-Crist et par sa vertu, les péchéeurs
et ce fu là où li vaissiaus fu mis la première foiz en
esprueve. Ensinc furent moult lonstans et menoient
tel vie et cil defors si demandoient sovant di cele
grâce à cels qui l'avoient, que estoit ice que il sen-
toient à cele table, et qui lor avoit ice ansiegnié ; ne
coment il i vont et que lor estoit-il avis qant il i sont.
Et cil lor responnent : « Nostre cuer ne porroient
panser ne la boche dire la grant joie ne lou délit en
quoi nos somes, tant com nos i séons et qant nos en
somes levé, si nos dure la grâce jusqu'à l'andemain. »
Et cil lor demandent : « Dont puet si granz grâce
venir, qui einsinc raamplist le cors d'ome. » Et Petrus
respont : « Ele vient de celui qui sauva Joseph en la
prison .XLII. anz. » « Et cil vaissiaus que nos avons
veu, font cil, qui onques ne nos fu mostrez, ne ne savons
que ce est, que sénéfie-il ? » Et Petrus respont : « Par
cel vaissel somes nos départi li un des autres, et par
la vertu qui dedanz est et par la force de lui; car il
ne consant nul péchéor en sa compaignie se les dignes
non, et à vos meesmes lou poez véoir. Mais or me

dites, fait Petrus, quel talant vos eutes qant Joseph
vos dist que vos venissiez séoir à la table ? » Et cil li
dient qu'il ne santirent onques point d'icele grâce ;
n'a rien ne lor en fu ; ne à la table ne porent aprochier, « ensorquetot nos la véimes si plainne de gent
que nus ne si poist séoir entr'els, fors que seulement
lez Joseph o nus ne puet ataindre. » « Or poez vos
bien conoistre et savoir, fait Petrus, cels qui firent
lou péchié par quoi vos avez la grant disiète et par
quoi vos avez perdue ceste grant grâce que nos
avons. » Et cil li dient et nos nos en irons come
chaitif, mais car nos anseigniez que nos dirons as
autres pueples où nos vos avons laissiez. » Et cil lor
dit : « Nos somes remex en la grâce dou père et dou fil
et dou saint esperit et en l'ansaignement de la créance
Joseph. Et que porrons nos dire del vaissel que nos
veimes et coment lo clamerons nos qui tant nos agrée
et vous plus qui n'avez nule autre painne de vos
vies. » « Cil qui bien lo voldront clamer, ne metre
non, fait Petrus, au mien escient, lou clameront lou
Graal, que il agrée tant et abélist à cels qui en sa
compaignie puent durer que chascuns a autant de
toz bien come li poissons qui eschape, en li ave, des
mains à l'ome, qant il lo tient. » Et qant cil l'oënt,
si dient que bien doit donc avoir non le graaus et
einsinc lou nommèrent cil qui s'en alèrent et cil qui
remestrent et cest non sot Joseph, si li abéli moult.
Ensinc s'en alèrent cil arrière et li boen remestrent
et qant il aloient au main, au servise qui establiz lor
estoit et en leur demandoit où il aloient et il respon-
doient que il aloient au service del Graal ; et dès lors
en çà fu clamée ceste estoire : li contes del Graal.

Si en droit, dit li contes, que la compaignie de ceste gent qui faus estoient, laissièrent l'un de lor compaignons qui moult estoit faus et desloiaus et decevanz luxurieux qui avoit à non Moys. Icil Moys se faisoit, au parant au siègle, moult sages et escientreux et moult avoit boenne loqance de parler, si finoit moult bien sa parole qant an li avoit aucune raison enchargiée à dire et sa concience estoit tex qu'il sambloit estre moult sages et humles et piteux à la veue des genz. Si dist à cels qui s'en aloient, ge ne me movrai d'avoc ceste boenne gent que Dex paist de sa grâce. Et lors plora et fist moult triste chière et piteuse. Si se remest et qant li péchéeur s'en furent alé, si orent moult de tribulacions entr'aus, ne ne durent jà venir là dont il vindrent et Moys qui se remest avoc les boens, trestotes les foiz que il véoit .I. de cels de la grâce, si li crioit merci moult simplement par samblance de cuer; et lor disoit : « Por Deu priez Joseph qu'il ait merci de moi et que ge puisse avoir d'icele grace. » Et einsinc lor pria par maintes foiées.

Longuement soffri Moys ceste dolor tant que un jor avint que tuit cil de la grâce parlèrent ansamble et distrent que moult avoient grant pitié de Moys. « Mais qu'an ferons nos? » font-il. « Nos an prierons, font-il, Joseph se vos vos i acordez. » Lors s'otroient li uns à l'autre que il l'an proieront. Lors s'en vindrent tuit ansamble à Joseph et qant il i furent venu, si se laissièrent tuit chaoir à ses piez et li crièrent merci, et Joseph s'émerveilla moult que il avoient. Si lor dist : « Biax seignor que me volez-vos? » Et il respondent : « Sires, li plus des genz qui ci vindrent avoc

nos s'en sont alé par la grant mésaise de fain qu'il
avoient, dès lors en cà que nos commençâmes à avoir
la grâce de ton vaissel, sires, et ci en est uns remex
qui a non Moys, qui se repant moult durement de ses
péchiez et dit qu'il ne partira jamès à nul jor de nos
et pleure moult tenrement. Si nos a proié que nos te
proions por lui que il ait de ceste grâce que Dex
nostre sires soffre que nos avons en ta compaignie. »
Et qant Joseph les oï issi parler, si lor dist : « Biaus
seignor, la grâce n'est mie moie à doner, mais
nostre sires la done à cels cui lui siet et qui sanz
péchié sont, icil la doivent avoir, ne cil n'est pas
espoir tex com il se feit, ne com il a lou samblant, ne
il n'agigne mie nos, mès lui ; et se il nos bée à
engignier, il s'angignera tot avant én s'uèvre meismes. » Et cil li respondent : « Dont ne crerriens nos
jamès ne lui par samblant qu'il féist, se il le faisoit
de barat ; mais, por Deu, donez li de ceste grâce se vos
poez. » Et Joseph respont : « S'il i velt estre, il covient
que il soit tex com il se fait par samblant, mais[1]
bareterres qui viaut autrui conchier par barat, dont
ne seroit-il granz joies qui li baraz conchiast lou
baretéor ? » « Oïl ! » font cil. « Et vos en verroiz par
tens, fait-il, tot son corage et neporqant j'en proierai
nostre seignor por vos qui m'en pricz ; » et cil li respondent : « Granz merciz, sires. »

Lors vint Joseph toz seux devant lou Graal et se
coucha devant à terre, à codes et à genouz et pria

---

[1] On trouve sur un jeton du xiiie ou du xive siècle un dic-
ton populaire qui rappelle beaucoup la phrase ci-dessus :
*Barat, tu seras baraté.* (*Histoire du Jeton au moyen âge*, par
J. Rouyer et E. Hucher, p. 30).

Jhésu-Crist nostre sauvéeur que il, par sa pitié et
par sa grâce, li face veraie démostrance de Moys ; si
il est cex com il fait lou samblant. Lors s'aparut la
voiz dou saint esperit devant lui et dist : « Joseph !
Joseph ! or est venuz li tens que tu verras ce que ge
t'ai dit dou siège vuit de la table qui est entre toi et
Bron : tu pries por Moys que tu quides et cil qui
t'en ont prié, qu'il soit tex com il fait lou samblant,
et s'il aimme tant la grâce com il fait lou samblant
d'estre boens, si aille avant et s'asiée à la table ; et
lors verras que il devendra. » Ensinc comme la
voiz ot conmendé à Joseph, si lou fist et lors s'en
vint arrières et parla à cels qui de Moys l'avoient prié,
et lors dist : « Dites, fait-il, à Moys, se il est tex que
il doie avoir la grâce, nus ne li puet tolir et se il est
autrement que il ne soit tex com il fait lou semblant,
ni vaigne-il jà, que il ne puet ne lui si bien angignier
com soi meisme ne traïr. » Cil i alèrent, si li distrent
tot ensinc com Joseph lor ot conmendé à dire et
qant Moys les oï einsinc parler, si en fu moult liez
et dist : « Je ne redot rien nule que seulement lou
congié de Joseph et que ge ne soie tex que je n'i doie
bien estre et aséoir. » Et cil li respondent : « Son congié
as-tu bien, se tu ies tex com tu nos feiz lou semblant. »
Et cil dit que si est. Lors lou prannent cil entr'ax, si
en font moult grant joie et l'anmenèrent au servise :
et Joseph, qant il lo vit, si li dist : « Moys, Moys, ne
t'aprochier de chose dont tu ne soies dignes à l'avoir,
car nus ne te puet si bien anginier con tu meismes,
et garde que tu soies tex con ces genz quident et con
tu lor as dit. » « Si voirement, dist Moys, con ge
boens sui ; si me doint-il durer en vostre compaignie. »

« Or vien avant, dist Joseph, car se tu ies tex com
tu diz, nos lou verrons bien. »

Lors s'asist Joseph et Brons ses serorges et tuit
li autre à la table, chascuns en son leu, issi com
il durent feire. Et qant il se furent tuit assis, Moys
remest en estant d'arrières els et ot paor. Si ala entor
la table, ne il ne trueve leu où il s'asiéc, que lez
Joseph ; et il entre anz, si s'i asiet et si tost com il
si fu assis, si fu fonduz en terre, car maintenant
ovri la terre et lou sorbi, et maintenant reclost aprè
lui, ne onques ne sambla que il onques i eust esté. Et
qant cil de la table virent ce, si en furent moult effrée
de celui qui cinsinc fu perduz entr'aus.

Ensinc furent à cel servise celui jor et qant i furent
levé, Petrus parla à Joseph et li dist : « Sire! sire! or
ne fumes nos onques mais si effrée com or somes ; nos
te prions, pas totes iceles vertuz que tu crois, se il te
plaist, et tu lou sez, que tu nos dies que Moys est
devenuz. » Joseph respont : « Ge n'el sai mie ; mès se
celui plaist qui tant nos en a mostré, nos en saurons
bien lou seurplus. » Lors vint Joseph toz seus plorant
devant son vaissel et s'agenoille à ter, à codes et à
genouz et dist : « Biax sires Dex, moult sont boennes
voz vertus et sages vos œvres ; sire, ansinc veraiement con vos préites sanc et char en la virge pucele
Marie et porta à fil et à père, et an nasquites, au jor
de Noël, et venites en terre por soffrir toz tormenz
terriens, et abandonâtes à la mort por nos sauver,
einsinc veraiement comme c'est voirs et que vos me
sauvâtes en la prison l'évesque Cayphas où Vaspasians me vint querre par lou votre conmendement,
sires, et que vos me déites que totes les foiz que ge

seroie encombrez que vos vendriez à moi, sires, et ge
vos pri et requier que vos, de ceste quidance m'ostez
et me metez en veraie novelle que Moys est devenuz,
si que ge puisse dire à ceste gent, cui tu as donée ta
grâce, et ma compaignie, veraie novelle. » Lors descendi la voiz dou saint esperit à Joseph et dist :
« Joseph! Joseph! ore est venue la sénéfiance que ge
te dis, qant tu fondas ceste table, car ge te dis que li
leu qui de lez toi seroit voiz [1], seroit en remambrance
dou leu que Judas guerpi, qui, lez moi, séoit à la
cienne, car il lou perdi par la traïson qu'il fist de moi
et ge meesmes li dis que avoc moi bevoit et menjoit
qui me traïroit ; et lors dis-ge as déciples qant il
s'an leva, que ses leux ne seroit mais rampliz devant
lou jor del jugement, que tu lou rampliroies qant tu
aporteroies la conoissance de ta mort ; et autresins te
dis-ge que cist leux ne pooit estre raampliz de ta
table, devant que li tierz hom de ton lignage lou rempliroit et ce iert dou fil Bron et Hannysgeus ta sereur,
dont issir doit [2] et cil qui de son fil istra acomplira
cest leu et .I. autre avoc cestui qui el non de cestui
sera fondez et cil de cui tu demandes qui si assist, vels-
tu savoir qu'il est devenuz ? g'el te dirai. Qant il remest des autres mescréanz qui s'en alèrent, n'el fist-il
se por toi non angignier, car il ne créoit pas que tu
ne cil de ta compaignie aussient si grant grâce com il
avoient et ont ; ne il ne remest fors que por angignier

[1] Vide.

[2] Ici il semble bien qu'il s'agisse du petit-fils de Brons,
c'est-à-dire Perceval, puisqu'on parle de cet autre lieu de la
Table ronde qui sera institué au nom de la Table carrée
actuelle.

ta compaignie et saches-tu que il est fonduz en abisme, ne que de lui n'iert plus parole, devant ce que cil qui remplira cest siège, lou truist [1] ; et il iert tex que des déliz terriens n'aura cure, ne de cestui qui perduz est ne doit estre parole plus longuement tenue : et cil qui retrairont ma compaignie et la toe, clameront sa sépolture : cors Moys. Ensinc lou conte et retrai à tes déciples et panse de maintenir et de faire que tu aies lou guerredon, après ta mort et à ton vivant, que tu as porquis vers moi. »

Nsinc parla la voiz du saint esperit à Joseph et ansinc li anseigna la mauveise vie de Moys et lou mauveis corage et il s'en parti à tant. Si l'a contée Bron et Petrus et à toz les autres déciples et qant cil l'ont oï et entendu, si dient que moult est forz la jostise nostre seignor Jhésu-Crist et moult est fox qui, por ceste chaitive vie, désert que il n'ait sa mor por nul délit de cors que il puist avoir. Ensinc furent ansamble un grant tens en cele région, puis que Joseph ot preeschié par la terre de la grant Bretaigne, dont il se furent crestienné tuit li haut home et la menue gent et maintes granz miracles i fist nostres sires por lui et puis s'entrevint converser en ces diverses parties d'ocidant si com vos avez oï el conte, mais totes les avantures qui lor avint, ne vos puisge retraire, autrepart me covient à guanchir. Si dirons que tant furent en ces déserz Joseph et sa

[1] Cette phrase fait allusion à Galaad qui trouve en effet Moyse ; il semble y avoir une confusion entre les deux chevaliers.

compaignie que Brons et Hanysgeus orent .XII. anfanz
qui tuit furent fil et furent moult biau bacheler et
moult grant, si en furent moult ancombré et tant
que Anysgeus parla à Bron, son seignor, si li dist :
« Sires, vos déussiez demander Joseph mon frère que
nos ferons de noz anfanz, que nos n'an devons nule
rien feire, se par son conmendement non et par sa
volenté. « Et Brons respont et dit : «Dame, tot einsinc
con vos l'avez dit, lou ferons nos, car ge lou ferai
volentiers. » Et lors s'en vint Bron maïntenant à
Joseph, si li dist : « Sires, ge vaig à toi parler et par
lou consoil de ta sereur, si te vaig dire; et volons que
tu lou saches que nos avons .XII. filz moult biaus et
moult genz, si ni volons metre nule entante se par
Deu et par votre consoil non. » Et Joseph respont :
« Dex, fait-il, les atort à la soe sainte compaignie
recevoir et je l'an prierai moult volentiers. » Lors lou
laissièrent ester à tant, et tant que Joseph estoit un
jor devant son vaissel moult privéement, si li sovint
de ses neveuz, si pria tot maïntenant nostre seignor
se lui plaisoit que si neveu fussient atorné à son
servise; et qu'il l'an féist, se lui plaisoit, aucune
démostrance. Et. qant Joseph ot sa raison finée, si
s'aparut à lui uns angles et dist : « Joseph, Jhésu
m'envoie à toi por certefier que tu feras de tes neveuz ;
il te mende qu'il velt que il soient atorné à son servise et que il soient si déciple et si aient maistre sor
els et qu'il taignent la terrienne ordre, c'est à dire
qu'il aient fames cil qui avoir les voldront et cil qui
n'en voldront nules avoir, si seront déciple à son
service faire et maintenir sainte église, si com il lor
sera mestiers ; et l'autre partie en seront marié ; si

conmende au père et à la mère qu'il t'amainnent celui qui fame ne voldra prandre et qant tu l'auras, si vien devant ton vaissel et lors orras la parole de Jhésu-Crist qui parlera à toi et à lui ansamble. »

ANT li angles ot parlé à Joseph et Joseph l'ot bien entendu, si s'en ala li angles el ciel amont et Joseph remest moult liez et moult joieux por l'anneur que si neveu auroient. Si s'en revint à Bron et li dist : « Bron, tu m'as demandé consoil de mes neveuz et de tes filz ; ge te pri que tu les atornes en leu terrien et à la loi maintenir en tel menière que il aient fames et anfanz, si com autres genz doivent avoir ; et s'il en i a nul qui fame ne voille avoir, si lou m'amainne. » Et Bron respont : « Sires, à votre conmendement et à votre plaisir. » Ensinc vint Bron à sa fame, si li conte ce que Joseph li avoit dit et qant la mère l'oï, si en fu moult liée et dist à son seignor : « Hastez-vos de ce que mes frères vos a comendé et feites isnellement et au plus tost que vos porroiz. » Lors parla Brons à ses filz et lor dit : « Mi anfant, quex genz voldroit vos estre ? » et il responent li plus d'els : « Tex con vos voldroiz. » « Ge voil, fait-il, que cil de vos qui fames voldront avoir, que il les aient et que il les taignent bien et leiaument, ensinc con ge ai tenue votre mère en jusqu'ici. » Et qant cil l'oïrent, si en furent moult lié, si li distrent : « Biax père, nos ferons ton conmendement sanz trespasser : « Lors pourchaça Brons et loig et près que il eussient fames et qui avoir les vost, selonc la loi Jhésu-Crist et au conmendement de sainte église, si les ot. Mais ancor estoit la crestientez moult tenue et moult novele en ce païs que l'an apeloit la bloe Bretaigne que Joseph avoit novelement convertie à la créance de Jhésu-Crist. Li uns des .XII. filz Bron ot non Alains li gros, icil ne vost onques fame prandre. Aincois dist que qui l'escorcheroit, ne prandroit-il pas fame. Et qant ses pères l'oï, si s'en merveilla moult et li dist : « Biaus filz que ne prenez vos fame, autresinc con votre frère font ? » Et il respont : « Sires, que ge n'an puis avoir nul talant, ne jà nule n'en aurei. »

Ensinc, con ge vos ai dit, maria Brons de ses anfanz les .XI. et lo dozoisme amena à Joseph et li dist : « Sires, vez ci votre neveu qui por moi ne por sa mère ne velt fame prandre. » Et Joseph s'en rist, et li dist : « Cestui, fait-il, me donroiz vos entre vos et ma sereur ? » et il respont : « Que voire moult volentiers, sires. » Et qant Joseph oï que il li estoit donez, si en fu moult liez et Alains meesmes dist que ce don otroioit-il bien. Lors le prist Joseph entre ses braz, si l'acola et conjoï, et après, dist au père et à la mère : « Alez vos en andui que il me remenra. » Lors s'en alèrent, Brons et sa fame, et li anfes remest avoc Joseph et Joseph lou prant, si li dist : « Biaus chiers niés, grant joie devez avoir, car nostres sires vos a esleu à son servise faire, et à son non essaucier : biax douz niés, vos seroiz chevetainnes de toz voz frères et ne vos movez de delez moi et si orroiz la vérité de notre Sauveor. Et se lui plaist, si voirement com il est Dex et sires, que il parost à nos. » Lors vint Joseph devant son vaissel et pria notre seignor que se lui plaisoit, féist veraie démostrance de son neveu et de sa vie quex il iert.

Qant Joseph ot s'oreison finée, si entendi la voiz del saint esperit, qui li dist : « Joseph, tes niés est chastes et simples et de boen san ; il te crerra de totes li choses que tu li ansaigneras ; et di li, et conte tote l'amor que j'ai eue en toi et coment ge vig en terre et porquoi et coment tu me véis vendre et acheter, et coment ge fui laidiz en terre et coment ge resuscitai de mort à vie et coment ge te fui donez et coment tu me méis en ta pierre et coment tu lavas mon cors qant tu l'eus osté de la croiz et coment tu eus mon vaissel et coment tu eus lou sanc de mon cors et coment tu en fus pris et mis en prison, et coment tu i fus .XLII. ans, et coment ge t'i secor-rui et coment ge vig à toi et coment ge te confortai et quel don ge te donai, et à toz cels qui de ton lignage estoient et à toz cels qui sauroient raconter notre amor et qui aprandre la porroient à dire la vie et l'amor que j'oi à toi et ai ; et saches-tu bien et en soies mambranz et si lou di à ton nevou, que ge t'ai doné acomplissement de cuer d'ome en ta vie et à ta compaignie, et à toz cels qui porront bien parfite-ment raconter noz paroles et dire de ceste grâce au siègle, qui si est plaisanz ; moult meilleur en seront et cil et celes qui de boen cuer l'orront et miauz en garderont lor droit héritage, que il n'an porront estre fors jugié à tort, ce est à dire que miauz en garderont lor ames et lor cors de péchier et de faire vergoigne, que ce n'est pas droiturière chose, et de feire faus seiremenz en mon non ; i de tot ce se doivent garder li verai créant. Et qant tu li auras mostré et enseignié tot ice, si li mostre ton vaissel et li di que li sans qui anz est, si est de moi, et ce sera

li affermemanz de ma créance, si en crerra moult
mielz. Et li mostre coment anemis se painne d'angignier cels qui à moi se tiennent et que il meismes
se gart bien que il ne soit jà ensin grant ire, ne
ensinc grant orbeté que il ne voie cler et qu'il taigne
entor soi la chose qui plustost lou gitera de mauveis
pansé et d'ire et que il n'ait rien chier contre ces
choses ; car ce sont les choses qui plus grant mestier
li auront et qui plus lou garderont d'angin et d'annemi ; et qu'il se gart de la joie de sa char, que ele
n'est preuz, car joie n'est preuz qui retorne à duel.
Et qant tu li auras totes ces choses mostrées et dites,
si li conmende et prie que il les retaigne et si que il
les sache raconter à cels que il enmenra et qu'il le
quident à si preudome, que savoir lou doient veraiement qu'il die voir ; et par tot là où il ira, parost de
moi et de mes oevres et qant il plus en parlera, se il
m'aimme, et plus i trovera. Et si li di que de lui doit
issir uns oirs masles, à cui la grâce de mon vaissel
doit repairier ; et ansinc con ge t'ai dit, li anseigneras
et mosterras nostre compaignie et qant tu auras ce
fait, si li baille et conmende la garde de ses frères et
de ses sereurs en loi et que s'en aut vers occidant ès
plus loigtaignes parties que il trovera et en toz les
leux ou il vendra, essaut mon non ; et si die son père
Bron que il li doint sa grâce et demain qant vos
seroiz tuit ansambler, si verroiz une clarté venir
entre vos et aportera un brief et ice brief bailleroiz
Petrus et li conmenderoiz que il s'en aut en iceles
parties qui miauz li plairont, ne ne s'en esmait-il jà
que ge ne l'oblierai mie. Et qant tu li auras ce dit, si
li demande où ses cuers li trait et conmende li qu'il

le te dic sanz rien céler, où il béc à aler ; et il te dira
que il s'en ira ès vaux de Avaron et iceles terres
traient totes vers occidant et li conmenderas que il
atende là où il s'arestera, lou fil dou fil Alain [1], ne il
ne porra aler de vie à mort, devant ce que il ait vu celui
qui son brief lira et anseignera et dira la force et la
vertu de mon vaissel et cil qui i venra li dira noveles
de Moys [2] et qant il aura celes choses oïes et véues
si trespassera et venra an gloire. Et qant tu li auras
ce dit et enorté, si en envoie tes neveuz et lor di
ancores totes ces paroles et cest ansaignement. »
Trestot ice que la voiz dist à Joseph oï Alains, si an
fu moult convertiz et plains de la grâce de notre
seignor c'est dou saint esperit. Et qant Joseph ot oï
et entendu ce que la voiz li ot dit, si parole à son

---

[1] Le fils d'Alain, c'est-à-dire Perceval, « l'oir masles, » dont
on vient de parler. Chrestien de Troyes a altéré ce passage ;
Perceval est fils non d'Alain, mais de la sœur de Brons, le roi
pêcheur.

> « Certes moult i avés conquis
> Grant pris, fait li pescéors rois
> Por Diu, dans Gloval li Galois
> Me dites s'il est vostre frère »
> « Sire oil, » « foi ke doi Saint Père »
> Fait li rois. « Joie en doi avoir ;
> *Mes niés estes*, jel sai devoir
> *Et vostre mère fu ma suer.* »      Vers 44760-67.

(*Perceval le Gallois*, pub. par Ch. Potvin, de la Soc. des Bibl.
Belges.)

[2] Ce passage fait allusion à Lancelot ou à Galaad et suppose
encore la rédaction ou antérieure ou simultanée du *Saint
Graal* de Gautier Map.

neveu ; si li retraist totes iceles choses que il sot dès
que il fu nez, que il ot aprises de Jhésu-Crist et de
sa créance et cil qui fist cest livre dit que se il voloit
tot raconter iceles choses que Joseph conta à son
neveu Elain, que cist livres se dobleroit deux foiz
d'escripture, mais qui itant en aura oï, moult sera
fox s'il n'antant bien que Joseph aprist son neveu.
Qancque il li ot mostré et anseignié, retint li anfes
moult bien et puis après li dist : « Biaus doulz niés,
moult devez bien estre boens, qant nostres sires vos
a tant doné de sa grâce que vos seroiz chevetainnes
et gugerres desus vos frères et voz sereurs et desus
mainz autres pueples ; » et lors qant Joseph li ot tot
ce mostré, si l'en amena arrières à son père et si li
dist : « Bron, dist Joseph, cist sera garde en terre de
ses frères et de ses serors et conmendez lor que il lou
croient et qu'il se consoillent à lui de totes les choses
dont il seront en dotence et que il lou croient et bien
sachent-il que biens lor en avendra ; et si li donez,
véaient els, vostre grâce. Si lou crerront plus volentiers et miauz l'en anmeront et il les governera bien,
à l'aide Deu, tant com il lo voldront croire. Tot
autresinc com Joseph lou conmenda à Bron son
serorge et il lou fist. »

A l'andemain, refurent tuit au servise à hore de
prime, et lors avint que la clartez aparut qui aporta
lou brief et qant il lo virent tuit ansamble sor la
table, si se levèrent et Joseph se leva ; si lou prist et
apela Petrus, si li dist : « Petrus, biaus amis chiers,
Jhésu-Crist notres pères qui nos raant des painnes
d'anfer, vos a esleu à cest message feire et cest brief
porter là où vos voldroiz. » Qant Petrus l'oï, si dist :

« Sire, ge n'oseroie pas estre tex que il méist son
message sor moi sanz son conmendement. » Et Joseph
respont : « Miauz vos conoist-il que vous meisme ne vos
conoissiez, mais tant vos prions-nos por amor et por
compaignie, que vos nos dites quel part votre pansée
est, en quel leu vos volez aler. » Et il respont : « Ge lou
sai moult bien, onques message ne véites plustost
anchargié de cestui. Je m'en irai ès vaux d'Avaron[1]
en un solutaire leu vers occidant, et illuec atendrai la
merci de nostre seigneur. Et ge vos pri à toz que vos
priez notre Seignor que anemis n'ait force ne pooir
de moi destorber et que Dex ne soffre que ge aie
angin ne corage ne volenté d'aler, ne de faire ne de
dire, en nule manière, contre sa volenté et que anemis
ne me puisse tanter ne angignier en tel manière que
ge perde la soe amor. » Et il respondent : « Petrus !
einsinc t'an gart-il com il faire lou puet. » Lors s'an
alèrent tuit ansamble chiés Bron et parlèrent à ses
anfanz, et Brons lor dist après : « Bel anfant ! vos
iestes tuit mi fil et mes filles, et vos, sanz hobédiance,
ne poez avoir la joie de paradis. Et por ce voil-ge que
vos hobéissiez tuit à l'un de vos et tant con ge puis
de bien doner et de grâce, doig-ge à mon fil Alain, et
li proi et coment que il vos praigne toz an garde, et

---

[1] « Les vaux d'Avaron, » « l'île d'Avalon. » Ces expressions
ont reçu de Chrestien de Troyes une explication qui doit être
rappelée ici, quelle que soit sa valeur. Selon lui ces pays sont
situés *du côté où le soleil avale.* Et, en effet, c'est toujours à
l'occident que ces contrées sont placées. Plus bas, l'expression
« toz li monde va et ira *en avalant,* » s'applique aussi à la
nécessité, pour les compagnons de Joseph, d'aller en occident;
ces deux expressions sont donc synonymes.

je vos coment que vos hobéissiez tuit à lui, si con vos devez faire à votre seigneur et que vos de totes les choses dont vos seroiz encombré, iroiz à lui, et il vos en adrecera ; et gardez que jà nule chose n'an prenez à feire sor son conmendement. Ensinc s'an départirent li anfant de chiés lor père et orent ensinc li home et les fames garant qu'il croient Alain de totes lor choses. Et ainsinc les enmena en estranges terres et par totes les terres où Alains venoit, si faisoit par les meilleurs viles [1], as citez et as chastiaus, assambler totes les genz, si les préeschoit et retraioit la mort de Jhésu-Crist et lor anonçoit la créance novele de son saintisme non ; et il avoit si grant grâce com nus hom pooit plus avoir greignor. Ensinc s'en alèrent cil et partirent, mais d'ilsnevoil or plus parler tant que li droiz del conte me ramaint à els.

edit licontelcien droit que qanteil anfant ceufirent illi ale z parti. eque petrul apela ioseph z toz lef autre deci plef. z hdilt. fire it

« Spécimen de lettre ornée et du texte. »

[1] Peut-être « villois ou villeis, » nabitants du pays. Cf. Ducange, verbo *Villarius*.

Ce dit li contes ci endroit que qant cil anfant s'en furent issi alé et parti que Petrus appela Joseph à toz les autres déciples et li dist : « Sires, il covient que ge m'en aille au conmendement de Jhésu-Crist. Lors vindrent tuit en un corage et proièrent Petrus que il remainsist; et Petrus respont : « Je n'ai talant ne volenté de demorer ; mais que por l'amor de vos, demorerai huimais et demain jusqu'après lou servise. Ensinc remest Petrus lou soir, et nostres sires qui avoit tot esgardé coment il devoit estre, si envoia son message à Joseph et l'apela et dist : « Joseph, Joseph ! ne t'esmaier mie ; il covient que tu faces la volenté Jhésu-Crist et que l'an retraie la mor de toi et de lui. Or en sont ti neveu alé qui la retrairont et Petrus s'en redoit aler et sez-tu por quoi li talanz vos est venuz à toz ansamble que vos lou retenissiez hui? nostres sires lou vost issi, porce que il poïst dire vérité à celui por cui il s'an va ; qant il aura véu de ton vaissel et des autres choses ce que ge te dirai, lors s'en ira. Joseph, il covient que totes les choses qui ont conmencement, qu'eles aient fin : nostres sires set bien que Brons est moult preuzdom en lui et por ce vost-il qu'il porchaçast lou poisson qui est à votre servise et vielt que il soit garde de cest vaissel après toi, et que tu li dies et apran coment il se devra contenir et totes les amors de toi et de Jhésu-Crist et coment tu l'aimes et il toi et toz les herre-menz que tu sez de lui, dès cele hors que tu nasquis, si que tu l'afermes bien à ferme créance ; et li conte coment Jhésu vint à toi en la tor et coment il t'apor-tera cest vaissel et les paroles que il t'aprist qant il parla à toi en la chartre, ce sont iceles saintimes

paroles que l'en tient as secrez del Graal. Et qant tu
li auras ce fait, si li conmende lou vaissel et la garde
de lui et dès lors en avant sera la mesprisons sur
lui [1] et tuit cil qui orront de lui parler lou clameront lou riche peschéor por lou poisson que il pescha
et einsinc lou covient à estre et ansinc com toz li
mondes va et ira en avalant, covient que trestote
ceste jant se traient vers occidant. Si tost come li
riches peschierres sera saisiz del vaissel et de la
grâce, si convenra que il s'en aut aval vers occidant,
là où ses cuers li dira et là où il s'arestera, li covendra
que il atende lou fil de son fil et ceste grâce de ton
vaissel que tu li conmenderas que il a, celui lou
retrait et rande qant il sera tens, que il lou devra
avoir. Et lors sera entre vos acomplie la sénéfiance
de la trinité qui est par trois et lors sera dou tierz [2] au
plaisir de Jhésu-Crist qui est sires de toutes choses.
Qant tu auras cest vaissel baillié à Bron et conmen-
dée la grâce et tu en seras dessaisiz, lors si s'en ira
Petrus et si porra bien dire, de voir, que il en a véu
saisi lou riche peschéeur et ce est la chose por qu'il
remest jusqu'à demain et qant il aura ce véu, si
s'en ira par mer et par terre à tot son vaissel et cil
qui totes boennes choses a en garde, lou gardera ; et

---

[1] Chrestien de Troyes a aussi adopté cette expression dans
un sens ironique. Mais, comme nous l'avons dit, le poème du
*Saint Graal* l'applique, sans raison déterminante, à l'action
possible de perdre ou de compromettre le saint Graal. Le
Ms. D. met « prison » au lieu de « mesprison » sans motif
apparent.

[2] Perceval dans la version française, Galaad dans le texte
anglais.

tu, quant tu auras tot ce fait, si prandras fin del
siègle terrien et t'en venras en la joie pardurable et ti
oir qant il morront viendront et tuit cil qui de ta
sereur istront et sont issu en seront tuit parçonnier
de la grant joie qui jà ne prandra fin; et tuit cil qui
bien en sauront parler en seront plus amé et chier
tenu de toz preudomes et de tot lou pueple communément. Et ensinc lou fist Joseph, com la voiz dou
message Jhésu-Crist a conmendé. L'andemain se
rasamblèrent tuit au servise et Joseph lou restraist à
toz, issi come la voiz dou message Jhésu-Crist li avait
dit. Trestot lor dist, fors iceles paroles que Jhésu-
Criz meismes li aprist en la chartre, mais iceles paroles
aprist-il seul à seul au riche peschéeur, en tel manière
que il les ot escriptes, si li mostra l'escrit privéement.
Quant tuit li autre orent oï et entendu que Joseph se
départiroit de lor compaignie, si en furent moult
esmaié, et quant Petrus ot ce oï et entendu que Joseph
s'en estoit dessaisiz et ot celui bailliée sa grâce et les
conmendemenz retraiz et anseigniez et il l'en ot véu
saisi, si a pris congié, et qant il furent levé de la
table, si s'en ala.

Au congié prandre ot plaint et sospire et plorées
maintes lermes par grant humilité, et faites oreisons
et proières. Et Joseph remest encor ansamble lou
riche peschéor et fu en sa compaignie trois jorz; au
quart jor dist Bron à Joseph : « Sires, uns grans talanz
me vient que ge m'en aille; plaist te il. » Et Joseph
respont que il li plaist moult bien, puisque il li plaist
et nostre Seignor. « Et tu sez bien que tu anportes et
en quel compaignie tu t'en vas et nus des autres de
noz compaignons ne lou set si apertement com tu et

ge lou savon. Mès tu t'en iras quant tu voldras et ge
remaindrai au conmendement de mon Sauveur. »
Ensinc se départirent, si s'an ala li riches peschierres
dont maintes paroles furent puis, en la grant Bretaigne et ensinc remest Joseph [1] et fina en la terre et
ou païs où il fu envoiez de par Jhésu-Crist. Et messires
Roberz de Borron qui cest conte mist en autorité par
lou congié de sainte église, et par la proière au preu
conte de Monbéliart, où cui servise il estoit, si dist
que qui voldra bien savoir cest livre, si saura dire et
conter que Alains li gros, li filz Bron, devint et où
il est alez et quel vie il mena et quex oirs issi de lui
et quel vie li oir menèrent ; et si li convendra savoir
la vie Perron et où il sera trovez ; et si li convendra
qu'il sache dire que Moys devint et que il lou retruist
par raison de paroles, et que cil qui lou trovera sache
où li riches peschierres s'an ala et que il sache mener
celui qui aler i doit par raison de paroles et d'uèvre. Et
totes ces .IIII. parties covient ansamble assambler,
chascune partie par soi, si com eles sont devisées et ce
ne puet nus hom faire, se il n'a véu et oï conter lou
livre del Graal de ceste estoire. Et au tens que messires
Roberz de Borron lou restrait à mon seigneur Gautier,
lou preu conte de Monbéliart, ele n'avoit onques esté
escripte par nul home fors el grant livre. El ge voit
bien que tuit cil sachent qui cest livre verront, que
se Dex me done santé et vie et mémoire et se il [2], par

_____

[1] Voir ce que nous avons dit à ce sujet dans notre préambule.

[2] Phrase incorrecte et obscure qui semble vouloir dire que
« si par erreur ou méchanceté on veut lui attribuer une œuvre
qui n'appartient qu'à Dieu, il rassemblera, etc. »

son péchié ou par son corroz ou porce que il crerist
moi, se Deu non ou talent ou ge ai esté tresqu'à or,
ge rasamblerai totes ces .IIII. parties par paroles à
une seule, ensinc, con ge les ai, par raison, d'une
seule partie traites [1], ce est [2] Dex li puissanz de totes
choses. Et si convendra à conter ce meismes et
ces .IIII. laissier, mais ancois me convendra à conter
d'une ligniée de Bretaigne [3], c'est la ciquoisme et des
aventures qui i avindrent et puis revendrei à ceste
oevre et la reconterai chascune ligniée par soi. Car
se g'ès laissoie à tant et la ciquoisme ligniée ni estoit
meslée, nus ne sauroit que ces choses seroient devenues, ni por quel sénéfiance j'ès auroie désevrées l'une
de l'autre.

FIN.

SUIT LE MERLIN.

[1] Il semblerait que Robert de Borron indique ici que le
sujet de son roman, les quatre parties dont il parle, sont
quelque part rédigées en corps d'ouvrage et que c'est de là
qu'il a tiré ce qu'il en a donné.

[2] Aïst : aide.

[3] Cette expression « ligniée de Bretaigne » prouve, une fois
de plus, la nationalité de notre poëme du *Saint Graal*, que sa
rédaction première se soit produite en vers ou en prose ; un
Anglais n'aurait pas eu besoin de dire que *Merlin* était une
légende bretonne.

# LE PETIT SAINT GRAAL

## OU JOSEPH D'ARIMATHIE

### ET

## LA QUÊTE DU SAINT GRAAL

### PAR PERCEVAL.

Manuscrit daté de l'an 1301, appartenant à M. AMBROISE FIRMIN-DIDOT,

Membre de l'Institut.

---

Ce manuscrit, le plus complet de tous ceux que l'on possède, a appartenu au chancelier d'Aguesseau. Il porte en tête : *Ci comence le romanz des prophécies Merlin*. En réalité il commence par le *Joseph d'Arimathie* ou *Saint-Graal*, qui est, ainsi que nous l'avons dit, comme le prologue de l'histoire de Merlin qui vient ensuite. Puis l'on trouve la *Quête du Saint-Graal* par Perceval, en opposition avec le *Grand-Saint-Graal* où c'est Galaad qui accomplit la *Quête*. Enfin le roman finit par la mort d'Artus et le récit de la part que prirent Morguen, Blaise et Merlin dans la rédaction et la diffusion des aventures d'Artus.

Merlin, dont tout cet ensemble romanesque a pour but de célébrer les exploits, est aussi le dernier des acteurs du *Saint-Graal* dont parle le roman, ce n'est donc pas sans motifs si les Mss. C. et D. ont été intitulés *Merlin*.

Pour nous qui envisageons le *Saint-Graal* dans ses diverses expressions, sans nous préoccuper autant que les générations contemporaines, des exploits de Merlin, nous cherchons surtout à dégager le plan du romancier, à en extraire les épisodes qui se rapportent au roman du *Saint-Graal* que nous voulons élucider, et c'est pour ce motif, que désirant donner, dans ce volume, la *Quête du Saint-Graal* par Perceval, nous avons cru devoir reproduire le texte du *Saint-Graal* qui la précède, au risque de nous voir reprocher cette reproduction comme un double emploi, avec le texte du Ms. C. Mais peu de personnes s'en plaindront et beaucoup nous approuveront.

Le Ms. D. marche parallèlement avec le roman rimé dont il paraît être contemporain ; il est moins explicite que le Ms. C., mais son état complet le rend infiniment précieux, puisqu'il nous donne l'œuvre de Robert de Borron dans son entier et qu'il accuse ainsi, d'une manière plus énergique qu'aucun autre manuscrit, la différence existant entre l'œuvre originale du chevalier français et le remaniement subséquent dû à la collaboration de Gautier Map.

Nous appelons toute l'attention des érudits sur la publication de l'épisode de *Perceval* qui complète le *Saint-Graal* dans la donnée française et paraît ici pour la première fois.

# PETIT SAINT GRAAL

---

I comence le romanz des prophécies Merlin.

Ce [1] devent savoir tuit péchéor, que devant ce que nostre sires venist en terre, que il fesoit paller les prophètes en son non, et anoncier sa venue en terre. En ce tens, donc je vos parol, aloient tuit en enfer, neis et prophète i aloient ; et qant déables les avoient menez, si cuidoient moult (bien) Dieu avoir esploitié et il estoient moult engigniez ; quar il se confortoient en la venue Jhésu-Crit. Nostre sires vit ce ; si li plout qu'il vint en terre et s'aombra en la virge Marie.

Moult fust nostre sires simples et douz qui pour raïmbre ses péchéors d'enfer, li plout que il féist de sa fille sa mère et einsint le covenoit estre, pour raïmbre le peuple d'Adan et d'Eve. Or entendez en quantes maniers il'o [2] roient, par le père et par le

---

[1] Le Ms. D. rétablit la vraie leçon : « Ce doivent savoir. »
[2] Pour « lo raïent. »

fiz et par le saint esperit. Toutes ces .III. parties sont
une meisme chose en Deu. A père plout que li fiz
naquit de la virge Marie sanz pichié et sans ourdure
et prist humaine char terrestre; moult fust plains
d'umilité cil sires qui il plout à venir en terre morir
là pour sauver l'ovre de son père, quar li pères [1]
Adan et Eve; donc Eve et Adan pécha par l'angin
de l'anemi et qant ele out péchié, si porchaça
qu'Adan péchast et qant Adan ot pichié si se vist
et en ot honte, si sentit luxure; tantost fust getez de
grant délit en grant chaitiveté, entre les tumultes
de ceste chaitive vie.

Eysint engendrèrent et conçurent et qantqu'issi
d'els; et de lor vout avoir anemis; si les ot tant que le
fiz vint sauver l'ovre du père; pour ceste bonsoingne
vint Jhésu-Crist en terre et nasqui de la virge Marie
en Bethléem; ci a moult à dire, quar la fontaine ne
sera jà espucié de touz biens; pour ce me covient à
gainchir soit [2] la moie ovre dont il me preste, soe
merci, sens et mémoire.

Voires est que nostre sires ala par terre et fust
baptizié et le baptiza saint Jehan Baptistes et il
comanda que tout cil que seroient baptizé en ève et
non du père et du fiz et du saint esperit seroient
getez de touz les paours [3] à l'enemi tant que els
mêmes se reméissent par lour mauvesses ovres. Cel
poeir dona nostre sires à saint yglise et les conmendemenz des ministres dona à mi seres saint Pères.

---

[1] Fist (sous-entendu).

[2] Il y avait bien « sour » dans le texte qui a été surchargé.

[3] Il est probable qu'il devait y avoir « pooirs. »

Einsi lava nostre sires luxure d'ome et de famme et de père et de mère et cinsint perdi le déables sa virtu que il avoit sor les homes. Et nostre sires qui savoit que la fragilité d'ome estoit si mauveise qu'à péchier le covendroit, pour ce, si comanda mi seres saint Pères .I. autre manière de bautesme et ce fust confessions et si coumanda que par tantes foiées cum il se voudroient repentir et lor péchiez guerpir et tenir les coumendemenz de saint église, einsi pourroient venir à la créance de lour père.

En icel tens que nostre sires ala par terre, respondeit à Rome une grant partie de la terre de Judée. En icele terre où nostre sires estoit, tenoient cil de Rome lour baillie et le ballif qui estoit, avoit non Pilates. Icil Pilates avoit .I. sien chevaliers et cil sivoit Jhesu-Crist en plushors lieu ; si l'ama moult en son cuer et si n'en n'osoit faire semblant pour les autres yuis. Nostre Seygnor avoit moult anemis et aversaires contre lui et si avoit poi desciples ; et de cels qu'il avoit [1] ravoir .I. peors [2] que mestier ne li fust. En mainte manière fust pourpallé la mort Jhésu-Crist et les tormenz que il soffri pour nos pichéors raïmbre des paines d'enfer et il savoit tout comme Dex. Et Judas, ses desciples, qu'il amoit moult, avoit une rente que l'en apelle disme et seneschaus estoit des desciples Jhésu-Crist et pour ce que il n'estoit mie si gracieus comme il estoit li uns vers l'autre, si se coumença moult à estrangier par ovre et en coumenca moult à méservir et estre plus crueux as desciples

[1] Lisez : « en i avoit. »
[2] Pejor.

8+++

que ne soloit ; si le dotoient moult. Et nostre sires
savoit tout comme sires et Dex. Et Judas acuilli haine
moult grant vers nostre Seygnor par .I. oignement,
par raison comme je vous dirai, que li chambellans
avoient le disime de ce qui venoit as bourses lour
seygnors et madame sainte [1] Marie Magdalaine avoit
espandu .I. oignement sur le chief Jhésu-Crist ; si
s'en courroca Judas et conta en son corage que li
oignemenz valoit bien .III. C. deniers et qu'il ne
voloit mie perdre la soe rente, si li fust avis que sa
disme voloit bien .XXX. deniers.

Au plustot que il pot, porchaça vers les anemis Dex,
que ices .XXX. deniers restorroit. L'anuit [2] devant
la pasque .I. jor que li anemi Jhésu furent ensemblé
une grant partie chiés .I. home qui avoit non Chaï-
phas, là estoient ensemble et pourpalloient coumant
il porroit estre saesi de Jhésu-Crist ; à iceuz paroles,
estoit Joseph d'Arimachie et esguardoit en son cuer
que il fesoit péchié. A ces paroles vint Judas, et
qant il le virent, si se turent, quar il le dotoient,
quar il cuidoient qu'il fust bon desciple Jhésu-Crist et
qant Judas le vit touz taire, si palla et lor dit : « Pourquoi estes-vous ci ensemble ? » et ils responent : « Où est
Jhésu ? » il lor noma le leu ou il estoient là venuz. Et
quant li Juif oïrent qu'il enfreignoit la loi, si en orent
moult grant joie et il li distrent : « Quar nos ensey-
gniez et conseilliez comant nos le prendrons. » Et

[1] Il y a bien « saincte ; » mais le mot a été surchargé postérieurement.

[2] Ce manuscrit est le seul qui mette « l'anuit. » Le poëme
n'indique même pas le jour.

Judas respons : « Je le vos vendroi, si vos volez; » et il responent : « Oil! moult volentiers; » et il lor demanda .XXX. deniers. Et il en i avoit .I. qui les avoit, si les paia.

Eynsi estora Judas la disme de .XXX. deniers de l'oignement : lors devisent coumant il le prendront; si en pristrent jor à matin et Judas lor fist à savoir là ou il le trouverent et il fussent armé ou désarmé comme por lui prandre; et gardassent bien que il ne préissent Yaque, celui qui li semblast, et à merveilles resembloit bien Jhésu-Crist, et il estoit droiz, quar il estoit ses cosins germains. Et ils demandèrent : « Coumant conoistron nos Jhésu? » et Judas respont : « Celui que je beseroi prenez tot. » Einsi ont l'afaire atorné.

A ces paroles et à tot cest afaire fust Yoseph d'Arimachie; moult en pesa; mès il n'en n'osa plus faire. Einsi se despartirent de l'un partie et de l'autre et entendirent entr'els que à .I. geudi, au ser, fust nostre sires chiès Simon le prous et palla à ses desciples et lour dist que avec lui bevoit et mangeoit qui le traïroit. Cele parole dist Jhésu-Crist entre ses desciples, qui le si en orent paou teux iot et si en demandèrent novelles, Jaseiot ceux qui n'i avoient coupes. Et qant Judas le demanda : « Dites le vos por moi? » Lors répondit Jhésu : « Tu le diz. » Autre esample lor fist Jhésu, qu'il lava à touz lour pez et en une ève; et lors demanda privéement saint Johan l'évangélistes à Jhésu-Crist : « Sire ploieroit-il vous à dire une chose? l'oseroi-je demander? » et nostre sires l'en done congié et il li dit donc : « Sire, dites-moi por quoi vous nos avez à tous lavez les piez en une ève. « Et Jhésu-Crist respont : « Ce est li es-

semples Perron, quar autresi comme l'eve fut orde des
premières que oi lavez les piez ; autresi ne porroit nus
estre sanz péchié et tant comme il seront péchéors,
si seront orde et en cez autres péchéors se porront
li autre péchéor laver ausi comme j'ai lavé les autres
piez en l'ève, qant ele fust orde si semble que autre-
sint fussent li darrain pié nait comme li primier.

« Cist essamples est Perron et as austres ministres
qui sunt en saint église et en son commendement.
Cil seront ort et en lor ordure laveront les péchéors
touz ceus qui, par son commendement, voudront
obéir au père et au fiz et au saint esperiz et à saint
église ; que l'ordure ne lor en porra riens grever tant
comme il voudront obéir. Tout aussi ne pourroit nus
savoir lequel de vous je laveroi, se l'en ne li avoit
dit, ne nus menistres ne poroit savoir le péchié de
l'ome si il ne li avoit dit. » Einsint mostra nostre sires
Jhésu-Crist cest essample à monseygnor saint Johan
l'évangéliste et einsi furent ensemble chiés Simon
le prous tant que cil vindrent à qui Judas le fist à
savoir. Et qant li desciples le virent, si s'effréèrent
et orent grant paour et quant la maison fust emplie
et que Judas vit que il orent la force et le poer, si
se trait avant, et besa Jhésu-Crist. Et qant li Juif
le virent si se preignent de toutes parz et Judas lor
escrie : « Tenez le bien. »

Eynsins enmenèrent Jhésu-Crist et lors remeistrent ses desciples moult égarez et plains de grant
dolors. Einsint firent li Juif grant partie de lor
volenté de Jhésu-Crist Là où Jhésu-Crist fust pris
chiés Simon, si estoit ses vaisseaus là où sacrifiot .A
la prise, ot .I. juif qui trova ce vessel : si le prist et

le garda jusqu'au l'endemain que Jésu fust amenez devant Pilate. Et qant il fust devant lui, si out moult de paroles dites en l'enconpereurent. Mès lor pooir fust moult petit, quar il ne porent en lui trover nul droit achaison, par quoi il déust recevoir mort. Mès la feblete de la justice et ce que n'avoit mie la force contre le Juif, si le covint souffrir et tant dit-il comme prévoz : « A qui m'en prandroi-ge, se mesires m'en demande nul rien, quar je ne voi en lui par quoi il doi perdre vie ; » et s'escrient tuit ensembles : « Sor nos et sor nos enfanz soit espanduz li sans de lui. » Lors le pristrent li Juif, si le menèrent et Pilate remest ; si demanda de l'ève et lava ses mains et dit que einsi comme ses mains estoient netes de l'ève où il les avoit lavées, autresi nez estoit-il de la mort à cet home. Li Juif qui ot le vessel pris chiés Simon, vint à Pilate, si li dona et qant Pilate le tint, si l'estoia tant que les novelles vindrent que il avoient mort Jhésu-Crist. Et qant Joseph l'oï, si en fust moult tristes et s'en vint à Pilate et li dist : « Sire, je t'ai servi longuement je et mi chivalier, que oncques riens ne me donas de mon servise. » Lors respondi Pilate à Joseph et li dist : « Joseph ! demandez et je vos dorrai à devise quantque je vos porrai doner, sauve la féenté mon seygnor, pour vos sodées. » Et Joseph respont : « Grand merci ! sire, et je demant les (cors) del prophète qui li Juif ont, là hors, murtri à tort. » Et Pilates se merveilla moult de ce que il iot si povre don demandé et li dit : « Je cuidoie que vos me déussez graignor don demandé et qant vous m'avez ce demandé por vos soudées, vos l'aurez. » Lors respondi Joseph : « Sire .C. merciz ; or com-

mandez donques que je l'aie. » Et Pilate respond :
« Alez, si le prenez. » « Sire, fit-il, li Juif sunt une
grant genz, si n'el me leroient mie prandre; » et
Pilate respont : « Si feront. » Lors s'en torna Joseph;
si vint droit à la croiz et qant il vit Jhésu-Crist, si
plora moult tendrement, quar il l'amoit moult de
bon amor, et vint là où la guardoit et dit à ses Juis :
« Pilate m'a donné le cors de cest prophète pour
ouster de cest despit; » et Juis respondirent tuit
ensemble : « Vos n'en n'aurez point, quar si desciple
dient que il resuscitera et par tantes foiz que il
résuscitera, l'ociron-nos. » Et Joseph dit : « Lessez
le moi, quar Pilates le m'a doné. » Et li Juis responent : « Nos vos occirons ancois. » Lors s'en parti
Joseph et vint à Pilate et conta commant li Juis li
avoient respondu. Et qant Pilate l'oï, si s'en cor-
rouça moult et vit .I. home devant lui qui avoit non
Nichodemus, si li commanda qu'il alast ovenc Joseph
et il mesmes oustât le prophète de la croix; si le
baillast à Joseph.

Qant Pilate l'ot commandé Nicodemus, si li sovint
du vessel que li Juif li ot doné, si apela Joseph : « Vos
amez moult cest prophète? » Et Joseph respondi :
« Voire sire. » « Et je ai, fait Pilate, .I. sen vessel que
.I. de Juis me dona qui fust là où il fust pris et je ne
voil retenir chose qui soe fust. » Lors le dona à Joseph; et Joseph l'en encline qui moult liez en fust.
Einsi vindrent Nichodemus et Joseph chiés .I. fievre
et pris une tenaille et .I. martel ; si vint cele part où
Jhésu-Crist estoit en la croix et Nichodemus vint as
Juis si lor dit : « Vos avez tort; si avez fait de cel home
cel qui vos plot et vos demandâtes congié et Pilate a

doné le cors à Joseph et comandé que je l'ost et que
je lui baille. » Et il respondirent tuit ensemble que il
doit résusciter et qu'il n'en bailleroient point. Et
quand Nichodemus l'oï, si lor dit que il ne lesseroient
neient pour els. Lors s'en vont cil tuit ensemble clamer à Pilate. Et entre Joseph et Nichodemus montèrent en haut, si ostèrent Jhesu-Crist de la croix ; lors
le prist Joseph entre ses braz et le mist à terre et si
acocha le cors moult docement et le lava et qant il
le lavoit, si vit ses plaies qui seignoient, si ot moult
grant paor, si le membra de la pierre qui ot esté
fandue au pié de la croix pour l'autre sanc. Lors li
sovint de son vessel, si se pensa que les goutes qui
chaïoient seroient mieuz en cet veissiel que aillors.
Lors prist Joseph le veissel, si le mist desouz les
goutes entor les plaies ; et plaies des mains et des
piez dégoutoient dedanz le veissel. Et qant li sanc
fust receu, si mist Joseph le vessel lez soi et prist le
cors Jhésu-Crist, si l'envelopa en .I. drap et l'en covri
et lors repairent cil qui avoient été à Pilate et orent
congié de Pilate, qui en quelconques leu que Joseph
le méist, que il féissent guarder que il ne résuscitât.
Et il firent armer une partie d'aux et Joseph s'en ala
et cil remeistrent. Et nostre sires s'en ala en enfer et
bruisa les portes et en geta Eve et Adan et des autres
cum il li plot, et si se résuscita sanz le seu et sanz la
veue de ceuz que le gardaient. Si s'en ala et s'aparust
à madame sainte Marie-Magdaleine et à ses déciples
là où li plot. Et qant li Juis oïrent dirent qu'il fust
résuscitez, sisamblèrent ensamble et tindrent pallement et distrent li uns à l'autre : « Cil home nos fera
encor moult de mal si c'est voirs qu'il soit résuscitez; »

et cil parolent qui le guardoient et dient qu'il sevent
bien qu'il n'est mie là où Joseph le mist, et dient
entre els : « Par lui l'avon-nos perdu et se mal nos
en avient, ce nos a-il fait lui et Nichodemus. » Lors
pristrent conseil et distrent se il lors estoit demandez,
de mestre en quel subjeccion il estoient, que il porroient respondre; lors s'acordèrent qu'il diroient qu'il
l'avoient baillé à Joseph par le commendement
Nichodemus. Et si dit : « Vos le féistes guarder et
gaitier là où vos le méismes, demandez-le à vos
gaites; » et li uns d'els respont : « De ce nos poon
nos bien guarder; prenons, fait celui, Joseph et
Nichodemus, si que nus ne sache et si les faisons
morir de male mort et se l'en nos demande Jhésu,
nos dirons que nos le baillerons, se il nos rendent
Joseph à qui nos le baillâmes. » A cest conseil s'acordent tuit et dient que moult est cil sages qui si bon
conseil lor a doné; einsi dient qu'il les prandront par
nuit.

A cest conseil ot Nichodemus amis qui le firent à
savoir et il s'enfoi. Qant li Juis vindrent à sa maison,
si ne le trovèrent mie, si en furent moult iriez; puis
vindrent à la maison de Joseph, si le pristrent tot nu
en son lit, lors le firent vestir, si l'enmenèrent chiés
.I. de plus riches hons de la vile et de la terre; et cil
riches hons avoit une tor où il avoit moult félonesse
prison et qant il le tindrent illeuc tot sol, si le bastirent et li demandèrent : « Qu'as-tu fait de Jhésu? »
et il répondit : « Ce sevent cil qui le gardoient, quar
je ne fis oneques chose que je ne vosisse bien que
l'en séust; » et cil dient tuit : « Tu le nos as amblé;
quar il n'est mie là où nos le te véismes metre, et

savon bien que tu l'as osté de là où tu l'avoies
mis ; or te metrons en ceste chartre, si ti convendra morir, si tu ne nos enseignes le cors
Jhésu ; » et Joseph respont comme cil qui rien n'en
savoit. « Je voil, se il plait au Seygnor, pourquoi
je serai enprisonez, que je i muire. » Lors le pristrent li Juis si le bastirent moult durement et l'ava-
lèrent en la chartre et par desor le scélèrent en tel
manière que se nus i venist pour lui, que il ne le
péust trover.

Eynsi fust Joseph amblez et mis à la chartre et
qant Pilates le sot que Joseph fust perduz, si en fust
moult iriez et l'en pesa moult, quar n'avoit nul si
bon ami. Einsi fust perdu Joseph une grant pièce et
cil por qui amor il avoit soffert son ennui, ne l'oblia
mi ; einz le regarda comme sires et comme Diex et vint
à lui là où il estoit en la prison et li aporta son veisel
et qant Joseph vit la chartre [1], si s'esjoï moult et fust
replain de la gràce de saint esperit et se merveilla
moult et dist : « Diex puissant en toutes choses, d'out
peut venir ceste clarté, s'el ne vient de vos ? » Jhésu-
Crist li respont et li dit : « Ne t'esmaier mie, quar la
virtu de Deu mon père te sauvera ; » et Joseph
demande : « Qui estes-vos qui à moi pallez, quar vos
estes si beaux que je ne vos puis voir ne conoistre ? »
Et Jhésu-Crist li dit : « Or entendent que je te
dirais.

« Je [2] te ving en terre pour soffrir mort par le cou-
mendement de mon père qui fit Adan et d'Adan fist

---

[1] « La chartre, » pour « la clarté. »

[2] « Te » supprimé par les deux points.

Eve, mès li anemis l'engingna qui la fist pechier et
ele fist péchier Adan. Et qant il orent péchié, si les
geta en chativoisons, si conçurent et orent enfanz et
lingniées et qant il moroient, si les voloit avoir li
anemis tant que il plot à mon père que je ving en
terre et nasqui de fame, por ce que par fame, avoit
porchacié li anemis qu'il éust les homes ; et tot ausi
comme par femme estoit l'ama[1] del home en prison,
convenoit-il que le fust délivrée par fame. Or, as oï
coumant le fiz Deu vint en terre et la cause pour
quoi il nasqui de la virge pucelle Marie et orras le
tormant que il soffri et la paine que li fruit charga ;
en la poine covenist que li fuiz morust et fust venuz
por sauver l'evre de son père et cest sauvement vin-
ge faire en terre et nasqui de la virge Marie et soffri
les tormenz terrienz et par .I. lens[2] en issi fors li
sanc de mon cors. » « Coumant donc sire ! fait
Joseph, estes vos donc Jhésu de Nazareth et fustes
fiz de la virge que Joseph avoit à fame, que Judas
vandi .XXX. deniers et que li Juis pristrent et menèrent devant Pilate et qui fust mis en croix et cil
qui je mis en une pierre et ostai de la croix et de
qui li Juis distrent que je l'avoi emblé. » Et Jhésu-
Crist répondi à Joseph et li dist : « Joseph : ce
sui-je meismes, et einsi cum tu l'as dist si le croi ; et
cum tu l'as veu, si seras sauvez et auras joie pardurable. » « Ha ! sire dit Joseph, por votre pitié
meisme, aiez pitié de moi, quar por vos sui-ge en
ceste chartre mis et je vos ai touzjorz moult amé,

[1] L'ama (la mise).

[2] « Leus ; » il faudrait « par .V. leus. » Voir Ms. C.

ne oncques mès n'osai à vos paller, car je cuidoie,
sire, que vos ne me créussez pour ceus à qui je
palloie sovent et tenoie compaingnie à ceux qui porchaçoient votre torment. » Lors répondi nostre sires
à Joseph et li dit : « Joseph ! mes amis anemis [1], et
peuz voir à toi mesmes. Qant chose est aperte n'i a
mestier sénéfiance : tu estoies mes bons amis et je
te cognoisoie bien et por ce te lessoie-je devers aus ;
et pour la grant amor que je savoi que tu avoies à
moi et que tu eus poor et dolor de mon torment, et
je savoi que tu m'aiderois por l'amor de mon père
qui t'avoit doné le cuer et la volenté et poir du
servise fere; porquoi je te fui donez. » « A ! biaux
douz sire ! dit Joseph, ne dites mie que vos soiez
miens [2]. » Et nostre sires respont : « Si sui ; je sui à
touz les bons et tuit li bon sunt mien et sez-tu quel
guerredon tu auras de ce que te sui donez, joie pardurable auras, après la fin de ceste mortel vie. Je
n'ai ci amené uns desciples, por ce qu'il n'i a nul
qui sache l'amor de moy et de toi, tu m'as amé
céléement et je toi; et saches bien que notre amor
revendra devant touz et sera moult nuisable as mescréanz, que tu auras sénéfiance de ma mor [3] guarder
et voiz la [4]. » Et nostre sires trait avant le vesel precios à tot le saintisme sanc que Joseph avoit recueilli
de son precios cors qant il le lava.

Qant Joseph vit le veisel et il conust que ce estoit

---

[1] Phrase elliptique à restituer avec le Ms. C.
[2] Il y a ici une petite lacune. Voir Ms. C.
[3] Ma mort.
[4] Et voiz la ci.

cil que il avoit en sa maison repost, que nus hons terriens ne savoit fors que il, si fust replains de la grâce
Jhésu-Crist et de sa ferme créance ; et il s'agenoille
et li cri merci et dist : « Sire ! sui-je donc teus qui
doie guarder si saintisme chose et tel veissel ? » Et
Jhésu-Crist dit : « Tu le doiz avoir et guarder et cil à
qui tu le coumanderas en ceste guarde, ne doit avoir
que .III. [1] et cil .III. l'auront en non del père et du
fiz et du saint esperit et tu einsins le doiz croire ; et
tuit cil qui l'auront en guarde sachent que ce .III.
virtuz sunt une meisme chose. » Joseph fust à genoiz
et nostre sires li tient le veissel et il le prant et nostre
sires li dit : « Tu tenz le sanc où ces .III. virtuz sunt
une meisme chose en Deu et sez-tu, dit nostre sires
à Joseph, que tu as gaaigné ? Jamès sacremenz ne
sera fait que la sénéfiance de t'evre [2] ni soit ; qui
conoistre la porra ne saura à quoi se porra atandre. »
Et lors li demanda Joseph : « Sire ! se il vous plait
que je le sache, si me dites que je l'a fait ; quar
je ne le sai mie. » Et Jhésu-Crist respont et dit :
« Joseph ! tu m'otas de la croix et ses bien que fui
à la ceine chés Symon le prous et que je dis que
je estoi traïz ; einsi comme je dis à la table : seront plusors tables establies à moi sacrifier que
sénéfiera la croiz ; et veisseaux où l'en sacrifiera et
sanctifiera, sénéfiera la pierre en quoi tu méis mon
cors ; et la platène qui sera desus mise sénéfiera le
covercle de quoi tu me covris, et ce qui ert desore,

[1] Les trois sont, comme l'on sait, Joseph, Brons et Perceval,
dans la version française.

[2] De son œuvre.

clamez sera corporaux et sénéfiera le suaire où tu
m'envolopas ; et einsi sera, jusqu'à la fin del monde,
la sénéfiance de t'evre connue. Tuit cil qui ce veissel
verront en lor compaingnie auront joie pardurable
et acompleissement de lor ames et tuit cil qui ces
paroles porront aprandre en seront plus gracieux
et plus plaisant au siécle et vers notre Seygnour ;
si ne porront estre forjugié à tort [1], ne vaincu de
lor droit. » Lors aprant Jhésu-Crist à Joseph ces paroles que je ne vos conterai ne retrairai, ne ne porrai
si je le voloie faire, si je n'avoie le haut livre ou eles
sont escrites, ce est li créanz que l'en tient au grant
sacre del Graal et je prieroi à touz ceus qui orront
cest conte ne n'i requièrent plus pour Deu, de ci en
droit, que je en porroi bien mentir, ne en la mençonge ne gaaigneroient rien [2].

YNSI bailla Jhésu-Crist le veissel à Joseph et
qant Joseph le tint, nostre sires li ot appa-
reilliées les paroles sacrées et li dit : « Toutes
les foiz que tu orras ne auras besoing, si requier
les .III. virtuz qui une meisme chose sunt et la
benéurée gloriouse virge Marie qui le fiz Deu porta
et li demande conseil, si cum tes cuers meismes le
dira, si sauras et orras la voiz de saint esperit paller à toi ; tu remaindras en cel chartre et einsi
obscure comme ele estoit qant tu i fus mis ; et ne
t'esmaier mie, quar moult sera ta venue et ta délivrance à grant merveille as mescréanz ; et à celui

[1] En cort. (Ms. C.)
[2] Passage identique mais plus correct dans le Ms. C.

qui délivrer te vendra, parole de .III. virtuz, tout
ausi comme au cuer te vendra et le saint esperit ert
en ta compaingnie et t'aprandra à paller, de ce dont
tu ne siez rien. »

Tout einsi remest Joseph en la prison, ne de
ceste prison ne palloient pas li apostre, ni
cil qui establirent les escriptures, quar il ne
sorent rien fors tant comme nostre sires vos
que ses cors li fust donez. Einsi fust Joseph longuement en prison, tant qu'il avint que .I. pèlerins qui
avoit esté en pèlerinage en la terre de Judée, au tens
que nostre sires aloit par terre et que il fessoit les
miracles et les vertuz des aveugles et des contraiz
et des autres mésaisiez ; iceles miracles vit les pèlerins ; et puis fu-il en la terre, tant que il vit et oï
meintes feiz Jhésu-Crist et cil prodome vint puis à
Rome.

El tens que Vaspasiens le fiz à l'emperor de Rome
fust malades du lépre si puant que nus tant l'amast,
ne poit soffrir ; moult en estoit l'emperéeur dolenz
et tuit cil qui l'amoient, et par force et par poer, qu^e
n'en ne poit son estre, fust-il mis en une chambre de
pierres et si avoist une petite fenestre par quoi l'en
li doint à mangier. Cil prodome vint à Rome et se
herbergia chiés .I. riches home en la vile ; le soir
conmencèrent à paller de plusors choses, entre els ;
et tant que li prodome de la maison dit à son oste,
que moult estoit grant damages du fiz à l'emperéeur
qui einsi estoit malades et perduz, et se il savoit chose
qui mestier li éust que li il déist, et li pèlerins res-

pont : « Sire, nenil ! ores mès tant vous puis-ge bien
dire que il ot en la terre de Judée .I. hom que estoit
prophètes qui maintes gienz[1] grans virtuz fist li granz
Dex por lui, quar les contraiz qui ne poient aler et
les aveugles qui goute ne voient, garisoit-il et autres
virtuz fist-il que je ne sai pas toutes retraire ; mès
tant vos puis-ge bien dire que il ne voloit qui ne
garisist, si que le riche home de Judée le haoient por
ce que il ne pooient rien dire ni fere de chose que il
féist. » Et le prodome demande qu'il avoit herbergié,
que devint icil prodome et coumant avait-il non ; et
li pèlerins dit : « Je le vous dirai bien, n'en l'apele
Jhésu de Nazareth, le fiz Marie et icel gent donèrent
tant et promistrent à cele qui le pooient faire, por ce
qu'il le pristrent et bastirent et laidirent en toutes
les manières qu'il porent : si le crucifièrent et occirent
et je vos créant, dit li pèlerins, sor ma vie et sor mon
cors, que se il fust vif et l'en amenast au fiz l'empe-
réeour, se il le vosit garir, que il le garisist moult
bien. » Et cil qui l'avoit herbergié dist : « Oïtes-vous
oncques dire por quoi il le crucifièrent ? » Et li pèlerins dit : « Je non, mès por ce qu'il li haoient » « Et
en quel leu fust ce fait ? et en quel seyngnorie ? » Et
le respont : « En la seignorie Pilate le baillf à l'emperéor de ceste vile. » « Voir, fait-il, diroiz-le vos einsi
devant moi à l'empereor ? » Et cil li respondi et dist :
« Il n'est nul home devant qui je ne déisse ce. «

Qant li prodome qu'il avoit herbergié ot oï et
entendu tout ce que li pèlerins li ot conté, si s'en ala
el paleis l'empeéor et l'en apela à une part et li

---

[1] Mot supprimé par les points souscrits.

conta tot, mot à mot, ce que le pèlerins l'ot dit.
Qant l'emperères l'oï, se s'en merveilla moult et dit
au prodome : « Porroit-ce estre voir que tu m'as dit? »
Et cil respont : « Je ne sai rien, ne mès comme mon
oste le m'a conté, et je le fierai paller à vos, si vos
volez. » Et l'emperères respont : « Va l'ome querre. »
Et li prodome ala querre son oste et li dit : « Beaux
ostes, venez oveuc moi devant l'empereour et li
conterez ce que vos m'avez dist » Et li pèlerins respont : « Volentiers, sire ! » Lors s'en alèrent devant
l'emperéor, et, qant il furent devant lui, si dit li
pèlerins : « Sire, vos m'avez mandé? » Et li emperéor
respont : « C'est voirs, je t'ei mandé por dire ce que
tu as dit à ton oste; » et li pélerins li conte mot-à-mot
ausi comme il avoit dit et conté à son oste.

ꜰᴀɴᴛ l'emperéor a ce oï et entendu, si
apela son conseil et lor dit ce que li pèlerins li avoit conté et qant il l'oïrent, si
s'en merveillèrent moult et distrent qu'il quidoient
Pilate à moult prodome et à moult sage et que il
ne soffrit mie si grant outrage, et l'emperères dist
qu'il a souffert sanz doute, mès mal le souffri, qui
sanz jugement, prist le prophe ce mort, en leu où
il eust poeir. Lors fust le pèlerins apelez qui les novelles avoit dites, et lors dit li conseil à l'emperéor :
« Or nos contez les beles miracles et les beles virtuz
que Jhésu-Crist fesoit qant il estoit en terre. » Et si
dit que por voir l'avoient occis li Juis en la terre que
Pilates guardoit et « s'il fust vis, il garisist bien le fiz
à l'emperéor et encore di-je plus; qui vodroit dire que

ce ne fust voirs, je en metroi ma teste en aventure;
que Pilates ne celera yà et si qui [1] bien, que qui cui-
deroit trover rien de la soe chose et porroit savoir et
l'en aportast devant le fiz à l'emperéor et il i atouchât,
qu'il en garroit. »

Qant cil oïrent, si en furent touz esbaïz et n'osèrent
recourre Pilate, ne mès tant que li uns dit : « Si mi
seres envoie savoir si c'est voirs, que veuz-tu que
n'en face de toi? » « L'en me dorra, dist il, mon des-
pans jusqu'à tant que li message soit venuz et se ce
n'est voirs, je otroi que l'en me cope la teste. » Lors
respondirent tuit qu'assez en dit. Einz le firent prandre et metre en une chambre et bien guarder et puis
dit li emperéor que il voloit là envoier por savoir se
c'estoit voiers, et s'en l'en porroit rien trover où le
prophète éust atouchié, par quoi son fiz péust garir,
quar oncques si grant joie ne li péust avenir, comme se
il en guérisoit. Lors dit .I. des amis Pilate : « Sire! vos
mi envoierez » et l'emperéor respont : « Je i envoieré
vos et autres. » Lors palla l'emperéor à Vaspasien
son fiz et si li conta tot ce que il avoit fest, metre en
prison jusqu'à tant que li message soient revenuz por
savoir se c'est voirs ou non, ce qu'il dit. Et qant Vaspasien l'oï si s'en esjoï et aléga moult sa dolor. A
donc proia Vaspasien à son père que il envoiât au
plus tout que il porroit. Et l'emperéor prant ses messages, si les envoie et lor fait lettres bailler que il
soient créuz de ce qu'il diroient de la mort au prophète.

Eynsi envoia l'emperéor des plus sages homes de

_____
[1] Si quide bien.

sa court, por ceste chose savoir, por la guarison son
fiz. Einsi se partirent li message à l'emperéor de
Rome por venir en Judée et passèrent la mer. Et qant
il furent outre, li ami Pilate li envoièrent .I. message
qui li apportèrent unes lettres. Et avoit contenues
lettres, qu'il se merveilloient moult de sa folie et du
grant désavenant qui avoit esté fait en son pooir au
prophète qui fust occis sanz jugement et sache bien
que li message à l'emperéor sunt arivé et viengne
encontre aux, quar il ne puet mieuz faire. Qant
Pilates ot oïes les lettres, si ot moult grant paour,
et coumanda ses genz à monter, qu'il voloit aler
encontre les genz à l'emperéor. Et li message
chevauchoient là où il le cuidoient trover et il
chevauchoit einsint contre aux ; einsi s'entre contrèrent li message à l'emperéor et Pilates à Barimathie. Qant li message virent Pilates, ne li osèrent faire joie qu'il ne savoient encore si l'enmerroient
à Rome, por destruire. Si li baillèrent les lettres à
l'emperéor qui tot liot raconté ce que li pèlerins
avoit conté à l'emperéor. Qant Pilate l'oï, si sot bien
que il disoit voir et que l'emperéor avoit eu bon
message de ce conter. Lors s'en vet ovec les messages, si lor fait moult bele chière et dit que ces
lettres disent voir de qant qu'eles dient. Qant ce
oïrent li message si se merveillèrent moult de ce
qu'il ot reconeu et dient tuit : « Grant folie, avez
reconeue ; se ne vos en savez décoper, morir vos en
convendra. » Lors apele Pilates les messages en une
chambre, si fist moult bien les huis fermer por les
Juis qui ne les escoutassent. Si lor commence Pilates
à conter toutes les enfances Jhésu-Crist teles comme

il sunt et que il out oïes dire, et por quoi les riches
hons le haïoient; coumant il l'amenèrent devant lui
et coumant le requistrent que il lor jugast à mort;
« et je ne vis pas en lui chose par quoi je le déusse
juger; et il furent grant gent et félon et riche et
puissant; si distrent que il l'ocïroient et puis à moi [1].
Et lor dis que si messire m'en demandoit rien que il
fust sor aux [2]. Et il respondirent que sor aux et
sor lor enfanz fust espandu li sanc de lui. Einsi le
pristrent les Juis et en firent ce que vos avez oï : je ne
poi rescorre et por ce que je voloie que n'en séust
que je n'i avoi coupes, que plus m'en pesoit que biaux
ne m'estoit, et que je voloie estre nez du péchié, pris je
de l'ève, si lavai mes mains, et dis : aussi nest sui-ge
de la mort cel home, comme mes mains sunt netes de
cest ève.

« Qant il fust mort, je avoi .I. soudoier de ceste vile
qui avoit non Joseph. Cil me servi à tot .V. chevaliers, dès que ving en ceste terre; ne onques autre
loier ne vaut avoir por ses soudées, fors le cors de
ceste prophète et je li donnai, quar je le cuidoie graignor don doner. Si l'ot et l'osta du despit et le mist
en une pierre qu'il avoit fait faire à son oës; puisque
il l'ot la mis, je ne sai ne ne vi que il devint, mès je
quit bien qu'il ont ocis; or regardez se je ai eu
tor. »

Qant li message oïrent que Pilates n'avoit mie
si grant tort comme il cuidoient, si distrent : « Nos ne

[1] « Et ce pesa moi. » Ms. 748.

[2] Cette phrase est trop elliptique. Le Ms. C. porte « et
coment m'en garantiroient-ils? et ils distrent que sor ils, » etc.

savon se c'est voir ou non que tu nos diz; se il est
ainsi, bien t'en poras descouper vers l'emperéor. » Et
Pilate respont : « Einsi comme je le vos ai dit, le vos
ferai-je dire à aux, si qu'il le cognoistront tot ausi
comme je le vos ai conté fort la prise de Joseph. » Et
messages respondirent : « Fai les mander, si orron que
il diront et lor fai dire que il soient en ceste vile d'ui
en .I. mois tuit ensemble, cil qui furent au prophète
crucifier. » Et Pilate prant ses messages et les envoie
par la terre semondre touz ceus qui furent à la mort
Jhésu-Crist et lor fait dire que les messages à l'emperéor volent paller à aux. En demander [1] que le jor
du mois vint, fit Pilate querre partot le pays se il
porroit avoir chose à qui Jhésu-Crist éust atouchié :
oncques ne péurent riens trover li message. Einsi
asamblèrent et li Juis au chief du mois; et Pilate dit
au messages à l'empereroz : « Lessez-moi avant
paller, sorrez que je lor dirai et qu'il me diront; et
selonc ce que il diront qant il seront tuit ensemble, si
faites. » Pilate palla à aux einsi comme vos orrez :
« Seygnors, dit-il, vez cil les messages à l'emperéor
qui volent savoir qui est cil que vos avez ocis, quar
li emperéers à oï dire qu'il estoit moult bons mires,
si le mandoit qu'il alast à lui, se il pooit estre trovez.
Et je ai dit as messages que il mort, que vos et li
puissant home de ceste terre l'océistes, por ce que il
disoit qu'il estoit rois de vous et si l'océistes, sanz
le congié à l'empéeor. » Et li Juis responent et distrent : « Quar tu fus si mauveis que tu ne vosis
prandre venjance, ainz te pesa par semblant de ce que

[1] « En demantres. » Ms. G. .

nos l'océismes, ne nos ne sofferrions mie que nus se
face plus seygnor de notre seygnor. » Lors dit
Pilates au message : « Vous oïez bien que il dient et
gent ce sunt ; je n'ai pas la ballie ne le pooeir vers
enz touz. » Et li plus sages des messages dient : « Encor
ne savon nos pas la force de la parole. » Lors parolent les messages as Juis et lor distrent : « Donc ne
vos juga Pilates cel home à mort qui se fessoit plus
que rois ne empereurs ? » Et il distrent : « Einz covint
que nos en respondissons et nos et noz enfanz ; ne
autrement ne vot Pilate sa mort soffrir. »

Qant li message ont oï et atandu que Pilates n'a
mie si grant tort comme n'en disoit, lors demandèrent as Juis qui fust cil prophète dont si grant parole
a esté et il dient qu'il fessoit les graignors merveillies
du monde et disoient que c'estoit uns enchanters. Et
li messages demandent à touz ceux qui là estoient se
il savoient nulle chose qu'il fust à cest prophète qui
lor enseynassent, et il dient que il ne sevent rien.
(Quant) quanque il avoit, fust tout geté en voie. Einsi
desparti li pallemenz et Pilate fust délivré de la haine
as messages. Une pièce après, avint que .I. home vint
as messages et lor dit qu'il savoit une fame qui avoit
.I. visage qu'elle avoit trové, mès il ne savoit où elle
l'avoit pris, lors fust apelez Pilate, si li content ce que
il avoit dit et Pilate li demande coumant elle avoit
non et en quele rue elle estoit ; il dit quelle avoit non
Véroine, et estoit en la rue de l'Escole et est povre
fame. Qant Pilate l'ot entendu et il ot apris coumant
elle avoit non, si l'envoia querre et elle vint. Qant
Pilate la vit venir, si s'en drece encontre lie, el l'acola,
et la bone fame se merveilla moult de Pilate qui si

grant joie li fesoit et Pilate la trait à conseil et si li
dit : « Je oï dire que vos avez une samblance d'ome
en votre huche, si vous pri que vous la me mostrez. »
Et la bone fame fust moult espoenté et dit : « Sire, je
ne sai rien de ce que vos me demandez, » si s'encon-
dist moult durement. A ces paroles vindrent li messages et Pilates lor dit : « Vez-ci la fame que l'en vos dit
qui a la visière; » lor l'acolent tuit ensamble et li font
moult grant joie et li content la besoigne, porquoi il
sunt venuz en la terre et mal au fiz l'emperéor; si sot
bien que descovrir la covenoit, si lor dit : « Seygnors,
je ne vodroie [1] ce que vous me requérez, si vous me
donrriez quantque vous porriez avoir, mès se vous
me jurez, et trestuit vos compaingnons, que vous me
menrez à Rome et que vous ne me toudrez nulle
chose que je vous puisse motrier [2], ne riens de ce que
vos me demandez, je m'en irai avesque vos (nos avez
demandé). » Lors li jurèrent tuit ensemble et qant il li
orent juré, si li distrent : « Vous serez encore riche
fame, or nos motrez, si vos plest, ce que nos vos
demandons; » et elle répont : « Attandez moi ci, et je
vos irai querre ce que vous me demandez. » Einsi s'en
ala Véroine en sa maison et pris la visière souz son
mantel, si vint as messages et lor dit : « Or vos séez »
et il s'aséent, » et elle trait fors la samblance. Qant
il la virent, si furent moult liez et se levèrent encontre et ele lor dit : « Por quoi vos estes vous levez, » et
il distrent : » Nos ne nos en péumes tenir, dès que nos
véimes la semblance. Ha! dame! dites nos où vos la

[1] Céder.
[2] « Rien que je vous montrasse. » Ms. C.

pristes et coumant vous l'éustes. » Ele lour dit : « Je
vos conterai coment. »

*Ci parole li contes coment la Véronique fust trouvé
à Rome.* (En rouge.) Il avint chose que je avoie
.I. sydoine que je avoi fait ferre ; si le portoi à mon
braz au marchié, quar je le voloie vendre. Se encontrai ceux qui amenoient li prophète, les mains liées.
Et li Juis le sivent et il me requist que je li essuiasse
son vis por la suor qui li coroit contreval. Maintenant
pris le chief du sydoine, si l'en ters son vis et puis
m'entornai ; et li Juif l'amenèrent outrebatant. Et
qant je fui en ma maison, si reguarde mon drap et
trovai ceste semblance. Einsi m'avint comme vos
avez oï. Si vos cuidez qu'ele ait mestier au fiz l'emperéor, je m'en irai avec vos, si l'enporterai ; et il
dient : « Grant merciz. Nos cuidons bien qu'ele li ait
mestier. » Oncques ne trovèrent li messages chose qui
eust atouchié au prophète fors cele samblance. Ensi
s'en restornèrent arrière, si passèrent mer et Pilate
remest en sa baillie. Et qant il vindrent à Rome, si
fust li empereurs moult liez et lor demanda noveles
comant il avoient erré, et si pèlerins avoit voir dit.
Et il dient que tot ausi comme il avoit oï de lui estoit-
il voirs, et plus encore ; et Pilates n'avoit mie si grant
tort come il cuidoient. Si li contèrent l'errement,
si comme il avoient oï d'une part et d'autre. Lors
demande li empéror : si li prophète estoit si prodome
comme n'en disoit, et il distrent : « Oil assez plus »
et l'empéror dit : « Aportez moi vous chose qui à
lui ait atouchié. » « Oil sire ; si come nos vos dirons, »
Lors li contèrent coumant trovèrent la fame et
comant ele avoit lonc tens guardée la visière. Et

qant li empeor l'oï, si en fust moult liez et dist :
« C'est moult bone chose que vous avez amenée ovec
vos, ne oncques mès n'oï paller de tel merveil. » Lors
ala l'empeor à la fame, si fist moult grant joie et li
dit que il la feroit riche fame et Véroine monstra la
visière et qant il la vit, si li a moult tot encliné .III.
foiz et s'enmerveilla moult et dit : « Cest la plus bele
semblance que je oncques mais véisse. » Lors la prist
l'emperes entre ses .II. mains, si l'enporta en la
chambre là ou ses fiz se dormoit et mist la samblance
à la fenestre, si apele son fiz et li mostra. Si tout
comme ses fiz l'ot vue, si fut tot sains et plus qui
n'avoit oncques esté. Lors dit Vaspasiens : « Biaux
sire Dex ! qui est ceste samblance qui m'a alégié
toutes mes dolours? » et puis dit à son père : « Sire,
faites moi dépicier cest mur; » et il si fist à plus tout
que il pot.

Qant li murs fust dépiciez, Vaspasiens issi hors
tout sain et tout haïtiez ; moult fust la joie que l'empereurs fit et tuit li autre de ce que sis fiz fust tot
seinz. Et Vaspasiens demanda où ceste visière fust
prise, ne à quel home ele avoit esté. Et l'en li conte
ce que la fame avoit conté et toutes les autres virtuz
que li pèlerins vit ; et il demande as messages : « Est-ce
voir que il aient mort si prodome com cist estoit? »
et il respondirent : « Oïl ! » Et qant il oï ce, si en fust
moult irriez et dit que mal l'avoient fait ; que yamès
n'aroit joie tant qu'il l'auroient comparé. Lors si dit
Vaspasiens à son père : « Sire, vos n'êtes mie rois ne
empereórs, ne sire de moi ne d'autrui, mès cil est
sires que de là où il est, a doné tel force et tel virtuz
à sa samblance, qu'ele m'a gari et que vos ne autre

ne puissez fere. Cil est sires des homes et des fames
et des autres choses. 'Je vos prie come à mon père,
que je aille vengier de ceux qui l'ont occis. » Et li
pères respont à son fiz et dit : « Biaus fiz, je voil
que tu faces toute ta volenté. »

Qant Vaspasiens oi la parole, si err fust moult liez.
Einsi fust portée la Véronique à Rome que n'en apele
la samblance Jhésu-Crist, por la garison du fiz à
l'empéréor. Titus et Vaspasiens atornèrent lor erre
d'aler en la terre de Judée et qant il furent passez
outre mer, si mandèrent Pilates et qant Pilates vit
que il amenoient si grant gent, si ot moult paor et
palla à Vaspasiens et dit : « Sire, je sui en votre commendement, faites-moi à savoir que vous volez faire. »
Et Vaspasiens dit : « Je suis venuz vengier la mort
au prophète qui m'a gari. » Qant Pilates l'oi, si ot
moult grant poour, quar il cuida qu'il fut vers lui
accusez; si li dit : « Sire volez-vos touz ceus prendre
qui furent à sa mort et savoir qui a tort ou droit? »
« Oil, dit Vaspasiens, je le vodroi bien savoir. » Et
Pilates dit : « Faites-les tot prendre et metre en prison,
et dites que c'est por ce que je ne le voloie jugier et
faites grant samblant de moi haïr. » Lors le fist Vaspasiens si comme Pilate l'ot coumandé et si les mande
par toute la terre. Et qant il furent tuit ensamble, si
lor demanda Vaspasiens novelles du prophète et lor
dit : « Vos avez fait que traîtres, qant vos soffrîtes
qu'il se fesoit sire de vos. » Et il respondirent tuit
ansamble : « Ce fesoit Pilate notre baillif qui se tenoit
devers lui et voloit qu'il fust rois de nos; et il dit,
por ce, se il le disoit, n'avoit-il mie mort déservie ; et
nos déimes qui si avoit; que nos ne sofferrion jà

que il fust sire desus vos. Et Pilates disoit que il
estoit rois desor touz les rois." » Vaspasiens lor respont : « Por ce, ai-ge mis Pilate où il est, que je avoi
bien oï dire comant il avoit erré et que il amoit plus
le prophète que il ne fessoit noz. Or voil savoir, dit
Vaspasiens, par vos meismes, li quel li firent plus de
lédure et plus de maux et comant vous ovrâtes vers
lui, dè le premer jor que vos le véistes, et por quoi
vous l'accuillistes einsi grant haïne et toute l'evre si
come ele est. » Et qant li Juis oïrent que Vaspasiens
en voloit enquerre la vérité, si en furent moult liez
et cuidèrent que il le déït por lor preu et por le
damage de Pilate. Si contèrent toute l'ovre et commant il se fesoit rois desor touz les rois et por quoi
il li traïoient et comant Judas le lor vandi ; et li
mostrent celui que li paia les deniers et ceus qui le
pristrent et se vanta chascun de ce que li fist. Après
li contèrent commant il l'amenèrent devant Pilate ;
mès il ne le vot oncques juger et, sanz congié,
l'ocistrent et comant ancois qu'il le nos vosist livrer,
que nos le prîmes sor nos et sor noz enfanz, ne
autrement ne nos vot Pilates baillier. Si nos en clamons à toi, que tu nos quites de la couvenance que
nos i avons. Qant Vaspasiens ot oï et entendu lor
desléautez et lor mauvestiez, si les fist touz prandre
et metre en une forte maison. Lors si fist mander
Pilate et li dit : » Tu n'as mie si grant tort cumme je
cuidoie, mès je voil touz ceuz destruire qui furent à
la mort au prophète qui m'a gari d'en m'enfermeté,
quar il moult bien dit por quoi il out mort déservie. »
Lors fist Vaspasiens prendre grant plainté de chevaux et les fist prendre .IIII. et .IIII. si les fit main-

tenant touz dérompre et qant li autre Juis oirent ce,
si s'en merveillèrent moult et demandèrent por quoi
Vaspasiens fessoit ce, et il dit por ce que il avoient
occis Jhésu, et que touz les couvendroit morir de tel
mort, ou il rendroient le cors de Jhésu. Et il responent:
« Nos le baillâmes à Joseph d'Arimathie, ne nos ne
savons que il en fist ; mès se Joseph nos est renduz,
nos en rendrons Jhésu. » Et Pilate respont : « Vos ne
vos attandistes mie à nos, ainz le féistes guarder à voz
guardes, là où il fust mis et li desciple dient qu'il ont
puis veu et qu'il resurrexi » Lors dit Vaspasien : « Touz
les devent mourir, se il ne le me rendent. « Et en fist
tant ocire que ne sai le conte dire, et lor commande
que il rendent ou Jhésu ou Joseph. Et cil le responent
qu'il ne sevent ne Jhésu ne Joseph ; lors en refit une
grant partie ardoir.

Qant li Juis [1] que touz les couvenoit morir, si ot .I.
qui dit : « Sire seroi-ge quites, se je enseignoie Joseph
et je et mes enfanz. » Et Vaspasiens respont: « Oil ! »
Lors mena Vaspasiens à la tor où Joseph estoit
enmurez et dit : « Je le vi mestre en ceste chartre et
fui à ceste pierre murer, que nos doitions que Pilate
ne le féist querre ; » et Vaspasiens respont : « Combien
a que ce fust ? » Et cil respont : « Au tierz jorz que le
prophète fust mis en croiz. » Et il dit : « Por qoi le
méistes vous et que vous avoit-il forfet ? » et cil respont:
« Por ce qu'il nos avoit tollu le prophète, et le mist
en tel leu où nos ne le poïsmes avoir et nos savions
bien que il nos seroit demandez et nos nos conseillâmes entre nos, s'il nos estoit demandez, que nos

---

[1] Virent.

prendons Joseph et le mestrion en prison et le ferion
morir dedenz et se le l'en nos demandoit, nos dirons
touzjors que il l'auroient éu et qui nos rendroit Joseph,
nos rendrions Jhésu, quar nos cuidions bien que
Joseph ne péust pas tant vivre et ce féismes por ce
que nos oïmes dire que li desciple disoient que il
estoit resurrexi. Ice est la raison por quoi nos le
méismes en ceste chartre. » Et Vaspasiens respont :
« Occisistes le voz ainz que le méissez en la chartre ? »
Et il respont: « Nenil ! mès nos le bastimes moult durement pour la folie qu'il disoit. » Lors dist Vaspasiens
à celui : « Cuides-tu que il soit mort ? » Et il dit : « Comment porroit-il estre vis que si lonctens a que il i fut
mis ? » Et Vaspasiens dit : « Cil le peust bien avoir
sauvé et guéri qui me guéri de ma màladie et ce fust li
meismes por quoi il fust enmurez et moi qui oncques
ne le vi, ne ne fis por lui nulle chose, a-il guéri et
sauvé de la plus vile maladie que oncques home éust :
et c'est cil sires por quoi il fust mis en prison et
bastuz et à qui il fust donez. » « Je ne cuidoiroi mie,
dit Vaspasiens, qu'il éust einsi leissié veleinement
morir. » Lors s'abessa Vaspasiens et li fust la pierre
osté : si apela Joseph et il ne li respondi mout et li
autres distrent : « Merveilles est, quidez vos que cest
home puisse aver tant duré? » Et Vaspasiens dit: « Je ne
croi pas que il soit mort, se je ne voi. » Lors demande
Vaspasiens une corde et n'en li aporte, et il l'apele de
rechief « Joseph ! » Qant il vit qu'il ne responent pas,
si s'en avala aval et qant il fust avalez, si vit une grant
clarté en .I. des angles de la chartre, et qant il vit ce,
si commanda la corde à traire amont. Lors ala cele
part où il vit la clarté et qant Joseph le vit, si se leva

encontre lui et dit : « Bien veignes-tu, Vaspasien ! »
Et qant Vaspasiens s'oït nomer, si se merveilla moult
et dit : « Qui es-tu qui si bien me nomes et tant comme
je t'apelai, ne me vosis respondre ? » Et il dit : « Je suis
Joseph de Barimathie. » Qant Vaspasiens l'oï, il en
fust moult liez et dit : « Benoit soit li sires qui t'a sauvé,
quar cest sauvement ne poit nus faire, si lui non.
Lors s'entr'acolent ambedui et baissent et font moult
grant joie. Lors dit Vaspasiens à Joseph : « Qui t'apris
mon non ? » Et Joseph respont : « Cil qui set toutes les
choses qui sunt. » Et Vaspasiens demande à Joseph
se il set, ne conoit celui qui l'avoit guéri. Et Joseph
demande : « De quel maladie t'a-il guéri ? » Et Vaspasiens li conte [1] toute la maladie, ausi comme il ot
éue. Et qant Joseph attandi la maladie, si s'en rit :
« Celui, fait Joseph, qui t'a guéri, cognois-je bien
et voudras-tu savoir qu'il est et comant il a non !
se tu le veus savoir et croire, je le te prandroi
à conoistre et te diroi ce qu'il m'a comandé que je
te die. » « Certes, fait Vaspasiens, je le croiroi moult
volentiers. » « Or croi donc, dit Joseph, que soit li sainz
esperit qui a criées toutes les choses qui sunt et qui
fist le ciel et la terre et les nuiz et les jors et .IIII. élémenz et fist les anges : si en iot une partie de mauveis
et cil qui mauveis furent, si furent plains de mauvestié et d'orgoil et d'anemi [2] et de covetise. Et notre
sires le sot tantout et les fist plover du ciel .IIII. jorz
.IIII. nuiz que onequos puis si durement ne plut. Et
et si en plut .III. généracions en enfer et .III. sor

---

[1] Les mots « li conte » sont placés sur un baril figuré en
bas de la page.
[2] D'envie.

terre et III en l'élément[1]. Li .III. qui chaïrent en enfer,
tormentent les âmes, li .III. qui chaïrent en terre,
si tormentent les homes et les fames et lor monstrent
la voie de péchier et metent en escrit les péchier que
il font : li autre qui[2] en l'air, ont autre manière de
paine et prenent, par maintes feiz, figures ; et tout ce
font cil por engignier home et por mestre en servage
de l'anemi. Ce .III. généracions sunt par .III. foiz,
ensi chait du ciel, et font .IX. généracions et apportèrent le mal engin en terre. Li autres, qui remés sunt
ou ciel, conferment les homes et guardent de péchier
pour la honte et por despit de ceuz qui porchacèrent
la haine[3] Deu qui l'avoit fait de si esperitau chose
comme de sa volenté et il, par le confondement de lui,
de la joie esperitel. Por le despit d'aux vot nostre sires
fere home de la plus vile boue qu'il soit, et comme il
ot fet si bel et tel comme li plot, si li presta sen et
mémoire et joie et clarté et dit nostre sires que par
cestui rampliroit li siège des autres[4].

« Qant déables vit et sot que si vile chose estoit
montez en gloire dont il estoit descenduz, si en fust
moult iriez et moult pensa en son cuer comant il le
porroit eingignier. Qant nostre sires out fat l'ome, si
le mist en paradis et de l'ome fist la fame. Qant
déables le sot, si mist moult grant poine comant il
le peust engingnier. Si engingna premier la fame et
la fame engingna l'oume et qant il furent engingnéez,

---

[1] En l'air.
[2] Sont.
[3] De Dieu. Ce passage est bien obscur. Voir le Ms. H.
[4] IX.

si les geta nostre sires de paradis qui nul péchié ne
conséust et de ceus fust puéples engendréez et pueples vot déables avoir por ce que pueple consaut à sa
volenté. Li pères qui est sires de toutes choses fist
cest ovre por l'oume sauver et pères envoia son
fuiz en terre et s'aombra en la virge Marie, et por ce
que li siècles et li home fust doné par la fame au
déable, si dit nostre sires, comme cil qui tort ne
voloit faire, que il les raïmbroit par fame. Lors
envoia li pères son fiz en terre ; ce fust cil qui ala par
terre .XXX. et .III. anz et fessoit les beles miracles ; ce
fust cil que le Juis occistrent en croiz ; por ce que Eve
pécha par la pome que li fust [1] avoiz chargié, si couvenoit que li fiz morust en fust.

« Eynsi vint li fiz morir en terre por son père et ce
fust le fiz de virge Marie que le Juis ont ocis. Ne
oncques ne le voudrent cognoistre à seignor ; c'est cil
qui t'a guéri et por qui je fu ci mis en prison et c'est
cil qui se soffri à tormenter, por rachater home de
peines d'enfer ; einsi a faite le fiz l'evre du père et du
saint esperit, et tu doiz croire que ce .III. persones
sunt une meisme chose en Deu et si le péust voir, à
ce qu'il t'a guéri et qui t'a ci amené pour voir là où
il m'a sauvé ; einsi croi li commendement as desciples
qu'il a lessiez en terre, pour son non esaucier et por
guarder les péchéors de l'anemi. » Et Vaspasians respont et dit : « Joseph ! tu m'as bien mostré qu'il est
sires de toutes choses et que c'est Dex li pères et li fiz
et saint esperit, et einsi comme tu me l'as mostré, le
croi-ge et le croiroi touz les jorz de ma vie. » Lors

---

[1] L'arbre.

dit Joseph à Vaspasians : « Si tot comme tu seras issuz de céanz, si quier les desciples qui tenent le nor [1] Jhésu-Crist et ont le comendement qu'il lor dona en terre et saches bien que il est resurrexi et que il s'en est alez au comendement son père en cele char meismes en quoi il fust en terre. »

Eynsi a Joseph converti Vaspasiens à la loie de vraie créance ; lors apela Vaspasiens ceu qui estoient en haut et qui l'entendoient et lor dit que il voloit la tour par dehors dépicier et que il là trové Joseph. Qant cil l'oïrent, si se merveillèrent moult et dient isnèlement : « Alez la tor dépecier ; » et il si font et qant il orent la tor dépeciée ; si s'en issi Vaspasiens avant et Joseph après et qant cil qui estoient illeuc le virent, si s'en merveillèrent moult et distrent tuit que moult est forte la vertu qui sauvé l'a.

Eynsi délivra Vaspasiens Joseph de la prison et le mena devant le Juis, là ou il estoient ansamble. Et qant li Juis le virent, si se merveillèrent moult ; lors dit Vaspasiens as Juis : « Rendez moi Jhésu et je vos rendroi Joseph. » Et li Juis responent : « Nos le baillâmes à Joseph, die nos que il en a fait et que il est devenuz. » Et Joseph respont : « Vos savez bien que je en fis et là où je le mis, le féistes-vos guarder ; et si sachiez bien que il est résuscitez comme Dex et comme sires que il est de nos touz. » Lors furent moult esbaïz li Juis, quant il oïrent ce. Et Vaspasiens fist d'aux tel justice comme il li plot à faire et celui et sa ligniée qui Joseph li avoit enseignié mist en la manaie [2]

[1] Nom.
[2] Puissance.

Jhésu-Crist si le fist mestre en la mer. Et vint Vaspasiens à Joseph et li demanda : « Joseph ! voudras-tu
point sauver de ceste gent ? » Et Joseph respont :
« S'il ne croient el père et el fiz et à la trinité et que
li fiz Deu nasqui de la virge Marie, il périront en
âme en cors. » Et Vaspasiens dit à ceux qui sunt de
la meingniée : « A-il nul de vos qui voille achater de
ces Juis ? » Si distrent de teux iot : « Oil ! » Si acha-
tèrent teux iot et Vaspasiens lor en donoit .XXX.
por .IIII. deniers.

Et Joseph avoit une soe seror qui avoit non Ani-
geus et ses sires avoit non Bron qui moult amoit per-
fètement Joseph. Qant Bron et sa fame sorent que
Joseph fust trovez, si en furent moult liez et vindrent
à lui, là où il estoit, si li distrent : « Sire vos venon à
ta merci. » Qant Joseph l'oï, si en fust moult liez ;
si lor dist : « Non à la moie, mès à la celui qui nasqui
de virge Marie et à celui qui m'a sauvé en la prison ; »
et il distrent : « Celui crerron nos touzjorz mais. » Et
Joseph lor dit se il en trovoient plus qui vousissent
croire en la trinité, que il les sauverois de cest torment et cil pallèrent as autres ; si en trovèrent moult
qui distrent qu'il crerroient ce ce Joseph disoit. Einsi
vindrent li Juis devant lui et distrent que il crerroient ce que il crerroit. Et Joseph lor dist : « Ne me
faites pas mençonge à croire par la paor du torment
Vaspasien, quar vos le comparriez moult durement. »
Et il li distrent : « Nos ne te porrions mentir. » Et
Joseph dit : « Se vous volez croire ce que je croi, vos ne
me demorrez pas en voz héritages ne en vos maisons ;
ancois vos en vendroiz oveuc moi, en essil et guerpi-
rez tot por Deu. » Et il dient que ce feront-il, moult

volentiers. Lors proia Joseph à Vaspasiens que il, à ceste gent, pardoint son mautalent por Deu et por moi et il lor pardone. Einsi vengia Vaspasiens la mort Jhésu-Crist.

Qant Joseph ot cele gent avec lui, si s'en ala en moult enstranges terres et prist congié à Vaspasien et Vaspasiens s'en repèra à Rome. Et qant Joseph et sa compaingnie furent là, si lor dit Joseph maintes foiz bones paroles de notre seygnor et lor commanda à laborer. Une grant piesce ala lor afaire moult bien, et puis si ala si mal com je vos conterai que quantque il fessoient, aloit tot à mal; einsi furent une grant pièce, tant qu'il ne porent plus soffrir et cele meschance lor avenoit por une mauvéisse manière péchié qu'il avoient entrels commencié, par quoi tuit li bien li faillioent et cil péchiez estoit luxure sanz réson. Qant il furent si ataint que il ne porent plus soffrir, si vindrent à Bron qui moult estoit bien de Joseph, si li distrent : « Sire touz li biens et toute la planté que nos solions à avoir, nos sunt failliz que nulle gent n'orent oncques si grant messeisses comme nos avon ; si te volon proier por Deu que tu paroles à Joseph et que tu li dies la grant meisseisse que nos soffron de fain que par .I. poi que nous morons nos et noz enfanz. Qant Bron les oï einsi démenter, si en ot moult grant pitié et lor demanda : « A-il grant pièce que vos saintez ceste dolor ? » Et il responent : « Oil ! sires : mès nos l'avons tant celée comme nos poons plus ; si te prion por Deu que tu dies à Joseph se c'est por nostre péchié ou por le sien. » Et Bron dit : « Je lui demanderai moult volentiers. » Lors vint Bron à Joseph et li dit la dolor que lo pueples, qui illeuc

estoit, soustenoit, et volent que tu lor dies se c'est por
lor péchié ou por le tien. Et il dit : « Je pri celui qui de
la virge nasqui, que je sache comant ceste famine
lor puest estre avenue. » Lors ot paor Joseph qu'il
n'éust mespris à faire chose donc nostre sires fust corrociez ; lors dist Joseph à Bron : « Je le sauroi, si le
te dirai, se je le puis savoir. »

A tant se vint Joseph devant son vessel plorant et
puis si s'agenoilla devant et dist : « Sire! qui de la
virge nasquites, par votre sainte pitié et par votre
doçor et por sauver toute créature qui voudra à vous
obéir, sire! ausi vraiement comme je vos vi mort et
vif et vos veni, après le travail de la mort, en la tor
où je estoie enmurez, sire! qant me comandastes que
toutes les féiz que je auroie mestier de vos, que je
revenisse devant cest precious vessel où votre pre-
cieus sanc est; sire, ausi vraiement, vos requier-je
et pri que vos me conseillez de ce que cest puebles
me demandent, si que je en puisse ovrer à votre
volenté. »

A tant descendi la voiz du saint esperit et [1] :
« Joseph! ne t'esmaier tu mie, quar tu n'as coupes en
cest péchié. » « Ha! sire, dist Joseph, soffrez que je
oste ce [2] ceuz de ma compaingnie qui en cest péchié,
par quoi si grant famine lor venni; » et la voiz si dit :
« Tu feras .I. grant sénéfiance et i metras mon sanc
et moy meismes en espreve vers le péchéors; Joseph!
sovenigne-toi que e fuiz venduz et trahiz en terre et
que le savoi bien, ne oncques n'en pallai tant que je

[1] Dit.

[2] « Ce » supprimé par les deux points.

fui chiés Simon; lors dit que aveuc moi, mengoit et
bevoit qui mon cors traïssoit; cil qui sot que il ot ce
fait, out honte, si se trait .I. poi arrières de sor moi,
ne oncques puis ne fust mes desciples; puis mis .I.
autre en leu de lui en son non, mès en son leu ne sera
mis, devant que tu i soies en cel leu, ce dit la voiz,
que je fui chiés Symon à la table à la ceine; en leu
d'icele table, en fai une autre quarrée et qant tu
l'auras faite, si apele Bron ton sororge qui bons est
et de qui bons istera : si li di que il aut [1] en cele ève
et qu'el t'i pêche i poison [2]; el primier que il prendra
t'aporte et qant il ira péchier, tu porverras ta table.
Et pran ton vessel et le met de cele part où tu voudras séoir, si le cuevre de pan de la touaille et qant
tu auras ce fait, si mande ton pueple et lor di que il
verront yà ce dont il démantent. Et lors pran Bron et
si t'asie en leu de moi, ausi come je m'assis à la ceine,
et Bron assie à destre lèz-toi ; et lors verras qui se
traira arrière, tant come li leu à un home tient : et
saches que cist leus sénéfiera li lieus d'oue Judas
s'ota qant il sot que il m'ot traï.

« Cist leus ne porra mie estre ampliz devant ce que
li fist Bron l'ampleisse; et qant tu auras fet Bron
asseoir, si apele ton pueple et lor di que bien ont
creu le père et le fis et le saint esperit et l'avènement
de la trinité et commendemenz de l'obédience que
lor avoie commandée et enseyngniée el non de .III.
virtuz qui toutes une mesme chose sunt et veingnent
avant si sacent à la grâce de Deu. » A tant s'en parti

[1] Qu'il aille.
[2] Poisson.

la voiz, et Joseph fist ce que nostre sires li ot commandé, si s'asistrent une grant partie d'aux et plus i
ot de ceus qui ne sistrent ; la table fust plains fors li
leus qui ampli ne pooit estre et qant cil qui sistrent
à mangier sorent la douçoz qu'il avoient et complcis-
sement de lor cuers, si orent mont touz les autres
oubliez. .I. en iot de ceus qui saient en la table qui
avoit non Petrus, si esguarda ceus qui estoient en
estant, si lor dit : « Sentez vos point de ceste grace
ce que nos senton ? » Et il reponent : « Nos n'en sentons
rien ; » lors dit Petrus : « Donc avez fait le péchié que
vos demandâtes Joseph par quoi la famine vos
venue. » Quant cil oï ce que Petrus leur dit, si en
orent moult grant honte et s'en issirent de la maison.
Si en iot qui plora et fit moult mate chière et remest
laianz : et qant cist servise fust finez, si se levèrent
tuit cil qui seivent à la table et ralèrent entre les
autres et Joseph lor ot comandé que ils venissent à
cele grâce arrière.

Eynsi conut Joseph, par le comendement de Deu, les
péchieurs, et par sa grâce, et ce fust la primiers leus
où li vesseaus fust mis et esprové. Einsi furent lonctens et grant pièce après, tant que cil defors demandèrent de cele grâce à ceux qui avoient et lor distrent :
« Que est-ce que vos avez et où en alez chascun jor et
que vos en est avis qant estes à cele grâce assis ? » et il
responent : « Notre cuers ne puest penser le grant
délit ni la grant joe que vos avons, tant comme nos
ysséons et quant nos en soimes levez, si nos dure la
grâce jusqu'à l'andemain à ore de tierce. » Et cil lor
demandent d'out puet si grant grâce venir ? Petrus
respont : « Elle vient de celui qui sauva Joseph et cil

9***

vesseaux que nos avon véu. » Et ils responent : « Par
cel vessel soimes-nos desparti et la force de lui ne
laisse-il nul péchéor en sa compaingnie. » « Vos
meismes le poez voir ; mès dites-moi quel talent vos
éustes et quel pensez, qant Joseph vos dit que vos
venissiez séoir. » Or li dist cil qui avoit la grâce : « Or
poez bien voir liquel avoient fait péchié par quoi nos
avons perdue la grâce. » Et cil dient : « Nos orons [1]
comme chaitis ; mès enseigniez nos comant nos dirons
où nos vos avons leissiez. » Et cil responent : « Vos
diroiz que nos somes remés en la grâce du père et
du fiz et du saint esperit et en l'enseingnement de la
créance Joseph. » Et il distrent : « Que porrons dire
du vesseil que nos véimes et comant le claimeron nos
qui tant nos agrée ? » « Cil qui li voudront claimer ne
metre non à noz escienz, le clameront le graal qui
tant agrée. » Et qant cil l'oïent, si dient bien doit avoir
non cist vesseaux graaux, et einsi le noment cil qui
s'en alèrent et cil qui remestrent ; et cest non sot
Joseph, si li enbeli moult. Et einsi venoint, chascun
jor, à tierce, si disoient qu'il aloient, chascun jor, en
service du graal. En la compaingnie de cele gent qui
faus estoient en avoient .I. qui avoit non Moys et
estoit [2] sages au parent du monde, et moult finoit
bien sa parole et fesoit semblant de estre sages et
piteux et dit : « Je ne mouvrai de cette gent que Dex
paist de sa grâce. » Lors plora et dist moult triste
chère et piteuse ; einsi remet qant li autre s'en alèrent
et toutes les foiz que il véoit .I. de ceus qui avoint

[1] Nous nous en irons.
[2] Sage en apparence.

la grâce, si li crioit merci, moult simplement, par samblant de bon cuer, et disoit : « Por Deu, priez Joseph que il merci ait de moi, et que puisse avoir de cele grâce que vos avez. »

Eynsi le proia par maintes foiz tant qu'il avint .I. jor que tuit cil de cele compaingnie distrent qu'il auroient pitié de Moïs et distrent que il en proieroint tuit ensemble Joseph. Et vindrent à lui et lessièrent trestuit chaoir à ses piez et li en crièrent tuit merci et il se merveilla moult et lor dit: « Que volet-vos? » Et ils responent : « Le plus de genz qui vendrent, si s'en sunt allez, por ce que nos éumes la grâce de ton veissel, mès il en est .I. remés qui a nom Moïs; si nos samble qu'il se repant moult durement et dit que jà ne partira de nos; ainz plore moult tendrement et vos prie que nos te proions qui ait de ceste grâce que Dex nos souffre à avoir, que nos avon en ta compaingnie. »

Qant Joseph ot ce entendu, si dit : « La grâce n'est mie moi à doner; nostre sires la done à ceus qui li siet et se sunt cil qui la deivent avoir; et cil n'est mie espoir teux comme il se fait et comme il semble ; il nos vuet enginguier, il engingne soi-meismes. » Et ils responent : « Donc ne croirez vos jamès nullui si nos decevoit par tel samblant comme il fait, mès por Deu, lessez-le venir à ceste grâce se vos poëz. » Et Joseph respont : « Se il veut estre, il li couvient estre teux come il se fait et neporqant je en prieroi notre seygnor por vos. » Et il responent tuit ensemble : « Grant merci. » Lors vint Joseph tot sols devant le gral et se choucha à toutes[1] et à genoiz et proia le

___

[1] A coudes.

Sauveur du monde que il, par sa vertu et par sa bonté, il face voire démostrance de Moïs, s'il est teux come il fait samblant. Lors s'aparut la voiz du saint esperit à Joseph et dit : « Joseph, or est venuz li tens qui tu verras ce que je t'ai dit du siège qui est entre toi et Bron ; tu proies por Moïs et tu cuidois et ceux qui t'en ont proié, que il soit teux comme il fait semblant, il atant la grâce que il cuide avoir. Saille avant, si sièce à la grâce et lors verra que il devandra. » Einsi come la voiz ot comandé à Joseph et Joseph le fist à ceus qui de Moïs l'avoient proié. « Et dites à Moys que s'il est teux que il doi avoir la grâce, si comme il fait semblant, nus ne li puest tollir, et se il est autrement que il ne soit teux, qu'il ne vienge yà ; quar il n'en puet nulli traïr si bien comme lui-meisme. » Cil alèrent à lui, si li distrent : « Qant Moys l'oï, si en fust moult liez et dit : Je ne doi [1] riens solement fors le congié de Joseph, que je n'o soie teux que je ne doie bien entier [2]. » Et il li responent : « Son congié as-tu, fais, lor lais [3]. » Lors le prenent entre els, si en font moult grant joie et l'ameinent au service. Qant Joseph l'oï, si li dit : « Moys, Moys, ne t'aporchier mie de chose dont tu ne soies dignes : guardes que tu soies teux come tu fais samblant. » Et Moys respont : « Si voirement comme je sui bons, me doint Deux durer en ta compaingnie. » « Or va avant, dit Joseph, si tu es teux come tu dis, nos le verron yà bien. » Lors s'asist Joseph, et Bron et chascun en son leu come il durent.

---

[1] Je ne doute rien.

[2] Que je ne sois tex que je ne doie bien estre.

[3] Phrase bien elliptique. Voir le Ms. C.

Qant il furent tuit assis et Mois fust en étant et ot
poor et ala entor, ne il ne trove où il s'asièce fors lez
Joseph; si s'asiest et qant il fust assis, si fut fonduz
maintenant, ne ne sambla que oncques ieust estet.
Qant cil qui séoient à la table virent ce, si en furent
esmaié, de celui qui si tout fust perdu entr'els.
Einsi furent à cele servise toute jor et qant il furent
levez, Petrus palla à Joseph et dit : « Sire : or ne fumes
nos oncques mais si esguarrez comme or soumes ;
nos te proions por toutes ces virtuz que tu croies se
il te plest et tu ouses, que tu nos dies que Moys est
devenuz. » Joseph respont : « Je sai mie, mès se à
celui plet qui tout nos a moustré, nos sauron le sor-
plus. » Lors vint Joseph tot sol plorant devant son
vessel et si s'agenoille et dit : « Beaux sire Dex! moult
sunt bones vos virtuz et sages voz ovres! Sire ausi
vraiement come vos préistes char en la virge Marie,
et naquistes et venistes en terre por soffrir touz tormenz teriens, sire, comme vos soffristes mort et einsi
vraiement comme vos me sauvastes en la prison où
Vaspasiens me vint querre par votre comandement,
et me déites que, par tantes foies comme je seroi
encombrez, que vos vendriez, à moi : Sire je vos prie
et requier que vos, de ceste poine, m'otez de la cui-
dance et me metez en vraie novele, que il est devenuz
en vroi savoir; que je le puisse dire à cez genz à qui
vos donnez votre grâce en ma compaingnie. »

Lors s'aparust la voiz du saint esperit à Joseph et
dit : « Joseph, or est avenu la sénéfiance que je te dis
qant tu fondas ceste table, qant li leus qui lez toi
seroit vuit en remembrance de Judas qui son siège
pierdi, qant je dis qant il me traïsoit et dis que ses

leus ne seroit mais rempliz devant le jor du jugement, que tu le ramplirais qant tu reporterois la
conoissance de ma mort. Et einsi dis-je que cest
lieus ne seroit rampliz jusque li tierz home de ton
lignage le rampliroit et ce iert le fiz Bron et d'Auni-
geus donc issir doit cil qui de son fiz istra, ramplira
ce leu et .I. autre qui en leu de cestui sera fondez.
Cil de qui tu demandes qui si asist, que tu ne sés
qu'il est devenuz, je le te dirai. Qant il remest des
autres qui s'en alèrent, ne fist-il si por toi non engignier qu'il ne creoet pas que cil qui estoient en ta
compaingnie eussent la grâce comme il avoient, ne
ne remest que por engignier ta compaingnie et bien
saches que il est fondus en abisme, ne jà de lui n'iert
plus parole tenue devant ce que cil qui l'amplira, le
truist ; et là où il le trovera, si s'en rapantira des
déliz terriens et de cestui ne doit estre plus loncement pallé, que il vivra encor sanz puissance ; et cil
qui recreront ma compaignic et la toi, si le clameront :
conteor ; mais einsi le conte, et le retrai as desciples ;
et pense que tu as conquis et gaaigniez vers moy. »
*(Ci palle li conte coment la voiz du saint esperit palla à
Joseph et li dit la mauvesté du Moys.)* ( En rouge.)

Eynsi palla la voiz du saint esperit à Joseph et
enseigna la mauvestié de Moys. Et Joseph la reconté
à Bron et à Petrus et as autres desciples et quant il ot
oï et antandu, si dient : « Moult est forte la justice de
seygnor Jhésu-Crist et moult est foux qui, por ceste
chaitive vie, la porchace. » Einsi furent, grant tens,
en cele grâce.

Et Bron et Anygeus orent .XII. fiz qui furent
beaux bacheliers et moult grant et il en furent

encombré et tant que Anygens palla à Bron son seygnor, si li dit : « Sire vos déussez demander à Joseph
mon frère que nos ferons de noz enfanz, quar nos ne
devons nulle rien faire si par lui non est, et par sa
volente. » Et Bron respont einsi : « Comme vos
le m'avez dit aussi le loye[1] et le ferai volentiers. »
Lors vint Bron à Joseph, si li dit : « Sire, je vienc à
vous et si voil bien que vos sach'ez que moi et votre
seror avons .XII. fiz moult bien beaux et moult grant,
si n'i volons mestre nulle autre conseil se par le conseil Deu non et par le vostre. » Et Joseph respont :
« Dex les atort[2] à sa compaingnie et je l'en proierai
moult volentiers. » Lors lessèrent ester jusqu'à lendemain que Joseph vint devant son vessel moult privéement, si li souvint de ses nevoz et proia tant notre
seygnor en plorant, se il le plesoit, que il le féist
aucune démonstrance quel conseil il porrost mestre
et ses nevouz. Qant Joseph so'oroison[3] finie, si se
parust uns anges et li dit : « Joseph, Jhésu-Crist
m'envoie à toi par ceste prioère que tu li as requise
et veut que tes neveuz soient atorné à ta compaingnie
et que il soient desciple et que il aient mestre sor aux,
et qu'il gaaignent le terrien mestier et qu'il aient
fames qui avoir les voudra et cil ne voudront nulle
avoir[4], si seront mariez[5], si commande au père et
à la mère que celui t'ameinent que ne voudra fame

---

[1] Le loue.

[2] « Atort » de « atorner. »

[3] Ot s'oraison finie.

[4] Lacune : « si seront deciple à son service faire. » Ms. C.

[5] L'autre partie en seront mariez.

avoir et qant il sera venuz à toi, si veen après devant
ton vessel et lors orras la parole Jhésu-Crist qui
pallera à toi et à lui ensemble. »

Qant li anges ot pallé à Joseph, remest moult liez
et moult joianz del bien qu'il ot oï que si neveu
auroient, si s'en revint à Bron et li dit : « Bron! Tu
m'as demandé conseil de mes neveuz et de tes fiz, je
voil que les atornes au leu terrien et à la loi de maintenir et voil qu'il aient fames et enfanz, si come autre
gent devent avoir; et s'il en jà null qui fame ne voil
avoir, si le m'ameine. » Et Bron respont : « Sire au
plésir Deu et au commendement de Deu et à votre
soit-il. » Lors vint Bron à sa fame, si li conta ce que
Joseph li avoit dit. Qant la mer l'ot oï, si en fust
moult liée et dit à son seignor : « Sire, hastez-vos de
çe faire, que mes frères vous comande au plus tot que
vos porrez. » Lors palla Bron à ses fiz et lor dit :
« Beaux fiz, quel gent volez estre ? » Et il respoñent li
plus d'aus : « Teux come vous voudrez. » Je voil dit
Bron que tuit cil qui fames voudront avoir, qui les
aient et qui les tiegnent bien et loiement ausi come
j'ai tenue votre mère ; » et qant cil l'oïrent si en furent,
moult liéez et distrent : « Sire ! nos ferons votre
comendement sanz trépasser. » Lors porchaça Bron et
loing et près que il eussent fames au comendement de
saint église. Li dozesme de ses fiz ot non Alain le
Gros; cist ne vot fame prandre et dit qui le devroit vif
escorchier, ne prandroit-il nulle de ces fames. Qant
li pères l'oï, si s'en merveilla moult et li dit : « Beaux
fiz ! por quoi ne prenez vos fame, si comme noz
frères? » Et il dit : « Sire ! je ne puis avoir nul talant ne
jà nulle de ces fames n'aurai. » Einsi maria Bron ses

enfanz les .XI.; et le dozesme remena arrières à
Joseph et dit : « Sire, vez-ci vostre neveuz qui, por moi
ne por sa mère, ne veut fame prandre ; » et lors dit
Joseph et rist à Bron : « Cestui m'adorrez-vos [1] entre
vos et ma seror ? » et il respont : « Voire, sire, moult
volentiers si l'otroie, » et qant Joseph oï que li fust
donez, si en fust moult liez. Lors prist Joseph [2] son
neveu entre ses braz, si le baisse et acole et dit au père
et à la mère : « Alez-vos-en, quar il me remaindra. »
Lors s'en ala Bron et sa fame et li enfanz remest aveuc
Joseph, et il li dit : « Beaux chière niés, grant joie
devez avoir, quar nostre sires vos a esleu à son servise
faire, et à son non essaucier; beaux douz niés, fet
Joseph, vos serez chevetaignes et [3] voz frères; or ne
vos movez de delez moi et si oïez la virtu que Jhésu-
Crist notre sauveor, se li plest qu'il parot à moi; » lors
proia Joseph notre seignor que si, li plesoit, que il li
féist une démostrance de la vie de son neveu.

Qant ot s'oroison finie, si attandi la voiz qui li dit :
« Joseph ! te niés est simples et chastes et bons et
il te croira de toutes les choses que tu li enseigneras.
Et li di et conte l'amor que je oi en toi et que je ai
encor et por quoi je veing en terre, coumant je
te fui donez et comant tu me méis en ta pierre, et
comant tu me lavas et comant tu eus mon vessel,
et comant tu eus le sanc de mon cors, et comant
tu en fus mis à mort, et comant je te confortei, et
comant je te secoru, et quel don je te donai et à ceus

[1] Cestui me donrez-vos.
[2] Alain.
[3] De toz.

qui de ton lignage isteront, et à ceux qui sauroient
raconter et qui aprandre le porroient et dire l'amor et
la vie que je ai en toi : et saches bien et sois remem-
branz et di à ton neveu que je t'ai doné acompleissement de cuer donc me [1] en ta compaignie et à touz
ceus qui l'auront [2] raconter bien perfectement noz
paroles et doner grâce et plésance au siècle de ceus
qui bons seront [3] et guarderez lor droiz héritages
que il n'en porront estre fors jugeez à tort et lor guarderez [4] lor cors de vergoigne et lor droites choses
dont sacremenz soit fait en mon non. Et qant li
auras tot ce mostré et enseignié, si li mostre du
vessel et li di que li sanc qui dedanz est, est de moy
et ce sera afermement de sa créance ; et mostré et
enseigné comant li anemis enginè ceus qui [5] moy
se tienent et que il meismes se guart de l'anemi,
qui ne soit jà en si grant ire, ne enorbetés que
il ne voie cler; et li di qu'il teingue entor soi la
chose qui plus l'ostera de maveisse pensé et d'ire,
et qu'il n'ait riens chière encontre ses choses et
que se il guait que la joie de la char ne l'enguist et
que la joie n'est preuz qui torne à duel. Et qant tu li
auras toutes ces choses dites et montrées, si li comande
et prie que il le retraie à touz ceus que il amera et
que il cuidera à prodes homes et par tout là où il

[1] D'omme en ta compagnie.

[2] Qui pourront.

[3] Et cil qui de boen cuer l'orront, mieux en garderont lor
droiz.

[4] Et mieux en garderont leur cors...

[5] On a ajouté *o* entre les deux mots « qui moy » (qui o moy
se tiennent).

ira, parout de moi et de mes ovres et qant il plus en
pallera et plus li enbelira, et li di que de lui doit issir .I.
heir males à qui mes vesseaux doit repérier et com-
made les guardes de ses frères et de ses serors en loi,
et qui s'en aut en occident et ès plus loigtaines parties que il trovera et en touz les leus où il vendra,
essauce mon non et die à son père que li doint sa
grâce ; derreinement fait la voiz qant vos serez tuit
ensemble, si verrez une clarté venir entre vos et
aportera .I. brief. Cel brief que il aportera, si baille à
Petrus et li comanderas que il s'en aut en iceles parties que il cuidera que mieudres li seront et je ne le
oblierai mie et qant tu li auras comandé que il te dira
que il s'en ira ès vaux d'Avaron, et iceles terres crue-
rent toutes vers occident ; et lors li commadera la
voiz là où il s'arrestera et que il attande le fiz Alein.
Ne il ne porra aler de vie à mort devant qu'il ait celui
qui le brief lirra et enseignera et dira la force et vertuz de ton vessel et cil qui vandra li dira novelles de
Moi [1] et qant il aura iceles choses oïes et veues, si
trespassera et vandra en gloire.

« Qant tu li auras ce dit et il à toi, si envoie tes
neveuz et lor die toutes ces paroles. » Et tot cest enseignement oï Alain, et si en fust moult convertiz et plain
de la grâce du saint esperit. Et qant Joseph ot oï et entendu ce que la voiz li ot dit, si parole à son neveu ; si li
reconte toutes iceles paroles que il sunt dès qu'il fust
véez de Jhésu-Crist : qant il ot moustré et enseignié,
si li dit : « Biaux douz niés, moult devez bien estre
bons qant nostre sires vous a tant doné de sa grâce. »

---

[1] Nouvelles de Moÿse.

Lors l'amena Joseph arrières à son père et li dit : « Bron ! cist sera guarde en terre de ses frères et couvient qu'il le creioient et qu'il se conseillent à lui de toutes les choses dont il seront en doutance et [1] il le croient, quar bien lor vendra ; et si li donez, voiant aux, vostre grâce ; si l'en croiront et amerront plus, et il gouvernera moult bien tant come il le voudront croire. »

L'andemain, vindrent tuit au servise et la clarté lor aparut et lor aporta le brief et qant ils le virent tuit ensamble et sor la table, si le levèrent et Joseph li prist et apela Petrus et li dit : « Beaux amis chières, Jhésu-Crist nostre pères qui nos raainst de peines d'anfer vous a eslit à son message faire et aporter cest brief là ou vous voudrez. » Qant Petrus l'oï si dit : « Je ne cuidoi mie estre teux que il méist son message sor moi sanz comandement. » Et Joseph dit : « Meuz vous cognoist-il que vos meismes ne vos cognoisiez ; mès tant vos prion-nos, par amor et par compaignie, que vos dites que par votre courage est à aler. « Et il respont : « Je le sai moult bien, oncques message ne véistes plustout eschargié que cestui ; je m'en irai, fait-il, es-vaux d'Avaron, en .I. fontain [2] leu, vers occident ; illeuc attandrai la merci de mon sauveour : je vos pri à touz que vos priez votre seygnor que il ne me doint ne force ne poer ne volente d'aler ne de faire ne de dire chose qui soit contre sa volenté, ne que anemis ne me puisse engigner, par quoi je perde la soe amor. » A donc responent tuit si compai-

[1] Que.
[2] Lontain. Soutain.

gnon : « Si voirement comme il faire le péust, t'en
guart-il, Petrus. » Lors alèrent tuit ensemble chiés
Bron et pallèrent à ses enfanz. Si les apele Bron et
dit : « Vos estes tuit mes fiz et mes filles en loi, en vous
sanz obédience ne poeiz avoir la joie de paradis et por
ce, voil que vos obéissez tuit à l'un de vos et tant come
je puis doner de bien et de grâce doins-je à mon fiz
Alain et li pri et comant qu'il vos ait touz en guarde
après Deu et vos comant que vos li oboissez si come
vos devez faire à votre seygnor et que vos de toutes
les choses dont vos serez encombrez, vos conseilliez à
lui et li vous endrecera, et si guardez que jà nulle
chose ne prenez sor son comandement. »

YNSI se despartent li enfanz de chiés lor père
et orent grée que il le croioirent de toutes
choses ; et einsi les amaine Aleins en estranges
terres et par toutes les terres où Helains venoit,
et à tout les prodes homes et les prodes fames que il
trovoit, palloit et retraiot la mort Jhésu-Crist en son
nom. Einsi ot Alains bone grâce de Deu come nus
home puest avoir graignor. Cil s'en sunt alé et parti,
mès d'els ne voil, plus paller, tant que li droiz contes
me ramaint à eles.

Qant cil s'en furent aléez, Petrus apela Joseph
et tot ses autres compaignons et lor dit : « Seignors,
il convient que je m'en aille au comandement
Jhésu-Crist. » Lors vindrent tuit en .I. courage et
proient Petrus que il remaingne ; et il respont :
« Je n'ai talent de demorer et por l'amor de vos
remaindrai huimès et demain jusqu'à près le servise. » Einsi remest Petrus et nostre sires qui avoit

tout esguardé comant il devoit estre, si envoia son
message à Joseph et dit à Joseph : « Ne te esmaier
mie, il covient que tu faces la volonté Jhésu-Crist et
retraie l'amor de toi et de lui ; et Petrus s'en redoit
aler. Et sez-tu porquoi le talent vos vint à touz ensemble que vos le reteinssiez hui, notre sire le voloit
einsi que il puisse dire vérité à celui por quoi il
s'en vait, qant il verra de ton vessel et des autres
choses qui ont comencent[1] que les fins aient. Nostre
sires set bien que Bron est moult prodome en lui,
quar il veut que il soit guarde de cest veessel après
toi et que li dies et apran comant il se devra contenir et toutes les amors de toi et de Jhésu-Crist et
comant tu l'amas et il ama toi et touz esremenz
que sez de lui, dès que tu nasqui, si que tu l'afermes
bien en droit créance et li conte comant il t'aporta
cel vessel et les paroles que il palla à toi en la
chartre ; ce sunt iceles saintes paroles que l'en tient au
sacre du Graal. *Li conte a dit comment Joseph a raconté
à Petrus de la mort de Jhésu-Crist. Après il dira comment il baillera à Bron son vessel et la comandera à
guarder.* (En rouge.)

« Qant tu auras ce apris et mostré à Bron, si
comande le vessel et le guarde et illeuc en avant sera
la[2] prison sor lui ; et tuit cil qui orront de lui paller
le clameront le riche péchéor por le poisson que il
pêcha. Einsi le covient estre, que ausint comme li
monde vait et va en avalant covient-il que toute ceste
gent se retraie en occident. Sitot come li riches

---

[1] Commencement.

[2] La mesprison. (Ms. C.)

péchéors sera saési du vessel et de la grâce, si covandra que il attande le fiz de son fiz et que il iceste
grace, icest vessel que tu li comanderas, que icelui
le rende et le recomant. Et qant il sera tens, que il
le (te) devra avoir, et lors sera acomplie entre vous
la sénéfiance de la trinité qui est par .III. persones.
Lors sera du tierz au plésir Jhésu-Crist qu'il est sires
de toutes choses. Qant tu li auras cel vessel bailliez
et rendu et comandé la grâce en tu en seras désaésiz,
lors s'en ira Petrus et porra dire voirement que il
en aura veu saési le riche péchéor et ce est la chose
por qoi il remaint jusqu'au l'andemain. Et qant
Petrus aura ce veu, si s'en ira et li riches péchéors
sera saésiz du vessel. Si s'en ira par mer et par terre
o tot son vessel, et cil qui toutes bones choses (a) en
guarde le guardera. Et tu Joseph, quant tu auras tot
ce fait, si prandras fin du siècle terrien et vandras
en joie pardurable et tu, ta ligniée de tes heirs et la
ligniée qui de ta seror istra et est issue sera touz-
jorzmais essauciée et tuit cil qui auront pallé à aux
en seront plus amez et chier tenuz. » Einsi le fist
Joseph, comme la voiz du saint-esperit li ot comandé.
L'andemain rasamblèrent tuit au servise et Joseph
retrait à Petrus et à Bron ce que la voiz du saint-
esperit li ot coumandé, touz, fors les paroles que Jhésu-
Crist li avoit aprises en la chartre; et iceles paroles
aprist-il au riche péchéor en tele manière qu'il les
avoit escrites, si li mostra l'escrit privéement.

Qant tuit li autre orent oï et attendu que Joseph
departiroit de lor compaignie, si en furent moult
esmaié et Petrus qant il oï que Joseph s'en fust désai-
siz et il en ot véu saési le riche péchéor, si prist

congié. Qant il furent levez si s'en ala sanz aux,
congié prandre : si ot ploré et souspiré maintes lermes par grant humilité et fait oroisons et proières por
Petrus, que Dex les menast en tel leu qu'il fust à son
plésir et à sa volenté. Joseph remest ansamble ou le
riche péchéor et fust en sa compaignie .III. jors.
Lors dit Bron à Joseph : « Sire .I. grant talent me
vient que je m'en aille, plest-vous-il que je m'en aille? »
et Joseph respont : « Il me plait bien qant que plait
à notre seygnor; tu sés bien que tu enportes et en
quel compaignie tu vas, ne nul des autres ne set
si apertement comme je et tu le savois, tu t'en iras
qant tu voudras, et m'en irai el comendement de mon
sauveor. »

Eynsi se despartirent Joseph et Bron ; et Joseph
s'en ala en la terre et el païs où il fust nez et ampris
la terre. Dit ore que qui bien voudra savoir ceste
conte, il li couvendra à conter où Alain le fiz Bron
devint et où il est alez et où il sera trovez et quele
vie il mena et quex heirs istra de lui et si covendra à
celui qui cest conte voudra savoir la vie Perron et
où il est alez et où il sera trovez ; et si covandra que
il sache que Moys et devenuz et qu'il le puisse trover
par raison des paroles et qu'il sache où li riche
péchéor s'en va et qu'il sache mener celui qui aler
doit par raison. Toutes ces .IIII. parties, je resam-
blerai aprises d'une sole partie et traites, ce est Des[1]
le puissanz de toutes choses. Et covendra à conter de
la ceine meismes[2] et ces .IIII. lessier tant que je

[1] Ce aïst Dex.
[2] De la cinquième.

reveingne à ces paroles et à cestes hoière [1] chascune par soi; et si ge lessoie à tant, nus ne sauroit que toutes ces choses seroient devenues, ne por quel sénéfiance je les auroie départies. *Ci paroles li contes coment déables furent corrociez por ce que Jhésu-Crist remist ses amis poines d'enfer.* (En rouge.)

Mult fust corrociez anemis..........

---

[1] Hystoire.

SUIT LE MERLIN.

# MANUSCRIT DU PETIT SAINT GRAAL

## ET DU

## MERLIN

### Appartenant à M. HENRY HUTH

#### NÉGOCIANT A LONDRES.

———

( Nous n'avons eu en communication qu'une copie quelquefois fautive de ce manuscrit; nous indiquons, plus bas, les
erreurs les plus graves du copiste; quelques-unes de ces
fautes peuvent être dans l'original. )

Ducange paraît avoir mis la note suivante en tête du Ms. H.:
« Messire Robert de Bourron ou de Berron est auteur de cet
« roman. Il se dit compagnon en armes de messire Hélies
« qui a fait celuy de Lancelot du Lac. » ( Nous avons
reproduit plus haut le passage du roman de Tristan où
Ducange aurait puisé ce renseignement.)

Au dessous est le mot « Corbière. »

———

Le premier feuillet manque.

La première colonne du deuxième feuillet commence
ainsi : « fust boins desciples Jhésu-Crist. Et quant
Judas les vit tous taire, si parla et lour dit : « Pourcoi

estes-vous chi assamblé? » Et il li dirent : « Où il est Jhésu-Crist ? » Et Judas lour dist le liu où il estoit et pourcoi il estoit là venus. Et quant li Juif entendirent qu'il enfraingnoit la loy, si en orent moult grant joie et li disent : « Judas, car nous ensegne comment nous le porrons prendre? » Et Judas respont : « Je le vous venderai, si vous volés. »

E manuscrit paraît plus moderne que celui de Paris, il abrévie certains passages; d'un autre côté la copie paraît altérer l'original dans quelques endroits, ainsi on lit (page 2) : « Et si gardaissent bien que il ne pasissent Jake. » Notre Ms. de Paris dit : « Que il se gardassent bien que il ne préissent se lui non, et que il ne préissent Jaque en leu de lui. »

Le Ms. Huth dit plus bas : « Et Judas respondit : « Chelui que je baiserai premiers : » Celui de Paris met : « Et il lor dit : « Celui cui je baiserai, prenez. »

Le Ms. H. dit ensuite : « A ches paroles et à tout che fait faire fu Joseph de la irmathie qui moult en pesa, q is il n'en osoit plus faire. »

Le Ms. de Paris met plus correctement : « A ces paroles dire et à toz ces affeires fu Joseph d'Abari-mathie à cui moult en pesa; mès il n'en osa plus dire ne plus faire. »

Le Ms. H. met comme le Ms. D. et le poëme : « Le jeudi au soir fu nostre sires chiés Symon le liépreus. » Nous avons vu plus haut que le Ms. C. dit : « Lou mercredi à soir fu nostres sires chiés Symon lou liépreux. »

Dans le Ms. H. on lit ensuite : « Et lors moustra

examples que je ne vous puis ne ne doi recraire. »
Celui de Paris met plus correctement : « Et lor
mostra essamples que je ne puis ne ne doi toz
retraire.. .. »

Ensuite le Ms. H. semble avoir une légère lacune...
« Tant vous puis-je bien dire que avoec lui mengeoit
et buvoit qui le traïroit. »

Le Ms. C. met : « Que *il dist que* avoc lui menjoit
et bevoit qui lou traïroit. »

Puis vient un passage incompréhensible dans le
Ms. H. : « Et si en demandèrent nouvieles, la soir
que il n'i avoient coupes et si dist Jhésu-Crist. »

Le Ms. de Paris rétablit le texte ainsi : « Et si en
demendèrent noveles, et à cels qui n'i avoient corpes,
lou dist Jhésu-Crist. »

Plus loin le passage : « El sire sires l'en doune
congié » est simplement interprété ainsi dans le Ms.
de Paris : « Et il l'en done lou congié; » il faut peut-
être : « Et ses sires l'en doune congié. »

L'expression elliptique du texte de Paris : « Cest
essámples est Perron » est conservée dans le Ms. H. :
« C'est li examples Pierron. »

Le Ms. H. supprime ce passage : « Et en ces autres
péchéors se porront les autres genz laver qui seront
ort. »

Le Ms. H. met ensuite : « Chis examples est Pier-
coi et as autres menistres. » Il faut évidemment,
comme dans le Ms. de Paris : « Cist essamples est
Perron et as menistres. »

Ensuite vient une phrase inintelligible dans le
Ms. H.: « Qui sont en sainte Eglyse et en son nom, cil
seront ort, et en lour ordure laveront les péchéours ; »

le texte de Paris donne ceci : « Et as menistres de sainte Eglise, dont il i aura moult des orz, et en lor ordure laveront-il les autres péchéeurs. »

Mais ici l'on rencontre un passage qui manque dans le Ms. de Paris : « Tout aussi ne porroit nus de nous savoir qui me chraïra, se on ne li avoit dit, fors cil meismes qui l'a em pensé. » Il semble que cette phrase se rapporte à ce passage assez obscur de la version poétique :

> Aussi les péchiez ne set mie
> De nului devant c'on li die,
> N'il des menistres ne sarunt
> Devant ce que il les dirunt.

Il est probable qu'au lieu de « chraïra » il faut lire dans le texte « traïra. »

Une autre faute de copiste doit exister dans cette phrase : « Ensi monstra nostre sires cest example à saint Jehan telle ange liste. »

Le Ms. de Paris dit simplement : « Ensinc mostra nostres sires Jhésu-Criz cest essample mon seignor saint Johan évengéliste. »

Plus loin le Ms. H. met : « Quant li maisons fue phe et que Judas vit.... »

Le Ms. de Paris porte : « Et qant Judas vit que la mesons ampli et que cil. » « phe » est sans doute pour « pleine. »

Le Ms. H. met ensuite : « Ensi firent li Juif grant *pitié* de leur volonté de Jhésu. » Celui de Paris rectifie cette lecture : « Et ensinc firent grant *partie* de lor volonté de Jhésu. »

Le Ms. H. se reprend encore à la version rimée en cet endroit peut-être mal lu : « Anici li foibletes de la justiche et chou qu'il ne voloit pas aler contre ses Juis, de lour volenté faire, si le souffri ensi. »

Le texte en vers avait dit :

> Meis trop feule fu la joustice
> Dont mout de seigneur sunt en vice, etc.

Plus loin, la qualité de Pilate, très-nettement exprimée dans le texte en prose de Paris : « Et Pilate lor dist étant come prevoz, » n'a pas été saisie : le Ms. H. doit être lu ainsi : « Et Pilate dist as Juis comme prévos qu'il estoit…. »

Plus loin, au lieu de : « Et il restrient trestout ensemble, » lisez : « Et il s'escrient trestout ensamble. »

Au lieu de : « Et quant Joseph le sot, si en fu trop tristre et mes, » lisez probablement : « Trop tristre et iriés. »

Au lieu de : « Sire je vous ai servi moult longuement je et nu chler, » lisez : « Je et mi chivalier. »

La phrase : « Et Joseph respont : Sire, grand mchis » doit être évidemment rétablie : « Sire, grand merchis. »

Au lieu de : « Le cors dou prophète que li Juif ont là fors mordre à tort, » lisez sans doute : « Ont là fors mordri à tort. »

Au lieu de : « Et Pilate s'esmerveille de chou qu'il li ot si poure non demandé, » lisez : « Si poure don demandé. »

Au lieu de : « Si seront, » lisez : « Si feront. »

Le passage suivant offre une suppression qui est à noter. Elle porte sur le mot « despit » : « Et lors « s'entorna Joseph ; si vint droit à la crois et quant « il vit Jhésu en la crois si en ot moult grant pitié. »

Le texte de Paris dit : « Et vint droit à la croix que *il apeloient despit,* » offrant ainsi une glose redondante existant aussi dans la version poétique qui avait dit un peu plus loin :

> Pilates m'a cest cors donné
> Et si m'a dist et commandé
> Que je l'oste de cest despit.

Cette suppression des mots : « Que il apeloient despit » se fait aussi remarquer dans le texte du *Grand Saint-Graal* de la Bibliothèque du Mans qui *rappelle en tous points le texte de M. Huth.*

Du reste, le mot « despit » se retrouve plus loin dans le Ms. de M. Huth, comme dans le Ms. du Mans.

Le Ms. H. dit : « Pylates m'a douné le cors de cest prophète pour oster de cest dépit. » Le Ms. du Mans porte aussi : « Pylate m'a douné le cors d'icel home pour oster d'icest despit. »

Le mot « despit » ne semble pas d'ailleurs déplacé ici, car il signifiait, ainsi que nous l'avons dit, un état de mépris poussé jusqu'à la violence.

Au lieu de l'expression : « Nos vos ocirrsiens encois » du Ms. de Paris, le Ms. H. met : « Nous vous ochirrons anchois, » comme le *Grand Saint-Graal* du Mans qui porte : « Nous vous ocirons anscois. »

Le mot « despit » qui revient encore dans le Ms. de Paris dans cette phrase : « Et li coumenda que il alast avec Joseph au despit et lou cors Jhésu en ostast, » est supprimé dans le Ms. H. qui porte : « Et li commanda que il alast avoec Joseph et que il meismes ostast le prophète de la crois. »

Plus loin, une phrase du Ms. H. semble incorrecte :
« Joseph vous m'avez moult cest prophète demandé ; »
le Ms. de Paris porte : « Joseph, vous amiez moult
cele prophète. »

La version poétique donne le même sens :

> Et dist moult amiez cet homme.

Enfin le Ms. du Mans dit : « Et li demanda se il
amoit moult le prophète. » Il semble donc que le
Ms. H. a été mal lu.

Le Ms. H. dit ensuite : « Je ne voel nient détenir
de chose qui siue soit ; » lisez : « Qui suie soit. »

Plus loin le Ms. H. s'exprime ainsi : « Et Nichodemus dist as Juis : » « Vous avés tort ; vous avés
fait de cest homme che qui vous plaist et canques
vous demendastes à Pylate, et je vois bien qu'il est
mors et Pylate a donné le cors à Joseph et m'a coumandé que je lui le baille. »

Le Ms. de Paris repète ici le mot « despit » : « Et m'a
comendé que je l'ost dou despit et que je le li bail. »
— Le Ms. du Mans donne un moyen terme : « Et m'a
coumandé que jou l'oste ; » sans mettre le mot
« despit. »

Dans la phrase suivante du Ms. H. : « Et quant Nichodemus les ot, si respont que il ne l'aura nient pour
eus ; » il faut évidemment restituer ainsi le texte : « Et
quant Nichodemus les oï, si respont que il ne laira
nient pour eus. » Le Ms. du Mans porte : « Que il n'el
lairoit jà pour yaus. » Et cette leçon est conforme à
la version poétique et au *Petit Saint-Graal* de Paris.

Après que Joseph eut enlevé le corps de la croix,
le Ms. H. dit : « Et le mist à terre, l'enporta à son

hostel et le mist en une pierre moult doucement. »
Cette dernière phrase semble ou mal lue ou incorrecte. Il n'est pas question de ce transport dans
l'hôtel de Joseph. La version rimée, comme le texte
en prose et le *Saint-Graal* du Mans, ne parle que
de la déposition du corps à terre et de son lavage.

Plus loin le Ms. H. porte : « Et li membra de
la pierre qui estoit fendue au pié de la crois pour *la
goute de sanc* qui sur li chaï. »

La version poétique avait dit :

> De la pierre a donc li membra
> Qui fendi quant li sans raia
> De son costé où fu féruz.

Le Ms. du Mans porte seulement : « Et li menbra
de la pière qui avoit estet fendue au piet de la crois
pour l'autre sans qui fus espandi. »

Le Ms. H. dit ensuite : « Et quant li sans fu
recheus dedens le vaissiel, si mist Joseph le vaissiel
lès lui, *en la pierre*. »

Le Ms. du Mans dit seulement : « Si le mist lès
lui; » la version poétique avait été encore plus laco-
nique : « Et et en lè. »

La version poétique avait dit ensuite :

> Et en une pierre le mist
> Qu'il à son wès avoit eslist.

Le Ms. du Mans avait répété cette idée d'élection :
« Et puis le mist en un pierre que il ot quise à son
oës. » Le Ms. H. ne parle pas de ce choix qu'avait
fait Joseph d'un sépulcre pour son propre usage. —

Le Ms. de Paris développe cette pensée : « Et puis lou mist en une pierre qu'il avoit gardée moult longuement por lui metre qant il morroit. » Voici la version du Ms. H. : « Et prist le cors Jhésu et l'envelopa d'un riche drap et le recoucha en la pierre et le couvri moult bien. »

Puis vient un passage incompréhensible dans le Ms. H. : « Si firent aorin une pitie daus et le firent gaitier là où Joseph le mist. »

Il semble qu'on doive ainsi reconstruire ce texte : « Si firent armer une partie d'aus et le firent, etc. »

En effet, le texte de Paris porte : « Et il si firent de genz armées une partie et Joseph s'en ala. »

Plus loin, le Ms. H. paraît devoir porter, au lieu de : « Se che est vous que il soit résuscités, » ces mots : « Se che est voirs que il soit résuscités. »

Ensuite le même Ms. offre la variante ci-après : « Et se il dient : nous le fesime gaitier là où nous le mesimes ; demandés à nos gaites, et li un d'iaus respont. »

Dans cette phrase du Ms. H. : « A che conseil ot Nichodemus amis qui li firent sauour et il en fui. » Il faut évidemment lire : « A che conseil ot Nichodemus amis qui li firent savoir, et il s'en fui. » Conformément aux Mss. de Paris et du Mans qui tous deux donnent cette version.

Dans ce passage du Ms. H. : « Lors le firent viestir, si l'enmenèrent chiés .I. des plus haus hommes *de latre*, » lisez sans doute « de la terre. » Le Ms. de Paris porte : « Chiés un des plus riches homes qui fust en la ville. » Le Ms. du Mans nomme cet homme « l'envesque Caïfas. »

La phrase suivante du Ms. H. : « Et Joseph respont comme cil qui riens ne savoit : Je voel si plaist au signour pour qui je sui en prison, que je imiure et l'ocroi bien, » doit évidemment être lue ainsi : « Que je i muire et l'octroi bien. »

« Ensi fu perdus Joseph grant piethe ; » lisez : « grant pièche, » conformément au Ms. de Paris.

Au lieu de : « Et orent enfans de ligiue ; » lisez : « Et orent enfans de lignée, » conformément au texte de Paris qui donne : « Si orent enfanz et lignées. » Le passage suivant très-développé dans le Ms. de Paris est réduit à ces mots dans le Ms. H. : « Et quant il morurent, si les vaut avoir anemis et tant que il plot à mon père que je vieng en terre et nasqui de la Vierge Marie, par chou que par feme avoit porcachié li anemis qu'il éust les armes ; et, tout aussi comme par femes estoient les armes en prison, convenoit-il que elles fuissent délivrées et rayensés par femme. »

Le texte du Ms. H. dit comme le Ms. de Paris : « Joseph mes amis est bons avoec mes anemis et le pués véoir à toi-meismes. »

Mais ensuite on y lit : « Car chose qui est aparte, ma mestier sénéfiance. » Il faut évidemment rétablir ainsi : « Car chose qui est aperte n'a mestier sénéfiance. » (Car ce qui est apparent n'a pas besoin d'être démontré ) ; le texte de Paris porte : « Car la chose est aperte, bien en est mostrée la sénéfiance. »

La version rimée avait dit :

> ..... meis quant avenue
> Est aucune descouvenue
> N'i ha mestier sénéfiance.

Ce n'est pas la première fois que nous constatons que le Ms. H. suit assez exactement cette version.

La phrase : « Ha ! biau sire, fait Joseph, ne dites mie que vous soues uuens ; » doit être lue : « Ne dites mie que vous soiiés miens. »

Plus loin, le passage : « Et sachés que nostre amours revenra devant tous et sera moult inuisable as mesire ans que tu auras la biensianche de ma mort en garde ; » doit être lu : « Et sera moult nuisable as mescréans, que (pour car) tu auras la sénéfiance de ma mort en garde. »

Cet autre passage : « Et nostre sire traist à soi le vaissiel précieus, cors quant il les lava, » renferme une ellipse ou une lacune qui rend la phrase incompréhensible si l'on ne la restitue pas ainsi : « Et nostre sires traist à soi le vaissiel précieus, à tot lou saintisme sanc que Joseph avait recoilli de ses précieux cors quant il les lava. »

Plus loin : « Et cil. III. la laveront el non dou père, » lisez : « Et cil. III. l'averont el non dou père. » — « Et nostre sires litent le vaissiel, » lisez : « Li tent le vaissiel. »

Le Ms. H. est remarquable par sa concision, ainsi le passage : « Et nostre sires li dist : Joseph tu tiens le sanc où ces .III. virtus sont, » remplace une phrase assez longue et assez inutile dans le Ms. de Paris.

Plus loin la phrase : « Et sés-tu, dist nostre sires à Joseph, que tu as gaaigniet que jamais ne sera *saccinens* fais que la sénéfiance de l'uevre ni soit, » doit évidemment être restituée ainsi.... que tu as gaaigniet que jamais ne sera *sacremens* fais que la sénéfiance, etc. » conformément au Ms. de Paris et à la version poétique.

La phrase qui suit les mots précédents : « Qui le vaurra connoistre et saura à quoi che porra attendre, » remplace un long passage très-délayé dans le Ms. de Paris.

La phrase : « Tu sés bien que je fui à la chainne chiés Symon et que je dis que je t'avoie trahis, » doit évidemment être rétablie : « Et que je dis que je seroie trahis, » conformément au Ms. de Paris.

La phrase incompréhensible du Ms. H. : « Et ensi sera jusques à la fin dou monde la senefianche dou teuste connue » doit sans doute devenir : « Et ensi sera, jusques à la fin dou monde, la sénéfianche dou t'euvre connue, » c'est-à-dire la révélation au monde de ton œuvre.

Le passage très-elliptique du Ms. H. : « Ensi aprist Jhésu-Crist ces paroles à Joseph que je vous ai retraites et c'est li créanche que on tient au grand sacre dou Graal, » remplacent le passage plus prolixe du Ms. de Paris qui commence par ces mots : « Lors li aprant Jhésu-Crist ces paroles. » — Le mot « sacre » remplace celui de « sacrement » qui est dans ce dernier Ms.

La phrase suivante : « Et je pri à toz cels qui cest livre orront » est presque textuellement reproduite dans le Ms. H.

Le passage : « Je ne t'en mentirai nue de chou que che n'est nue raisons, » doit évidemment être lue ainsi : « Je ne t'enmenerai mie de chou, que che n'est mie raisons, » conformément au Ms. de Paris et à la version rimée.

Dans la phrase : « Car moult sera ta benue et ta delivranche tenue à miervilleuse et à mescréans; » on doit lire peut-être « Ta venue » et « à mescréance. »

Au lieu de : « Et chelui qui delivrer te verra vient en t'amour; » lisez : « Et chelui qui délivrer te venra, teint en t'amour et parole, etc. »

Le Ms. H. reproduit ainsi le passage du Ms. de Paris qui manque dans la version rimée : « En endroit dist li contes que ensi remest Joseph en la prison comme vous aves oï. Ne de ceste prison ne parolent pas li apostle, ne chil qui establirent les escriptures, que il n'en sevent riens fors tant que nostre sires vaut que ses cors li fust délivrés et dounés; auchune amis (peut-être amor) avait-il en lui. Et quant Joseph fu ensi perdus à la veue dou siècle, si l'oïrent bien dire de teus en iot; mais il n'en osoient parler de lui, car ils ne mirent onques riens en auctorité de chose qu'il n'eussent oï ne véu : si ne vaurrent rien de che metre que il ne l'orent véu ne oï ; si ne vaurrent pas metre le siècle en doutance de la foi, ne drois n'estoit mie, et nostre sires meismes le dist en .I. liu là où il parla de la fausse gloire. »

Les expressions : « Ne son cuivre, ne son vivre, ne son estre » ne se trouvent pas dans le Ms. H. qui dit simplement : « Et par forche pour chou que on ne le pooit souffrir, moult en estoit li emperères dolans. »

Dans la phrase : « Et je le serai parler à vous, » du Ms. H., il faut évidemment lire : « Et je le ferai parler à vous. » Et plus loin : « Ales le me tost guerre, » lisez : « Alés le me tost querre. »

La suite est un peu délayée dans le Ms. H. « Et

puis li dist : « Biaus hostes venés ent avoec moi à l'emperéour et li contés chou que vous m'avés dit. » Et li pèlerins dist : « Volentiers. » Lors s'entornèrent et alèrent devant l'emperéour et quant il furent devant lui, si dist li pèlerins : « Sur (sire) vous m'avés mandé; ore me demandés chou qu'il vous plaist. » « Je voel que tu me dies chou que tu as dit à ton hoste; » et il dist : « Sire je le vous dirai volentiers, et tantost l conte tout ensi comme il l'avoit dit à son hoste. »

Deux mots non lus dans la phrase suivante ne permettent pas de bien saisir le sens : « Sire je ame moult Pylate ne je ne q —— rrai jà que si preudomme ne si sage *nue* laissast ochirres Pylate en nule manière se desfendre l'en peut, » lisez : « Ne ne querrai jà que si preudomme ne si sage mire laissast.... » conformément au texte de Paris : « Querrai » pour « cuidrai. »

La phrase : « Je meteroie mon cors et ma teste en aventure que Pylates celera ia » est inconpréhensible; il faut : « N'el celera jà; » le texte de Paris porte : « Que Pylate n'el celeroit jà » et la version poétique :

> Jà Pilates n'ou celera,
> Quant on ce li demandera.

La phrase suivante est aussi mal lue : « Et si cuicrist que qui troveroit rien; » il faut peut-être : « Et si jou creis que qui troveroit; » cependant cette restitution n'est pas certaine parce que le texte de Paris et la version rimée n'aident pas ici.

La phrase : « Que veuls-tu que on fache de ci, » doit être lue : « Que on fache de toi ou de ti. »

La phrase : « Et quant Vespasiens l'oï si se..goi moult et en alega de ces dolours; » doit être com-

plétée de la lettre *s* qui manque dans le mot *s'esgoi*
« si s'esgoi moult. »

Le texte de M. Huth dit aussi comme le Ms. de Paris
« Car il ne savoient si l'enmenroient à Romme *pour
destruire.* » Le *Grand Saint-Graal* du Mans avait dit
déjà : « Car il ne savoient encore se il l'enmenroient
à Roume *pour destruire;* » ainsi voilà trois textes en
prose qui répètent la même terminaison de phrase
qui manque tout à fait, comme nous l'avons vu, dans
la version poétique.

Cette tournure est encore très-elliptique dans le
Ms. H. : « Et je lour dit que se messires m'en deman-
dois riens, *que il fust seur iaus* et il dirent que voire. »
Le Ms. du Mans avait dit : « Et dis se messire m'en
demande riens, sour coi le metrai-je? et ils disent :
sur iaus. »

Le passage : « Et quant il fu mors, je avoie .I. mien
soudoiier en ceste vile qui avoit non Joseph. Chis
fu à mi à tout. V. chlrs, dès que je vieng en ceste
vile. »

Le Ms. du Mans donne la même tournure de phrase :
« Quant il fu mors jou avoie.I.mien soudoier ki estoit
di ceste vile, ki avoit à non Joseph. Cil me siervi à
.V. chevaliers dès que jou ving en cest tere. »

Le mot « despit » se retrouve ici dans le Ms. H. :
« Si l'ot et l'osta dou despit et le mist en une pierre
que il avoit fait faire por lui. »

Le Ms. du Mans donne aussi : « Si l'éust et l'osta
del despit et le mist en une pierre ke il avoit faite
tailler à son oës. »

Le Ms. de Paris met : « A son huës; » c'est le même
mot, au dialecte près.

La version poétique avait aussi employé cette expression, lors du récit de l'ensevelissement de Jésus :

> Et en une pierre le mist
> Qu'il a son wès avoit eslist.

Du reste elle répète ici le mot « despit. »

> Le prophète ostat dou despit.

Le Ms. H. met ensuite : « Ore esgardés, se jou ai tort, » au lieu de : « Se ge oi la force vers els toz » du Ms. de Paris.

Dans le passage : « Et li Juis respondent et dient : Que tu fus li malvais que tu n'en osas rien faire venjanche; » lisez : « Que tu fus si malvais que... »

Puis le Ms. H. développe une idée qui n'est qu'esquissée dans le Ms. de Paris et dans celui du Mans : « Ains t'en pesa par semblant *que nous l'ochésimes*; et *nous l'ochésimes* por chou *qu'il disoit qu'il estoit miex sires de nous que vous.* »

Au lieu de : « Se vous pames que nous l'ochierrimes se nous pooiens, » il faut sans doute lire : « Si vous promis que nous l'ochierrimes, etc. »

Puis le Ms. H., dans sa concision, rapporte une phrase qui, sans son accompagnement, est incompréhensible : « Et li plus sages des messages dist : « Nous ne savons pas encore la forche de la parole; » « lors parlèrent li message as Juis. »

Le Ms. du Mans avait dit aussi : « Et li plus sages des messages dist : « Encore n'ai-jou mie la force de la parole; mais jou lour demanderai. » Evidemment il faut traduire : « Mais je n'ai pas encore attaqué le point principal de la question. »

Puis le Ms. H. améliore au contraire la phrase suivante : « Signour, dont ne le vous juga Pylates tel homme à mort qui se faisait plus *sires* que rois ni empereres. » Le Ms. du Mans avait dit seulement : « Cet homme à mort qui faisoit plus que empereres ; » celui de Paris : « Qui *se* faisait plus que empereres. »

Le Ms. H. met ensuite : « Que il savoit une feme qui avoit une *ymage* que el aouroit. » Le Ms. du Mans avait mis comme celui de Paris : « Qu'il savoit une feme qui avoit .I. *visage* que elle aouroit. » La version rimée dit aussi :

> Ki de lui un *visage* avoit
> Qu'ele chaucun jour aouroit.

Plus loin le Ms. H. innove aux textes ordinaires en mettant : « Et c'il respondit que ele manoit en la rue de la *maistre* escole. »

Le mot « maistre » n'existe nulle part ailleurs.

Plus bas le Ms. de M. Huth se rencontre avec celui du Mans : « J'ai oï dire que vous avés la semblance d'un houme en vo huge. » Celui du Mans avait mis : « J'ai oï dire que vous avés une semblance d'oume en vo huce. » La version poétique porte : « En maison, » et le texte en prose de Paris : « En votre baillie. »

La phrase : « Signour, je ne vaurroie *une* chou que vous me demandés, » renferme sans doute une abréviation qui n'a pas été saisie : « Signour je ne vaurroie *vendre* chou que vous me demandés. »

Plus loin le mot « taurriesnient » doit être scindé en deux et la phrase rétablie ainsi : « Et que vous ne me taurries (pour toldriez) nient de chose que je vous montraisse. »

Le Ms. H. reproduit encore le mot *huge* dans la phrase suivante : « Et Vérone s'en ala à sa maison et vint à sa huge. »

Du reste, la version rimée dit ici :

> Si ha sa huche deffermée
> Et si ha prise la semblance.

Le phrase suivante : « Dites nous ù vous le persistes, » doit sans doute être lue : « Dites nous ù vous le présistes. »

Voici le récit de Vérone dans le Ms. II. : « Il avint chose que jou avoie fait faire un sydone, si le portoie en mon brac au marchié que jóu le vouloie vendre. Si encontrai cheus qui enmenoient le prophête les mains liées et li autre Juif le suioient. Ensi comment je passai par devant lui, si me requist que je li essuaisse son vis et tersisse pour la suour qui li couroit contreval son vis. »

En ce qui touche le verbe *tersisse* le Ms. du Mans avait mis *tiergisse*, le Ms. de Paris *tuersisse*.

La version rimée a simplement dit :

> Au prophète son vis torchasse.

Il y a là, comme nous l'avons dit, une nouvelle preuve de l'antériorité de toutes les versions en prose sur le poëme.

Le mot « toupes » doit être évidemment remplacé par le mot « coupes » dans la phrase suivante du Ms. de M. Huth : « Ne Pylates n'i avoit mie si grans toupes que il cuidoient. »

Au lieu de « seroit, » lisez « feroit » dans la phrase suivante : « Et li dist que bien fust-elle venue et il la seroit riche feme pour chou que elle avoit aporté. »

« Vespasiiens demande où cele samblance avoit esté prise, n'a quel homme elle avoit esté qui magair de plus vil maladie, qui soit chose que nus home terriéens ne pot faire ; » lisez sans doute : « L'a gairi » conformément au texte de Paris.

Le Ms. H. abrége plus loin le texte de Paris : « Mais tel forche et tej pooir a sa samblance que ele m'a gari chou que vous ne autres hom ne péustes faire. »

Le Ms. H. rétablit comme la version rimée, et le texte du Mans, le nom de Véronique altéré par le Ms. de Paris, dans le passage ci-après : « Ensi fu la semblance aportée à Roume que on apièle le Véronique ; » mais il ajoute assez inutilement : « Pour la garison Vaspasiien. » La version rimée dit :

> Vaspasyanus et Tytus
> Ilec ne sejournèrent plus;
> Ainz unt tout lor oirre atournée.

Le Ms. du Mans portait aussi : « Tytus et Vespasianus atournèrent lour oirre... »

Le M. H. met seulement : « Vaspasiiens atorna son oure, » lisez sans doute « oirre. »

Un autre passage abrégé dans le Ms. H. : « Et il respondent tout ensamble : « Che faisoit Pylates vostres baillius qui se tenoit deviers lui et se disoit que il estoit rois desus vous. Et Pilates dist pour chou‹ se il auoit dit chou, n'avoit-il point mort deservie. Et nous disient que si faisoit et que nous ne soufferies-mes pas que nus se fésist sires deseure vous. Et

Pylates disoit que il estoit sires deseure tous les rois. » Ce texte est inférieur comme clarté et logique à celui de Paris.

La fin des révélations des Juifs est la même dans tous les textes : « Si nous en clamons à toi que tou nous en quites des couvenanches que nous i avons. » Ms. H. Le texte du Mans avait dit : « Et si nous en clamons à toi et que tu nous quites de ces convenences. » La version rimée :

> Et vouluns que tu nous en quittes
> Des convenances devant dites.

Le Ms. H. supprime la phrase de Pilate dans le Ms. C. : « Sire ! sire ! or sez tu bien se ge ai nul tort en la mort à la prophêse, » et met simplement : « Si dist Vaspasiiens : Pylates tu n'as mie si grand tort... »

Le Ms. H. met en suite : « Atant fist Vaspasiiens venir grand plenté de ciaus si les fist prendre quatre et .IIII. » Le mot « ciaus » est-il mis pour « chevaux » qui existe dans tous les textes, même celui du Mans qui avait dit : « Et grant plenté de cevaus ? »

Le texte de M. Huth se sert du terme « surrexis » comme celui du Mans : « Et li desciple dient que il l'ont puis veut et que il est surreris » sans doute pour « surrexis. »

Dans la phrase du Ms. H. : « Adont en resist Vaspasiiens une grant partie ardoir, » lisez : « en refist, » conformément au texte de Paris.

Le mot « qurtes » doit être lu « quites » dans ce passage du Ms. H. : « Sire ! serai-je qurtes se je vous ensaigne Joseph. »

Cette phrase du Ms. H., incompréhensible : « Et

se on nous demandoit Jhésu, nous diriés tout que il sauroit eut, » doit sans doute être rétablie ainsi : « Et se on nous demandoit Jhésu, nouz diriens toutjourz que il l'auroit éut. »

Une expression assez moderne du Ms. H. : « Et vit une grant clarté en .I. des angles de la chartre. »

La version rimée dit :

> En un clotest esgarde et voit.

Le Ms. de Paris porte : « Et vit une clarté en un requoi de la cartre. »

Le Ms. de Paris avait commis un lapsus en ne nommant pas Vespasien dans cette phrase : « Et dist Joseph : Bien soies-tu venuz et quant il s'oï nomer. » Le texte de M. Huth rétablit ainsi la phrase : « Et dist : Bien viegniés-vous, Vaspasiien ! » En évitant de tutoyer le prince, ce qui nous paraît être encore une recherche ultérieure.

L'expression du texte en vers :

> Quant Joseph l'a bien entendu
> *Si s'en rist* et dist : n'ou sez-tu

se retrouve dans le Ms. H. : « Et quant Joseph l'entendi *si s'en rist;* celui, fait Joseph, connois-jou moult bien. »

Le Ms. H. ajoute les archanges à la nomenclature des êtres créés : « Et fist les angles et les archangcles, si en ot de mauvais... »

Les générations des anges y sont décrites absolument comme dans le texte de Paris, à quelques mots près. « Et si tost comme il le furent (mauvais) si le sot nostres sires et les fist plouvoir .III. jours et .III. nuis

que onques puis si durement ne plut. Et il en plut
.III. générations en infer et trois en terre et .III. en
élémens (au lieu de « en l'air. ») Les .III. générations
qui chaïrent en infer tormentent les âmes et mous-
trent la voie de péchier et metent en escrit les péchiez
que on fait. »

Singulière mission ! La version rimée dit d'une
manière moins claire :

> Et li angle leur unt moustré
> Qui sunt en terre demouré ;
> Et si les mestent en escrit,
> Ne veulent pas c'on les oblist.

Le Ms. H. commet ensuite un lapsus en disant :
« Ensi ces .III. generations par trois fies chaïrent
dou ciel et de ces .III. en i ot .IX. qui aportèrent le
mal en terre. »

Il était inutile d'ajouter : « Et de ces .III. en iot
.IX. » Il fallait dire comme les autres versions : « Et
ces .IX. générations apportèrent le mal en terre. »

Le passage suivant est bien obscur dans le Ms. H.,
il l'est déjà dans le Ms. de Paris. « Et li autre qui
remesent conferment les hommes et les gardent de
péchier pour le despit de cheus qui pourcachoient la
mort Jhésu-Crist ; et le haine qu'il avoient fait de si
espritel chose comme de sa volenté ; et il par leur
péchié pourcachoient que il perdu (perdit) par le commendement de lui. (Le Ms. de Paris met : « Par le fol
déménement de lui, ») la joie espritel. Pour le despit
d'aus vaut nostre sire... »

Le Ms. H. dit ensuite simplement : « Raempliroit
li siège des autre » (sans ajouter .IX.)

Il faut ajouter « sot » à la phrase suivante, d'ailleurs plus correcte que celle du Ms. de Paris : « Quant li dyable... que si vil chose estoit montées en le gloire dont il est descendus, si en fut moult iriés. »

Dans le passage suivant, le Ms. H. se sert du nom moderne de « Bethléem » en place de celui de « Belleam » qu'emploie le Ms. de Paris et de « Beauliant » qu'on trouve dans de plus anciens textes : « Et lors fist li pères che que il lour avoit dit, que il envoia son fil en terre Jhésu-Crist qui nasqui des flans à la vierge Marie en Bethléem sans péchié. »

La phrase du Ms. H. : « Et il t'a amené por chou que tu véisses la loy là où il m'a saivie, » doit peut-être être restituée ainsi : « Por chou que tu véisses le leu là où il m'a sauvé. »

L'expression du Ms. H. : « Si tost comme tu seras issus hors de chaïers, » doit être restituée : « Comme tu seras issus hors de chaïens (céans). »

Le passage du même Ms. : « Lors commande que il voisent isnelement la tour dépéchia, et si font tantôt, » paraît mal lu ; ne faut-il pas : « Lors commande que il fassent isnelement la tour dépechier, et si font tantôt. »

Dans le passage où il est dit que Vespasiens fit lancer sur la mer celui qui lui avait enseigné la prison de Joseph, le Ms. H. se sert du terme assez rare « eskiper ; » « si les fist mettre en vaissiaus et eskiper en mer. »

Le *Saint-Graal* en vers dit :

En veissiaus les empeint en mer.

Le Ms. H. appelle la sœur de Joseph « Enigens »; il est probable que le nom est mal lu et qu'il faut

« Enigeus » comme dans le *Saint-Graal* en vers et dans le texte en prose de Paris. »

Le Ms. H. supprime le baptême de Joseph par saint Clément, du reste la suite est la même que celle du Ms. de Paris, dans le passage : « Sire tout li bien et toutes les plentés terriienes que nous foliemes avoir, nous sont faillies; » lisez : « Que nous soliemes avoir. »

Dans la phrase : « Car nule gent n'orent onques si grant mesquéanche comme nous avons de faim, que por quoi nous ne mengons nos enfans, » lisez : « Nous ne mengeons nos et nos enfants. »

Le passage suivant du Ms. H. est obscur : « En cel lieu, che dist la vois que je fui chiés Symon, à la chainne, et que je i soe mou tourment (et que j'y su le tourment que je subirais.) Et non de cele table en seras .I. autre. (En souvenir de cette table, tu en établiras une autre.) » A force de laconisme, ce Ms. est parfois incompréhensible.

Plus loin la phrase : « Si apiele Bron tou serourge qui bons est et de qui bien istera, » est la traduction assez fidèle mais bien sèche de la version rimée :

> Bros tes serourges est boens hon
> De lui ne venra se bien non.

Le Ms. de Paris dit : « Qui preudom est et de cui maint preudome istront. »

La phrase : « Et quant il ira peskier, tou couverras la table; » est pour : « Et quant il ira pêcher tu couvriras entièrement la table d'une nappe. » Cette tendance à l'extrême concision produit des phrases inintelligibles sans les autres textes.

Cet autre passage : « Et le meteras cele part ou tu

vourras séjorner, si deseneure le pain de la table, »
accuse une mauvaise lecture; il faut restituer : « Si le
couvre d'un pan de la toaille. »

Le passage suivant est aussi mal lu : « Et lors verras
que se traira arrière tant comme il li accusa .I. homme
tient. » Il faut restituer : « Tant comme ii lieu...
à .I. homme tient. »

Cette phrase peu compréhensible et qui ne l'est
guère davantage dans la version rimée, qui porte :

> Tant comme uns hons de liu tenra

a été élucidée par le texte en prose de Paris : « Tant
come li leux à un home tient d'espace, » autrement
dit : « La place d'un convive. »

Le mot « espues » de la fin de cette phrase : « Et
che fut li premiers lius où il vaissiaus fu espues, » doit
être lu : « esprovés. »

Dans la phrase : « Et cil Vespasiiens que nous avons
véu, ne onques ne fu moustré, si ne savons que chou
est ; » le nom « Vespasiiens » s'il existe dans l'original,
est le résultat d'un lapsus ; c'est le mot « veissiaus »
qu'il faut restituer.

Le nom du vaisseau qui est régulièrement « Graal »
devient « Graaus » dans le texte de M. Huth :
« Quant cil l'oïrent si dient bien doit avoir non cis
vaissial, Graaus. » Il est vrai que le texte de Paris
avait dit d'abord : « Lou Graal » puis « Li Graiaus. »

Dans l'histoire de Moyse le passage : « Toutes les
fies qu'il véoit .I. de chiaus qui avoit la grasce se
lirrioit merchi; » doit être lu sans doute : « Se li crioit
merchi. »

Voici un passage évidemment altéré dans le Ms. H.

ou plutôt dans sa copie : « Et dist Joseph : Ort es venus li tans que je t'ai dit de lingnie entre toi et Bron. « Ne faut-il pas lire : « Joseph! or est venus li tans que je t'ai dit de liu guie entre toi et Bron. » « Li lieu Juif » pour « le lieu Judas, » comme le dit la version rimée :

> La table, qu'en liu de Judas
> Seroit cil lius en remembrance.

Puis dans son laconisme ordinaire le Ms. H. continue : « Et tu pries pour Moys et tu cuides et tout cil (dit) qui t'en ont priet que il sont (soit) teuls comme il se fait, et il atent la grasce dont il cuide avoir, si voist avant et si s'asièce à la grasce. »

La phrase tronquée dans le Ms. H. : Dis, Moys, se il est teuls que il doine ... voir la grasce si comme il fait .... semblant, mes ne li puet ... lir » doit évidemment être restituée ainsi : « Dites à Moys, se il est tuels que il doive avoir la grasce, si comme il fait lou semblant, nus ne li puet tolir. » C'est l'exacte reproduction du texte de Paris.

Dans le texte Huth l'impératif est aussi en *er* comme dans celui de Paris, dans cette phrase : « Moys! Moys! ne t'aprochier de chose dont tu ne soies dignes. » Cependant ce texte ne dit pas toujours : « Ne t'esmaier mie » comme ceux du Mans et de Paris, et supprime quelquefois l'*r*.

Un passage légèrement altéré dans le Ms. H. doit évidemment être restitué ainsi : « Et quant il furent tout assis, Moys fu en estant si ot paour et ala entour la table, ne il ne vit où il s'assièche, lès là ù Joseph est, se si assist. »

Voici le passage du Ms. H. dans lequel Joseph entend la voix du Saint-Esprit : « Et dist : Joseph ! ore est venue la sénéfiance que je te dis quant tu fondas cele table que li liex d'alès toi, seroit vidiés, en la ramembrance de Judas qui pierdi son siège, quant je dis qu'il me trahissoit ; et je dis qu'il ne seroit mie raemplis devant le jour dou jugement que tu le raempliroies quant il aporteroies les nouvieles de ma mort (de ta mort) et ta counissance. Ensi dis-je que cis liex ne sera raemplis devant dont que li tiers hom de ton lignage le raempliroit et che iert li fius Brons d'Enigeus dont issir doit cheus qui de son fil istera, qui acomplira cil lieu *et .I. autre.* » ( Allusion à un passage de la *Queste du Saint-Graal* qui n'est pas dans le texte en vers).

Plus loin la phrase : « Et cil qui te traïront ma compaignie et la toie si le clamerons cors Moys, » doit être restituée : « Cil qui retrairont ma compagnie et la toie, si le clameront cors Moys. »

Dans le texte du Ms. H. : « Et quant il seront marié si commande au père et à l'ame chelui qui ne vaurra. » « L'âme » doit être « la mère. »

Le Ms. H. met : « Que tu les atornes à la loy terriien et à la loy maintenant, » là où le Ms. de Paris dit : « Que tu les atornes en leu terrien et à la loi maintenir. »

Voici le passage relatif à Alain le Gros, dans le texte Huth : « Li XII. fius ot non Alains li gros, cil ne vaut feme prendre et dist qui le deveroit escorchrer, n'en prenderoit-il nule. »

Ce passage : « Cestui me donrées vous à ma suer » n'est pas correct, il faut sans doute : « Cestui me donrées vous et ma suer. »

Dans la phrase du Ms. H. : « Biaus dous niés, dist Joseph, vous serés chievenains de vos frères. » Le mot « chievenains » est sans doute pour « chievetains. »

Au lieu de : « Joseph, tes niés est simples et dous et vous, » il faut sans doute : « Est simples et dous et voirs. »

Dans cette phrase : « Et li conte l'anus que j'ai eue à toi et que j'ai encore » ; « l'anus » est un mot tronqué, et doit y avoir « l'amor. »

Au lieu de : « Et comment je fui vendus en terre » lisez : « Comment je fui laidus en terre. »

Dans le discours de l'ange à Joseph, il semble, d'après le Ms. H., qu'il y eut dans le *Graal* des paroles écrites, « Se li monstre ton veissel et li enseigne et li di que il lise chou que dedens est escrit de moi, ce sera assermement de sa créanche. »

Il y a une négation de trop dans cette phrase du Ms. H. : « Et qu'il *ne* tiegne, entour soi, la chose qui plus l'ostera de pechié et d'ire. »

Oici le passage où il est question des vaux d'Avaron, dans le Ms. H. : « Et il te dira que il ira ès vaus de valon et icels terres traient viers occident ; ore li dites que là où il s'arriestera, que il atende le fil del fil Alains. » Il y a là un nouvel indice que « les vaux d'Avaron » signifient « les vaux d'occident ; » nous avons vu, en effet, que l'auteur joue sur le mot « avalant. »

Dans le passage du Ms. H. : « Et cil qui verra (venra) dira noveles de *Moi*. » Lisez : « de Moys. »

Le Ms. H. et le texte de Paris supposent ici que Alain a entendu comme Joseph la voix mystérieuse :

« Quant che oï Alains, si en fu moult liés et plains de
la grasce dou saint esprit. Et quant Joseph ot oï et
entendu chou que la vois li ot dit, si paroles à son
neveu. »

La phrase du Ms. H. : « Biaus amis chiers, Jhésu-
Crist nous envoie nos pères qui nous raiienst des
peinnes d'infer vous a eslit à cest message faire... »
est inintelligible; peut-être faut-il : « Jhésu-Crist *vous*
envoie ; nos pères qui nous raiienst des peinnes
d'infer vous a eslit.... »

Dans le discours de Petrus, le Ms. H. s'exprime
ainsi : « Et Petrus respont : Je le sai moult bien,
onques mais message véistes plus tost encargié que
cestui. Je m'en irai vaus d'Avaron, en .I. soudain lieu
vous Occident » au lieu : « D'en .I. solitaire lieu vers
Occident ; » Chrestien de Troyes avait employé le mot
« soutaine » dans le même sens.

Dans la phrase du Ms. H. : « Et vous sans obédien-
che ne pres avoir la joie de paradis ; » lisez : « Ne poës
avoir la joie de paradis. »

Dans ce passage du discours de l'ange à Joseph :
« Et comment il t'apporta son vaissel et les paroles que
il t'aprist ; che sont iceles *sourtismes* paroles que on
tient au secre du Graal. » Lisez évidemment : « Che
sont iceles saintismes paroles...

Au lieu de : « Le clameront le riche péchéour, pour
le poisson que il peschera, » lisez : « Qu'il pescha. »

Après avoir appris les secrètes paroles au riche pécheur, Joseph dit le Ms. de Paris : « Li mostra l'écrist
*privéement ;* » le Ms. H. dit à tort : « Si li monstra
*premièrement.* »

Il y a encore une erreur dans ce passage : « Et

quant il ot oï que Joseph le dessaisiront dou vaissel, » mais il est assez difficile de remplacer les mots
erronés « le dessaisiront » mis peut-être pour « se
dessaisissoit. »

Le Ms. H. se termine ainsi : « Einsi remest Joseph
et fina en la terre et il païs où il fu nés. Ore dist
apriès cis contes que qui bien vaurroit savoir che conte,
il li couverroit raconter que il Alains li fiex Bron
devint et là où il est alés et où il sera trouvés. Et si
converra que on sace que Moys est devenus et que il
le puisse par raison de parole trouver et que il sace
où li riches peschierres s'en va, et que il sace Petrus
mener par raison là où il aler doit. Toutes ces .IIII.
parties convient assambler. Jou rassamblerai toutes
ces .IIII. parties en une seule, ensi par raison comme
les ai traites d'une seule partie. Et apriès chou est
Diex li tous poissans sires de toutes choses. Et si
converra raconter de la chainne meismes. Et ces .IIII.
parties laissier, à tant que je reviegne à ces paroles
et à ceste œvre faire chasame (chascune) par soi. Et
je le laissoie à tant ester, uns (nus) ne saveroit que
ces .IIII. parties seroient devenues ne por quel sénéfiance je les avoie (auroie) départies.

« Chi endroit dit li contes que moult fu iriés anemis
quant nostre sires ot esté en infer... »

SUIT LE MERLIN.

La copie du Ms. H. a huit cent cinquante-huit
pages numérotées et finit ainsi : « A l'endemain
s'en parti od toute sa maisnie et li rois remest à
Carlion. Si laisse ore à tant li contes à parler et del

dame et del roi, et de toute la vie Merlin et devisera d'une autre matière qui parlera dou Graal pour chou que c'est li commenchemens de cist livre. »

Il est à remarquer que la page 226 est numérotée 126 et cette erreur continue jusqu'au bout. De plus la page 326 est numérotée 226, ce sont donc deux centaines de perdues.

Comme on le voit le Ms. H. ne fait aucune mention de Robert de Borron, ni de Gauthier de Montbéliard. La concision étudiée de son texte explique suffisamment cette suppression, pour qu'on n'en cherche pas la cause ailleurs.

On remarquera qu'il ne contient pas le *Perceval*, mais qu'il était dans l'intention de l'auteur de le donner. On lit en effet, comme nous venons de le dire : « Et divisera *d'une autre partie qui parlera dou Graal pour chou que c'est li commenchement de cest livre.* » Cette autre partie qui doit parler du Graal ne peut être que la *Quête de Perceval*, suite nécessaire de la première partie du roman.

Cette mention est importante, elle prouve, dans une certaine mesure, que le *Perceval* entrait dans l'économie du roman de Robert de Borron, et que peut-être Chrestien de Troyes s'en est inspiré et même en a copié, comme nous le verrons ci-après, des phrases tout entières. Du reste, il faut admettre qu'il y a intercalé des épisodes entièrement de lui, comme l'a fait Gautier Map à l'égard du *Saint-Graal* de Robert de Borron et que même il a puisé les enfances de Perceval dans les traditions relatives au *Pérédur Gallois*. Nous traiterons d'ailleurs plus loin ce sujet intéressant.

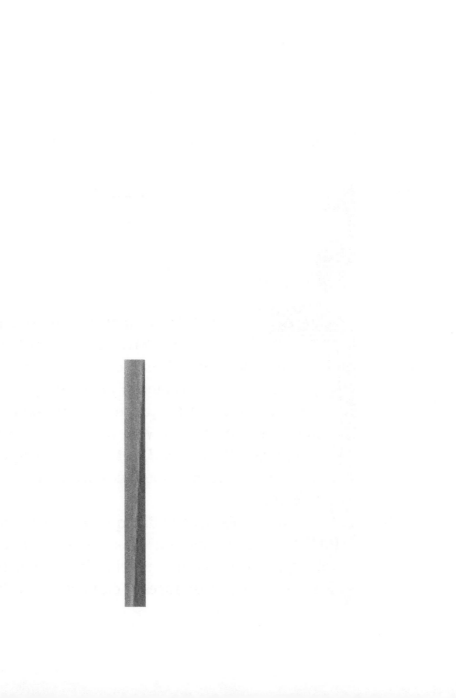

# LE ROMAN EN VERS

# SAINT GRAAL

Ms. nᵒ 20047 de la Bibliothèque nationale; fonds St-Germain, nᵒ 1987.

ORSQUE M. Francisque Michel publia ce poëme en 1841, il ne savait à qui en attribuer la composition : on trouve, en effet, cette phrase dans sa préface si judicieuse, mais si discrète : « C'est dire que nous ignorons complétement le nom du trouvère qui a mis en rimes le roman du *Saint-Graal,* et que le fragment qui nous en reste ne nous donne aucun moyen de le connaître. »

« Je crois avoir dit que le manuscrit de la Bibliothèque royale où se trouve ce morceau est unique : quant aux manuscrits du roman en prose, ils ne sont pas bien rares, l'établissement dont nous venons de parler en possède plusieurs sous les Nᵒˢ 6769, etc., etc. »

On sait que M. Francisque Michel veut parler dans ce dernier passage des Mss. du *Grand Saint-Graal* de Gautier Map et nullement des Mss. Cangé, Didot, Huth, et de l'Arsenal, dont l'existence n'a été révélée que postérieurement.

Mais eût-il connu ces manuscrits, je doute qu'il eût modifié ses conclusions. Pour lui, comme pour nous, le roman en vers, tel que nous le possédons, est l'œuvre d'un inconnu qui a rimé, à la fin du XIIIᵉ siècle ou au commencement du XIVᵉ, un roman en prose existant depuis longtemps, qu'on est fondé à attribuer à Robert de Borron et qui est représenté, non par les Mss. 6769, etc., mais par les rares spécimens connus sous les noms précités de leurs propriétaires anciens ou actuels.

Toutefois, est-ce à dire que Robert de Borron n'ait pas rimé, de 1160 à 1180, un poëme du genre de celui que nous possédons ? Aujourd'hui que quelque lumière s'est faite sur le caractère de Robert de Borron, que nous le voyons si désintéressé et si pieux, que nous connaissons sa grande modestie, que nous le voyons entreprendre des voyages lointains, se mettre à la solde du frère du sire de Montbéliard, ce qui n'impliquait, du reste, nullement une dé-chéance [1], et ensuite, ou avant, entretenir des rapports avec Gautier Map [2], archidiacre d'Oxford et

---

[1] Joinville, à court d'argent, ne s'est-il pas mis à la solde de saint Louis ?

[2] L'auteur de la biographie de Gautier Map dans la *Nouvelle biographie générale*, publiée en 1857, sous la direction

chapelain de Henri II, probablement par l'entremise des sires des Barres, alliés aux Leycester; sa personnalité se dessine plus nettement et se rapproche davantage de celle du trouvère. On se préoccupe moins du titre de chevalier que la postérité lui a décerné, peut-être un peu gratuitement, et que Hélie de Borron, son parent, semble lui avoir donné dans l'ivresse de ses succès littéraires et sans doute pour rehausser sa propre personnalité. On ne voit plus en lui qu'un de ces trouvères de noble maison comme Wolfram d'Eschenbach, plus rêveur que guerroyeur, un de ces poëtes populaires mais profondément chrétiens, comme ces époques de foi en ont tant produit. Rien n'empêche dès lors d'admettre que Robert de Borron a pu rimer le *Saint-Graal*; mais nous ne possédons pas son œuvre, il faut nous y résigner.

Le poëme que nous offre le Ms. N° 20047, fonds Saint-Germain, N° 1987, est, comme nous l'avons vu, contemporain du Ms. D., c'est-à-dire de la fin du

du Dr Hoëfer, a relevé un fait fort important pour le sujet qui nous occupe. « Il fut chargé (Gautier Map) d'une mission auprès du roi de France, Louis le Jeune, qui l'accueillit avec faveur. » Il est assez naturel de penser que Gautier Map, admis à la cour, vint à Fontainebleau et y rencontra Robert de Borron, dont les vastes possessions côtoyaient la forêt royale et qui devait, dès ce moment, jouer un rôle à la cour; le bienfaiteur insigne de l'abbaye de Barbeaux ne pouvait être indifférent au roi Louis qui avait fondé cette abbaye. La première entrevue de ces deux romanciers célèbres, a donc dû avoir lieu à cette époque et ainsi se trouverait expliqué un rapprochement qui, jusqu'ici, semblait extraordinaire.

xiii<sup>e</sup> siècle ou des premières années du xiv<sup>e</sup>. Tel qu'il est, il n'en est pas moins fort précieux, puisqu'il est unique et que son identité de forme et de facture avec les romans en prose C., D., H. et de l'A., en fait comme une variante importante d'un thème unique, qui est l'œuvre incontestable de Robert de Borron.

Nous allons en donner un passage remarquable par la similitude des expressions qui se retrouvent absolument les mêmes dans les romans en prose ; il n'est pas douteux que ce poëme, plus moderne de diction, n'ait été rimé sur ces derniers qui, dès lors, reproduisent mieux la facture de l'original.

> Voirs est que Jhésus-Criz ala
> Par terre ; et si le baptisa
> Et ou flun Jourdein le lava
> Sains Jehans, qu'il li commanda
> Et dist : « Cil qui en moi creirunt
> En eve se baptiserunt
> Ou non dou Père et dou Fil Crist
> Et ensemble dou Saint-Esprist,
> Que par ice serunt sauvé,
> Dou povoir l'Anemi gité,
> Tant que il s'i remeterunt
> Par les péchiez que il ferunt. » .
> A Sainte Eglise ha Diex donné
> Tel vertu et tel poesté.
> Saint Pierre son commandement
> Redona tout comunalement
> As menistres de Sainte Eglise,
> Seur ous en ha la cure mise :
> Ainsi fu luxure lavée
> D'omme, de femme, et espurée ;

Et li Déables sa vertu
Perdi, que tant avoit éu ....
Meis de tout son povoir issirent
Dusqu'à tant que il s'i remirent;
Et nostres sires qui savoit
Que fragilitez d'omme estoit
Trop mauveise et trop perilleuse
Et à péchié trop enclineuse
(Car il convenroit qu'il péchast)
Vout que sainz Pierres commandast
De baptesme une autre mennière :
Que tantes foiz venist arrière
A confesse, quant péchcroit
Li hons, quant se repentiroit
Et vouroit son péchié guerpir
Et les commandemenz tenir
De sainte Eglise ; ainsi pourroit
Grace à Dieu querre, et il l'aroit.

Ce poëme a été écrit, nous l'avons dit, à la suite d'un ouvrage, l'*Image du monde*, dont la *composition* n'est pas antérieure à 1245; le texte présente tous les caractères non d'une copie, mais d'une œuvre originale et qui n'a pas eu de précédent. On y trouve un certain nombre de corrections de la main du scribe, qui en est peut-être l'auteur. De plus, le dialecte en est normand ou à peu près, ce qui paraît décisif, puisque nous savons maintenant que Robert de Borron était issu du Gâtinais français.

Voici ces corrections :

Page 3 du Ms., vers 133 de l'édition de M. Franc. Michel :

Et li [1] toute sa meisnie. — [1] *Et* ajouté.

Page 3, verso, du Ms., vers 168 :

Redona il comunalement. — *Il* supprimé, remplacé par « tout » à la marge.

Page 3, verso, vers 188 :

Li hons se il se repentiroit. — *Se* supprimé et remplacé par « quant » à la marge.

Page 5, vers 271 :

Et quant Judas ilecques virent. — *Ques virent* supprimés et remplacé par « sentirent. »

Page 6, vers 330 :

Judas tu le diz voirement. — *Voirement* supprimé et remplacés par « ensement. »

Page 10, verso, vers 628 :

Que se c'est voirs que il ooient. — *Il* supprimé et remplacé par « dire. »

Page 14, verso, vers 886 :

Has mout de joies commandées. — *Commandées* supprimé et remplacé par « conquestrées. »

Page 17, recto, vers 1051 :

La pute gent qui le traoient. — *Oient* supprimé est remplacé par « irent. »

Page 22, verso, vers 1380 :

Et se tu vieus tu te pourras. — *Tu* supprimé et remplacé par « bien. »

Page 33, vers 2066 :

Nus n'oï paller de si grant. — Tout ce vers supprimé et remplacé par « car nus ne seist autretant. »

Page 42, verso, vers 2664 :

En li vooir ha grant delist. — *Ha grant* supprimés et remplacés par « hunt cil. »

Page 55, on trouve le célèbre passage :

A ce tens que je la retreis
O monseigneur Gautier en peis
Qui de Montbelyal estoit.

Nous avons déjà reproduit en *fac-simile*, par la gravure, ces curieuses lignes qui ont exercé la sagacité de tant d'érudits.

Nous les donnons encore ci-après avec la représentation fidèle du vers 53, qui offre une idée de la bizarre terminaison des vers lorsque la dernière lettre est un S. C'est l'exagération de l'S du mot *peis*.

On sait qu'il manque au manuscrit deux feuillets, qui peuvent aujourd'hui se restituer très-facilement, à l'aide des deux textes en prose, que nous avons donnés. Ce passage est compris entre les vers 2752 et 2753 ; dès le temps du président Fauchet, ces deux feuillets manquaient au manuscrit, car la pagination existe complète et le passage est compris entre les feuillets 43 et 44 qui paraissent avoir été paginés par Fauchet lui-même; toutes les observations marginales au moins sont de sa main.

# PERCEVAL

ou

# LA QUÊTE DU SAINT GRAAL

PAR

ROBERT DE BORRON

D'après le manuscrit unique de M. AMBROISE FIRMIN-DIDOT,

Membre de l'Institut.

ÉTUDE SUR CE ROMAN.

La *Quête du Saint Graal* par Perceval est la dernière
partie du Ms. Didot ; cet épisode est réellement le
complément du roman de Robert de Borron, soit que
ce dernier en ait été l'auteur, soit que ce complément,
jugé nécessaire, ait été composé plus tard par des
arrangeurs, jaloux de donner une fin au roman du
chevalier français.

Perceval, fils d'Alain le Gros et petit-fils de Brons,
réalise bien le type de ce « tiers hons, » dernier terme
de la *Trinité terrestre* qui doit posséder le Graal.

Dans le *Perceval* de Chrestien de Troyes, qui s'appuie plutôt sur le *Saint Graal* de Gautier Map que sur celui de Robert de Borron, Perceval reçoit directement le saint Graal de Brons, comme dans la donnée française ; mais il n'est plus que le neveu de ce dernier par sa mère, sœur de Brons. Dès lors, l'ordre ternaire des possesseurs du Graal est rompu et il est impossible de rattacher sur ce point, la conception de Chrestien aux idées de Robert de Borron.

Cependant son poëme s'éloigne encore plus du roman de Gautier Map qui fait Galaad le dernier possesseur du saint Graal, Galaad, descendant très-indirect de Brons par Josué, l'un des fils de ce dernier et dont il n'est nullement question dans Robert de Borron.

OUTEFOIS lorsqu'on compare dans l'ensemble la création de Chrestien de Troyes à celle de Robert de Borron, on voit que le fond du poëme est absolument le même ; sans doute Chrestien retarde, comme à plaisir, la succession des événements, en émaillant son récit d'épisodes très-étrangers à la donnée primitive ; mais tout ce qui est dans le *Perceval* de Robert de Borron se retrouve dans le poëme de Chrestien de Troyes, à peu d'exceptions près.

On peut dire que ce dernier a joué, à l'égard du thème primitif de *Perceval*, le même rôle que Gautier Map lorsqu'il a, en conservant les faits principaux du *Saint Graal* de Robert de Borron, enrichi son récit d'une foule d'épisodes étincelants d'invention, mais parfaitement étrangers au canevas du roman.

Il n'en est pas de même du *Perceval* en prose écrit
par l'évêque de Cambray pour le seigneur Jean de
Nesle, vers 1180-1190 et publié par M. Potdevin [1]. Ce
dernier roman est une œuvre tout à fait originale,
mais un peu confuse, elle n'a rien emprunté au
*Perceval* de Robert de Borron, et c'est à peine si dans les
premières pages on peut y retrouver quelques rémi-
niscences du poëme de Chrestien de Troyes; ainsi Perceval n'est que le neveu du roi Pêcheur, comme dans
le poëme, mais le nom de son père est indiqué. Il est
Vilein le Gros et lui-même s'appelle Perlesvax ou
Pellesvaus, c'est-à-dire *par-lui-fait*, d'après le roman
même. Du reste le roi Pêcheur meurt au milieu de
l'action qui n'en poursuit pas moins sa marche très-
différente, on le comprend, du roman de Robert de
Borron qui finit, ou peu s'en faut, à la seconde visite,
efficace cette fois, de Perceval chez son aïeul.

[1] *Perceval le Galois ou le conte du Graal* publié par Ch. Por-
DEVIN, 1867. — Paris, Lib. inter.; Bruxelles, La Croix et Cie.;
Mons, Dequesne-Masquiller. Cet ouvrage, qui comprend six
volumes in-8° bien imprimés, renferme dans son premier vol.
le *Perceval* en prose de l'évêque de Cambray, et dans les cinq
autres le *Perceval* de Chrestien de Troyes; il forme la vingt et
unième publication de la Société des Bibliophiles belges, séant
à Mons. Le Ms. qui a servi à cette édition de Chrestien de
Troyes appartient à la Bibl. com. de Mons, où il porte le
N° 4568; l'écriture est du xiiie siècle, et, paraît-il, d'après les
miniatures, de 1250 à 1280, car les chevaliers ont déjà des
ailettes aux épaules et l'on ne voit pas encore paraître de
plates. Ce Ms. est précieux parce qu'il contient deux chapitres,
dont l'un est indispensable, qui ne se rencontrent pas dans les
autres Mss. Le sixième volume est terminé par une savante
dissertation de M. Potdevin sur la donnée de Perceval.

Il est donc tout à fait impossible de comparer le *Perceval* de l'évêque de Cambray au nôtre, tandis qu'il est opportun et nécessaire de rapprocher le poëme de Chrestien de Troyes du roman de Robert de Borron, car non-seulement la marche du récit et le dessein des épisodes sont conformes en beaucoup d'endroits ; mais on trouve même des phrases identiques dans les deux ouvrages, ainsi que nous le démontrerons.

Au début de notre récit, le Saint-Esprit, qui joue toujours un grand rôle dans le roman de Robert de Borron, apprend à Alain qu'il est près de sa fin, que son père Brons habite toujours les îles « d'Illande » en possession du saint Graal et que ce dernier ne pourra passer de vie à trépas avant que Perceval l'ait trouvé et qu'il ait appris de lui les secrètes paroles qu'on prononce au sacrement du Graal et que Joseph lui a confiées.

.Puis la voix divine ordonne à Perceval d'aller à la cour du roi Artus. Notre héros s'y rend, on lui donne des armes et il s'y fait admettre.

Ce début si simple rentre parfaitement dans la donnée du roman religieux de Robert de Borron, mais il ne devait pas sourire à Chrestien de Troyes qui fait de Perceval un petit sauvage [1] n'obéissant qu'à la

---

[1] Le parti pris par Chrestien de Troyes de suivre pas à pas, en quelque sorte, pour « les enfances de Perceval » le conte gallois de Pérédur tel que nous l'a fait connaître M. de la Villemarqué ( *Contes populaires des anciens Bretons, Pérédur ou le Bassin magique* ), ne laisse pas de doute sur l'existence antérieure d'un ouvrage en prose, résumant la légende de Perceval dans son état primitif, tel que le *Mabinogi* l'avait

fantaisie. Chez lui, les recommandations de la mère du
jeune homme se substituent, assez naturellement du
reste, à la voix divine; elle lui persuade de se rendre
à la cour d'Artus et ajoute quelques conseils qui
aboutissent d'une manière assez fantastique et tout
à fait anormale, à l'aventure du pavillon et au rapt
de l'anneau. .

Tout cela manque, on le conçoit, dans notre Robert
de Borron, dont le caractère religieux et correct se
révèle au contraire dans tous les passages de son
œuvre.

Notre Perceval n'est pourtant pas insensible à
l'amour des nobles damoiselles; ainsi il se rend volontiers à la demande d'Aleine, nièce de Gauvain et fille
du roi Viautre qui veut le voir jouter contre les
chevaliers de la Table ronde; volontiers il revêt les
armes vermeilles que lui envoya la demoiselle, et,
quand la messe *fut chantée*, les fêtes commencèrent.

Cependant la fête de Pentecôte était arrivée, Artus
porta couronne, et plus de cent encensoirs parfu-
maient les airs partout où il allait. Ce jour-là, Artus
distribua six mille quatre cents robes en l'honneur
de la Table ronde dont Merlin avait été l'instigateur;

---

donné, mais accommodée à la tradition chrétienne du saint
Graal. Cet ouvrage ne serait pas notre *Perceval* de Robert de
Borron qui supprime précédemment ces « enfances » et subor-
donne le récit à la donnée d'un *Saint-Graal* que Chrestien
paraît ne pas avoir connu ou qu'il mêle et confond avec celui
de Gautier Map, dont il s'inspire surtout.

On comprend, du reste, que la manière sobre et austère de
Robert de Borron ne pouvait convenir au poëte sensualiste
qui nous fait entendre de si enivrantes tirades.

et l'heure du tournois étant arrivée, les dames montèrent aux murailles pour voir *bohorder*. Perceval,
jaloux de justifier la confiance d'Aleine, combat, sans
être connu, d'abord Sagremors qu'il jette sur le pré
et dont il offre le cheval à Aleine qui en est ravie
de joie, puis après, Keu le Sénéchal, Evein et enfin
Lancelot du Lac qu'il renverse successivement,
de sorte qu'il est proclamé le *meilleur chevalier du
monde*.

L'épisode du Chevalier Vermeil et de la coupe
manque dans Robert de Borron, il en est de même
de l'instruction militaire donnée à Perceval par le
vavasseur et de son élévation au rang de chevalier.

Inutile de dire que Robert de Borron ne fait pas
aller Perceval au château de Beaurepaire chez Blan-
cheflor, et qu'il omet son combat avec Guigrenon.

Le roi Artus, après les prouesses de Perceval, le
garde dans sa maison, lui pardonne son incognito et
le tient en grande estime.

Tant de bonheur exalte les sentiments de Perceval
qui se croit digne de remplir la place restée vide à la
Table-ronde. On a vu dans le *Saint Graal* que ce lieu
ne peut être occupé que par le « tiers hons » qui est
en effet Perceval, mais qui, pour obtenir cette faveur,
doit remplir encore d'autres conditions, notamment
être sans tache.

Perceval insiste pour obtenir cette faveur et menace
de s'en aller si on ne la lui accorde pas. Artus, qui se
rappelle les recommandations de Merlin, se fâche et
refuse. Cependant Gauvain, Lancelot du Lac et
d'autres chevaliers implorent pour Perceval ; bref,
c'est à peu près la répétition de la scène de Moyse à

la Table carrée ; Perceval s'assied au lieu vide et aussitôt la terre mugit, une nuit affreuse envahit la salle et une voix surnaturelle apprend à Artus qu'il a outrepassé le commandement de Merlin et que, n'était « la grande bonté d'Alein le gros, » Perceval eût été frappé comme le fut Moyse quand il s'assit au lieu vide de la table de Joseph. Puis la voix rappelle à Artus que le saint Graal donné à Joseph, est en ce moment chez le riche roi Pêcheur qui gît infirme et ne pourra recouvrer la santé que lorsqu'un des trente chevaliers de la Table-ronde, qui sera le meilleur du monde et surpassera tous les autres en prouesses, se rendra à la cour du riche roi Pêcheur et lui demandera, chose indispensable, à quoi sert le saint Graal. Le roi le lui apprendra, ainsi que les secrètes paroles qu'il tient de Joseph, et alors les enchantements de Bretagne prendront fin.

Perceval confus jure de ne pas passer deux nuits dans le même gîte, tant qu'il n'aura pas trouvé la maison du riche roi Pêcheur.

Artus est enchanté de cette promesse parce qu'il voit que la prophétie de Merlin sera accomplie.

Tout cet ensemble de faits qui s'accorde si bien avec le *Saint Graal* de Robert de Borron manque dans Chrestien de Troyes.

Ce dernier introduit assez vite Perceval chez le roi Pêcheur et le met en présence des merveilles de la lance qui dégoutte, du saint Graal qui contient le sang divin et resplendit comme le soleil et du « Tailleoir d'argent. »

Perceval reste muet devant cette succession de merveilles.

Et li vallès les vit passer
Et n'osa mie demander
Del Graal, qui on en servoit.  (Vers 4421.)

Le prud'homme qui avait fait son éducation lui avait en effet recommandé de ne pas trop parler.

Et gardés que vous ne soiés
Trop parliers ne trop noveliers ;
Nus ne puet estre trop parliers
Qui sovent tel chose ne die
Que on li tourne à vilonie ;
Li sage le dist et retrait :
Qui trop parole, péchié fait.  (Vers 2840.)

Perceval ayant laissé échapper l'occasion de s'enquérir du Graal, trouve le lendemain le château désert, et une jeune fille lui reproche son silence en lui apprenant ce qu'est le roi Pêcheur.

Le roman en prose de Robert de Borron n'introduit pas, tout de suite, Perceval chez le roi Pêcheur. Notre jeune chevalier s'étant mis en quête du saint Graal, trouve d'abord *l'orgueilleux des Landes* et le *Pavillon aux pucelles.*

Cette aventure suit au contraire l'arrivée de Perceval chez le roi Pêcheur dans Chrestien de Troyes, mais la trame en est différente ; ce dernier a profité de la première folie que commet Perceval lorsqu'il s'introduit dans un pavillon et ravit l'anneau d'une jeune fille pour identifier *l'orgueilleux de la Lande* avec l'amant de cette jeune fille.

Robert de Borron, qui s'est bien gardé de raconter l'épisode un peu leste de la jeune fille à l'anneau, garde le silence sur ce point.

Mais dans les deux· versions *l'orgueilleux des Landes* est vaincu par Perceval et envoyé par lui à la cour du roi Artus.

Puis, dans le roman de Robert de Borron, Perceval arrive à un château, pénètre dans une salle nouvellement jonchée et voit un échiquier de verre ou d'ivoire garni de ses échecs. Après l'avoir placé devant lui, quel n'est pas son étonnement de voir les échecs répondre d'eux-mêmes à ses invites, au point que Perceval est maté trois fois. Furieux de sa défaite, il prend les échecs dans le pan de son haubert et s'approche de la fenêtre pour les jeter dans l'eau qui coulait au pied de la tour.

Une demoiselle qui était alors au-dessus de lui à une autre fenêtre, s'écrie : « Don chevalier vous allez faire là une vilaine action. » Perceval lui réplique : « Si vous voulez descendre je ne les jetterai pas. » La jeune fille reprend : « Je n'en ferai rien, mais remettez-les à leur place, vous ferez acte de courtoisie. » Perceval se fâche et menace, si la pucelle ne descend pas, de jeter les échecs. La jeune fille en rit et lui dit qu'elle va descendre. Perceval en remettant les échecs sur l'échiquier en laisse tomber un, mais celui-ci retourne à sa place comme s'il l'y eût mis lui-même.

Cette aventure des échecs tient une assez grande place dans Chrestien de Troyes et sa marche est à peu près la même dans les deux ouvrages ; quelques expressions sont même identiques.

Ainsi, dans le roman en prose, la demoiselle voyant Perceval sur le point de jeter les échecs s'écrie : « Don chevalier vostre cors est esmeuz *à grant vilainie faire* qui mes escheis volez einsi jeter. »

Chrestien de Troyes dit en cet endroit :

> Sire, li eskiéc sont
> En ma garde, nes gietés mie
> Car çou *seroit grans vilonie.*          (Vers 22500.)

Lorsque Perceval la requiert d'amour, la demoiselle du château emploie le même moyen pour l'écarter.

Dans le roman en prose, la demoiselle lui dit : « Et sachiez que je vous oïsse moult volentiers, de ce que vous me requérez, si je séusse que vous fussiez si grant en fait, come vous iestes en paroles et non-porçant je ne vous croi pas de ce que vous m'avez dit ; et voillez faire ce que je vous proierai, je vous ameroie et feroie seygnor de cest chastel. Sachiez que si vous me poëz prendre le blanc cerf qui est en ceste forest, et m'en aportez la teste, a donc vos ameroi et si bailleroi mon brachez qui moult est bons et moult verais ; et si tot come vous l'aurez laissé aler, il s'en ira tout droit là où li cerf... »

Voici les vers de Chrestien de Troyes qui correspondent à ce passage :

> Mais se m'amor volés avoir,
> Si vos estuet par estavoir
> Par .I. parc qui est ci d'alès,
> Le blanc cerf tant i cacerés
> Que le puissiés à force ataindre ;
> Del cacier ne vos devez feindre ;
> Se la teste m'en aportés
> A dont ferai vos volentés,
> M'amor arés sans contredit ;
> Si menrés mon braket petit
> Qui si est boins, puis qu'il l'ara
> Véut, ne li eschapera;          (Vers 22557.)

Mais ce passage des échecs ne vient dans Chrestien de Troyes qu'au vers 22500. On voit que l'ordonnance du récit est bien modifiée.

Entre l'histoire de *l'orgueilleux des Landes* et l'aventure des échecs, Chrestien de Troyes échelonne une foule d'aventures comprenant plus de quinze mille vers que Robert de Borron passe sous silence.

Mais, à partir de l'épisode des échecs, les deux récits sont beaucoup plus semblables.

Ainsi dans l'une et l'autre version, Perceval étant entré en la forêt et ayant mis le brachet de la demoiselle aux échecs sur la piste du cerf qu'il finit par tuer, « une pucelle de malaire » dit Chrestien « une vieille » dit Robert de Borron, arrive à grande allure, voit le brachet, s'en empare et « s'en ala or tot. »

> Devant sor son arçon le mist
> A tant s'en torne isnèlement. (Vers 22608.)

Grande colère de Perceval qui s'épuise en réclamations inutiles. Après une longue conversation, la vieille lui dit, dans le roman en prose : « Sire chevalier, *force n'est mie droit, et force me poëz bien faire,* mès si voulez faire ce que vous dirai, je le vos rendrai sanz noise. »

Chrestien de Troyes a copié presque mot pour mot ce passage, ou ce dernier a été calqué sur le poëme qui s'exprime ainsi :

> *Force à faire n'est mie drois*
> *Et force me poës vos faire.* (Vers 22640.)

La vieille continue, dans Robert de Borron : « Et je vos dirai ci devant, en ce chemin, troverez .I. tombel

11**

et desouz ce tonpel troverez .I. chevalier peint ;
tu iras à lui et li diras : « Faux fust, qui illuec
feinist » et puis qant tu auras ce fait, je te rendrai
ton brachez. »

Chrestien de Troyes interprète ainsi ce passage :

> Mais alés là à cel arciel
> Là troverés-vous .I. tombiel
> Où il a peint .I. chevalier,
> Tant li dirés sans atargier :
> Vassal ! Ke faites vous ichi ?
> Le braket arés ; je vous di.          (Vers 22645.)

C'est presque la concision de la prose.

Au même instant un chevalier, couvert d'armes
noires, arrive derrière Perceval et l'attaque ; pendant
la mêlée, survient un autre chevalier qui prend la
tête du blanc cerf que Perceval avait jetée sur le pré
et le brachet que tenait la vieille.

Le récit est absolument le même dans Chrestien de
Troyes.

> Et, que que il se combatoient,
> Et à aus ocirre entendoient,
> Uns chevaliers, tretos armés,
> Revient vers aus, parmi les prés,
> Le braket et la teste emporte,          (Vers 22691.)

La rage s'empare de Perceval, il attaque plus vigou-
reusement le chevalier au tombeau :

« Lors crut à Perceval force et hardement et cor-
rust au chevalier sus par moult grant maltalent et
li chevalier, qui soffrir ne le pot, se torna vers le
tonbel grant aleure et li tombeaux s'enleva contre
moult et chevalier s'en féri enz. »

Chrestien de Troyes dit aussi succinctement :

> Que fuiant vait grant aléure
> Vers l'arket et la sépouture
> Si est entrés plustost qu'il pot.     (Vers 22723.)

Après quelques mots ironiques de la vieille à qui Perceval demandait des renseignements sur le chevalier au tombeau et sur celui qui emportait la tête de cerf et le brachet, le Ms. D. porte :

« Et s'arota après li chevalier, qui le brachez et la teste emportait ...... et chevaucha grant tens qu'il ne pot trover et conquist chevalier et *acheva aventures que je ne puis retraire*. »

Puis ce Ms. conduit Perceval chez sa sœur, qui lui raconte l'histoire d'Alein, leur père, « la prophétie du Graal, » la jeunesse de lui Parceval, et les craintes qu'elle a de le perdre, à cause de sa « sauvagine. » Elle ajoute qu'elle est restée toute seule, après la mort de sa mère, avec une jeune fille qui est sa nièce, enfin qu'elle ne peut voir passer un chevalier sans penser à son frère et qu'il est l'homme du monde qui lui ressemble le plus.

Les aventures que le roman en prose *ne peut retraire* sont nombreuses en effet, nous ne les mentionnerons pas; nous dirons cependant que là se trouvent l'épisode du chevalier du Gué, celui de la laide demoiselle et sa présentation à la cour d'Artus, récits que nous retrouverons plus tard cependant dans le roman en prose.

La version de Chrestien de Troyes offre ici cette circonstance remarquable que dans le récit que fait la sœur de Perceval à celui-ci, elle ne parle pas une seule fois d'Alein le Gros, et de la « prophétie du Saint Graal. » Le nom de Brons qui revient si souvent dans le roman en prose où la voix divine se fait entendre à Alein dans le récit de la sœur, est aussi absent dans Chrestien.

« Et sachiez, dit Robert de Borron, que Brons votre « père est en cest païs. Et si ne savez où. Et il vo dona « (à Alein) la garde de vos frères por aider et por « conseiller en loi. »

On voit que, sur ce point, Chrestien diffère complétement, puisque Perceval n'est que le neveu de Brons dans le poëme.

Les deux jeunes gens se reconnaissent à peu près dans les mêmes termes :

« Qant Percevaux atandi sa seror·et que sa mère fust morte, si en ot grant irc et fust tant dolenz qu'il ne pot respondre mot. Et qant il pot paller, si dit : « Bele suer, sachiez que je sui li votre frère Parceval qui s'en ala, jenure, à la cort du roi Artus. »

Dans Chrestien on lit :

> Perchevaux pleure de pité ;
> Cele le prist à resgarder,
> Si li vit la coulour muer,
> Et des larmes faire la trache
> Ki li keurent parmi la fache.
>
> .　.　.　.　.　.　.　.
> De parfont cuer jete .I. souspir ;
> Apriès grant pièce, a respondu ;
> Suer. fait-il, en batesme fu
> Mes noms Perchevaux apielés.　　　　(Vers 25892.)

Sa sœur l'entraîne vers la demeure de leur oncle l'ermite ; on lit dans le roman en prose :

« Qant la·demoiselle l'oï si en plora moult tendrement et li dit : « Bieaux frère! ferés vos donc ce que
je vous prieroi; quar je voil que vous vingiez avuec
moy à la maison, mon oncle qui est hermite et est
.I. des fiz Bron et frère Alein mon père et le votre, et
maint à mains de demie lieue de ci et vous confesserez
à lui du péchié que vous avez fait de votre mère. »

Dans Chrestien, c'est Perceval qui, bourrelé de
remords, propose lui-même d'aller se confesser à
l'ermite son oncle :

> Perchevaus dist à sa serour
> K'à l'hermitage voët aler,
> A son oncle vorra parler
> Qu'il n'avoit véu dès s'enfance ;
> Et si prendra sa penitanche
> De ses péchés, car c'est droiture.
> Et si vera la sépoulture
> U sa mère ert ensevelie
> Qui pour lui ot perdu la vie.
> Cele li respont « Bien ferés,
> Ensemble avoec vous me menrés. »     (Vers 25952.)

Dès qu'il le voit, l'ermite lui demande s'il n'a pas
été encore dans la maison de son père à lui, ermite,
chez Brons, qui est l'aïeul de Perceval; ce dernier lui
répond qu'il n'y a pas encore été. Alors le prud'homme
ajoute :

« Biaux niés, sachés que à la table là où Joseph
sist et je meismes, oïmes la voix de saint-esperit qui
nos commenda venir en loingteines terres en occident
et comenda le riche pécheur mon père que il venist
en cestes parties, là ou li soleil *avaloit....* »

On retrouve encore ici la donnée de Robert de

Borron, qui manqne totalement dans Chrestien de Troyes ; la voix du saint Esprit n'y est jamais mentionnée. La situation de Perceval ne peut être la même dans les deux versions à ce moment du récit, puisque dans Robert de Borron, Perceval n'est pas encore allé chez le roi Pêcheur, tandis que dans Chrestien de Troyes il y a séjourné, a vu le Graal, la lance et le raconte à son oncle l'ermite.

Le récit de Robert de Borron semble bien plus logiquement enchaîné.

Avant de rentrer chez eux, le frère et la sœur rencontrent un chevalier qui les attaque avec furie ; Perceval, qui pense à autre chose, est sur le point d'être pris au dépourvu. Sa sœur le rappelle à lui et, d'un coup vigoureux, il abat le traître et lui perce le cœur.

Son oncle l'ermite lui avait recommandé de ne pas tuer les chevaliers qu'il vaincrait. Perceval s'écrie : « A ! don chevalier tant m'avez fait tot trespasser le commendement mon oncle ! Mès Dex le sache, je ne puis mès ; quar vous me corustes sus, si féistes folie. »

Cet épisode qui ajoute au récit un trait empreint de sentiment religieux, n'est pas indifférent ; Perceval, jusque-là, a vécu en dehors de l'idée de Dieu qui défend de tuer son semblable ; son oncle le rappelle à ses devoirs, il promet, et sa première action consiste à se parjurer. Le côté humain reparaît ici empreint d'une fatale ironie. — Chrestien de Troyes qui recherche plutôt la grâce que la vérité, a omis cet épisode.

Cependant Perceval est poursuivi par son vœu ; à peine arrivé chez sa sœur il veut repartir.

« Bele suer sachiez que au plus tôt que je porrai esploitier de ma besoygne, me je rendrai, revenrai se je puis. »

Chrestien dit de même :

> Suer, fait-il, ne vos esmaiés,
> Car à vous moult tost revenrai,
> Que je ne puis metre en délai
> Iceste œuvre ke j'ai emprise.      (Vers 26434.)

Cette œuvre, la quête du Graal, Perceval la recommence sans trêve et sans répit.

Ici se place dans Robert de Borron l'aventure de la laide demoiselle que Chrestien de Troyes avait intercalée avant la visite de Perceval à sa sœur.

« Einsi comme il chevauchoit si grand aleure devant lui et vit .I. chevalier, bel cheval, et une damoiselle jouste lui qui estoit de merveillose feiteour, plus que oncques nateour féist, quar sachiez que ele avoit le col et le mains plus noires et le vier que fer, et les gambes toutes cortes et oïl estoit plus roges que feu. Et si avoit entre les .II. euz, pleine paume et plus. Et sachiez que de lie ne paroit mie plain pié desus les arçons et avoit les piez si crocez que ele ne se poïst tenir ès estrieux, et estoit trécée à une trèce et sachiez que ele avoit trèce noire et corte, et mieuz resemblot estre coë de rat que autre chose. »

Voyons la description de Chrestien de Troyes :

> Et si vos di, sans nule falle
> Que c'est la plus laide riens née
> Qui onques fust d'ious esgardée.
> Se deli vos voël dire voir,
> Si ceviel estoient plus noir

Que ne soit peine de cornelle.
Petit front ot et grande orelle
Sourcius grans qui l'uel li vestoient
Que tout ensembre li tenoient.
Si oël furent noir com fordine
Qui n'affièrent pas à mescine.
Ses nés rebriçoit contremont
Qui petit ert ; mais graindres sont
Ses narines qu'il ot oviertes.
Si vous di bien à droites ciertes
Que lèvres ot grans et furnies
Plus grans que asne d'abéïes.
Deus avoit grans, gausnes et lés,
Si ot genciules par dalés ;
Grans grenons ot et grant menton ;
De tout ert laide sa façon.
Avoec tout çou sembloit contraite,
Car crombe estoit et moult mal faite,
Déliie et desaffublée ;
Et de nouviel estoit tousée.
De col avoit plus noir que fer
Bien semblait dyables d'enfer.        (Vers 25384.)

Nous avons donné ce passage en entier pour faire
apprécier la différence radicale qui existe entre la
manière sobre de Robert de Borron et l'abondance de
détails qui distingue Chrestien de Troyes ; dans l'espèce, le tableau de la laideur de la demoiselle me
paraît plus saisissant dans le passage du roman en
prose que dans les vers de Chrestien.

Du reste, le récit est absolument le même dans les
deux versions :

« Lors reguarda Percevaux la damoiselle qui plorost por son ami et ne se peut tenir qu'il ne rist et

demanda au chevalier coment sa mie avoit nom et li chevalier respondit : Sire, ele a non Rosete la blonde et est la plus cortoise damoiselle que oncques home véist. »

Chrestien dit de son côté :

> De vostre amie,
> Me dites coment l'apièlés,
> Por coi avoec vous le menés,
>
> . . . . . . . . . .
> Par fine amor l'apiel Rosete
>
> . . . . . . . . . .
> Je l'aime mius que tout l'avoir
> Que crestiiens avoir porroit.          (Vers 25544.)

Lorsque la laide demoiselle se présente au roi Artus, Keu plaisante un peu lourdement et s'attire les remontrances d'Artus :

« Et qant Key l'entendi, si se ne pot tenir qu'il ne pallât et dit : Dame (Genièvre) merciez-le (Perceval) quar grant henor vous à hui envoié et en serez tout dis mès henoréc et les pucèles de voz chambres; mès j'auraie paour que li rois *ne l'amast de jouste vos.* » Lors pria le chevalier par la foi que il devait le roi, qui li déist *où il l'avoit prise et si en porroit une autre tele avoir, si il l'aloit querre.* »

Chrestien supprime la phrase à l'adresse de Genièvre, mais dit comme Robert de Borron :

> Biaus sire,
> Dites moi, se Dex le vos mire,
> *Se plus en a en vostre terre,*
> *Une autète en iroie querre*
> *Se jou le quidoie trover.*          (Vers 25691).

Quel est le copiste ? il est bien difficile de le dire ; je crois cependant qu'on peut affirmer que le *Grand Saint Graal* étant connu de Chrestien, celui-ci devait avoir lu le *Petit Saint Graal*, et partant le *Perceval* de Robert de Borron. Mais il y a dans le roman de ce dernier une homogénéité de conception, une sûreté d'allure qui manque au *Perceval* de Chrestien.

Après cette aventure, se place, dans le roman en prose, l'épisode du *chevalier du Gué* qui dans Chrestien la précède, mais sous une autre forme.

Dans notre roman en prose, Perceval se bat avec un chevalier qui l'empêche d'abreuver son cheval à un gué et le jette à terre. Le chevalier du nom d'Urbain, qui garde le gué, est preux et vaillant ; créé chevalier par le roi Artus, il errait par le pays en cherchant les aventures, lorsqu'il rencontre, un jour, une belle demoiselle, la suit et entre dans le plus beau château du monde où on lui fait « bel hôtel la nuit. » Il s'enhardit à demander à la demoiselle son amour qu'elle lui octroie à condition qu'il demeurerait avec elle là où elle le mènerait. Elle le conduit alors à un gué, nommé le *gué périlleux*, près du château ; là il empêche les chevaliers d'abreuver leurs chevaux et les combat en cas de résistance ; il a ainsi conquis déjà un grand nombre de chevaliers et s'il y fût resté sept ans, il aurait été proclamé le meilleur chevalier du monde, malheureusement il s'en faut de sept jours.

Il propose à Perceval d'y rester un an et l'assure qu'il aura ainsi « le pris de Chevalerie du siècle. » Naturellement Perceval refuse.

Aussitôt un grand bruit s'élève avec une épaisse fumée qui assombrit l'air et empêche de rien voir ;

une voix mystérieuse crie à Urbain : « Hâte-toi si tu ne veux perdre mon amour.» Urbain épouvanté tombe « en pamoison. » A peine revenu à lui, il court à son cheval et veut s'en aller. Perceval ne l'entend pas ainsi. Urbain ne s'en ira que quand il aura expliqué cette merveille à Perceval; la voix s'écrie de nouveau: « Urbain ! hâte-toi ! ou tu me perds. » Celui-ci fait tous ses efforts pour échapper aux étreintes de Perceval; en même temps une nuée d'oiseaux tourbillonne autour d'eux ; quelques-uns s'abattent même sur le heaume de Perceval. Ce voyant, Urbain s'enhardit, prend son écu et son épée et court sus à Perceval qui l'étourdit d'un coup. L'épée fort heureusement dévia, sans cela il l'aurait fendu en deux. En même temps, il frappe un des oiseaux qui l'attaquait le plus vivement, et à sa place, il voit gisant sur le sol, une femme morte ; celle-ci est aussitôt entourée par les autres oiseaux et emportée par eux.

Perceval retourne alors vers le chevalier du gué qui lui crie merci; mais il ne l'obtiendra que s'il donne à Perceval l'explication de cette merveille. Alors le chevalier lui dit que le bruit qu'il a entendu venait du château que sa Dame a abattu, de douleur, en le voyant vaincu, et la voix était celle de son amie qui s'apercevant que tu me laissais, se changea, elle et ses compagnes, en oiseaux qui s'élancèrent pour me venir en aide. Mais tu es le meilleur chevalier du monde et c'est la sœur de mon amie que tu as tuée ; elle n'a plus besoin de rien, car elle est en Avallon [1].

---

[1] Le paradis des héros, situé à l'Occident, là où le soleil *avalle*, comme le disent Chrestien et Robert de Borron.

Ainsi donne-moi congé. Perceval le lui donne, le chevalier s'en va et bientôt ce dernier se livre à un grand transport de joie, puis il s'évanouit et disparaît aux yeux étonnés de Perceval.

Cette aventure du Gué est tout autrement narrée dans Chrestien de Troyes, en voici l'analyse :

Perceval, après avoir traversé une haute montagne, entre dans une plaine arrosée par une belle rivière. Sur le bord était un arbre et au-dessous un perron de marbre avec une inscription en petites lettres dorées. D'un autre côté, au milieu du pré était un riche pavillon de drap d'Antioche, devant lequel on voyait un destrier tout blanc avec un bouclier blanc et une lance également blanche. Perceval après avoir tout examiné, pensant bien que cette blancheur ne pouvait signifier que bonté, résolut d'héberger dans le tref : aussitôt il entre dans le gué pour abreuver son cheval ; mais un chevalier paraît qui s'écrie : « Vassal ! vous faites là une vilaine action (vos vilenés) ; vous avez eu tort d'abreuver votre cheval, je vous défie. » Puis il s'élance sur Perceval, un combat s'engage, ardent et incertain ; enfin Perceval le frappe deux ou trois fois de son épée, si cruellement, que le chevalier lui demande merci ; « oui ! lui répond Perceval, si tu veux aller te constituer prisonnier du roi Artus. Je suis nommé Perceval « en droit baptestire. » Comment t'appelle-t-on? — Sire, on me nomme le Blanc chevalier qui garde *le gué amoureux*. (On a vu que dans Robert de Borron le gué s'appelle le gué périlleux). Depuis cinq ans que je fus adoubé chevalier, je n'ai pas quitté ce gué trois jours entiers, et j'ai vaincu maints chevaliers qui y abreuvaient leurs chevaux. » Perceval ne lui fait pas compliment de sa mission et lui demande la cause de sa conduite.

Le chevalier lui raconte alors qu'un jour cherchant les aventures, il vint à ce gué; qu'en lisant l'inscription latine gravée sur le perron, il sut que c'était le gué amoureux, lieu fertile en aventures et dans lequel aucun chevalier ne devait abreuver son cheval, et voici pourquoi :

Sous cet arbre demeuraient dix pucelles jeunes et belles qui y restèrent six ans; le bruit s'en répandit et maints barons s'y rendirent pour requérir leur amour ; des rivaux se présentèrent et quand ceux-ci voulaient faire abreuver leurs chevaux, les barons s'écriaient que malheur en arriverait; et en effet, ils les combattaient aussitôt sortis de l'eau et les tuaient sans leur accorder merci.

ix ans s'écoulèrent ainsi et quand les demoiselles durent partir, elles firent écrire sur le perron ce que vous m'avez entendu raconter, et de plus, que s'il venait au gué un chevalier qui voulût le garder sept ans, ce dernier remporterait le prix sur tous les autres. Voilà pourquoi j'y ai tant séjourné; faites de même pour accroître votre réputation (votre vasselage, *aliàs* votre barnage). Perceval n'est pas de cet avis, il pense qu'il n'accroîtra pas sa renommée *de la valeur d'un éperon* et ils se rendent au pavillon. Des écuyers prennent leurs destriers, on leur sert à manger et ils vont se coucher. Dès le matin, ils montent à cheval, le Blanc Chevalier se rend à la cour du roi Artus qui l'accueille, s'informe de Perceval et tient

12

quitte de sa prison le nouveau venu qui « fust de grande renommée, à tous les jors qu'il vesqui. »

Comme on le voit, les deux aventures, identiques au fond, sont très-dissemblables dans la forme, et cette fois, il ne paraît pas que Chrestien de Troyes brille par l'invention. L'histoire de Robert de Borron est plus fantastique et plus émouvante.

Après l'aventure du Gué se présente celle des enfants courant sur l'arbre.

Perceval s'étant mis en route voit devant lui un des plus beaux arbres du monde au carrefour des Quatre-Voies, à côté d'une croix. Il s'arrête pour le regarder et aperçoit dessus deux enfants qui couraient tous nus de branche en branche; ils pouvaient avoir sept ans; naturellement Perceval les conjure de lui dire s'ils sont de par Dieu, expression qui trahit la crainte de voir là un piége du démon. Les enfants répondent à Perceval qu'ils ont quitté le paradis terrestre pour venir lui parler de la volonté du Saint-Esprit. Ils ajoutent : « Tu es entré en la quête du Graal que détient Brons ton aïeul; eh bien! suis cette voie à droite, et quand tu en seras sorti, tu verras telle chose et entendras telles paroles qui te guideront dans l'achèvement de ta tâche, si tu es celui qui doit l'accomplir. »

Ceci dit, l'arbre, les enfants et la croix disparaissent, et, à leur place, paraît une grande ombre qui passe sept fois de suite devant lui; Perceval se signe et une voix du ciel lui dit : « Ne méprise pas ce que les enfants t'ont dit, car avant que tu sois sorti du chemin, tu verras la confirmation de leurs paroles. »

Cette aventure, qui est souvent rappelée plus tard dans Chrestien de Troyes, se présente beaucoup plus loin dans le poëme, elle est simplifiée et dépouillée de tout le côté fantastique; il y règne même une légère ironie qui ne s'accorde guère avec le caractère donné aux anges. C'eût été le cas pour Perceval de demander si l'enfant, car il n'y en a plus qu'un, était « de par Dieu. »

Lorsque Perceval se fut éloigné de l'arbre où Bagomède avait été pendu (épisode inconnu à Robert de Borron), il entre dans un grand bois et voit un bel arbre dont une des branches portait un jeune enfant d'une grande beauté qui tenait une pomme dans sa main, et paraissait n'avoir pas plus de cinq ans. Perceval s'arrête, le salue et le prie de descendre; l'enfant lui rend son salut, mais lui dit qu'il n'en fera rien: « Je ne suis pas en votre puissance bien que vous soyez chevalier, je ne tiens rien de vous, et si je tiens quelque chose je vous le rends. Du reste, on m'a déjà dit maintes paroles qui me sont volées aux oreilles sans me faire grand mal. »

« Ce que vous me dites ne m'offense pas, fait Perceval, or saurai-je bien que je suis en bon chemin si vous me dites vérité. Cela peut bien être, mais je ne suis pas encore si savant (si mestre) que je puisse vous renseigner sur tout ce que vous voudriez me raconter. » « Ma foi, dit Perceval, ce que j'ai à vous demander n'exige pas tant de réflexion; je voudrais savoir votre nom, d'où vous êtes, pourquoi vous êtes assis sur cette branche, et si vous pourriez répondre à mes questions au sujet du roi Pécheur. » L'enfant lui répond qu'il ne lui dira sur tout cela, ni vérité, ni mensonge, ni rien de plus. « Mais sachez bien, dit-il, une chose; c'est que vous pourrez aller demain au *Mont-Douloureux*, au pilier où vous apprendrez une nouvelle qui vous sera agréable. » Ceci dit, il se lève, monte plus haut sur une autre branche, puis, sans s'y arrêter, saute ainsi de branche en branche, jusqu'à l'extrémité de l'arbre qui était très-élevé. Perceval le regarde tout ébahi et sans pouvoir dire un mot. Pendant ce temps l'enfant disparaît.

On le voit, le côté humain reparaît encore dans Chrestien de Troyes, on a peine à voir un habitant des cieux dans cet enfant narquois qui plaisante et raille même Perceval. La version de Robert de Borron que nous venons de donner est bien plus religieuse et s'harmonise plus complétement avec la donnée du roman.

Cependant Perceval, s'étant mis en marche, arrive sans autre aventure, au château du roi Pêcheur, tandis que dans Chrestien de Troyes, il rencontre au pied du Mont-Douloureux, une pucelle qui le dissuade d'y monter et lui propose de l'accompagner s'il veut éviter la montagne; Perceval refuse et monte le Mont-Douloureux. Il voit le pilier qu'il admire, il est tout de cuivre : alentour, il voit quinze croix, il y en a cinq rouges, cinq blanches et cinq bleues; elles sont en pierres dures de ces trois couleurs, le peintre ne les a pas touchées. Perceval regarde curieusement le pilier, auquel est attaché un anneau précieux qui valait « tout le trésor c'on peust en une tour mestre. »

Autour de cet anneau, on voit une inscription latine sur un listel d'argent fin qui disait : « Que nul chevalier n'attache son destrier à ce pilier, s'il ne peut se mesurer avec le meilleur chevalier du monde. » Perceval ne savait lire, mais le chevalier qu'il avait

trouvé sous le marbre, lui avait conté ces merveilles ;
il s'empresse donc, malgré la défense, d'attacher son
destrier à l'anneau. Aussitôt paraît une pucelle sur
une blanche mule ; celle-ci descend, salue Perceval
et s'étonne de le voir ; elle se rend auprès de son
destrier et commence à le frotter de son manteau
à la tête et au col. Perceval est tout honteux de voir
une si belle demoiselle lui rendre un tel service.
« Laissez, belle demoiselle, mon destrier, » dit Perceval à la pucelle qui proteste qu'elle le soigne avec
plaisir, « car tout le monde devrait vous honorer,
vous et votre cheval, mieux que nul saint et nul
autel. Vous avez, en vous arrêtant au Mont-Douloureux, conquis plus grand honneur que n'en eut de sa
vie aucun autre chevalier. » « Certes, dit Perceval,
vous dites, amie, ce qu'il vous plaît ; mais il ne manque pas de meilleurs chevaliers que moi. » La demoiselle lui répond qu'il parle en chevalier courtois et
l'emmène en son pavillon. On dîne et, sur le soir,
assis sur l'herbe, Perceval demande à la demoiselle
comment elle se nomme. « Je suis, dit-elle, la demoiselle du grand Puits du Mont-Douloureux, j'ai dressé
mon pavillon ici, attendant plusieurs chevaliers de la
cour du roi Artus qui doivent se rendre au pilier. »
Alors la demoiselle raconte à Perceval l'histoire de ce
pilier qui se rattache à la naissance d'Artus. Merlin
avait annoncé à Uter qu'il aurait un fils qui surpas-
serait tous les autres en valeur, et Uter lui ayant
demandé comment il pourrait connaître le meilleur
chevalier de la terre, Merlin lui demanda vingt jours
de réflexion. Pendant ce temps, il parcourt le pays
et trouve le Mont-Douloureux où il établit le fameux

pilier auquel nul chevalier ne pourrait « arrêner » son cheval s'il n'était le meilleur chevalier du monde. Uter en fut enchanté, et depuis lors « maint bon chevalier y fut déçu. » La demoiselle veut savoir qui lui a dit de venir au Mont-Douloureux. Alors Perceval raconte une histoire lugubre d'un chevalier qu'il délivra d'un cercueil de marbre dans lequel il était enfermé, pour y tomber à son tour et voir le marbre retomber sur lui. Mais le chevalier au tombeau n'ayant pu faire marcher la mule de Perceval, délivre celui-ci et l'engage s'il veut « conquérir honneur » à aller au Mont-Douloureux. Tout ce récit est assez traînant et manque d'intérêt.

L'aventure est terminée. Perceval, après une nuit de repos, monte à cheval et s'en va, accompagné de la demoiselle à qui il déclare qu'il se rend au château du roi Pêcheur. La jeune fille le guide et lui indique la route à tenir. Mais on n'arrive pas si vite au but dans Chrestien de Troyes, il faut encore subir l'aventure du chêne sur lequel brûlent plus de mille cierges; il y en a de dix à quarante par branche; Perceval s'y rend, mais plus il s'approche et plus la clarté des cierges diminue, au point que tout près, il n'en voit plus un seul. Seulement il rencontre, un peu plus loin, une belle chapelle dans laquelle il entre. Sur l'autel, il voit un chevalier mort et devant lui un cierge allumé; puis un grand coup de tonnerre retentit, et une main noire apparaît derrière l'autel; alors le cierge s'éteint, une nuit profonde l'environne, et, après être resté là jusqu'à minuit, il se décide à partir. Il entre ensuite dans la forêt, rencontre quatre veneurs qui poursuivaient un sanglier et leur demande la maison du roi

Pêcheur. Ceux-ci lui disent qu'ils sont ses serviteurs et qu'il peut d'ici voir la tour de son logis ; il faut encore que Perceval rencontre une demoiselle qu'il interroge vainement au sujet de l'arbre aux cierges, du chevalier mort, de la main noire et du jeune enfant sur l'arbre. Enfin il arrive au château tant désiré.

On le voit, Chrestien de Troyes crée, comme à plaisir, des obstacles à la succession naturelle des événements. Tout cela est absent dans Robert de Borron qui va au but plus franchement et sans accumuler tant d'aventures inutiles.

Voici donc Perceval arrivé chez le roi Pêcheur. On se met à table et alors se produit la série des merveilles dont il doit, cette fois, demander la signification, dans Chrestien de Troyes, tandis que, dans Robert de Borron, Perceval qui en est à sa première visite et qui se souvient des recommandations du prud'homme qui, lorsqu'il le confessa, lui défendit de trop parler, Perceval n'ose interroger à ce sujet le roi Pêcheur. Ce dernier cependant le met sur la voie, mais il ne desserre pas les dents. Le Graal passe donc devant lui et reçoit les salutations de tous les assistants, sans que Perceval veuille risquer la moindre question. Le roi Pêcheur fait alors ôter la table, préparer un lit à Perceval et va lui-même se coucher en s'excusant poliment.

Perceval, après avoir pensé longtemps au Graal, à la lance et aux autres reliques qui ont passé devant ses yeux, s'endort jusqu'au lendemain matin. Il descend alors à la cour et ne voit personne ; seulement son cheval et ses armes étaient devant lui. Il s'élance dessus et le dirige vers le bois où il rencontre une demoiselle qui pleurait et « faisait grand deuil ; » elle s'écrie à sa vue : « Perceval le Galois ! Maudit sois-tu, tu es un malheureux et jamais bonheur ne doit t'advenir. Tu as été en la maison du roi Pêcheur, ton aïeul, et tu n'as pas demandé la raison du Graal que tu as vu passer devant toi. Sache donc que Notre-Seigneur te hait et que c'est merveille que la terre ne fonde pas sous toi. »

Perceval la prie de lui expliquer ce qu'il a vu ; la demoiselle lui apprend que s'il eût demandé au roi son aïeul de le renseigner sur le Graal, la prophétie faite par Notre-Seigneur à Joseph se serait accomplie ; le roi Pêcheur serait revenu à la santé et les enchantements de Bretagne auraient cessé ; « mais tu n'es encore ni assez sage, ni assez vaillant pour mériter d'avoir le digne sang de Notre-Seigneur en garde ; plus tard, tu reviendras ici et quand tu auras adressé au roi Pêcheur les questions voulues, ce dernier sera guéri : maintenant va-t'en à Dieu. »

Dans Chrestien de Troyes, Perceval qui en est à sa seconde visite, n'oublie pas d'interroger son aïeul ; il l'accable même de questions et sur l'enfant et sur l'arbre aux cierges, puis il l'attaque au sujet du Graal, de la lance sanglante et de l'épée cassée [1]. Le roi lui

---

[1] Cette épée, qui ne peut être ressoudée que par le chevalier qui doit achever les aventures de Bretagne, est mentionnée dans le *Grand Saint Graal* de Gautier Map, mais dans des circonstances différentes de celles qu'expose Chrestien de Troyes ; du reste Robert de Borron n'en parle pas dans son *Perceval*. Dans le *Grand Saint Graal*, Josephé, ayant promis à Agron de guérir le duc Matagran, se rendait chez ce dernier, lorsqu'un lion furieux fond sur Agron et l'étrangle ; les

dit que si l'enfant lui a parlé avec colère, c'est qu'il
le hait pour les grands péchés dont il est entaché;
puis le roi lui fait comprendre l'image ou la figure

gens du pays qui croient que Josephé a suscité ce lion par
ses enchantements, le saisissent et le conduisent à la forte-
resse. Le sénéchal du pays, dans un accès de fureur, le frappe
de son épée à l'endroit de la cuisse où il avait déjà été blessé
par l'ange; la lame se brise en deux et la pointe reste dans
la plaie. Josephé rend la vie à Agron, la santé au duc, et,
prenant les deux morceaux de l'épée, il dit : « A Dieu ne
plaise que cette bonne épée soit ressoudée, sinon parce lui
qui doit accomplir l'aventure du siége vide de la Table
ronde. »

Dans Chrestien de Troyes, l'épée qu'il s'agit de ressouder
est celle dont Pertinel (Partiniaus) frappa le roi Goon du
Désert par trahison, lorsqu'après que son parti eut été vaincu,
il se couvrit des dépouilles d'un mort de l'armée de Goon et
lui fendit le crâne qu'il avait dégarni de son heaume. Goon
est frère de Brons, et naturellement celui-ci veut venger sa
mort. D'ailleurs un autre événement est survenu : Brons
ayant pris les deux morceaux de l'épée, les laissa tomber et
se blessa « à travers les jambes, » de telle sorte qu'il se tran-
cha les nerfs et qu'il ne peut plus se servir de ses jambes,
depuis lors; cette infirmité ne doit être guérie que lorsque
Perceval l'aura vengé de Pertinel. On sait que Perceval,
ayant trouvé l'écu de ce dernier pendu à un arbre (vers 44410)
et l'ayant jeté à terre tout froissé, Pertinel qui ne se doute pas
de la chose, arrive en hâte, appelé par le cor d'un valet; la
bataille s'engage, sanglante, acharnée; Pertinel est vaincu,
mais refuse de demander merci. Perceval tranche sa tête et
la porte au roi Pêcheur qui la fait ficher « sur la tor » au
haut « d'un pal. » Ce dernier est guéri et les aventures de
Bretagne sont achevées. Dans tous ces récits le nom de Merlin n'est pas prononcé.

12*

contenue dans l'action de l'enfant de courir vers le haut de l'arbre.

Dieu a formé les animaux pour regarder la terre ; mais il a donné à l'homme un visage dirigé vers le ciel.

C'est la paraphrase du célèbre passage du poëte latin : *Os homini sublime dedit.*

> Ainsi li leva haut le viaire
> Por esgarder la grant hautece
> Del firmament et la rikece
> Dont Dam le Dex enlumina
> Trestout le mont qu'il estora.
>
> . . . . . . . . . . .
>
> Li enfes qui de l'arbre ala
> K'enviers le ciel amont monta,
> Vos montre, par sénéfiance,
> Que haut el ciel, sans atendance
> Devés penser au Créator
>
> . . . . . . . . . . .
>
> Moult par est fols qui Dieu oublie
> Por conquerre pris tierrien. (Vers 34806.)

Nous ne rapporterons pas toutes les explications du roi Pêcheur, aussi bien n'en sommes-nous encore, dans Robert de Borron, qu'à la première visite de Perceval qui, atterré de ce que lui a dit la demoiselle, ne peut retrouver la demeure du roi Pêcheur ; mais il aperçoit pendue à un arbre la tête du cerf qu'il a tué, et bientôt après, une biche poursuivie par le brachet qu'il avait perdu. A peine l'avait-il pris et mis sur son cheval, qu'un chevalier se précipite vers lui et lui reproche de lui enlever son brachet.

Perceval revendique la possession du chien, combat le chevalier et le renverse. Perceval lui promet de lui laisser la vie, s'il veut lui dire pourquoi il lui a dérobé son brachet, s'il connaît le chevalier avec qui il se battait dans ce moment où il le lui a enlevé, et quelle est la vieille qui lui « enseigna le tombel. »

Le chevalier lui donne alors les explications demandées ; celui avec qui il se battait était son frère germain et la vieille qui enseigna le tombel à Perceval était une belle demoiselle qui « repairoit » avec son frère et pouvait ainsi changer d'apparence.

Perceval veut bien écouter tout cela, mais il en revient à sa quête et demande au chevalier s'il sait où réside le roi Pêcheur. Celui-ci a vu beaucoup de chevaliers chercher sa demeure, mais il ne la connaît pas. Perceval lui demande alors s'il sait quelle est la demoiselle qui lui donna son brachet (la demoiselle aux échecs). « C'est la sœur, dit-il, de l'amie de mon frère qu'elle hait ainsi que ce dernier, parce qu'il ne laisse échapper aucune occasion de faire honte aux chevaliers qui passent par là ; elle a pensé que vous les vengeriez, c'est pour ce motif qu'elle vous a donné son brachet. »

Perceval envoie encore ce chevalier se constituer prisonnier du roi Artus qui l'accueille et le tient quitte de sa prison ; puis il se dirige vers le château de la demoiselle qui lui avait donné le brachet.

La demoiselle est fâchée d'avoir attendu si longtemps le retour de son chien, néanmoins elle fait grand accueil à Perceval et puisqu'il a conquis l'ami de sa sœur, elle veut qu'il demeure toujours avec elle et qu'il soit seigneur de ce château.

Perceval lui apprend alors qu'il a entrepris une œuvre qu'il doit achever et que jamais il ne restera jusque-là plus de deux nuits dans le même lieu. Toutes les prières de la demoiselle sont inutiles; il demande ses armes. « Restez, dit-elle, encore aujourd'hui avec moi. » « Je trépasserais mon vœu, » répond Perceval qui part à grande allure et dort la nuit dans la forêt.

Pendant sept ans il erre sans trouver le roi Pêcheur et il envoie plus de cent prisonniers au roi Artus; mais il est si chagrin de ne pas trouver le roi Pêcheur qu'il perd la mémoire de Dieu et n'entre plus dans aucune église; au point que le jour « de la croix adorée, » il chevauchait, armé de toutes pièces, lorsqu'il rencontre un chevalier et des dames « toutes embrochées » dans leurs chapes, qui faisaient leur pénitence. Cette compagnie s'arrêta et lui demanda « quelle folie il démenait, lui qui s'était armé pour tuer son semblable, le jour où Notre-Seigneur fut mis en croix. » Perceval les entendant parler de Dieu, revient à des idées plus saines, se repent et gagne la maison de son oncle l'ermite. Là il se confesse et accepte la pénitence qui lui est imposée; puis il dit qu'il voulait aller voir sa sœur : « Vous ne la verrez plus, lui dit l'ermite; elle est morte il y a deux ans. » Quand Perceval l'entendit, il pleura. L'ermite lui donna pénitence « des maux qu'il avoit faits » et Perceval demeura avec lui deux jours et deux nuits.

Ici se place une observation assez singulière. « Mais « les Trouvères ne parlent pas de cela, eux qui ont « accumulé tant de choses dans leurs rimes plaisan- « tes; pour nous, nous ne rapportons que ce qui « est contenu dans le conte que Merlin fit écrire à

« Blaise son maître si bien instruit des aventures de
« Perceval. »

Cependant cette aventure se passe aussi dans Chrestien de Troyes, beaucoup plus tôt, il est vrai ; les
dames sont accompagnées de trois chevaliers ; elles
sont aussi encapuchonnées :

> Lor cies en lor caperons mis
>
> . . . . . . . . . . .
>
> Qui, por sauvement de lor armes
> Lor pénitance à pié faisoient
> Por les péciés que fais avoient,
> Et li uns des .III. chevaliers
> L'arrieste et dist : « Biaus sire ciers
> Voni ne créés-vos Jhésu-Crist
> Qui la novele loi escrist
> Et le douna as crestiiens ?
> Certes, il n'est raisons ne biens,
> D'armes porter, ains est grans tors,
> Au jor que Jhésu-Cris fu mors. »
> Et cil qui n'avoit nul apens
> De jor ne d'oure ne de tens,
> Tant avoit en son cuer d'anui,
> Respont : « Qués jor est-il dont hui ? »
> « Qués jors ! Sire, si nel savés
> C'est li venredis aourés. »          (Vers 7618.)

Perceval se confesse comme dans Robert de Borron,
reçoit les conseils de l'ermite et ses instructions, et
communie à Pâques.

On ne voit pas trop pourquoi les trouvères sont
accusés de passer ce fait sous silence.

Il y a bien dans les deux cas deux visites faites par
Perceval à l'ermite, une première fois avec sa sœur,
la seconde sans elle.

Après l'épisode que nous venons d'analyser, se place, dans Robert de Borron, l'aventure de Mélianz de Lys.

La demoiselle du blanc châtel est une des plus belles personnes du monde ; un tournoi se prépare et celui qui remportera le prix, aura la demoiselle, quelque pauvre qu'il soit. On s'y rend de toutes parts ; Perceval rencontre sept valets qui chantaient en portant des écus à leur col ; ils conduisaient des chevaux à la main et accompagnaient une charretée de lances ; messire Mélianz de Lys y va dans le but de disputer le prix. Ils invitent Perceval à s'y rendre, mais celui-ci refuse. « Vous avez raison, lui disent-ils, il y en aura assez sans vous, et je ne crois pas d'ailleurs que vous y fassiez merveille. » Perceval arrive à un blanc châtel où on lui fait fête ; il se déshabille, et le seigneur, le voyant si bien fait, dit entre ses dents : « C'est grand dommage qu'un si beau chevalier n'ait pas plus de hardiesse. » Perceval demande alors à quelle distance était le blanc châtel où le tournoi avait lieu ; le seigneur répond que demain ils iront à prime et qu'un peu avant son arrivée, Gauvain, Key le sénéchal, Mordret, tous les chevaliers de la cour d'Artus, et cinq cents autres avec eux, ont passé par là se rendant au tournoi.

On dresse les tables, Perceval est fêté et très-regardé par la mère et la fille qui disent « en leur cuer » que jamais elles n'ont vu plus beau chevalier. On presse Perceval de se rendre au tournois dès qu'il fait jour. Après avoir entendu la messe, ils se rendent au champ du tournois.

Mélianz de Lys était déjà sur les lieux ayant son

écu d'or à deux lions et autour du bras la manche de la demoiselle; Lancelot, Gauvain et Béduers faisaient merveille de leur côté, de sorte qu'on ne savait à qui donner le prix. Le soir, Perceval rentra chez son hôte, on parla des « mieux-faisants » et on s'accorda à décerner la palme à Mélianz et à Gauvain. Cependant Perceval manifeste l'intention de se mêler le lendemain au tournois; le seigneur du lieu dit qu'il s'armera lui-même pour l'amour de lui. Quand il fait jour, ils vont oïr messe et la fille du châtelain lui donne sa manche pour la porter au tournois comme un gage d'amour. Perceval lui dit que pour elle « ferait-il plus d'armes qu'il n'en fit jamais. » On envoya le harnais au blanc châtel. Perceval se revêtit d'armes que lui prêta le vavasseur pour n'être pas connu, et s'élança dans l'arène où il voyait Melianz de Lys. Toutes les demoiselles l'admiraient et demandaient son nom; il eut facilement raison de Mélianz à qui il cassa le bras droit en deux parties, puis il se jeta sur Key et le porta à terre. Quand les chevaliers de la bande du dehors virent ces deux exploits, ils se précipitèrent du côté de Perceval; Gauvain le prit à partie et se fit jeter au milieu du pré. Perceval prit trois des meilleurs chevaux qu'il avait conquis et les offrit à la demoiselle en échange de sa manche. Le châtelain dit à Perceval : « N'irez-vous pas demander la main de la demoiselle du blanc chastel? » « Non, répliqua Perceval, car je n'ai pas loisir de prendre femme et je ne le dois pas. »

Comme ils parlaient ensemble, ils rencontrèrent un homme âgé qui portait une faux sur son col et dit en allant à Perceval : « Musard! Musard! tu n'aurais

pas dû aller au tournois, tu manques à tes devoirs. »
Perceval l'entendit et eut honte pour son hôte, il dit
au vilain : « Vieillard faucheur, cela ne te regarde
pas. » Le prud'homme réplique: « Si fait, une grande
partie de ton affaire repose sur moi. » Perceval
s'éloigne un peu et le faucheur lui dit : « Perceval,
tu as trépassé ton vœu, car tu as juré de ne coucher
qu'une nuit dans le même lieu, tant que tu n'aurais
pas trouvé le Graal. Je suis Merlin et suis venu à toi
de « Hortoblande » ; et sache que les prières de ton
oncle ont touché Notre-Seigneur qui veut que tu
gardes son précieux sang; le roi ton aïeul est très-
souffrant, mais il ne peut mourir avant de t'avoir vu.
Va donc par ce chemin et tu y arriveras, quand il
plaira à Dieu. »

Cette aventure de Mélianz de Lys et cette rencontre
de Merlin ne se trouvent pas dans Chrestien de Troyes,
qui applique le nom de Mélianz de Lys à un personnage allant également à un tournois. Mais il s'agit
de lutter contre Tiébaut de Tintaguel dont il n'est pas
question dans le roman en prose, et c'est Gauvain qui
y joue le principal rôle, tandis que Perceval reste
étranger à l'action. (Vers 6210.)

Perceval quitte donc son hôte, se remet en route et
arrive le soir chez son aïeul. On lui ôte ses armes
et on l'introduit dans la salle ; après avoir parlé
de diverses choses, on se met à table. Aussitôt paraît
le Graal escorté des saintes reliques. Perceval, sans
perdre de temps, dit : « Sire, je vous prie de me dire à
quoi sert ce vaisseau que porte ce valet et devant
lequel vous vous inclinez si profondément. » Aussitôt
que Perceval a prononcé ces mots, il vit que le roi

Pêcheur était guéri et tout changé. Le roi Pêcheur en est tout joyeux et lui demande à qui il doit sa guérison ; Perceval lui dit qu'il est fils d'Alain le Gros et son petit-fils à lui roi Pêcheur. Ce dernier s'agenouille et rend grâces à Dieu. Puis il mène Perceval devant le Graal et lui dit : « Cette lance est celle dont Longis perça le côté de Notre-Seigneur, et en ce vaisseau repose le sang précieux que Joseph d'Arimathie recueillit des plaies du Sauveur ; nous l'appelons Graal parce qu'il agrée aux prud'hommes et à tous ceux qui peuvent rester en sa compagnie. »

Brons se met à genoux et invoque la voix divine qui bientôt se fait entendre, et lui ordonne d'apprendre à son petit-fils les secrètes paroles que le Sauveur confia à Joseph dans sa prison, et que celui-ci lui fit connaître à lui-même, lorsqu'il lui remit le Graal.

Brons se conforma à l'ordre d'en haut, et instruisit Perceval de tous les points de la religion chrétienne ; puis il passa de vie à trépas, et Perceval vit les anges qui l'emportaient au ciel.

Perceval demeura chez son oncle, pratiqua la sagesse ; et les enchantements de la terre de Bretagne prirent fin.

Ce jour-là, Artus était à la Table ronde, il survint un si grand bruit que tout le monde s'en effraya et que la pierre qui fondit sous Perceval résonna de nouveau ; alors Merlin vint à Blaise, lui dit que son travail était terminé et l'emmena à Perceval qui en fut joyeux, car il était sage et bon chrétien.

Le reste du roman est relatif aux aventures d'Artus.

Cependant à la fin on reprend l'histoire de Perceval en quelques lignes. Blaise resta longtemps avec Perceval qui avait toujours le Graal en garde. Merlin, qui séjourna avec eux, conta partout l'aventure d'Artus et comment il était allé en Avallon et comment finirent tous ceux de la Table ronde qu'il avait tant aimés. Merlin prit ensuite congé de Blaise et de Perceval et dit qu'il se bâtirait, en dehors de la forêt un ermitage où il se retirera et prophétisera lorsque Notre-Seigneur lui révélera l'avenir. « On l'appellera communément l'esplumeors Mellin. » Dès lors, Merlin fut perdu pour le siècle et l'on n'en parla plus, non plus que du Graal. Seulement le conte dit que Merlin pria Notre-Seigneur qu'il accordât sa miséricorde à ceux qui écouteraient volontiers réciter son livre et le feraient écrire pour l'édification des sages.

Cette fin a quelque chose de touchant et de mélancolique qui manque peut-être au poëme. Chrestien de Troyes, à la vérité, conduit l'histoire plus loin ; il s'aide de la *Queste* de Gautier Map et fait mourir Perceval, dont l'âme est ravie au ciel en compagnie du saint Graal, de la Lance sanglante et « du beau tailloir d'argent. »

Perceval fut enterré au palais aventureux, à côté du roi Pêcheur, sous une lame d'or et d'argent où l'on voyait cette légende gravée en petits caractères :

> Ci gist Percheval
> Li Galois, ki del Saint Graal
> Les aventures achiéva.      (Vers 45374.)

# PERCEVAL

OU

# LA QUÈTE DU SAINT GRAAL

Version unique d'après le Ms. Didot, dont la première partie, *le Saint Graal* ou *le Joseph*, a été donnée dans ce volume.

Le *Perceval* commence à la page 92, v°, première colonne de ce manuscrit, par la rubrique :
« Ci palle li conte coment Artus fust sacrez à rois par la volenté de touz le pueple. »

SUIT LE TEXTE.

ANT Artus fust sacrez et la messe fust chantée, si issirent tuit li baron hors del mostier esguardèrent et ne virent point del perron, ne ne sorent qu'il fust devenuz. Et einsint fust Artus esleuz et sacrez à rois et tint la terre et le règne lonc tens moult amplez. Qant il fust coronéez et l'en li ot fait toutes ses droitures, si l'enmenèrent à son païs et Key le sénéchal aveuc lui et autres barons une grant partie qui estoient illeuc assamblez, por voir qui l'espée porroit del perron arrachier et qant l'esleccion fust faite, einsint come vous avez oï, si vint Merlin à la cort, et qant li barons qui Uter-Pendragons avoint servi, le virent, si en orent grant joie et firent grant feste de lui, et vint oïant touz, et lor dit : « Seygnors, il est bien droiz que je vous faz sages qui est cil qui vos avez fait rois par l'esleccion de notre seygnor. Sachiez que il [1] fiz au roi Uter-Pendragon, notre seygnor lige et enz en la nuit que il fust néez, le me fist-il baillier et je l'en chargié à norrir à Antor por ce que je le savoie prodome et loial, et il le norri volontiers por le grant bien que le [2] dis qu'il en auroit. Et einsint tot come je le dis si l'ai véu, quar il fait [3] de son fiz sénéchal de sa terre. » Et Artus dit : « Ce aimon, et touz les jorz que je vivrai, l'entendron-nos à sénéchal et à seygnor de qant que j'ai. » A iceste parole ont moult grant bruit et grant joie déméné touz li barons del païs et meismes mi sires Gauveis qui fiz estoit au roi Lot.

APRÈS ce, a li rois comandé mestre les tables et einsi fist et s'asistrent tretuit à mengier, parmi la sale, et orent tuit à foison qant que il demandèrent. Et qant il orent mengié, si levèrent et otroièrent au roi et le traïstrent à une part et li distrent : « Sire, véez-ci Merlin qui fust li bons devins votre père et votre père l'ama moult, et Merlin fist la Table ronde en son tens et si fust cil meismes qui à Uter-Pendragon dit sa mort : mès or guardez qui soit moult henorez. » Et Artus si respond : « Beaux sygnors, si sera il. » Lors vint le rois à Merlin et le

[1] « Ert. »
[2] « Je » au lieu de « le ».
[3] « Il fit son. »

fist [1] delez lui et fist grant feste de sa venue ; après
mengier en apela li rois Merlin et li dit sa volenté et
moult l'enora au souper : et Merlin li dit : « Sire, je
palleroi moult volentiers à vous en conseil, et si ait
aveuc vous .II. de voz barons en qui plus vos vos fiez. »
Et li rois dit : « Merlin, je feroi moult volentiers,
qant que vous voudrez de bien. » Li rois apela Key
le sénéchal et mon seygnor Gauvein son neveu à
une part. Lors furent tuit .IIII. à un conseil et dit
Merlin : « Artus vous estes roi la Deu merci, et
Uter-Pendragon votre père fust moult prodons et la
Table ronde fust faist en son tens que fust contrefait
à la table que Joseph estora de par le Graal qant il
deseva les bons des mauveis. Or sachiez que il a eu
.II. rois en Bretaigne qui ont esté rois de France et
ont conquis Rome sor les Romains et se sunt fait
coroner, et .C. anz ainz que vous fussiez rois, prophé-
tizèrent li prophe votre venue. Et sachiez que la reine
Sibile prophétiza et dit que vous seriez le tierz hons
qui rois en seroit et après le dit Salemon et je, le tierz
qui le vous di. Et puisque li sorz en ost getez et séuz,
si soiez si preuz et si vaillant que la Table ronde soit
enssauciée par vous et sachiez que jà empereres ne
serez deci, à tant que la Table ronde soit essauciée
par vos, si comme je vous diroi. Il avint jadis que li
Graaus fust bailliez à Joseph que nostre sire li dona
meismes, qant il fust en prison; et Joseph par le
comendement notre seygnor s'en ala en .I. désert et
amena, aveuc lui, une grant partie del pueple de la
terre de Judée qui obéirent à son comendement et

[1] « Mist » ?

au service notre seygnor. Et tant que il furent bien,
si orent la grâce notre seygnor et qant il furent
autrement, si lor deffailli. Et li chevalier qui estoient
lor meistre si furent moult dolent, et proièrent votre
seygnor que il lor féist démostrance de ce que le
pueple demandoient. Et notre seygnor li comanda
que il féist une table au lieu de cele où il avoit sis.
Et einsi come la voix de notre seygnor li comanda,
il le fist et i asist une grant partie de son pueple et
plus en iot qui ne porent séoir que de ceus qui issis-
trent. Et tant que .I. lieus [1] voit en sinifiance del leu
dont Judas s'osta qant notre seygnor dit qu'il le
traïssoit. Et Moyses .I. faux desciples qui le porseut,
ententa, en maintes manières, vint devant Joseph et
li dit que il le leissast ce lieu amplir et dit que il
sentoit tant de la grâce notre seygnor que bien estoit
dignes de séoir ou leu voit. Et Joseph dit que si l'en
créoit, que il ne si asseroit mie. Et cil li dit : « Si
vraiement come il estoit bons, li donast ou leu asséoir. » Et Joseph dit : « Vous isserreiz. » Lors vint
Moyses à leu et assist et si tot come il fust assis, il
fundi en bisme, dont il ne sordra jusqu'à au tens à
l'Entecrist. Nostre sire fist la primière table, Joseph
fist la secunde et je, au tens Uter-Pendragon votre
père, fis la tierce qui moult sera encore essauciée et
pallera l'on par tot de la chevalerie qui issera. Or
sachez que li Graaus qui fust bailliez à Joseph, est en
ce païs et en la guarde au riche roi péchéor à qui
Joseph le bailla par le comendement notre seygnor,
qant il dut fenir. Et cil rois péchéors est en grant

[1] « Ot » ?

enfermetez, quar il est veil home et plains de mala-
dies, ne il n'aura james santé devant un chevalier que
yà à la Table ronde aserra, sera prodons vers Deu
et vers sainte église et ait tant fait d'armes que il soit
le plus alosez del monde. Et lors vendra à la maison
au riche roi péchéor et qant il aura demandé de quoi
li Graus sert, tantost sera li roi gariz de sa'nfermeté
et cherront li enchentement de Bretaigne et sera la
prophétie accomplie. Or sachiez que, se vos le faites
einsi, que granz biens l'en porra avenir; et si me
covendra aler, quar je ne puis mie sovent démostrer
au pueple. » Et lor dit Artus que se il voloit demorer
que l'ameroit moult et Merlin dit : « Ce ne porroit
mie or estre, mès je ne [1] revendré encores à vos. »
Et li rois li dit : « Merlin, je voil qu'il soit à votre
volenté de ce. » Einsi desparti li rois et Merlin s'en
ala en Ortoberlande à Blaise son mestre et li conta
ces choses. Et Merlin, qant il les i ot contées, Blaise
les mist en escrit; et, par son escrit, le savon-nos
encore. Et Artus remaint aveuc ses barons et pensa
moult en ce que Merlin li avoit dit : « Et sachiez que
oncques rois ausi grant corz [2] ne tint, come fist
Artus, ne il ne fust oncques rois qui tant se féist
amer à ses barons, come il fist. Et il estoit li plus
biaux hons et le meillors chevalier de son cors, que
l'en séust; et por ce qu'il estoit si vaillant rois et par
son bel acointement, et por son biaux paller et por les
beaux dons que il donoit, fust-il si renomez, que
home ne pallot par tot le munde, fort solement del

---

[1] « Ne » supprimé par les points.
[2] « Cort ».

roi Artus; si que tote chevalerie repéroit à sa cort
por lui véoir et por son bel acointement; et home ne
prisot chevalerie que nus hons féist, se il n'éust esté
de meigniée au riche roi Artus, à ce que il estoit par
tout de si haut pris et de si haut afaire, que il estoit
par tot le monde renomez. En cel tens, estoit le fiz
Alein le Gros dont vous avez oï paller, cà en arrières,
petit enfès et ot non Percevaux et Alein estoit moult
maladis, tant qu'il en mori. A tant s'aparust la voiz
del Saint-Esprit et li dit : « Alein le Gros! saches que
tu es près de ta fin et vendras par tens en la
compaignie Jhésu-Crist; et si te mande que Brons
ton père est moult prodons et moult sent de la
grâce notre seygnor, et est conversez en ces îles
d'Illande et aveuc lui le vesseaux Joseph que l'en
apele *Graal*; et nostre sire veut que tu saches que
ne porra passer de vie à mort, devant que ton fiz que
tu as de ta famme, l'ait trové et que il ait comandée
la grâce de son vessel et aprises les secroites paroles
que Joseph li aprist; et lors sera gariz de so'nfer-
metez. Et lors vendra à la grant joie son père qu'il
a touzjorz servi; et je coment à ton fiz qui s'en
voit à la cort à celui roi que l'en apele rois Artus et
là aprandra teles novelles parquoi il vandra à la maison son aiol le riches rois péchéors. Qant Alains oït
la voiz du Saint-Esperit, si tendi ses mains vers le
ciel et basti sa coupe et après devia et morust. Et
nostre sire que il avoit servi l'en rendi à gloriose
mérite come il avoit deservi en icest siècle; et lors dit
à Percevaux son fiz, qu'il allast à la cort le roi Artus
et Percevaux ne seura mie. Einz monta .I. jor sur
.I. chacéor que il avoit et chevaucha tant par .I. bois

et par .I. forez, qu'il vint à la cort au roi Artus, et vint devant lui et li demanda armes, et li roi Artus le restint moult volentiers et li dona armes et fust puis moult amé à la cort.

Après ce, vint misire Evains, le fiz au roi Urien, et Sagremors .I. moult hardi chevalier, et Dodinaus, et le fiz à la fille à la femme de Malehot, et Mordret le niés au rois Artus qui puis fist la grant mesprison, si come vous porrez oïr et si vint Genetez et Garies [1]. Icist trois estoient fiz le roi Lot d'Ortanie et frère mon seygnor Gauven; après vint Lancolot dou Lac qui estoit de moult grant afaire et preuz chevalier et hardiz et tant des autres que je ne puis touz retraire, mès tant vous puis-je bien dire, qu'il ot tant de bons chevalier à la cort le roi Artus que home ne palloit partot le monde, si de la bon chevalerie non, de la Table ronde que li rois Artus tenoit. Tant qu'il s'apensa de ce que Merlin li avoit dit : Si s'en vint as chevalier, et lor dit : « Seygnors, si vos covendra touz de venir à la Penthecoste que je voudroi la grant feste tenir, la plus grant que oncques nus tenist en nul terre, et voil que chascun amaint sa fame aveuc lui, quar je vodroi moult enorer la Table ronde que Merlin estora au tens Uter-Pendragon mon père et voudroit asoier en .XII. leus .XII. pères de ma cort et à cel jor que la Table ronde sera asise, que tuit cil qui aveuc moi voudront demorer seront

---

[1] Les quatre fils du roi Loth étaient Gauvain, Agravain, Guirre et Gaheriet. Il manque donc dans le texte ci-dessus Agravain, et l'orthographe est peu observée. « Genetez » est peut-être Generez pour Gaheriet.

touz jorz de la Table ronde. » A tant se départirent et
ala chascun à son païs et Artus demora à Londres
et fust en moult grant pensée coment il péust la
Table ronde essaucier.

A la Penthecoste avint que li rois Artus tint sa cort,
si samblèrent tuit li chevaliers dou païs ; quar bien
sachiez que li roi Artus estoit de si haut pris que cil
meismes qui de lui ne tenoient rien, se cuidassent yamès honiz estre, si ne venissent, ne vossissent venir
à bone cort, ne en leu ou prodome le véissent, s'il ne
venissent à la Penthecoste, à la feste qui a la Table
ronde establie. Si en vint tant de par toutes terres que
je ne les puis touz nomer ne retraire ; tant que le jor de
la Penthecoste avint que li rois Artus se vint à Cardueil
à la Table ronde et fist messe chanter, voiant touz le
peuple qui aveuc lui estoient ; et qant la messe fut
chantée si prist li rois, G. son neveu et aveuc lui les plus
prodes homes qui pot trover en sa cort et les assit à la
Table ronde et li uns des leu fust voit [1] que nostre sire
fist au tens Uter-Pendragon son père, le trover Merlin
voit, et por ce ne l'osa li roi Artus amplir [2].

Moult fust grant la feste que li roi Artus tint à
tens de la Penthecoste, quar cil de la Table ronde li
asistrent la corone au chief et li vestirent dras roiaux ;
et fust coronez, si come il devoit estre, quar au plus
de C. entensors d'or, l'ensensot-hon par tot là où li
aloit, et jomchoit-on le gloiol et la mente par devant
lui et faissen l'en plus d'onor que l'en li pooit faire.

---

[1] « Vuit » pour « vuide ».

[2] Ce texte est peu compréhensible, il est sans doute
incomplet.

Lors comanda li rois que tuit cil qui estoient venu à la feste fussent tuit vestu d'une robe et d'une reconoissance, et bien sachiez que li rois dona le jour VI. M. et .IIII. C. robes par recognoissance de la Table ronde. Attant fist li rois l'eve corner et s'asistrent tuit li baron au mengier et sachiez que Artus servi le jor la corone au chief en .I. robe d'or. Moult fust reguardé le jor de ceux qui oncques ne l'avoient véu et sachiez que à touz plot moult sa manière. Après mengier, comenda li rois que tuit alassent as chans por bohorder et il si fistrent. Qui [1] donc véist dames et damoiseles aler et venir à la Table ronde et monter as murs et as fenestres por voir bohorder, quar sachiez que le jor jiostèrent tuit cil de la Table ronde à la chevalerie qui là estoit venue et à moult furent reguardez de dames et de damiseles et por ce se penoit cil plus, quar il n'i avoit chevalier qui n'éust sa seror ou sa fame ou sa mie et sachiez que le jor enportèrent le pris ceus de la Table ronde. Quar misires G. jiosta moult aigrement et Key le sénéchal et Hurgains et Beduers et Sacremors et Lancolot dou Lac et Guinereth et autres chevaliers ; et il jostèrent tant durement que à vespres orent le pris de touz, et li rois Artus, qui moult estoit vaillant, sist le jor sor .I. palefroi .I. baston en sa main et aloit entre li riens por pès tenir, que nul ne se mellast ; et aveuc lui chevaucha Percevaux le Galois et estoit nafrez en sa main, et por ce ne josta mie le jor, ne Guinerez et Gacies qui frères estoient G. et fiz li roi d'Ortaine ; et cil troi furent touz le jor aveuc li roi et regardèrent les jostes

---

[1] « Qui » pour « iqui » ?

que l'en fist. Une damisele y avoit, qui avoit non
Aleine et estoit nièce G. et fille le roi Viautre de
Galerot et sa mère fust seur li roi Artus ; et sachiez
que c'estoit la plus bele damisele que l'on séust en son
tems ; cele vit Percevas, si l'ama moult qu'en pot ele,
si ele l'ama quar c'estoit li plus biaux chevalier del
monde. A vespres, departit li tornei et la feste de la
Table ronde, si comencièrent à queroler li chevalier
et les damiseles et à faire grant feste ; mès Aleine la
fille au roi Veautre pensa moult forment à Perceval
qu'ele ama durement ; et qant ce vint à la nuit, si s'en
alèrent li chevalier à lor osteux et plushors alèrent à
lor tentes ; mès Alein la nice mon seignor G. ne s'aseura
pas, ainz a pris .I. sien vallet et l'envoia à Percevaux
le Galois et li manda que Aleine la nièce G. désirot
moult à lui vooir ioster à ceus de la Table ronde et li
manda que il fust armez l'andemain d'unes armes ver-
meilles qu'ele li envoiret. Quant Percevaux l'entendi,
si s'émerveilla et ot grant joie de ce si vaillant damisele comme Aleine la nièce G., l'a li avoit mandé que
por s'armast contre ceus de la Table ronde. Lors, dit-il
au message, que il n'estoit chose que la damisele li
mandast que il ne féist. Qant li message l'entendi, si en
fust moult liez et vint arrières à la damisele et li conta
qant que Percevaux li avoit respondu ; et la damisele,
qui moult en fust liez, prist maintenant les armes et
les envoia à Percevaux qui moult en fust liez. Et sachiez qu'il dormi moult petit la nuit. Au matin, se leva
li rois et oï messe et aveuc li ses barons. Qant la
messe fust chantée, si se repairirent les .XII. pères à
la Table ronde et mengèrent et furent servi, mès de
lor, mès ne de ce que il mengèrent ne parole mie ;

mès tant vous puis-je bien dire que meismes le rois
Artus servi. Après menger, se levèrent tuit en estant
et issirent fors as chans por bohorder et dames et
damiseles por aux vooir. Eleine, la nièce G., i estot
venue qui moult désiroit que ele véist Percevaus
armez des armes qu'ele li avoit envoiées. Lors issirent
li chevalier de Cardueil qui joster voloient et avoir
pris ; et vindrent à la Table ronde et bohordèrent
moult durement et comança la feste plus grant que
ele n'avoist esté le jor devant. Et sachiez que Lancelot dou Lac sorjoistoit touz ceus de la Table ronde
et G. li niès Artus le fasoit moult bien et mesires
Evein le fiz au roi Urien. Lors vint Perceval le Galois
bien armez des armes à la damisele et ala férir, de
plain eslais, en l'esscu Sagremors. Qant Sagremors
l'ot vu, si issi encontre lui et leissirent cheval aler tant
come il porent corre et s'entretrovèrent si grans cous
que les lances perçoièrent. Et Perceval le Galois qui
moult estoit bons chevalier le hurta si durement de
cors et de piez et de cheval, que Sagremors fust si
astornez qu'il ne sot qu'il devint et vola si durement
einz emmi le pré, que tuit cil qui le virent, cuidoient
qu'il fust morz. Et Perceval prist le cheval, si le présenta à Eleine qui grant joie en démena. Et sachiez
que Percevaus fist le jor tant d'armes que il sorjosta
touz ceux de la Table ronde et abasti Quei le séne-
chal et Evein le fiz Urien et Lancelot dou Lac, si que
tuit cil que le virent, distrent qu'il estoit le mieudres
chevalier del monde et bien devoit le leu voit amplir
de la Table ronde. Et li rois qui moult fust vaillant et
sage vint à Perceval et li dit : « Sire chevalier desormais voil que nous soiez de ma meigniée et sachiez

12***

que vous voudroi moult enorer. » Et Perceval dit :
« Sire, votre merci. » Lors osta Perceval son heaume
et li rois le conust, si le tint à grant merveille et li
demanda coment ce estoit que il n'avoit esté dès hier
armez et por quoi il estoit desconeuz. Et Perceval li
dit : « Ce m'aiderez vous à céler, mès tant vous puis-
je bien dire que, par amor, ai fait qant que j'ai fait ; et
sachiez que se je me péusse destorner, que encore i
fussé-je à venir. » Et qant li roi l'entent, si comança à
rire et li pardona moult débonèrement et dit que ce que
hons fait par amors doit estre légièrement pardonez.
Et einsi le pardona misire G., Eveins et Lancelot du
Lac. Lors dit Perceval qu'il vouloit le leu de la Table
ronde emplir voiant touz ceus qui là estoient venuz ;
et Artus li dit : « Perceval, biaux amis, se vous me
créez, vous ne vous i asierrez mie, quar .I. home si
assist qui[1] non Moys et en fust perduz, » et Perceval
li dit que se il ne laissaioit aséoir, il s'en iroit arrières
en son païs, si comme il estoit venuz, ne jamès à cort
que li rois tenit, ne vendroit. Et qant Artus l'entendi,
si ot moult grant ire, quar il se doitoit moult de ce
que Merlin li avoit dit ; mès tant le pria G. et Lancelot
et Beduers que il li otroiast. Lors vint au barnage de
la cort, là où la Table ronde seiet et G. si asist, il et
tuit li autres qui assoir se devoient et remest li leus
voit. Et Perceval fust tot droit enmi aux et esguarda
entor li. Lors passa avant Perceval et vint au leu voit
et se seygna et benei et s'asit enz ; et tantost comme
il se fust assis, la perre fendi et la terre brait si angoissossement, qu'il sembla à touz ceus qui estoient,

---

[1] « Ot » ?

qui fondissent en bisme et que touz le siècle fondit ;
et du brait que la terre geta, issi une fumet et une
ténèbror que ne se porent entrevoir au plus d'une
grant liue. Après ce, vint une voiz qui dit : « Rois
Artus, tu as fait la plus grant mesprison que oncques
mais hon féist, ne qui fust fait en Bretaigne, que tu as
trespassé le comendement que Merlin t'avoit einsin-
gnié ; et sachiez que Perceval qui si asist, a fait li plus
grant hardement que oncques mais hons féist ; et il
encherra encore en moult poine, et tuit cil de la Table
ronde aveuc lui. Et bien sachiez que, si ne fust por
la grant bonté d'Alein le Gros, son père, qu'il fut
mort de la dolorose mort don Moys morust, qant il
s'asist fausement ou leu que Joseph li avoit dévé. Or
sachiez, roi Artus, que nostre sire vous mande que le
vessel, qu'il fust bailliez à Joseph en la prison, qu'il
est en la mayson à .I. riche home qui est apelez li
riches rois péchéors et est chéuz en grant maladie et
en grant enfermeté, ne il ne peust morir devant que
uns de .XXX. chevalier, qui ci sunt asis, ait tant fait
d'armes et de chevalerie qu'il soit li mieudres chevalier del monde. Qant il sera si esauciez, lors l'adrecera
nostre sire à la maison au riche roi péchéors et li rois
péchéors se fait porter devant touz ceus qui léenz
véivent et convendra que cil chevalier demande de
ce vessel que hom en siert, et tantôt sera li riche roi
péchéors gariz. Et qant il sera gariz, si ira, dedanz li
.III. jorz, de vie à mort, et baillera à celui chevalier,
le vesseau et li aprandra le segroites paroles que li
aprist Joseph ; et lors [1] ampliz de la grâce du Saint-

_____
[1] Sera ?

Esprit et cherront li enchentement de Bretaigne et les afaires. » A tant desparti la voiz et Percevaus fust moult espandiz et jura l'âme de son père que il ne gerra que .I. nuit là où il gerra l'autredevant que il ait trové la maison au riche roi péchéors. Et einsint dit G. et Sagremors et Beduers et Hurgains et Erec. Einsi s'en hastirent et firent lor voz. Qant le rois Artus l'entendi, si en ot grant joie que la prophécie que Merlin li ot dite, sera achevée. Attant desparti Artus sa cort, si alèrent li plusors en païs et li plusors remeistrent aveuc li roi. Et G. et Percevas et cil de la Table ronde s'atornèrent comme por aler et s'armèrent en lor osteux, et qant il furent armez, si vindrent tuit devant le roi et devant les barons touz montez, et mi sires G. (dit) au roi et as autres barons : « Seygnors, il nos en covient là aler où la voiz nostre sire nos enseygne, mès nos ne savons que part, si aucune aventure ne nos meine. » Qant li rois et li barons l'entendirent, si comencièrent à plorer, por ce que jamès ne cuidèrent .I. sol revoir, sauves lor vies. A tant despartirent li baron dou roi et s'en alèrent et chevachièrent tot le jor ansamble que oncques aventures ne trovèrent. Et l'andemain jusqu'à tierce, chevauchièrent, qu'il trovèrent sor l'essort de .IIII. voies, une chapele et .I. arbre et une croiz. Lors dit misire G. et ses compaignons : « Seygnors, se nos alons touz ansamble, ce ne sera pas grant conquez et je loerai bien que chascun alast sa voie par lui, quar si nos alon ansamble notre besoigne esploitera mauveissement. » Et chascun li respont : « Moult avez bien dit; « attant despartirent, si ala chascun sa voie qui mieuz li sist et entra chascun

par soi en la queste du Graal. Mès ces aventures qui
trovèrent ne parole pas li livre. Or se taist li conte
de G. et de ses compaignons et dit que qant Perceval fust desparti d'aux que il chevaucha tote jor,
que il oncques aventures ne trova, ne ostel où il se
peut herbergier ; et si li convint herbergier la nuist
en la forest et osta à son cheval le frein, si le leissa
peitre la rousée et l'erbe qui moult estoit bele et
drue. Et sachiez que oncques la nuit ne dormi, einz
fust apoiez sor son escu et tenoit l'espiée en sa main,
et garda toute la nuit son cheval par la sauvazine.
Et l'andemain, qant l'aube fust errevée, si restraint
son cheval et li mist son frein et monta sanz atargier
et chevaucha tot le jor, deci à prime. Einsi come il
chevauchoit, li reguarda devant lui et vit .I. chevalier qui estoit féruz d'une lance parmi le cors et gisoit
sur l'erbe ; de joste lui, si avoit .I. mul et .I. cheval
attachié à la branche d'une arbre et de joste avoit .I. de
plus beles damoiseles que oncques féist nature, et
menot la plus grant dolor que oncques mais fame
démenast et plaignoit et regretoit tot dolorosement
li chevalier qui, là, gisoit, qu'il n'est nus hons qui la
véist, qui n'éust pitié. Et qant Percevaux la vit plorer
einsint, si point son cheval des esporons et vint cele
part. Et qant la damoisele le vit, si entreleissa auques
son duel et se dreça encontre lui et dit : « Sire bien
puissez-vous venir, » et Percevaux li respont :
« Damoisele, Dex vous saut et vous doint graignor
joie que vous n'avez, » et la damoiselle respont : « Sire
je ne porroi yamès avoir joie, qant que je voie devan
moy occis celui que je tant amoie et qui tant m'avoi
énorée, quar il n'amoit rien tant come moi. » Et Perce-

vaux li demanda : « Damoisele ! coment ère-il nomez »
et ele respont : « Sire, il avoit non Hurganet et estoit
de la Table ronde et de la cort au riche roi Artus et
estoit entré en la queste du Graal aveuc ceus de la
Table ronde. » Et qant Percevaux l'oï, si en ot grant
ire qu'à peine le pot son cors endurer et déust estre
chéuz dou cheval et ne post respondre mot, tant ot le
cuer serré. Et qant il pot paller, si le dit : « Damoisele,
puis qant iestes vous en sa compaignie ? » Et ele respont : « Je le vous dirai. Il avint chose que je estoie
en la maison mon père en cest forez, et un yaianz,
qui meygnoit à demi jornée de notre chastel, m'avoit
demandé à mon père et mes pères l'en avoit escondit ;
et il le portot mautalent. Et tant que li yaianz sot que
mes pères devoit aler à la cort le roi Artus que il tint
à ceste Penthecoste, et qant il li dit, si en fust moult
liez, et s'envint à nostre manoir et arracha les portes
de nostre chastel et se vint enz la sale qu'il ne trova
oncques que li fust audevant, et me trova en la
chambre ma mère, et me prist et me porta sor ce
mul que vous poëz illeuc voir et m'amena en cest forest, et me fist descendre et vot o moi gisir. Et je, qui
moult le redotoi, pluroi et crioi moult durement ; et
cil chevalier que vos voiez illeuc, si (oï) moi, et vint
poignant jusquez sor nos et li yaianz ne se dona
oncques guarde, si le vit delez lui ester, si en ot
grant duel et li corust sus de plaines [1]. Et li chevalier,
qui moult fust preuz et vaillant, le reçust moult symplement, et bien vous puis dire que li yaiant le greva

[1] « De plano » sans doute avec le sens de *planè*, sans bruit ;
le chevalier le reçoit de même « symplement. »

moult ; mès li chevalier sot d'escremie et le féri ou
col et li copa la teste ou l'espée qui trop bien tailloit
et la pandi là aval à la chambre d'un arbre. Lors
(vint) à moi et dit que il feroit de moi sa mie et me
fist monter. Et je, qui moult en fut liée, li otroie m'a-
mor et dit que touzjors mais, seroi-je en son comendement et à sa volenté por ce que il m'avoit délivrée
dou déable qui m'avoi honie et morte. Et chevau-
châmes ici toute jor hui matin, la matiné, tant que
nos trovâmes à demie lieue galeseche, .I. paveillon
tendu, si alàmes cele part por voir la feste que l'en
fessoit ou tref et entràmes dedenz la paveillon tot à
cheval, quar li pans en estoit dreciez por avoir le
servi ; et tote einsi grant joie come les damoiseles, qui
estoient dedenz le paveillon, avoient demée [1] devant,
démenoient-ele grant dolor après, qui si grant joie
fessoient devant. Si s'émerveilla moult et lor demanda
por quoi eles avoient troné la joie à duel ; et une
damoisele li dit qu'il s'en alast, ou il seroit yà occis,
plus il demorroit. Et il respon que il ne se movroit
por rien qu'il véist lor géir ; ancois les pria moult
docement qu'eles laissassent lor duel ester ; et eles respondirent : « Beaus chevalier ! tele faiture ! coment
feron nos joie, quar il vous covendra yà morir, quar
li orgoillos Delandes qui ci attendu son paveillon,
vous occiira que jà n'en aura merci ; se [2] mès se
vous me croiez, vous vos en irez, encois que pies [3]
vous en viengne. » Et il lor dit qu'il ne s'en iroit mie.

1 Pour *démenée*, mais il n'y a pas d'abréviation.
2 *Se* supprimé par deux points.
3 Pis, *pejus*.

Et qant que nos estion tot droit enmie le paveillon, si vins .I. nains sor .I. rocin, une corgies en sa main et estoit moult feus[1] et moult cuvert et oncques ne nos salua autrement, mès que il nos dit que mal fusson-nos venuz; et nos i fumes au samblant qu'il nos mostra, quar il me féri de ses corgies moult dolorose-ment, si que les traces i parurent. Et puis vint à l'ata-che dou tref et l'abasti sor nos et geta le tref contre terre. Et sachiez que à mon ami ennuia moult, mès il ne dedeygna meller au nein. Et si tot come il ot ce fait, il s'entorna et féri son rocin de ses corgies, et nos entornâmes et alâmes notre voie, quar nos n'i avions que faire. Et chevachâmes parmie la forest, et n'eumes pas longuement alez que nos oïmes le bois croissir darrières nos et oïmes venir si grand tempeste que ce samblot un grant torment. Et je en fui tote effrée et espéontée. Et qant nos nous reguardâmes, si véimes que c'estoit .I. chevalier armez d'unes armes ver-meilles et venoit si grant aléure qu'il fesoit tout le bois croller et bien samblot de la grant tempeste que il démenoit, que il en éust diz. Qant qu'il nos appro-cha, si escria en haute voiz : « Por Deu du[2] cheva-lier, mar i avez mon tref abastuz, ne le geu qui estoit fait, entrelessir. » Et qant mes amis l'ot attandu, si en ot grant despit et li torna li chief de son cheval et s'entrevindrent si grant aléure come li cheval porent aler. Et mes amis brisa sa lance et li chevalier qui moult ot grant fierté et grant poeir, li conduit la soe parmi le cors. Et qant il ot ce fait, si recoura l'espiée

---

[1] Méchant, *ferus*.
[2] *Du* pour *don*, l'*u* est déformé en signe d'abréviation.

traite et l'atorna einsi comme vous voyez. Et qant il
ot einsi esploitié, si s'entorna et s'en ala que oncques
moi ne le chevalier ne deigna reguarder et je remains
en ceste forez, toute sol aveuc lui; et se je meig duel,
nul ne me doit blasmer, quar j'ai celui perdu qui tant
m'avoit délivré de l'anemi qui honie m'éust et morte. »
Qant la damoiselle ot ce dit, si recomança le graingnor
duel du monde, et Perceval, qui moult estoit dolenz
du duel qu'ele démenoit, li dit : « Damoisele, à faire
grant duel ne poëz-vos rien gaignier, ne recovrer,
mès montez par amor et me menez au tref là où li
chevalier [1]. » Et la damoisele dit : « Sire, si vous
me croiez, vous n'iriez pas, quar li chevalier est trop
fort et grant et si il venoit au dessus de vous, il vous
occiroit qu'il yà n'auroit pitié et por ce ne vous i lege
pas aler, si n'est ce mie [2], si Dex me doint graignor
joie que je n'ai, que ce ne soit yà rien el monde que à
qui je voudroi graignor mal, » et Perceval jura l'âme
Alein son père que jamès n'arrestera, s'aura véu le
tref et saura si cil chevalier est si fort comme la
damoisele li fait entandant.

A tant fist la damoisele monter et tindrent la voie
jusqu'au paveillon et oïrent la joie que les damoiseles démenoient. Et sitôt comme eles virent Perceval, si laissièrent lor joie et commencièrent à faire le
greygnor duel del monde et à plorer et li huchièrent,

---

[1] Repère ?

[2] Phrase obscure ; « et pour ce, ne vous y laisserai-je pas
aller, à moins que ce ne soit pour vous vouloir le plus
grand mal que je puisse souhaiter à quelqu'un, lorsque Dieu
m'aura donné plus grande joie que je n'ai. »

en haut criz, qu'il s'en alast arrières, quar si il venoit
avant et lor sires le trouvast, il l'ociroi que jà merci
n'en auroit. Et Percevaux, qui moult petit prisot la
deffanse, vint chevauchant jusques au paveillon et
s'aresta. A tant vint li nains sor son rocin qui moult
estoit leiz et hisdeux, et tenoit .I. corgie en sa main;
si en féri Perceval parmi le heaume et li dit : « Don
chevalier, fuiez tot hors de tref mon seygnor; » puis
vint à la damoisele, si la féri moult dolorosement
parmi le col et parmi les mains et puis prist le frein,
si vot faire reculer son mul hors dou paveilon. Qant
Percevaux le vit, si li vint à moult grant despit et
prist sa lance parmi le fer contre moult, si l'en dona
grant cop parmi les espaules, si que il l'abasti à terre
tot plat que poi qu'il ne l'ocist tot mort. Mès il failli
sus et vint à son cheval et s'écria : « Don chevalier !
or sachiez que moult vous sera chier vendue ceste
colée que vous m'avez donée. » Et qant il ot ce dit,
si entorna sa voie. Et Percevaus demora qui moult
fust dolent por la damoisele que li nains avoit len-
dengiée. En demendres qu'il estoit illeuc, si se reguarda la damoisele et vit venir li chevalier bien
armé de toutes armes et le nain aveuc lui; et qant la
damoisele vit, si ot moult grant paor et escria :
« Percevaux, véez-ci celui qui ocist mon seygnor et
mon ami. » Qant Perceval l'entendi, si issi contre lui
hors del paveillon et li chevalier li escrie : « Par
Deu, musart, mar mi avez mon nain laidi et antré en
mon tref à force, si ne vous en faiz repentir, bien
porra dire li nains que à mauvais seygnor a servi. »
Et Perceval, qui moult petit prisa son dit, li torna li
chief du cheval, si s'entrevindrent moult liement

come cil qui point ne s'entramoient. Li chevalier qui
moult ot vassalage, féri Percevaux en l'escu de la
lance qu'il li fist fandre et croissir et li fist passer le
fer par desor la sénestre eissele et bien sachiez que
si li éust pris en char, qu'il éust ocis ; et Percevaux
qui moult ot force et ardement liva sa lance apoiée
de si grant virtu, si que ne hauberc ne escu ne an-
guetons ne quirée que il éust vestue, ne li pot avoir
guarant qu'il ne le méist la lance parmi le cors à
passer, que il durement s'entrehurtirent si engoissos-
sement des escuz et de heaumes et de cors que il
ne sorent qu'il devindrent et perdirent le rênes et
narines, et porta li uns l'autre à la terre si durement
qu'à poi que li cuer ne li sunt crevez et fussent ançois une liue alé, que li uns séust que li autre fust
devenuz. Més au plustot que il porent, saillirent en
piez et pristrent les escuz par les enarmes, et pensa [1]
li uns vers l'autre moult orgoillosement. Li chevalier
qui moult ot force et ardement, prist l'épée nue et
l'escu enbracé et requist Percevaux par moult grant
haïr. Et Perceval qui moult sot de teux affaires, tint
l'escu à moult [2] et li chevalier i féri moult durement
qui li copa et fandi jusqu'à la bouche et vint li cous
avalant par grant aïr, sor l'eaume, si que il en
abasti flors [3] apierres. Et bien sachiez que si l'espiée
ne li tornast ou poing, que il éust, à ce cop, moult
endomagié Perceval. Et Perceval sentit le cop si li
crust force et hardement, et vint vers lui et le cuida

[1] Tensa ? se jeta.
[2] Grant force ?
[3] Et pierres ? les pierres précieuses qui l'ornaient.

férir au descovert ou heaume, mès li chevalier tint
l'escu encontre et Perceval i féri moult irément de
s'espiée qui estoit moult bone et le féri ou couble [1]
de l'escu et le fandi en .II. moitiez et vint le cop
avalant parmie le hieaume et li copa la coëffe dou
hauberc et le naffra en la teste moult dolorosement.
Et li chevalier fust moult iriez et s'en trait vers lui
et hauça l'espiée à tot le poing que il li froissa
.II. des dens de la goule et li fist crachier le sanc. Et
Percevaux moult irez (et) li prist à braz et l'estreint
si durement qui li rompi .I. de maistres costes et le
fist agenoiller à force. Et li chevalier saisi l'espée et
Perceval la soe, et revindrent à l'escremie et bien
sachiez qu'il n'i avoit si dur hieaume donc ils ne
féissent jaillir et flors et pierres; et chascun s'en
merveilloit moult de l'autre que il durot tant contre
lui. Et li chevalier que nulli ne dotot, greva moult
Perceval et Perceval lui ; et il serrevertua et li chevalier comença à laisser et à reculer par l'espiée.
Et Perceval le tenoit si cort que oneques le chevalier le pot fere .I. seul recovrement, et tant le demanda [2] Perceval, que vous ferai-ge lonc conte, que
il le conquist et li arracha li hieaume de la teste et
li éust coupé la teste, qant li chevalier li cria
merci por Deu, qu'il ne l'occist pas car il se metoit
en sa prison, en tous les leus où il saura deviser.
Qant Perceval l'entendi qu'il li cria merci, si le
ne digna touchier et li dit que li fianceroit que lui et
sa damoisele se mestroit en la prison li roi Artus et

---

[1] A la courbe?

[2] Démenta?

il ne l'ociroit mie par tel covenant que il, la demoiselle à qui il avoit occis son ami, rendroit (à) la reine
de par Gauven qui nièce ele estoit. Et li chevalier li
respont : « Sire, ce ferai-ge volentiers, mès or me
dites de par qui je m'en tendroi en prison au roi
Artus. » Et Perceval respont : « De par Perceval le
Galois qui est entré en la queste dou Graal ; et si vous
ne trovez mon seygnor G. à la cort, si balliez la
damoisele à la raine de par moi et bien li dites que
ele est nièce mon seygnor G. » Et li chevalier respont:
« Je en ferai dou tot votre comendement, mès je vos
prie et requier, par amor, que, ençois que je ne me [1]
mengiez aveuc moy et puis, si m'en irai plus has-
tivement. » Et Perceval li respondi comme cil qui
mestier en avoit, qui mangera moult volentiers. Qant
il vindrent au tref, une damoisele sailli encontre
Parceval et li dit : « Bien saiez-vous venuz » et li
affubla .I. mantel au col et li firent moult grant joie
de lui et dient moult coiement l'une à l'autre que
moult est preuz, qant il a vaincu lor seygnor. Et
comanda le chevaliers, que la table fust mise et la
viande apparaillée et (comanda) si fust fait, et mangèrent à grant délit et orent qant que il voudrent
deviser au mengier. Après mengier, demanda Perceval ses armes et se arma moult richement et li
chevaliers refist ausi et fist son nain monter et les
damoiseles meismes et la damoisele que Perceval
avoit illeuc amenée ; mès qant ele vit que Perceval
tendroit sa voie par sol, sanz lie, si en démena grant
duel et amast mieuz au samblant que ele mostra, sa

---

[1] Départe, vous ?

compaignie, que cele au chevalier, mès estre ne pot;
quar Perceval pensot moult en autre chose. Et li
chevaliers chevaucha tant que il vint à Cardueil en
Galois, là où le roi Artus estoit à séjor et à la raine
avec lui. Et li chevaliers que Percevaux i avoit envoié
vint à la sale et salua le roi et la raine et les barons
après et li dit : « Sire, je me reing à vous en prison
et ces .III. damoiseles autresi de par Percevaux le
Galois, le meillor chevalier del monde et envoie ceste
damoisele qui est nièce G. à la raine et si vous salue
touz par moy. » Qant li rois l'entent, si en fust moult
liez et le restint de sa meignie et li clama quite sa
prison et li dit : « Sires chevalier, par amor de Perceval, vous am-ge moult et désoremais serez compaiz
à ceuz de la Table ronde qui sunt alez en loingtai-
nes terres. » Li chevalier l'en cheï à piez, et li roi le
redreca et fust puiz moult amez des barons à la cort,
quar il estoit bon chevaliers et fust puis compaignon
G. et fust mort en sa compaignie là où G. fust finez.
A la raine pria la damoisele ; si l'enmena en sa chambre, si li fist moult grant joie par l'amor de son père
que ele cognoissoit bien et par amor de G. qui ele
estoit nièce.

Or dit li livres que puis que Perceval se despartit
dou tref, qu'il chevaucha, toute jor, plain de grant
pensée et pria notre seygnor qui li envoiast vrcai
conseil de ce que il avoit entrepris et li envoiast la
nuit meillor ostel que il n'avoit eu la nuit devant.
Lors guarda par devant lui, si vit apparoir .I. pomeau
d'une tor qui moult li samblot bele et grosse ; et qant
Perceval la vit si en ot grant joie et se torna cele part
grant aléure. Et qant il vint là, si vit que ce estoit li

plus biaux chasteaux del monde et vit le pont abeissié
et la porte deffermé et il entre enz, et tantost ferma
la porte après lui meismes. Si s'émerveilla moult et
vint au perron devant la sale et atacha son cheval a
.I. anel et puis monta en la sale; mès il ne trova
home ne fame : lors passa, si vit une chambre et
l'ovri et ne trova nulli. Qant Perceval ce vit, si s'en
merveilla moult et dit : « Par Deu! merveilles voie
que ceste sale est si bien joinchiée novelement, qu'il
n'a pas lonc tens que il i ot gent. » Adonc se remist
en la sale et vit devant une fenestre [1] d'argent et une
eschais d'ivere sus et èrent assi sus l'eschequier roi
ne [2] por joïr. Et qant Percevaux vit les escheis si
grant et si beaux, si s'en ala cele part et vint à l'as-
chequier et prist .I. de pannez [3], si l'eguarda grant
pièce; et qant il ot assez esguardé, si le rasist et le
bouta avant et li jeus trait encontre lui : si s'émerveilla moult et trait, et li jeus autresi ; et jourent
grant pièce tant que Percevaux fut matez .III. foiz et
dit : « Par Deu! merveilles voie que je cuidoie assez
savoir de ce jeu et en sui tant ensoti ; » et dit as eschas :
« Maudai-ge [4], si jamès moy ne autre chevalier faites
honte. » Lors prist les eschies ou pan de son hauberc
et vint à la fenestre de la sale et les voz getez en l'ève
desouz. Einsi comme il le devoit lessier aler, si li
escria une damoisele qui, de sor lui, estoit as fenestre
de la tor : « Par Deu! don chevalier, votre cors est

[1] Un eschequier.
[2] Roine?
[3] Des paonnez? pions.
[4] Maudehai-ge?

esmeuz à grant vilainie faire, qui mes escheis volez
einsi jeter et sachez que si vous les getez vous ferez
mal ; » et Percevaux dit : « Damoisele, si vous volez
venir aval, je ne le geteroi mie; » et ele respont: « Je
n'irai pas, mès remestez les arrières, si ferez que
cortois. » Qant il l'oï, si s'en corroca et dist : « Damoisele, vous ne volez faire rien por moy et si voulez que
je face por vous, maldaheai-ge, si vous ne venez aval,
si ge ves i geté. » Et qant la damoisele l'oï, si s'en rist
et dit : « Sire chevalier, or le metez arrières, ançois
que vous les getez, je irai arrières aval. » Qant Perceval l'oï, si vint à l'eschequier et les geta desus et chaï
.I. des eschais, si revait en son leu, ausi bien come si
lui les i eust asis. A tant vint la damoisele, par l'uis
d'une chambre en la sale et puceles aveuc lui, jusquez
à diz et .IIII. serjanz devant eles qui moult estoient
bien afaitié, quar sitot comme il virent Perceval, si
corurent à désarmer et li ostèrent le heaume du chief
et le hauberc et les chauces de fer et il remaint en pur
cors. Et sachiez que il estoit li plus beaux chevalier
que l'en séust. Et li vallet corent à son cheval, si
l'establèrent moult richement et une damoisele (le) li
aporta .I. mantel cort d'esquarlate, si le li fist affubler
et l'enmena en la chambre où la damoisele dou chastel
estoit qui moult en fist grant joie par semblant ; et
sachiez que c'estoit la plus bele damoisele dou monde ;
et sitot come Perceval la vit, si l'ama moult en son
cuer et dit que moult sera foux si ne le li requiert
s'amor, puisque ele est aveuc lui à si grant lesir [1] : si
come il ot pensé, einsi le fist et le requist moult dou-

---

[1] Ce mot n'est pas certain, peut-être « loisir. »

cement et l'en essoia en plus hors manières tant que
la damoisele li dit : « Sire, sachiez que je vous oïsse
moult volentiers de ce que vous me requerez, si
je séusse que vous fussiez si grant en fait, come
vous iestes en paroles et nonporqant je ne vous croi
pas de ce que vous m'avez dit et voillez faire ce
que je vous prieroi, je vos ameroie et feroie seygnor
de cest chastel. » Et il respont : « Damoisele, sachiez
que il n'est là rien el monde, si vous la requerez que
je ne face; mès or me dites, si vous plaist. » Et ele
dit : « Beaus sire, sachiez si vous me poëz prendre
le blanc cerf qui est en ceste forest et m'en aportez
la teste, adonc vos ameroi; et si bailleroi mon
brachez qui moult est bons et moult verais et si tot
come vous l'aurez laissé aler, il s'en ira tot droit là où
li cerf; et vous poigniez après grant aléure et li co-
pez le chief et li m'en aportez et je ferai puis à votre
comendement de ce que vous m'avez dit. » A tant
vindrent les serjant à la damoisele et asistrent au
mengier et orent à grant planté qant que il voudrent.
Après mengier, se levèrent les serjanz de tables, et
les damoiseles et Perceval, einsi come il ot mengiè,
alèrent aval la cort, esbanoier entre lui et la damoisele de ci à téns de couchier; et que il orent fait à
Perceval apparaillier .I. bon lit et il se coucha et la
damoisele fust à son chouchier la nuit et li comanda
à Deu et ala chouchier en sa chambre. Et Perceval
remest tôt sole et sachiez que il dormi moult poi cele
nuit qant il pensa moult en la damoisele et à son
afaire. Et au matin, qant il vit le jor aperoir, si s'en
leva et s'en arma et dui vallet si amenèrent son cheval et il monta. Et la demoisele vint et li bailla son

brachet et li dit si chier come il avoit s'amor, que il
le guardast bien. Et Parceval respont qu'il n'a chose
qu'il n'amast mieuz avoir perdue que le brachez et il
le mist sor le cor [1] de son cheval et prist congié à la
damoisele et s'entorna grant aléure, tant que il vint
à la forest et mist li brachet jus et laissa aler. Et sitot
come il ot mis jus, il entra en la trèce du cerf et le
cercha tant qu'il li trova en .I. bouisson et la vit [2]. Et
qant Perceval le vit, si poing après, grant aléure, et
li brachet avant et, que vous feroi-ge lonc conte,
tant le brachet que tot le requist et le tenoit per le
.II. cuisses tot quoi. Et Perceval, qui moult grant joie
en ot, descent erraument et li trencha la teste et vint
à son arçon et dit que la prendroit [3] à ce qu'il andoit [4]
à la teste trosser [5]. Si vint une veille sor .I. palestoi
grant aléure et prist le brachet et s'en ala or tot. Et
Perceval, qui moult en fust irez, monta et point après,
tant que il ateint et l'a prant par les espaules et
l'aresta et li dit : « Dame! par amor, rendez-moy mon
brachet quar c'est grant vilainie que einsi l'aportez ».
et la veille, qui fust félonesse, le reguarda et dit :
« Don chevalier! daheait qui mi arrestra ; et qui ce dit
que li brachet fust oncques vôtre? quar je cuideroie
mieuz que vous l'eussiez amblé : sachiez que je le
rendré à celui à qui il est, quar vous n'i avez droit; »
et qant Percevaux le vit, si s'en corroca moult et il

[1] Le cou ?
[2] Et là vint ?
[3] Pendroit ?
[4] Entendoit ?
[5] Trosser, synonyme de charger, porter.

dit : « Sachiez que si vous ne le me rendez par amor,
je me corrocerai, si n'enporterez vous mie, si sera
pis qu'il n'est ore. » Et la veille respont : « Sire chevalier, force n'est mie droit et force me poëz bien
faire, mès si voulez faire ce que vous dirai, je le vos
rendrai sanz noise. » Et Parceval respont : « Dites et
je le ferai (se) cele chose puest estre, que [1] je n'ai cure
de, vers vos, meslée acommencier. » Et la vieille respont : « Et je vos dirai : ci devant, en ce chemin,
troverez .I. tonbel et desouz ce tonbel, troverez
.I. chevalier peint ; tu iras à lui et li diras : « Faux
« fust qui illeuc fe mist [2] » et puis qant tu auras ce
fait, je te rendrai ton brachez. » Et Perceval li respont : « Por ce ne le prendroi [3] mie. » Lors s'en vint
au tonbel, si li dit : « Don chevalier faux fust qui
illeuc vous mist. » Qant Perceval ot ce dit, si s'en
torna et vit .I. chevalier venir de si grant aléure, sor
.I. grant cheval noir, armé de toutes armes, et si
estoient ses armes plus noiers que oncques ne fust.
Erraument, qant Perceval vit, si s'esfroï et dreca sa
main encontre moult et fist sor lui le signe de la croiz
et recuilli force et hardement. Et restorna le chief
de son cheval vers le chevalier, et s'entrevindrent
de moult grant aléure et si angoissossement que il
deffroissèrent lor escuz et s'entrecontrèrent si durement de piez et de cors et de heaumes, que li chief et
li cuer lor estornèrent et orent si le veues troublées,

[1] « Que » pour « car. »

[2] Fe mist, sans doute pour « fut ou te mist. »

[3] Perdroi ? ce sens est indiqué par ce vers de Chrestien de
Troies : « Nel perdroi jà por si petit. »

qu'il ne sorent qu'il devindrent et perdirent les rei-
nes et les enarmes, et roulèrent si durement à terre,
que à poi que li cuer ne lor furent crévé et eussez
ençois alé .I. arpent de terre qu'il suissent qu'il
fussent devenuz, ne que li uns séust que li autres devint et que sen et mémoire lor fust revenuz. Si s'en
drécèrent contremont et traistrent les espées et pristrent lor escuz et vint li uns vers l'autre moult or-
goilloisement. Li chevalier dou tonbel requist Perceval par grant haïr et le féri de l'espée parmi le
heaume ; mès tant fust durs qu'il ne le pot empirer.
Et Perceval li cuert sus moult iréement et le tient si
près qu'il li fait escaul [1] et le féri, et de l'espiée, enmi
la teste parmi li hieaume et li trencha le cercle d'or
et la coiffe meismes, et li reit le cheveux de la sénestre partie, et le hurta si durement qu'il le fist
agenoiller, et bien sachiez que si l'espié ne li tornast
en la main, que il l'éust mort; mès li chevalier prist
l'escu as enarmes et li corust sus par moult grant aïr.
Einsit come il se combastirent illeuc, si vint .I. chevalier sor aux, bien armez de toutes armes et prist la
teste du cerf et le brachet que la ville [2] avoit et se
torna que onques ne dit mot. Qant Perceval le vit, si
en fust moult desconfit; ne il ne le pot sivre por
l'autre chevalier qui si fort l'assailloit. Lors crut à
Perceval force et hardement et corust au chevalier
sus par moult grant maltalent. Et li chevalier, qui
soffrir ne le pot, se torna vers le tonbel grant aléure
et li tombeaux s'enleva contre moult et chevalier

[1] Eschec ou eschat ?
[2] La vieille.

s'en féri enz. Et Parceval qui moult fust hardi, si cuida après lancer, mès il ne pot quar li tonbeaux se flasti après li chevalier, si angoissossement que toute la terre crolla. Et Perceval en ot moult grant mervielle et vint au tonbel et hucha li chevalier .III. foiz, mès il ne respondi mot. Qant Perceval vit qu'il ne palloit, si s'en torna d'illeuc et vint à son cheval et monta et fust grant aléure [1] li chevalier qui la teste et le brachet enportot et dit que yamès ne finira, si l'ara trové. Einsi comme il chevauchot, si vit la ville que li avoit ensignié le tonbel, et Perceval point après lie et li demanda s'ele cognoissoit le chevalier qui estoit combastuz à lui, ne le chevalier qui enportot son brachet, et la ville li dit : « Dom chevalier maudahet qui de ce m'apalla, donc je ne sai rien ; mès si vous avez perdu, si querez tant que vous aiez trové, quar à moi ne monte rien de votre afaire. » Et Perceval vit qu'il ne trovoit en la veille nule raison, si s'entorna et la commanda au déable et s'arota après li chevalier qui le brachez et la teste enportoit et chevaucha tout le jor par la forest que onques n'en oï enseignes. Et chevaucha grant tens qu'il ne pot trover et conquist chevalier et acheva aventures qué je ne puis retraire, mès tant vous puis-je bien dire que il ala tant par la forest qu'il s'ébasti sor la maison son père où il fust néez, qui avoit esté son père et sa mère, mès moult povrement se requt [2], quar il avoit moult de tens qu'il n'i avoit esté et il vint tot à cheval en la maison. Et qant sa suer le vit, si le cou-

1 Quérant?
2 Se retira.

rust à l'estrier et li dit : « Sire chevalier descendez,
quar vous arrez huimès bon ostel, si vous voulez
demorer. » Et Perceval respondi : « Damoisele, je ne
vieng por el et je en ai moult grant mestier. » A tant
descent Perceval et la damoisele li corust à l'estrier et
li aida moult debonairement à désarmer et aveuc lie,
une chambrère qui sa nièce estoit, de par sa mère ;
et qant il fust desarmez, si li aporta la dame, qui sa
suer estoit, .I. sorcot de soie moult bel et se asist joste
lui et le reguarda moult durement et comença à
plorer et qant Percevaux la vot plorer, si en fust
moult dolent et li demanda qu'ele avoit qui si ploroit ;
et ele respondi : « Beaux sire chevalier, je le vous
dirai que yà rien n'en mentirai. Beaux sire, je oi
.VII. frère d'un père et d'une mère ; si avint chose
que notre père morust et nos remansimes je et mon
frère jenures enfanz et notre mère aveuc nos qui
moult nos ama. Et sachiez que qant mon père dévia,
que l'en le tenoit à .I. de plus prodes homes de son
païs et il (ot) non Alain le Gros, et li fust dit : « Alein,
sachiez que nostre sire a mandé que vous soiez en sa
compaignie et sachié qu'il est yssu tel hons de vous,
par qui la prophécie dou Graal sera acomplie ; et sachiez que Brons votre père est (en) cest païs et si ne
savez où ; et il vos dona la guarde de voz frères por
aider et por conseillier en loi. Et li vostre fiz s'en ira
à la cort au roi Artus et sera de la Table ronde et là
orra tele chose par quoi il aprandra cele chose à
trover, la maison au riche roi péchéors son aïol et le
guerra de s'afermeté. A tant s'en ala la voiz de nostre
seygnor, et Perceval qui mes frères estoit, si tot
comme il oït la voiz, s'atorna sor .I. chaçéor et dit

qu'il s'en iroit à la cort au roi Artus. Et ma mère
qant ele le vit aler, corust après lui et le vot restenir,
mès il ne vot demorer ; et ma mère en fust moult irée
que ele en prist si grant paor et si grant pièce, que
ele morust de duel de lui. Or, sai bien que il est de fol
escient et que la sauvazine de cele forest tot l'auront
mort .C. foiz, avant que il fust venuz à la cort le roi
Artus. Or sachiez que qant ma mère fust morte, que
je remesse toute sole en ceste forest moult solement,
et .II. serjanz qui sunt toute jor à noz terres et une
pucele qui est ma nièce. Or sachiez que qant je voil
nul chevalier passer ci endroit que je ne me puis
tenir que je ne plore por l'amor de mon frère ; et
sachez que vous estes li hons en terre qui mieuz li
samblé, et se cuidasse qu'il fust vis, je déisse que ce
fussiez vous. » Qant Perceveaux atandi sa seror et
que sa mère fust morte, si en ot grant ire et fust tant
dolenz qu'il ne pot respondre mot et qant il pot paller si dit : « Bele suer, sachiez que je sui li vostre
frère Perceval qui s'en ala, jenure, à la cort au roi
Artus. » Qant la damoisele l'enten, si sailli sus et
l'acola et le besa plus de .C. foiz et Perceval lui 'ausi
est [1] et firent grant joie li uns à l'autre. Et Percevaux
qui moult s'émerveilla de ce que ele li ot dit que li
hons et [2] li graaux estoit son aiol et demanda à sa
seror se c'estoit voirs, et ele dit que oil ; « Et y avez
vous encore esté ? » et Percevaux respont : « Je non,
et si l'ai moult quis, ne yamès m'arresterai si l'aurai
trové. » Et la damoisele dit : « Biaux frère (Dex)

[1] « Est » supprimé par trois points.
[2] A li graaux ?

Dex te laist si fère sa volenté, que tu soies à son plaisir. » Einsi come il palloient li uns à l'autre, si vindrent les serjanz à la damoisele, et qant il virent que lor dame besot .I. estrange chevalier, si en orent moult grant duel et la damoisele les apele et lor dit : « Sachiez que c'est Parceval li mien frère qui, si jenure, s'en ala à la cort li rois Artus. » Qant le vallet l'ont oï si en furent moult liez et firent moult grant joie de lui. A tant fist la damoisele mestre les tables et pallèrent de mangier et mangèrent à grant délit ; et qant il orent mengié, si apela la damoisele Perceval et li dit : « Bieaux frère, je ai grant pitié de vous que einsi alez et vous estes moult jenures et moult sunt li chevalier crual et félon et sachiez que il vous occirront volentiers por vostre cheval gaaignier, mès si vous me créez, bieaux frère ! vous leirrez ester ceste peine où vous estes mis, et demorez aveuc moy, quar c'est grant péchié de chevalier ocire et vous meismes estes en aventure de mort. » Qant Percevaux l'oï, si li dit : « Damoisele, sachiez que volentiers demorroie se je avoi acomplie la poine où je sui entré et sitôt come je l'aurai acomplie, je revendrai à vous se je puis revenir et vous aiderai et conseillerai à mon poër. » Qant la damoise[1] l'oït, si en plora moult tendrement et li dit : « Bieaux frère ! ferez-vos donc ce que je vous pricroi, quar je voil que vous vengiez aveuc moy à la maison mon oncle, qui est hermites et est .I. des fiz Bron et frère Alein mon père et le vôtre ; et maint à mains de demie lieue de ci. Et confesserez à lui du péchié que vous avez fait

[1] *Sic.*

de votre mère [1] ; et il vous conseillera à son poër et selonc ce que il vous conseillera je lo [2] que vous facez et bien croi que il vous conseillera et adrecera de la queste dont vous estes entré. Et sovent m'a conté dou vesseau et de la cêne où il s'asistrent et de Moysses qui s'asist ou lieu vuit et coment li bon orent acomplissement de lor cuer. Qant Perceval entendi sa seur, si s'en esjoï moult et dit qu'il ira moult volentiers. Lors s'arma Percevaux et monta sor son cheval et fist sa suer monter sor .I. chacéor qui est en la maison et s'en alèrent ambedui et tindrent la voie dusqu'à la maison à l'ermite. Et qant il vindrent à la porte, si hurtèrent, dui vallet et la ovrirent, et Perceval et la damoiscle entrèrent enz, mès non pas à cheval tant fust la maison basse. Qant li prodome vit sa nièce aveuc li chevalier qu'il ne cognoissoit pas, si en fust en soupois [3] et li dit : « Porquoi estes-vous aveuc li chevalier ? » et ele respont : « Beaux oncles, sachiez que c'est Perceval mon frère qui s'en ala, si grant tens, à la cort au roi Artus. » Qant li sainz hons attendi, si en fust moult liez et vint à Percevaux, si le besa et acola moult liement et li demanda : « Biaux nièce Percevaux ! avez-vous encore esté en la maison mon père qui a le vessel en guarde que l'en apele le Graal ? » et Perceval respondi qu'il n'i avoit pas encore esté ; et prodons li dit : « Biaus niès, sachés que à la table là où Joseph fist et je meismes oïmes la voiz

[1] « De votre mère, » c'est-à-dire de l'avoir fait mourir de chagrin.

[2] J'approuve.

[3] « Soupeson » soupçon.

de saint esperit qui nos comenda venir en loingteines terres en occident, et comenda le riche péchéor
mon père que il venist en cestes parties, là où li
soleil avaloit [1] et dit la voiz qu'il ne morroit duques
le fiz Alein le Gros auroit tant fait d'armes et de chevalerie que il seroit le mieudre du monde. Et qant il
seroit si amontez, si troveroit sa maison et Bron vous
bailleroit tantost son Graal, (et) si tot come vous
l'aurez trové. Biaux niès, sachiez que vostre sire vous
a esleu à son servise faire, mès je vous coment que
de chevalier ocire, ne vous chaille, ne de gésir aveuc
fame, quar cest .I. pché luxurious et bien sachiez
que le pichié que vous avez fait, vous ont neu à trover la maison Bron. Et proiez notre seygnor par
l'âme vostre mère que, sachiez à ce que vostre suer
m'a dit, que ele est morte por vous. Or vous prie qu'il
vous en soviengne que vous soiez curios de vous
guarder de pichié et de faire vilainie, quar vous estes
d'une ligniée que nostre sires ame moult et il l'a
tant essauciée qui lor a doné son sanc esguarder. »
Et Perceval respondi : « Sire Dex me lait si faire son
servise, que soi à sa volenté; » et li prodons respondi :
« A Deu asoviegne. » Lors li dit assez maintes choses
et just la nuit Perceval laianz, jusqu'à l'andemain
que il ot oï messe. Et qant il ot oïe et li prodome
fust desvestuz des armes nostre seygnor [2], Perceval
vint à lui et li enclina moult parfondement et prist
congié qu'il voloit aler à son père, qu'il avoit enpris.
Qant li prodons oï, si li dit : « Saluez moi Bron mon

---

[1] Les vaux d'Avaron, l'île d'Avalon.

[2] C'est-à-dire « eut ôté ses vêtements sacerdotaux. »

père, si vous le trovez; » et Percevaux li otroia qu'il
le salueroit. A tant s'entorna Perceval grant aléure
entre lui et sa suer qui moult grant joie fesoit de lui.
Einsi comme cil chevauchoient sor .I. quarrefor joste
une croiz, où Perceval avoit esté, mainte foiz, joer,
qant il meingnoit en la maison sa mère, si virent
.I. chevalier venir armé sor .I. cheval et venoit grant
aléure et au venir qu'il fist, s'escria : « Par Deu ! dom
chevalier, la damoisele ne poëz vous mener, si vers
moy ne la poëz chalongier [1] ; » et Perceval l'oï moult
bien, mès onc por ce, ne lessa à chevauchier sa petite
ambléure et li chevalier escria : « Par Deu ! dom
chevalier ! sachiez que si vous ne restornez, je vous
occirrai yà; » et Percevaux l'oï, mès onc mot ne respondi : ainz ert si pensis en son affaire, que ne il
chaloit de ce que il criot. Et li chevalier, qui en ot
desdaing, vint chevauchant moult fièrement et tenoit
la lance come por férir Percevaux et sai bien qn'il
l'en éust féru, qant sa suer li escria : « Biaux frère,
guardez vous, quar ce chevalier vos occirra yà. »

ant Perceval l'entendi, si li vint à grant
merveilles ; mès tant pensot en son affaire,
et en la damoisele qui son brachet li avoit
doné, que il ne se donost guarde du chevalier ; mès si tot comme il oï sa seror, si torna le
chief de son cheval et lessa corre vers celui qui
venoit et fist chascun samblant de son compaignon
gréver. Lors fiert li chevalier Perceval en l'escu
de sa lance, si que le perça; mès li hauberc fust si

[1] Disputer.

bien mailliez qu'il ne pot empirer et Perceval li r'a
sa lance ambastue en l'escu, par si grant aïr que
auberc ne escu ne le pot garir que ne li méist la
lance parmi le cors ; et le hurta par tel maltalent, que
il le fist rouler de sor le cheval ; et au chaëir qu'il fist,
si creva le cuer et morust, que onques ne pié ne main
ne pot remuer. Et Percéval, qui moult en fust dolent,
dit : « A! don chevalier, tant m'avez fait tot trepas-
ser le commendement mon oncle, mès Dex le sache,
je ne puis mès ; quar vous me corustes sus, si féistes
folie. » Et puis vint à sa suer et prist le cheval, si
li rendi et ele fust moult esperdue du chevalier que
ele vit occire. A tant se vindrent à lor manoir et descendirent. Et li serjant à la damoisele pristrent les
chevaus et les establirent et forment s'émerveillèrent
du cheval qu'il avoient amené et vindrent à lor sey-
nor et le desarmèrent moult liement. Et qant il fust
desarmé, si mistrent la table et mengya aveuc sa seur
et qant il ot mengié, si se choucha .I. poi à dormir,
por ce que il avoit la nuit devant veillé. Et qant il ot
dormi, si se leva et demanda ses armes et s'arma et
qant sa suer le vit armé, si ot grant duel et li dit :
« Perceval, bieaux frère, que est-ce que vous voulez
faire? vous en volez ancois aler sanz moy et moy
lesser sol en ceste forest; » et Parceval respont : « Bele
suer! sachiez que, au plus tot que je porrai esploitier
de ma besoygne, me je rendrai, revendrai, se je puis. »
Et cele comança à plorer et Percevaux la reconforta
au mielz que il pot et demanda son cheval et monta
yssnelement come cil qui n'avoit cure de sa seror et
comanda à Deu sa suer et ele lui en plorant, mès ne
pot plus faire. Et Percevaux, puis qu'il fust départi

de sa suer, chevaucha tote jor, que oncques aventure ne trova, ne ostel où il se péust herbergier et li
covint la nuit gésir en la forest et osta son cheval le
frein et li lessa pestre l'erbe qui est bele et drue et li
ateingneint au quar ventre et Percevax le gueta que
oncques la nuit ne dormi. Et au matin, qant l'aube
fust crévée, si se leva et chevaucha toute la matinée
par la forest et oï et les oysseaux estandit qui moult
enbelirent. Einsi comme il chevauchoit, si grant
aléure devant lui et vit .I. chevalier bel cheval et une
damoisele jouste lui, qui estoit de merveillose feitéour
plus que oncques natéour féist, quar sachiez que ele
avoit le col et le mains plus noires et le vier, que fer
et les gambes toutes cortes, et oil estoient plus roges
que feu ; et si avoit entre les .II. euz, plaine paume et
plus. Et sachiez que de lie ne paroit mie plain pié
desus les arçons ; et avoit les piez si crocez que ele ne
se poit tenir ès estrieux ; et estoit trécée à une trèce et
sachiez que ele avoit trèce noire et corte et mieuz
resemblot estre coe de rat que autre chose. Si chevauchot orgoillossement et tenoit sa corgie en sa
main, et avoit mise la jambe, par noblece, sor le col
de son palefroi ; et einsi chevachot de jouste le chevalier et l'acoloit et besoit. Qant Perceval la vit, si
arresta et en ot grant merveille, et commença à rire
et à sei seigner. Et qant li chevalier le vit rire por sa
mie, si en ot grant honte et grant ire, et vint à Percevaux, et li demanda por quoi il avoit ris et se estoit
seygnié tant de foiz. Et Perceval respont : « Je me
seing et ri, j'ai grant droit, quar je voi aveuc toi che-
vaucher .I. de plus leiz déables qui oncques fust ; mès
or me dites, par amor et sanz corroz, dont ele vous

vint, et si c'est fame ou déable, quar, si m'ait Dex, qui me donroit la moitié dou réaume de Longres, ne seroi-je .I. jor en sa compaignie, quar je crendroi que ele m'estranglast; et por ce que je vi que tel déable joeit à toi, me seygnoi-je et ris, quar pièce ai, je vi chose donc je eusse si grant joie. » Qant li chevalier attandi Perceval, si en ot grant ire, qu'il en devint tout vermeill et dit : « Dom chevalier, vous ne me poëz plus corrociez, quar vous m'avez de ce gabé que je aim autant come mon cuer et qui tant me samble qu'il n'a dame ne damoisele el monde, qui sa beauté se puisse apparaillier, et sachez que yamès ne mengerai si serai vengié de vous, quar si vous aviez tant dit, oïant le, ele en auroit grant honte et en charroit, par aventure, en tel maladie que ele en porroit morir; et sachiez que je m'ociroi si ele morroit, et je vous deffi de ci endroit. » Et Perceval respondi : « Si Dex plaist, de vous me cui-ge bien deffandre. » Lors s'entréloignèrent. II. arpenz et pristrent les escuz as enarmes et drecèrent lor lances et leissièrent chevaux aler, et s'entreférirent si durement, qu'il s'abastirent des chevaux; mès au plus tôt qu'il porent, saillirent sus et corust l'un sor l'autre, et s'entreférirent par les heaumes et parmi les escuz et parmi les aubers, si durement qui fessoient des héaumes les flors et les pierres voler. Et sachez que de lor escuz ne remest onc tant antier donc home se peut covrir. Et qant lor escuz lor furent failliz, si se férirent amont parmi le héaumes et parmi les haubers que il fessoient le sanc saillir et grant merveille que il ne s'entrocient; et si fissent-il, si fussent ausi frois comme au comencier, mès il estoient si estordiz des

cous qu'il s'estoient entredonez, que qant il cuidoient
férir des espées, il lor tornoient ès poinz et n'avoit
lor coux poër ne vertu, et avoit chascun paor de
morir et n'avoit pas tort. Tant que à Perceval crut
force et ire et mautalent et ot honte en soi meismes
de ce qu'il ot tant duré encontre lui; si li corust sus
mont irément et le lassa tant que li abasti et li arracha le héaume de la teste et le geta loing de lui et li
éust la teste copée, qant li chevalier li cria merci
que il ne l'océist. Qant Perceval oï qu'il criost merci,
si ne le deigna plus tochier et remist s'espée el
fuerre et li demanda son non et li chevalier respondi
qui avoit non Beaux Mauvés et Percevaux respont :
« Non avez; quar, par Deu! mauvés n'estes vous pas,
mès bons et beaux, se Dex m'aït. » Lors reguarda
Percevaux la damoisele qui plorost por son ami et
ne se pot tenir qu'il ne rist et demanda au chevalier
coment sa mie avoit non, et li chevalier respondi :
« Sire, ele a non Rosete la blonde et est la plus cortoise damoisele que oncques home véist, que aveuc ce
que ele estoit débonaire plus que rien del monde ; si
faz-je que foux, qui devant vous la lo ; quar qui nos
voudroit despartir, il me covendroit morir et me
féroie de m'espée parmi le cors et ele ausi. » Qant
Perceval l'oï si dit : « Par Deu, dom chevalier, dont
ne seroit-il pas corteis que vous despartiroit, mès il
covient que vous m'afiancez que vous vous mestrez
en la prison au roi Artus de par moi et il menrez
cele damoisele aveuc vous et la présentez la raine de
par moi, à mestre en ses chambres. » Et le chevalier
respont : « Sire, je ferai votre comendement de moi et
d'ele, quar il n'est leu ou siècle où je ne l'ossasse bien

mener par cortoisie et par sen; mès or me dites de
par qui je me mestrai en prison; » et il dit : « De par
Perceval le Galois. » A tant se desparti le chevalier
et ala tant qu'il vint à Cardueil en Gales où il avoit
moult de chevaliers et de dames et de damoiseles qui
estoient aveuc la raine qui bien les savoit enorer. Et
li rois estoit en la sale et Key li sénéchal aveuc lui
et Key ala (à la) fenestre et vit le chevalier venir qui
sa mie amenoit à la cort, et qant il le vit, si en ot
grant joie et vint corant à la chambre la raine et li
dit : « Dame ! venez vooir, ici vient .I. chevalier qui
amène aveuc lui la plus bele damoisele qui oncques
fust, quar toutes celes de notre cort n'ont pas de
beauté envers la soe, mès, por Deu, pensez de
l'enorer et faites que ele demort aveuc vous, et, si
m'aït Jhésu-Crist, que je le voudroie et que toutes
celes dou réaume de Longres fussent de sa beauté; »
et la raine dit : « Biaux sire Kei, je ne le voudroi mie,
quar vous et cil autre chevaliers les me voudriez
tollir; » et dit à ses puceles : « Alon là hors por vooir
si cele pucele a tant de beauté comme Key dit. » Lors
vint la raine as fenestres de la sale et virent la damoisele, si se seygnièrent à merveilles et coumencièrent
forment à rire. La raine dit as damoiseles : « Or
sachiez que Key nos aime moult, quar grant henor
nos a hui otroiez. » Et Key vint au roi et as barons,
si lor dit que il les venissent véoir. Et li rois et li
barons alèrent as fenestres aveuc la raine et comen-
cèrent à gaber et à faire grant joie. A tant vint li
chevalier et descendi devant la sale et prist la damoisele et la mist jus del palefroi moult doucement et
montèrent andui en la sale main à main et li cheva-

lier s'arresta devant Artus et le salua et touz les barons de par Perceval le Galois et dist : « Sire roi, en vostre prison me mest de par lui et ma damoisele, qui tant a le vis cler que je aime tant comme mon cuer, envoie-il à la raine por mestre en ses chambres aveuc lui; » et qant Key l'entendi, si se ne pot tenir, qu'il ne pallat et dit : « Dame, merciez le, quar grant henor vous a hui envoié et en serez tout dis mès honorée et les puceles de voz chambres, mès j'auroie paoor que li rois ne l'amast de jouste voz. » Lors pria le chevalier par la foi qu'il devoit, le roi, qui le déist où il l'avoit prise et si en porroit une autre tele avoir si il l'aloit querre. Lors pria li rois Quei le sénéchal que il le lessast ester et vint au chevalier, si li clama quite sa prison et li dit qu'il voloit qu'il fust de sa maingniée et li chevalier l'en ala chaoir au piez. Qant Quei vit que li rois l'ot restenu, si dit il covient que vous li facez seurté de sa damoisele par les chevaliers de ce enz, qu'il a tex qui moult volentiers l'enporteroient por sa beauté. Qant li rois l'oï, si s'en corroça et dit : « Key par la foi que je doi à Uter-Pendragon mon père, si n'estoit por la fiance que je fis à Antor, le votre père, qui me norri, vous ne seriez yamès sénéchal. » Qant Key l'oï, si en fust moult irréez et n'osa mot respondre, por paor del roi; et li chevalier li respondi : « Sire, ne vous chaille de corrocier; » et Artus li dit : « Je sui dolent por vos et por les autres à qui il fet honte por sa langue. » Einsi remest la tençon et li chevalier demora aveuc le roi, et la pucele aveuc la raine; et sachiez que ele fust la plus belle femme del monde.

Or dit le livre que qant Percevaux fust parti du

chevalier qu'il chevaucha grant aléure une pièce du
jor, tant qu'il guarda devant lui, si vit .I. moult beau
gué si i avoit .I. moult beau pré de jouste. En ce pré,
avoit tendu .I. moult beau paveillon et moult riche.
Et qant Perceval le vit, si chevaucha cele part et
vot entrer el gué por abuevrer son cheval ; mès sitôt
comme il fust enz entré, si vit .I. chevalier, bien
armé de toutes armes, poingnant hors du tref et escria
à Perceval : « Par Deu, dom chevalier, mal i entrastes
en mon gué por abevrer votre cheval et sachiez que
le vous covient comparer. » A tant le vait férir de la
lance ; qant il vit que Perceval n'avoit ne lance ne
escu, si dist en soi-meismes qu'il feroit vilainie, se il
joustoit à lui sanz escuz. Il vint au tref, si commenda
à une damoisele que le portast à .I. chevalier
.I. escuz et une lance. Et cele li porta tantost et bailla
à Perceval. A tant li escria li chevalier que il se guardast et Perceval li dit : « Si ferai-je. » Lors s'entrèvin-
drent par moult grant aïr, et se férirent de lor lances
ès escuz, si que il les pécièrent parmi, mès as haubers
arrestèrent li fers et brisèrent lor lances et au passer
que il firent, si le hurta Perceval si durement qui
l'abasti, enmi le gué tout estendu et au chaoir, si li
vola le héaume de la teste, por les laz qui furent
rumpuz. Et qant Percevaux le vit, si en fust moult
liez et mist pié à terre et descendi, et dit qu'il ne
ferroit jà nul home à pié. Qant il fust descendu, si
trait l'espiéc et li corust sus, mès li chevaliers fust
esperduz et ne pot soffrir les cous et li cria por Deu
merci, qu'il ne l'ocist, quar en sa mort ne porroit-il
riens gaaingnier. Et Perceval jure l'âme de son père
qu'il n'en aura jà merci se il ne li dit qu'il est et por

quoi il li deffant à abeuvrer el gué. Et li chevalier
respont : « Sire, je vous dirai : sachiez que je ai non
Urbains et sui fiz à la raine de Naire Espine et si
me fist chevalier le roi Artus en la sale à Cardueil, et
puis que je fui chevalier, errai-ge par le païs et quis
aventures ; mès, si m'aït Dex, onoques mès n'encontrai chevalier que je ne outrasse d'armes. Et tant que
je chevauchai parmi une forest et plut cele nuit si
durement et tonost et espartoit li eir, et fessoit si
horrible tens que il me semblot que li ceus fondit et
si ne véoie goute. Qant li ciel esparteit et li cheval
desouz moi s'en aloit si tôt ; come je n'el pooie tenir en
cele dolor où je estoie, si vi devant moy chevauchier
une de plus beles damoiseles qui oncqnes fust et s'en
aloit moult tôt sor .I. palefroi et sitot come je la vi,
je m'arostai après et la sui tant que je entrai en .I. de
plus beaux chasteus del monde ; et ele entra avant et
je après et qant ele me vit après lie, si vint encontre
moy et me fist moult bel ostel la nuit et je me hardi
tant que je li demandai s'amor et ele me dit qu'ele
m'ameroit volentiers, si je voloie demorer aveuc lie
là où ele me voudroit mener et je l'otroié. Einsi ai esté
de si donc en cà et en cest gué ; et li chateux siet
delez le paveillon. Mès li chasteaux ne porroit nul
vooir fors moi et ma mie ; et j'ai moult chevaliers conquis ; si i eusse ci esté dusqu'à .VII. anz, je eusse esté
li mïeudre chevalier de monde ; si n'a que .VII. jorz [1],
mès Dex ne plost ; or poëz ci demorer si vos volez, et
si vos poëz demorer .I. an, vous aurez le pris de
chevalerie du siècle. » Et Perceval respont : « Amis,

---

[1] Si ne faut que VII jorz ?

sachiez que je n'i demorrai pas, que jamès ne quit que
ci endroit vien-ge. » Et le chevalier respont : « Sire, je
ferai tel gré que je en ay votre plésir, quar je sai bien
que vous estes au-dessus de moi. » Tot ausi comme
Perceval palloit au chevalier et il deffandoit le gué
périllos, si oït un si grant temulte que il sambloit que
tote la forost fandist et de cele noisse issi une fumée
qu'à pooine pooit Percevaus voier le paveillon et n'el
vit mie. Et de cele ténèbror issit une voiz moult
grant et moult dolorose et dit la voiz : « Perceval,
maudit soies-tu de qant que nos poons vooir en faire
entre nos dames, que tu nos facz hui la maire dolor
que nos oncques eussons ; et sachiez que si nos poons,
tu ne verras jamès la perte restorer. » Lors dit la voiz
au chevalier qui estoit delez Perceval : « Hastez-toi
Urban! ou tu m'as [1] perdu bien tot amor. » Qant li
chevalier oï la voiz, si ot grant duel et comença à
plorer, si que il chaï tot pasmez delez Percevaus qui
moult estoit trespensez de la merveille qu'il avoit oï.
Et fist sor soi le seygne de la croiz. Attant revint le
chevalier de pasmeison, et corust grant aléure à son
cheval et vot monter, qant Percevaus l'ala saisir au
pan du hauberc et li dit : « Par Deu, dom chevalier,
ainsi ne m'eschaperez-vos pas, si m'aurez dit quele
merveille c'est que j'ai oïe. » Attant revint la voiz qui
escria : « Urban, hastes-toi ou tu me perdz. » Qant
Urban l'oï, si vot venir à son cheval et Percevaus li
tint moult fort et jura l'âme Alain le Gros son père
que, por nulle chose, n'el leira aler, si saura que ce
a esté. Et le chevalier l'escria plus de .C. foiz : « Dom

---

[1] Ou tu as perdu bientot m'amor ?

chevalier, por Deu ! lessiez-moi aler, si ferez bien ; »
si comme il estoient illeuc, si vit Perceval appareir si
grant planté de oysseaus que li sambla que tôt le cir
en fust covert ; et estoient grant et corsuz et plus neirs
que errement, et sembloient entor Perceval, et li
voloient les euz sacher parmi le héaume. Et qant li
chevalier vit que li osseaus estoient venuz, si prist
cuer en soi et prist son escu et s'espiée et si corust
sus Perceval moult durement. Et qant Perceval le vit,
si fust moult irez et li dit : « Que est-ce, dom chevalier, voulez donc la mellée recomencier ? » et li chevalier respont : « Je vous deffi ! » A donc le féri si
durement de l'espée qu'il l'estona tot, et qant vit,
si en ot grant ire, si que tot le cuer li engroissa et
hauca l'espiée, si en féri le chevalier, mès il guenchi,
quar se il fust bien ataint, ne hauberc ne escu ne
l'éust gari qu'il ne l'éust tot parfandu. A tant rehauce
l'espiée et fiert .I. des oiseaus, celui qui plus cort le
tenoit. Si que le fist, si devint une fame morte et li
osseau sailloient ; si la prenent à grant cri et à grant
plor et l'enportèrent et leyssirent ester. Percevaus,
lors corust sus au chevalier et cil li cria merci, et
Perceval dit qu'il ne l'auroit, se il ne li disoit quele
merveille ce estoit que il avoit véue. Et li chevalier
respont : « Sire, je le vos dirai. Or sachiez que la noise
que tu oïs, que ce fust le chasteu que ma dame abasti
de duel de moi ; et la voiz que tu oïs, ce fut ele qui
m'apela. Et qant ele vit que tu ne me lessoies aler, si
se mist lie et ses damoiseles, en samblance d'oyssaus,
et vindrent ci por moi aider, mès tu es le meillor
chevalier du monde ; et la damoisele que tu féris
estoit suer ma mie ; mès ele n'aura guarde, que ele

13***

est en Avallon ; or te pri Deu que tu ne doingnes
congié. » Et Perceval li dont ; et cil s'en ala ; mès il
n'ot pas alé deme arpent de terre, que Perceval l'en
vit porter à la maire joie du monde et qant il le vit,
si vot aler après ; mès tantot n'en pot point vooir, ne
le cheval meismes. Si en ot Perceval grant merveille :
lors monta Percevaus sor son cheval et chevaucha
toute jor sanz trover aventure, ne ostel où il péust
hebergier ; et estoit yà none passée. Lors guarda devant
lui et vit .I. de plus beaux arbres del monde el quarrefor de .IIII. voies, joste une croiz. Qant Percevaus
le vit, si torna cele part et si arresta grant pièce por
l'arbre reguarder ; et si comme il le reguardait, si vit
desus .II. enfanz et coroient touz nuz de branche en
branche. Estoit chascun de l'aage de .VII. anz. Et
qant il les ot assez reguardez, si les conjura par le
père et par le fiz et par le saint esperit, que il le
déissent se il estoient de par Deu. Li enfanz respondirent : « Biaus amis Percevaus, saches que par Deu
vivon-nos et de cest paradis terrestre d'ouc Adam fust
geté, venimes-nos paller à toi par la volenté du saint
esperit. Tu es entré en l'anqueste du Graal que Brons
vostre aiol guarde que l'en apele, en maintes terres, le
riche roi Péchéor. Or tien icèle voie à destre par devant toi et saches que tu en sois issuz, verras-tu tele
chose et orras par quoi tu feniras ton travail se tu es
ceux que venir y doies. » Et sitot come il orent ce
dit, Perce [1] se reguarda et ne vit ne l'arbre, les enfanz, ne la croiz, si en ot grant [2] et pensa se il iroit

[1] Perceval. Il n'y a pas de signe d'abréviation.
[2] Merveille ?

la voie que li enfant li avoient enseygnié. Si come il
pensoit, si vit .I. grant ombre devant lui aler et venir,
si passa plus de .VII. foiz, et qant Percevaus vit se,
si seygna et li cheval, desouz lui, huissoit de grant
paor. Si tôt come Percevaus si fust seygné, issi une
voiz du ciel et ombre qu'il li dit : « N'aies pas en
despit ce que les enfanz t'ont dit, quar ancois que
issus [1] du chemin, tu orras et verras tel chose dont
tu auras acompli ton travail se tu es ceux que venir y
doies et ore auras acomplie la prophécie que notre
sires commenda. »

Qant Perceval atendi la voiz, si en fut moult liez
et l'apela moult durement por ce qu'il voloit paller à
lui; mès il ne respondi mot. Et qant Perceval vit que
la voiz ne li respondi, si ala la voie que li enfanz li
enseingnèrent. Et chevaucha tant qu'il vint hors de
la forest et s'arosta alé la plaine voie. Si fut moult en
malaise et mieux amat aler par la forest. Einsi
comme il chevauchoit, si arriva en une bele prairie ;
et au chief de ce pré, avoit moult riches molins. Si
ala cele part et vit à une vivière .III. homes en une
nef. Et Percevaus chevaucha cele part et cil arrivèrent lor nef et li sires, qui ou bastel estoit, l'apela
et li pria qu'il demorast la nuit ou lui et il auroit bon
ostel. Et Percevaus, qui en avoit grant mestier, le
mercia moult et li sires li dit : « Vous en irés tote cele
charrière amont, et lors avalerez à nostre maison et je
m'en irai, quar je me voudrai estre à votre venue. »
A tant, se torna et chevaucha, tant qu'il vint à vespres,
et tot le jor n'oï oncques enseignement de la maison

---

[1] Seras.

au roi Péchéor, de qant il ne la pot trover, si en ot
grant duel et maudit le péchéor qui l'avoit envoyé.
Si chevaucha moult dolent et pensit et tant qu'il vit,
entre .II. monz, le pignon d'une tor qui séoit ou fons
d'un val, de lez la forest qu'il avoit passée. Et il la vit,
si en ot grant joie et chevaucha cele part et se repenti
du prodome qu'il avoit maudit et trova le pont avalé
et descendit au pron [1] dc la sale. Si tot come li vallet
le virent, si corrurent encontre lui et le pristrent à
l'escripteor et le désarmèrent et portèrent ses armes
en une chambre et establèrent richement son cheval.
Et Perceval monta en la sale et .II. vallet li aportèrent
.I. mantel d'escarlate cort et li afublèrent et le
firent séoir sor .I. riche lit en la sale. Maintenant
vindrent .IIII. seryanz en la chambre où li rois
Péchéor gisoit qui père fust Alein le Gros et aiol Percevaus et cil rois Péchéors avoit le digne sanc Jhésu-
Crist en guarde et li seryant li contèrent que li chevalier estoit venu et Brons dit qu'il le voloit aler voir.
Lors le pristrent li seryant entre lor braz et l'enportèrent en la sale là où Percevaus estoit et Perceval le
vit, si se leva encontre lui. Lors dit Percevaus : « Sire
moult me poise que vous estes si grévez, de venir ci ; »
et li sires respont : « Sire chevalier, je vous voudroȷ
moult henorer, si estre pooit. » Lors s'asistrent sor
.I. lit et pallèrent de plushors choses ; et li sires li
demanda dont il estoit venu hui et où il avoit géu. Et
Percevaus respondi : « Par ma fei, sire, je géu ennuit en la forest moult en malaise et plus me pesa de
mon cheval que de moi. » Qant li sires l'oï, si apela

---

[1] Prône.

.III. seryanz et lor demanda s'il porroient en pièce mengier et li respondirent : « Qant il vous plaira. » A tant firent les tables metre et li sires et Perceval si asistrent à mengier. Si comme l'en lor aporta le primer mes, si issit .I. vallet d'une chambre et aporta une lance à ses .II. mains et du fer de la lance issoit une goute de sanc, et venoit parmi la lance fillant jusqu'à poinz au vallet. A tant vint une damoisele qu tint .II. petiz tailloers d'argent et orent touaillons en lor braz. Après vint .I. vallet qui tint .I. vessel où li sanc notre seygnor fut repost. Et qant il passa, s'iclinèrent moult parfondement tuit cil de l'ostel et moult l'éust Percevaux volentiers demandé, s'il ne cuidast desplere au seygnor. Et moult i pensa tote la nuit et li souvenoit du prodome qui l'avoit confessé, qui li avoit deffandu qui ne fust trop pallier, ne trop enquérant des choses ; quar home qui a trop de paroles oiseuses desplet moult à notre Seygnor, et li sires l'aresonot et le mestoit en parole por ce que il li demandast ; mès il ne fist rien, quar il estoit envoiez[1] de .II. nuiz que il avoit veillié. Qant li sires le vit, si fist oster table et fist faire à Perceval .I. lit et dit qu'il s'iroit cochier et dormir et reposer en sa chambre et dit à Perceval qu'il ne li annuiast pas et Perceval li respondit que non fessoit-il, et le comanda à Deu. Et Percevaus pensa moult en la lance et ou Graal que il avoit véu porter et dit à sei-meismes, qu'il li demandera au matin au vallet de la cort. Et qantil ot pensé longuement, si vindrent .IIII. seryanz le déchaucier et le despoillèrent et le chouchèrent

[1] Envaié ? maté.

moult richement. Einsi se choucha et pensa ou vessel
et ès reliques qu'il avoit véu porter ; et qant il ot
pensé, si s'endormi. Qant vint au matin, si s'en leva
et s'en ala aval la cort ; mès il ne vit ne home ne
fame. Lors guarda devant lui et vit ses armes et son
cheval et s'arma tantost et monta et vint à la cort et
trova le pont avalé et la porte défermée. Et qant il
vit ce, si pensa que .I. des vallez en estoit issu por
aler bois coillir, herbe ou autre chose ; lors dit qu'il les
ira querre et si lor demandera de ce qu'il lor avoit
véu faire. Lors chevacha parmi la forest moult
longuement dusqu'à prime que oncques ne trova
home ne fame. Si en fust moult dolenz et chevaucha
moult pensis. Si come il chevachot, si vit une damoisele qui moult tendrement ploroit et fesoit moult
grant duel. Et sitot come vit Perceval, si s'escria
hautement : « Percevaus le Galois ! maudit soies-tu,
que tu es si maleurus que jamès ne te doit nul bien
venir, quar tu as esté en la maison au riche roi
Péchéor ton aiol, ne oncques ne demandas du Graal,
que tu véis passer devant toi. Or saches que nostre
sire te hait, et est merveille que terre ne font souz
toi. »

Qant Percevaus l'oï, si vint cele part et li pria, por
Deu, que ele li déist véoir de ce qu'il avoit véu ; et ele
dit : « Donc ne jéus-tu anuit, en la maison au riche
roi Péchéor et véis passer le Graal et la lance devant
toi ? » et il respont : « Oil. » « Or sachies, dit la damoisele, que se tu eusses demandé que l'en en fesoit, que
li rois ton aiol fust gariz de l'enfermeté que il a et
fust revenu en sa juvente et fust accomplie la prophécie que nostre sire commenda à Joseph et éusses

la grace ton aiol et éusses eu l'accomplissement de
ton cuer et fusses en compaignie du Graal et fussent
deffez li enchentement de la terre de Bretaigne. Mès
je sai bien por quoi tu l'as perdu, por ce que tu ni es
pas si sage ne si vaillant, ne n'as pas fet tant d'armes,
ne n'ies si prodons que tu doies avoir le sanc notre [1]
en guarde. Et sachies que tu viendra encore et de-
manderas du Graal et qant en auras demandé, si sera
ton aiol guari. » Qant Perceval l'entendi, si se merveilla moult et dit qu'il ira et la damoisele li dit : « Or
va à Deu. »

A tant se desparti la damoisele et il ne pot rasener [2]
à la maison son aiol et chevaucha tant qu'il vint en
la grant forest et guarda souz .I. arbre et vit séoir
.I. de plus beles damoiseles del monde. Et estoit
atachié de lez lie .I. de plus beaux palefroiz del monde,
et estoit moult bien enselez d'une moult riche sam-
bue et par desus en la branche de l'arbre athachié la
teste de son cerf qu'il avoit tranchiée lonc tens avoit.
Et Percevaus ala cele part et la prist et l'aracha de
l'arbre comme iriez, et oncques à la damoiselle ne
palla. Et qant la damoisele vit ce, si li cria moult
irément : « Dom chevalier, metez jus la teste qui est à
moi et à mon seygnor ou il avendra brèvement grant
honte ; » et Perceval li dit : « Damoisele, je ne le mestrai mie jus, por chose que je voi encore, ainz la
rendrai à cele à qui je l'ai couvent. » Einsi comme il
pallot à lie, si vit venir une bische moult effrée et son
brachet après qui la siroit [3] moult isnelement et la

---

[1] Sire ?

[2] Frapper de nouveau.

[3] Suivait ?

revait [1] par mie les cuisses et vint à Percevaus et ala
à la damoisele à merci. Et sitot comme Perceval le
vit, si en ot grant joie et le prist de sor son cheval et
l'aplaigna moult doucement. Et si come il le tenoit,
si vit venir le chevalier qui tollu le li avoit, et qant il
vit Percevaus, si en ot moult grant ire et corut sus et
dit que mal i avoit son brachet recéu. Et qant Percevaus l'oï, si en fut moult dolent et li dit que moult
avoit dit grant folie et li dit : « Vous le me tollistes et
amblastes mavessement. » Lors s'entrecorurent sus
de si grant force comme li cheval porrent rendre et
s'entreférirent, si que il s'entreportèrent des chevaus
à terre. Lors saillirent en piez et s'entreférirent des
espées et chablèrent durement. Et sachiez que li
chevalier gréva moult Perceval, mès tant le démena
Perceval qu'il le conquis et li chevalier li pria por
Deu que il ne l'occist por chose qu'il le éust faite. Et
Perceval, respondi : « Or me di por qoi tu emportas
mon brachet et qui li chevalier estoit, à qui je me com-
bastoi, qant tu le me tollis, et se tu cognois la veille
qui le tonbel m'enseygna. » Et li chevalier respondi :
« Tot ce te dirai-je bien; » et Perceval li dit : « Si
tu ce me diz, tu n'auras guarde de mort; » et li
chevalier respont : « Or sachiez que li chevalier à
qui tu te combastis, estoit mon frère germains et
estoit .I. de meillors chevaliers que l'en peut trover;
et tant que il avint que une damoisele, qui moult
estoit bele, l'ama; et sitot comme mon frère l'ot véue,
si fut si soupris de s'amor, par quoi qu'il visoit [2] du

---

[1] Poursuivait de « revoer ? »

[2] Viroit ou issoit ?

sen. Et ele le pria qu'il s'en alast aveuc le, là où ele
le voudroit mener. Et mon frère respondi qu'il iroit
par covent que ele le menast en tel leu où il en porroit
tant faire que nul autre plus ; quar tuit li chevalier
de la cort au rois Artus repéroient là où ele le voloit
mener. Lors le mena en la forest, lez le chemin que
tu véis, qant tu fus au tombel en la bele praierie. Et
illeuc se reposèrent et dormirent et mengèrent. Et qant
il orent mengié, mon frère se coucha dormir et qant
il s'éveilla, si se trova en .I. de plus beaux chasteaux
du monde et vit dedenz damoiseles et seryanz de lui
servir apparailliez. Et cel chastel est delez le tombel
et de lienz vint le chevalier combastre à toi et la veille
qui te tombel t'enseygna, estoit, qant ele voloit, une de
plus beles damoiseles de monde. Et est cele meismes que
mon frère amena à la forest. Or saches que je te voir
dit. » Et qant Perceval l'oï, si s'en merveilla et dit :
« Por Deu ! tu me diz la graignor merveille que oïsse
oncques ; » lors li demanda se il le savoit enseygnier
la maison au riche roi Péchéor et cil li dit : « Por Deu !
je ne sai mie, ne oncques n'oï paller de chevalier qui
la trouvast et si ai moult véu de ceus qui la demandoit. » Et Perceval li dit : « Me saurois tu dire la damoisele qui ele fust, qui son brachet me bailla ? » et
cil li dit qu'il la quenoissoit bien et est suer à la damoisele qui mon frère aime, et por ce te bailla ele son
brachet que ele savoit que il t'enmenroit au chevalier
qui sa suer amoit, por combastre. Saches que cele qui
son brachet te bailla het moult sa suer et son ami,
porce que il ne lessoit passer chevalier à qui il ne féist
honte et cele pensot que tex chevalier viendroit qui
vengeroit touz les autres. » Lors li demanda Perceval

14

s'il avoit oncques au chastel à la damoisele esté. Et li
chevalier respondi : « Si tu tienz ce chemin à destre ;
tu i vendras einz la nuit. » Et qant Perceval l'oï, si en
fust moult liez et se torna attant ; mès il fist ançois
fiancer qu'il se mestroit en la prison au roi Artus
depar Percevaux le Galois. Et li rois Artus retint et le
clama quite sa prison. Et Percevaux, puis qu'il fust
partiz du chevalier, chevaucha tant qu'il vint au chastel où la damisele le meingnoit qui son brachet avoit
baillié. Et qant la damoisele le vit, si ala encontre lui et
ele le receust moult bel et dit : « Sire chevalier, sachiez
que poi je ne sui corrocée que si grant tens a que vous
enportastes mon brachet. » Et Perceval li dit : « Damoisele, je ne puis mès, et sachiez que de demorer
(n'ot) ochaison. » Lors li conta s'aventure de chief en
chief et de la veille qui li avoit son brachet tollu et du
tombel que ele li enseignia, coment le chevalier se vint
combastre à lui et coment il le mata et coment il
avoit trové la teste et le brachet. Qant la damoisele
l'oï, si en fust moult liée et li pardona son maltalent.
Lors le fist désarmer et le mena en la tor aveuc lui et
li fist le plus bele hostel qu'ele pot, et li dit : « Puisque
vous avez celui conquis qui ère amis ma suer, je voil
desormès estre à votre comendement, et soiez sires de
cest chastel et voil que vous demorez toutdiz mès ou
moi ; » et Perceval li respont : « Damoisele, sachez que
de votre volenté ne me despartiroi-je mie, mès je ai
une afaire enpris que je ai voié à notre Seygnor, que
jamès ne garrai en .I. hostel que une nuit devant que
je l'aurai achivé. » Et la damoisele li respont : « Sire,
qui veu vous osteroit, ne vous ameroit mie, ne sor ce
que vous m'avez dit, ne vous oseroi-je prier ; mès je

voïl, se Dex vous leisse vostre besoigne faire, que vous
reviengniez procheinement à moi ; » et Perceval respont : « Damoisele, sachez que à ce couvient nulle
proière, einsi me laist Dex achever mon afaire que je
ne desir rien tant. » Lors prist congié à la damoisele
et demanda ses armes et ele li dit : « Perceval,
demorez annuit aveuc moi ; » et Perceval li dit : « Je
trépasseroi mon veu. » Et ele ne pot plus faire ; si le
comanda à Deu. Et Perceval, puis qu'il fust départiz
de la damoisele, chevaucha grant aléure et just la nuit
en la forest ; et chevaucha puis par li païs .VII. anz,
quérant aventures. Et sachiez que oncques puis chevalerie ne aventure ne trova qu'il n'achevast et
.VII. anz envoia-il plus de .C. prisons à la cort au roi
Artus et sachié que des merveilles que il trova et de ce
qu'il ne pot trover la maison son aiol, fust-il si dolent
que il en perdi si le mémoire, que oncques de Deu ne
li sovint, ne oncques en église n'entra ; tant que il
chevaucha, le jor de la croiz aorée [1], armé de toutes
armes, si come por soi deffandre. Si encontra .I. chevalier et dames toutes enbrochiés en lor chapes, qui
lor pénitence fesoient. Lors s'arrestèrent et le saluèrent et demandèrent quele folie le démenoit, qui, le
jor dont notre Seygnor fust mis en crois, s'estoit armé
por home occire et por aventure trover. Et Perceval
les oï de Deu pallet, si li revint par la volenté notre
Seygnor, le mémoire, et se repenti moult de la fole
vie que il avoit démenée et se desarma, et dit le livre
que, einsi come Dex vot, rasena [2] en la maison son

---

[1] Le vendredi saint.
[2] Frappa de nouveau à la porte.

oncle l'ermite et se confessa à lui et pris sa pénitance,
tele come il la li avoit chargié ; et lors dit qu'il voloit
aler voir sa seror. Et li hermites li dit : « Vous ne la
verroiz jamès, quar ele est morte passé a .II. anz. »
Qant Perceval l'oï, si plora et li hermite li dona
pénitence de maux que il avoit fait et demora aveuc
lui .II. jorz et. II. nuiz entières ; mès de ce ne palloient
mie, ne ne cressoient li troveor [1], qui en ont trové por
faire lor rimes plesanz ; mès nos ne vous en disons,
fors tant come au conte en monte et que Merlin en
fist escrire à Blaise son mestre qui voiet bien et
savoit les aventures qui à Percevaus venoient ; et si li
fesoit escrire por remenbrance as prodomes homes
qui volentiers l'oïent. Or sachiez que nos trovons en
escrit que Blaise nos reconte, si come Merlin le fist
mestre en aventure, que au jor que Percevaus se desparti de son oncle qui sa pénitance li avoit enjointe,
qu'il estoit li .VIII. jorz de Pentecoste et chevacha
par la forest ; si oï les oysseaus chanter qui moult li
plesoit et li remes des chênes li hurtoient de foiz
entre autre, en l'escu et en l'auberc, et menoient si
grant joie que durement plésoit à Perceval. Et chevaucha tot le jor jusqu'à none, que oncques aventure
ne trova et tant que il reguarda devant lui, si vit
.VII. vallez chanter qui portoient escuz à lor cous et
menoient chevaus en destre et fesoient mener une
charreté de lances. Et Perceval chevaucha tant que
il les ateint et lor demanda quelle part il menoient

[1] Cependant Chrestien de Troyes rapporte (vers 7700 et suivants) la visite de Parceval à l'ermite, chez qui il séjourne
aussi deux jours.

ce hernois et o qui il estoient. Et il respondirent :
« A Melianz de Liz soïmes et alon à tornai qui doit
estre au blanc chastel et sachiez que la dame del
blanc chastel est une de plus beles damoiseles du
monde, ce dient tuit cil qui l'en ont véue que (si) tote
la beauté de toutes celes del monde estoit ensemble,
n'apartendroient à la beauté à cele damoisele. Et à ce
qu'ele a beauté ele a richasce et l'ont plushors chevaliers demandée et quens et dus, mès ele ne veut
antandre : or fait la dame du blanc chastel crier une
tornei par devant sa fille, et cil qui aura le pris del
tornei aura la damoisele jà si poure chevalier ne sera,
et le fera riche homme et mestra en son comendement
le et qant qu'ele aura. Or sachiez que le cil ert le plus
aisiez home de la terre de Bretaingne, fors solement
li rois Artus, et par ce, i va messires Mellianz de
Liz, quar il l'a moult lonc tens amée et voudroit si
exploiter, se il pooit, que il l'éust. » Et lors li demanda
Perceval, qant il cuidoit que il doit estre et il li dit :
« D'ici à III jorz. » Lors li demanda Perceval si i aurait grant planté de chevalier, et li vallez respondi :
« Sire chevalier, ce ne fait mie à demander, quar li
tornei fust criez à la cort au roi Artus et sai bien que
tuit cil de la Table ronde vindrent, quar il seront touz
revenuz à ceste penthecoste, de la queste dou Graal
où il n'ont rien exploitié et li roi Artus a à tenir cort à
ceste penthecoste, la mère feste du monde ; et à cele
feste sera criez le tornei. Et sai bien que il rendront de
la cort au roi Artus. V. mille chevaliers et G. vendra
et Gunirez et Galerot et Key sénéchal et Beduers,
Lancelot et Sagremors ; et Qeux se venta, devant li
rois et oïant li barons, que il amenroit la damoisele

par sa proëce et tuit li chevalier le tindrent à grant
folie ; mès li roi dit : « Si Perceval oïet novelle dou
tornei et il i venoit, bien en porroit avoir le pris,
quar il a plus de .C. prisons envoiez à ceste cort. »
Or, si est li rois dolenz de ce qu'il n'estoit à ceste
cort et quide bien que il soit mort. Or sachiez que
nos vous avon voir dit de ce que vous nos avez demandé, mès ores nos dites, si vous voudriez venir
ou nous. » Et Perceval respondi qu'il n'iroit or mie
et cil li dit : « Par foi, vous dites voir et vous avez
droit, quar il en i aura assez sanz vous et ne cuit
mie que vous i esploitissiez granment de la besoigne. »
A tant se despartirent, et Percevaux s'en torna grant
aléure et ala tant que il vint à .I. blanc chastel et
trova le seygnor séiant desouz le pont et .VI. seryanz
ou lui et reguardoient ceus qui illeuc passoient qui
aloient au tornei. Sitót comme li sires vit Perceval,
si sailli en l'encontre et li présenta à son hostel et
Percevaux, qui moult en fut liez, le mercia moult et
descendi erraument. Et li vallez au seygnor saillirent
et l'alèrent désarmer ; et amena li uns son cheval en
l'estable et le guarda au mieux que il pot et vallez
aportèrent ses armes en une chambre et il demora
en pur cors, et li sires le reguarda moult quar il
estoit li plus bieaux chevalier del monde, et dit entre
ses denz : « moult est grant damage si ensi bieaux
chevalier n'a assez proesce et hardement. » A tant li
aportèrent .II. vallez .I. mantel d'escarlate cort et
l'asistrent de lez lor seygnor et se sistrent là une
grant pièce. Et Percevaux demanda au seygnor combien il avoit duqu'au blanc chastel ou li tournei seroit et li sire respondi : « Sachiez, si vous i volez aler,

que vous i vendrez demain dedenz prime, mès oncques si grant chevalerie ne fust comme il a ci passée
de la cort Artus, quar .I. poi avant que vous venissiez[1], Gaven et Key le sénéchal et Mordret et tuit cil
de la cort au rois Artus ; et sachiez que en lor rote
venoit plus de .V. C. chevaliers et menoient le plus
riche hernois que je oncques véisse. » Et qant Perceval l'oï si en fut moult liez et einsi furent dusques
la nuit que li sires demanda au seryant se il porroient
mengier et respondirent : « Oil, sire, par tens. »

A tant monta li sires en la sale et tint Perceval
par la main et l'enora moult et comenda que l'en
méist les tables. Et qant il furent mises, si assi la
fille au seygnor de la chambre et sa fame qui moult
estoit sages et la damoisele reguarda Perceval au
mengier et sachez que Perceval fust moult la nuit
esguardé de la dame et de la fille et dient en lor cuer
que oncques mès si beaux chevalier ne virent. Et
qant cil orent mengié, si apela li sires Percevaux
et li demanda : « Vendrez vous le matin au tornei ? »
et Percevaux dit que il ne l'avoit oncques pensé,
que oreinz à primes en avoit oï paler au vallez qui
menoient le hernois Mellianz de Liz. Et li sires
respont : « C'est celui qui a pris le tornei et demain
sera ainz[2] vespres et si je ossasse, je vous priasse
que vous venissiez o moi ; » et Percevaux respont :
« Sire, je irai moult volentiers par l'amor de vous,
mès je ne n'amerai[3] mie demain à nul fuer. » Et li

---

[1] « Passèrent » sous-entendu.

[2] Mot surchargé.

[3] Je ne m'armerai demain à aucun prix.

sire respont : « Outre votre gré ne vous en prieroi-je
pas. » Attant sunt li liz fait et .IIII. seryanz em-
menèrent Perceval coucher duqu'au jor. Et qant
Perceval vit le jor, si se leva et le sires ert jà levez
et allèrent oïr messe et quant la messe fust chantée,
si revindrent en la sale et mangèrent et qant il orent
mangié, si ala li sires en la cort aval et comanda que
li cheval fussent aparaillié et fist trosser ses armes et
montèrent lui et Percevaux et alèrent vooir le tornei
qui estoit pris par grant araimi. Onc n'i porent sitot
venir que les enseignes ne fussent jà yssues as chans.
Là i voit tante riche armure que, puis le tens au roi
Artus, ne fust tornei pris où il éust tant de bons
chevaliers ; et Melianz de Liz estoit jà jssuz as chans
bien armez et avoit .I. escu d'or et .II. lions. Et avoit,
entor son braz, la manche à la damoisele du blanc
chastel et chevauchoit moult richement et avoit en sa
compáingnie plus de .L. chevaliers. Et qant li guarçon
et erraut s'escrièrent : « As héaumes ; » si ot moult
grant avenue faite et trembleioent les coarz et oncques
ne véistes tornoi par si grant aramie, quar Melianz de
Liz s'eslessa devant touz ses compaignons, plus que
.I. arc ne trait, quar il féist volontiers chose qui à la
damoisele pléust. Et sitot comme misires G. le vit,
si s'adreca contre lui et s'entreférirent des lances ès
escuz, redement, et brisèrent lor lances et passèrent
outre moult orgoillosement, que li un ne li autre ne
perdit estreu. Attant assamblèrent li compaignons et
s'alèrent entreférir ès escuz et héaumes. Là veissiez [1]

---

[1] Phrase elliptique ; « et » paraît être pour « vout » — « l'une
des bannières voulut maintenir sur l'autre le tournoi ? »

le plus angoinsseus tornei que oncques fust véu en plus de .C. leus, l'une banire sur l'autre et maintenir le tornei. Et sachez que Mellianz de Liz jiosta moult sovent et gaaigna chevaux et chevaliers et les envoia dedenz la vile. Et sachiez que environ le blanc chastel avoit plus de .III. cenz dames et damoiseles qui les esguardoient et mostrèrent l'un et l'autre le plus prisez d'armes. Et sachiez que .G. et Lancelot et Beduers fesoient touz les rens ploier devant eus, et n'encontroient chevalier qu'il ne portassent à terre. Et Mellianz d'autre part et ses chevaliers i fessoient merveilles d'armes; et dura li tornoi dusques la nuit que il despartirent. Et sachiez que .G. et Lancelot et Beduers l'avoient moult bien fait et Mellianz d'autre part, si que les dames des murs ne savoient à qui doner le pris. Ainz dissoient qu'il avoient tous si bien fait qu'il ne savoient le meillor; mès la damoisele disoit que Mellianz l'avoit mieuz fait et sachiez que la mère à la damoisele ne les autres ne s'i acordèrent pas. Ainz s'acordoient li plus d'eles à mon seygnor .G. et la damoisele dit : « Demain l'en porren l'en bien voir le queux en sera le millor, et qui li pires. » Einsi remest la parole et Mellianz de Liz entra en chastel et .G. Lancelot et Beduers et cil de la Table ronde alèrent à lor ostel; et oncques à nul tournoi n'ot si bel ostel tenu comme il ot à cestui. Et qant li tornoi fust desparti, si s'entorna Perceval à son ostel et revindrent au chastel et descendirent. Et li vallez de la maison sallirent et establèrent les chevaux et li sires et Percevaux montèrent en la sale et comenda que les tables fussent mises; et ce fust tantost fait, et asistrent au mengier li sires et sa fame et Percevaux,

14*

et la fille au prodome pallèrent moult dou tornei la
nuit. Lors demanda li sires à Percevaux lequel
avoit mieuz fait, à son avis. Et Percevaux respont
que cil à l'escu d'or à .II. lions si estoit bien contenu comme chevalier et d'autre part l'avoit bien
fait cil à l'escu blanc. Et li sires li dit que cil à l'escu
d'or et .II. lions fust Mellianz de Liz et cil au blanc
l'escu fust G. Et Percevaux respont : « Cil dui en ont
en tot le pris à mon escient et por autant d'or comme
c'est chastel est, tot ne leroie que je ne fusse demain
armé. » Et qant li sires et la fame et lor fille l'oïrent,
si en orent moult grant joie. Lors dit li sires : « Et
sachez que por l'amor de vous m'armerai-je demain
et sera à votre aide ; » et Percevaux l'en mercia et en
firent la nuit moult grant joie, puis alèrent dormir
dusqu'au matin. Et qant il fust jor, si alèrent oïr
messe et puis si desjunèrent pain et vin et la fille au
seygnor vint à Percevaux et li dit que por l'amor de
lie, portast sa manche au tornei. Et Percevaux l'en
mercia et li dit que por l'amor de le, voudroit plus
faire d'armes que onques mès ; et li sires l'oï si en ot
grant joie et puis montèrent et firent porter lor hernois devant eux et alèrent dusqu'au .I. chastel. Si
armoient jà li chevalier par les osteux et estoient
montées les dames as fenestres et les damoiseles au
murs et qant Percevaux vit les chevaliers armez, si
s'arma moult richement d'unes armes que li vavasors
li avoit pristées, quar il ne voloit pas que l'en le
conéust. Et sachez que Mellianz de Liz avoit esté la
nuit à l'ostel misire .G. et estoient enhasti de
foler sor eus de fors, si que les damoiseles du chastel
les blasmoient moult, por ce qu'il avoient esté en-

contre .G. Mès la dame du chastel les escusa au plus
qu'ele pot et dit que à ceus de fors s'en estoient
tornées .III. banières, si avoient cil dedans le péchor[1],
si G. ne lor aidoit. Et qant cil de fors l'oïrent dire,
si en orent grant duel ; mès Sagremors dit qu'il n'es
lessoit jà assembler. Et Percevaux l'oï dire, si en fust
moult liez et dit au vevassor : « Sachiez que mieuz
li venist qu'il s'en fust tenuz çà de fors. » A tant issirent li conroi fors de la vile et s'aregèrent li conroi
moult bèlement l'un delez l'autre et li garçon et li he-
rault si tot come se furent ordéné, s'escrièrent : « As
héaumes ! » Tantost véissez descendre d'une part et
d'autre chevaliers et Mellianz de Liz vint devant touz
les autres. Et qant Perceval le vit, si lessa corre contre
lui par grant aïr, et avoit, entor son col, la manche à
la damoisele. Qant les damoiseles des murs le virent,
si distrent toutes ensemble : « Or poiez vooir li plus
beaux chevaliers que vous oncques véistes ; » et d'eus
dit l'une à l'autre : « Coment il a non. » Et sachez que
il s'entrevindrent la graignor aléure[2] des lances parmi
les escuz, que li tronçons en volèrent contre moult.
Et Percevaux, qui moult ot pooir, l'écontra[3] si durement de cors et de piez et de l'escu et de l'éaume,
qu'il le fist si voler à terre que à poi ne li rompi le col.
Et li rompi le bras destre en .II. métiez et il se passma
d'angoisse plus de .III. foiz. Et de cele poindre que
Perceval fist, qant il fust outré, si encontra Key le

---

[1] Auraient ceux du dedans le dessous (le pejor) si Gauvain
ne les aidait.

[2] Poindre ?

[3] Le rencontra ?

sénéchal et le hurta, si qu'il fust entornez que il ne sot
ou il fust jor ou nuit et l'enporta du cheval tot étendu
à la terre. Qant cil de fors virent le chevalerie que
Perceval avoit faite si bele, hurtèrent tout après lui;
et mesires .G. et Lancolot si revindre auxi encontre
aux et s'entrecontrèrent des banières si angoissusse-
ment que il firent tote la terre croller. Et sachiez que
Sagremors li deffréez qui aveuc ceus de fors se tenoit,
fist le jor tant d'armes, que tuit cil qui le virent li atornèrent à grand bien. Et Lancelot et misires .G. le fesoient trop bien et fessoient le riens ploier devant eus;
mès sachez devant touz les autres le fist bien Perceval,
quar il n'encontrot chevalier qu'il n'en portast lui et le
cheval à terre. Et celes qui estoient as murs et reguardoient à merveilles et dissoient que moult avoit bien
esploitié qui sa manche li avoit bailliée, quar moult
deseroit cele estre qu'il deigneroit amer; einsint disoient les damoiseles de la tor. Et qant .G. vit que
Percevaux le domagoit, si en fust moult dolenz et prist
une lance que .I. sien esquier li bailla et s'en vint vers
Perceval grant aléure et qant Perceval le vit venir,
si en ot grant joie et ne le douta ne tant ne qant, si
savoit-il mon seygnor .G. à prodome. Et s'entreférirent si durement ès escuz, que les lances tronçonèrent
et s'entrehurtirent au passer, que il firent moult malement et en advint si à Gau. que son cheval et lui volèrent enmi le pré, si que au cheval rompit le col et
morust. A tant se desconfirent cil dedenz et tornèrent
le dos et cil defors le chatièrent duqu'au la vile et
pristrent assez prisons et chevaux et hernois. Et sitôt
come la desconfiture fust faite, Percevaux vint à son
ostel et présenta au seygnor .III. des meillors che-

vaux et dit qu'il voloit que sa fille les eut por la manche qu'il avoit portée. Et li sires l'en mercia. A tant
s'entorna Perceval et li sires apela Percevaux, et li dit :
« Bieaux sires, n'irez vous mie à la damoisele du blanc
chastel por la demander ? » et Percevaux dit : « Je
non, car je n'ai de fame prendre, ne faire ne le dei [1]. »
Einsi comme il palloient ansamble si entrecontrèrent
.I. home auques d'aage et portot une fauz à son col et
avoit une granz soliers chauciez et vint à Perceval,
si li dit : « Musart ! musart ! tu ne déusses pas aler
torneier et tu méfaiz. » Qant Perceval l'oï, si s'émerveilla et en ot honte por son oste, et li dit : « Veillart
franchéor et à vous qu'en tient ? » Et li prodom respont : « Si fait, grant partie de ton afaire gist sor
moi. » Et Perceval respondi : » Diras me tu à conseil
que je ne diroi mie devant la gent. » A tant s'esloigna
Percevaux de son oste et li prodons li dit : « Perceval, tu as trespassez ton veu que as voié à nostre
Seygnor que yamès ne gerrois en une hostel que une
nuit, si auras trové le graal. » Et Perceval respondit :
« Et qui t'a ce dit ? » et il respont : « Il le sai bien »
et Perceval dit : « De moi donc, qui tu es ; » et
cil respont : « Saches que je suis Merlin et sui
venuz à toi de Hortoblande et saches que les prières
de ton oncle tout mo [2] ont amendé, si que nostre
sires veut que tu aies à guarder son précieus sanc.
Et li rois, ton aiol, est en grant maladie et morra par
tens ; mès il ne porra morir, s'aura [3] pallé à toi ; et

---

[1] Ni faire ne le dois.
[2] Pour « moult ont amendé. »
[3] Ellipse. « S'il n'aura. »

qant il t'aura conéuz et comendé sa gràce et son
vessel, s'en ira en la compaingnie notre seygnor, et
tu t'en iras ce chemin et i vendras, qant Deu plaira. »
Et Perceval dit : « Merlin, dites moi, qant je vendroi ; » et Merlin respont : « Ainz .I. an ; » et Percevaux li dit : « Merlin, ci a moult lonc terme; » et
Merlin respont : « Non a, et je n'en te dirai plus. »
Atant se torna Merlin et s'en alla à Blaise, les mit
en escrit et par son escrit le savons nos. Et Percevaux vint à son oste qui moult en pesa et prist congié
et s'entorna grant aléure et vint la nuit, si come Dex
plot à la maison son aiol et qant li vallez de l'ostel li
virent, si le reçurent bien et li firent oster ses armes
et establèrent son cheval richement et le menèrent
à la sale où li rois Péchéor estoit. Et qant il vit
venir Perceval, si se leva contre lui et Percevaux
s'asist ; et pallèrent ansamble de plushors choses. Lors
comenda li sire que la table fut mise et lavèrent
ansamble et alèrent mangier. Et qant le primier mes
fust aportié, si issi le Graal hors d'une chambre et
les dignes reliques aveuc ; et sitôt comme Percevaux
le vit, qui moult en avoit grant désir de savoir, si dit :
« Sire, je vos prie que vous me diez que l'en sert
de cest vessel que cest vallet porte que vous tant
enclinez.» Einsi comme Percevaux ot ce dit, si vit que
lo rois péchéor estoit gariz et tot muez de sa nature.
Et li rois qui moult en ot grant joie, sailli sus et li dit :
« Bieaux amis, sachiez que c'est moult seinte chose
que vous avez demandé, mès je voil que vous me diez,
de par Deu, qui vous estes, quar vous estes moult
bons, qant vous avez eu gràce de moi garir de l'enfermeté que j'ai eue, lonc tens a. » Et qant Percevaux

l'oï, si le dit : « Sachiez que sui apelé Perceval et sui
fiz Alein le Gros et sais bien que vous estes père mon
père. » Si tot come li rois l'oï, si s'agenoilla et rendi
graces à Deu et puis prist Perceval par la main et le
mena devant le Graal et li dit : « Bieaux niès, sachez
que cest la lance dont Longis féri Jhésu-Crist que
conui bien, qant il fut home charneux ; et en cest vessel gist le sanc que Joseph recuilli qui decoroit[1] par
terre et por ce l'anpelon-nos Graal, qu'il agrée as
prodes homes et à touz ceus qui en sa compaignie
puent durer ; ne il ne covient mie en sa compaignie
péchier et je pri nostre seygnor que il me consaut que
je feroi de vous. » Lors s'agenoilla Brons devant le
vessel et dit : « Deux, si voirement comme c'est ci
votre benoist sanc et que vous soffristes que il me
fust bailliez après la mort Joseph, ainsi voirement
comme je l'ai guardé nestement duque ci, si me faites
démonstrance que je ferai désore-en-avant. » Atant,
descendi la voiz du saint-esperit et li : « Bron ! sachiez
que ore sera acomplie la prophécie que nostre sire
te mande que iceles paroles segroies qu'il aprist à
Joseph en la prison et que Joseph t'aprist qant il te
bailla son vessel, apren à cestui ; et li met en guarde
de par nostre seygnor et d'ui en .III. jorz (tu) despar-
tiras de cest siècle et (te) rendras en la compaingnie
des apostres. » A tant se desparti la voix et Bron le
fist ainsi come il ot enseingnié et vint à Percevaux
et li aprist les paroles segroies de nostre seygnor que
je ne vous puis dire, ne ne doi ; et li mostra tote la
créance nostre seygnor et coment il (l')avoit véu mort

---

[1] Permutation de l'r avec l'l.

et vif, et coment Joseph l'avoit osté de la croiz et coment, après son resuscitement, li avoit baillié son vessel. Et li conta de la cène et de la table et de tote la bone vie que ses ancestres avoient menée et palla ou li volontiers et fust tantost replain de la grâce nostre seignor. Et Bron fust tout adès devant son vessel et dévia, si que Perceval vit les angres [1] qui l'emportèrent à la maïsté du ciel, aveuc son père que il avoit lonc tens servi. Et Perceval demora qui moult fust prodome et cheïrent les enchentement de la terre de Bretaigne et partot le monde. Et estoit icel jor meismes le rois Artus à la Table ronde que Merlin fonda, si oï .I. escrois si grant que tuit si home si enffreïrent, quar la pierre resonnda qui fonsi desouz Perceval. Si lor vint à grant merveille qu'il ne savoient que ce sénéfiot. Lors vint Merlin à Blaise et li dit que son travail estoit a fine, qu'ores avoit l'ancomplissement de son cuer que tant li avoit promis, lors l'enmena à Perceval et le mist aveuc lui, et Perceval fust moult liez de sa compaignie, quar il estoit moult prodons et bons crestiens.

ANT ot cest afaire achevée, si s'en vint à la cort Artus et qant Merlin fust venuz, si en fist li rois grant joie. Lors li dient li baron : « Sire, demandez Merlin, que sénéfiance ce fut de la pierre qui resunda à la Table ronde. » Et li pria moult li rois qu'il li die; et Merlin li dit : « Rois Artus, sachiez qu'à mon tens ert acomplie la plus haute prophécie que oncques fust, quar li rois péchéor est gariz et sunt chéuz li

---

[1] Permutation de l'*r* avec l'*l*.

enchentement de Bretaigne, et Perceval est sires du
Graal par la volenté nostre seygnor et par la volonté
et la bonté de Perceval, quar bon le covient estre, qant
il a le sanc nostre seygnor en guarde; por ce, est la
pierre resondée qui fandiz desouz. Et sache misire G.
et Key le sénéchal que ce fust Perceval qui vainqui le
tornei du blanc chastel, mès sachiez bien qu'il a de
chevalerie pris cogié et se voudra dèsoresmès tenir
à la grâce notre seygnor. » Qant li roi et li baron
oïrent ce, si plorèrent tuit ansamble et proièrent
notre seygnor qu'il le menast à bone fin. Donc prist
Merlin congié au roi et se vint à Blaise et Perceval
et li fist tot mestre enscrit. Et li baron, qui o le roi
Artus estoient, qant il oïrent dire que li enchentement et les aventures estoient remesses, si en orent
duel et li gienure bacheler et ceus de la Table ronde
distrent qu'il n'avoient mès cure de sèjorner aveuc
Artus et qant il passeroient mer por querre chevalerie. Et qant Key et G. l'oïèrent, si vindrent au roi et
distrent : « Sire, sachiez que tuit cil baron vous volent
guerpir et aler en estranges terres, querre aventures,
et vous estes le plus vaillant roi du monde et avez la
meillor chevalie [1] du monde ; sovenigné-vous de ce
que Merlin vous dit qu'il avoit eu .II. rois en Bretaigne qui avoient conquis Rome et estez rois de
France et vous dit qu'il avendroit après ceste prophécie qui avenue est. Et vous savez bien que
Merlin est le plus sages hons du monde, ne onques
à nulle mençonge n'el pristes, et sachiez que si vostre
chevalerie se despart et vait en estrange terre querre

[1] Chevalerie.

aventures que yamès touz ne les aurez ansamble et
guardez, rois, que vous ne soiez perecos, ne votre
bons los que vous avez, ne perdrez; mès passez la
mer et conquerrez France et Normandie et la dépar-
tez à vos barons qui vous ont servi et nos vos aiderons. » Qant Artus attandi la parole, si en ot moult
grant joie et se conseilla à ses barons et chascun li
loa endroit soi. A donc fist les lettres seeller et envoia
par .L. messages par tot le païs et par les iles; et lor
fist comender à qui ne fust home qui aider se péust,
qui à lui ne venist, quar il dorroit tant à chascun
qui le feroit riche home. Et li message s'entornent et
ansamblèrent à si [1] ost que il furent plus de .V. mille
avant que li mois passât. Et qant li rois les vit, si en
fust moult liez et vint a port et faire ses nes et ses
barges et mist ainz pain et vin et armes à grant
plenté; et li chevalier entrèrent ès nes et Artur leissa
terre à Mordret son neveu et sa fame à guarder, et
prist congié à aux et s'en partirent d'un port, et
siglèrent tant que il arrivèrent en Normendie. Et
sitot comme il furent arivé, si yssirent des nes et
corurent par la terre et pristrent homes et fames
et proies et essillèrent le païs. Et qant li dus li sot, si
manda au roi trèves, tant qu'il eust pallé à lui. Et vint
au roi à son ost et dit qu'il tendroit sa terre de lui par
treu rendant. Et li rois le reçust liement; et li dus
avoit une moult bele fille que li rois dona à Key le
sénéchal et toute la terre au duc enssement. Et donc
se desparti et passa toute la terre au duc et entra
en la terre au roi de France. Et en cel tens avoit

---

[1] Grand.

.I. roi en France qui avoit nom Froles [1], et qant il sot que Artur venoit sor lui, si en fust moult dolent et semont ses hoz parmi sa terre et ansamblèrent à

---

[1] Frolles fut *roi de France sous les Romains*, d'après le roman de Brut (tome II, page 82 et suivantes) qui entre dans le détail du combat de ce prince avec Arhur; Geoffroy de Montmouth, dans sa *Vita Merlini*, avait rapporté ainsi ce fait de la mort du roi Frolles ou Frollon :

> *Gallorum populos, cæso Frollone, subegit*
> *Cui curam patriæ dederat Romana potestas,*
> *Romanos etiam bello sua regna potentes*
> *Obpugnans vicit, etc., etc,.*

( Ed. Fr. Michel et Thomas Wright.)

Une satire anglo-normande, par André de Coutances, insérée dans le Ms. add. du Musée Britannique, n° 10289, et reproduite par M. Jubinal, page première de son *Nouveau recueil de contes, dits et fabliaux*, in-8°, 1842, décrit aussi ce combat, mais d'une manière grotesque. Dans le préambule on lit ces vers :

> « Frolles est apelé le reis
> Qu'Arthur conquist o ses Engleis ;
> Et de Frolles sont dit Franceis
> Qui primes eurent non Bailleis. »

« Bailleis » est sans doute ponr « Gailleis » Gaulois; mais faire venir « Franceis » de « Frolles, » c'est une licence plus grande que celle prise par les savants de la Renaissance qui faisaient dériver « Français » du fantastique *Francus*. On sait que d'après *L'Art de vérifier les dates* qui s'est rallié à l'opinion de Libanius, le mot *Franci* viendrait de φραγχοὶ, c'est-à-dire *munis* et *fortifiés de toutes part ;* nom que les exploits des Celtes ou Germains répandus le long du Rhin, leur avaient mérité depuis longtemps.

Paris et orent moult grant chevalerie. Et dit li roi
Frolles qu'il asamblera o Artus et Artus chevaucha là
où le quida trover. Et Frolles qui sot sa venue, prist
.II. messages et les envoia en l'ost et lor dit : « Vous
(me) direz au rois Artus que jamès por la terre conquerre, fera ocir chevalier, mès se (se) il est tant preuz
et il l'ose derrenier [1] avers moi, sol à sol, enmi le
champ, je prist de combastre ou lui ; ou il ait France,
ou j'ai Bretaygne. « Attant s'entornèrent les messages
et morent devant le paveillon Artus, et trovèrent
Artus et le saluèrent et li contèrent ce que li rois
avoit dit. Qant Artus ot ce attendu que li messages
orent conté, si lor dit: « Seygnors, or alez au roi
Frolles et li dites de par moi, que por la meité dou
réaume de Longres ne li faudrai de ce dont il m'a
enhasti. » Et li messages dient: « Nos volons que vous
nos garantez que il n'aura guarde si de vous non. » Et
il lor garanta et li messages garantent que si li rois
Frolles est ocis, il ne trovera jà encontre lui seit
d'aveir la terre et divisèrent le terme au quinzesme
jor. Attant s'entornèrent li messages et contèrent au
roi Frolles coment il avoient exploitié et Artus chevaucha tant qu'il vint devant Paris et donèrent trèves
d'une part et d'autre, tant que l'en saura li quel en
sera audessus. Et qant li .V. jorz furent venuz, s'atornèrent li dui roi por combastre et s'arment moult
richement et s'en entrèrent en une ille desor Paris
et li Romain et li Bretons les esguardèrent, par le
comun conseil, tout en paiz et distrent que il attan-
droient la merci nostre seygnor de lor seygnors qui

---

[1] S'arrêter avec moi.

lor cors avoient mis en aventure de mort por l'enor
conquerre. Et li dui rois qui en l'ille s'estoient esloin-
gniez .II. arpenz de terre et puis s'entrehurtèrent de
si grant aléure, comme li cheval porent rendre et se
férirent des lances ès escuz, si que les tronçons envo-
lèrent contremont et se hurtèrent si que il se portèrent andui à terre; mès au plustout qu'il porent,
saillirent sus et pristrent les espées et ala l'un vers
l'autre et sachiez que li Romain et li Bretons proièrent por les rois, et li dui rois qui poi s'entremaient,
s'entrevindrent as espées nues. Li rois Frolles fust
moult couragieus et hardiz, et moult se fiot en sa force
et tint l'espée et va férir Artus parmi l'escu, si que il
le fandi et coupa : qant que il enconsut et descendit
par grant haïr et le desrumpi les mailles du hauberc
et vint le brant avalant parmi la cuisse, si que li
trencha plaine paume du carnal et féri l'espée el
pré, si qu'à poi ne fist Artur venir à terre des
paumes. Et qant li Breton le virent et misires .G. si
en orent grant paor, por ce que li rois si estoit enhasti et estoit greignor de lui de toute la teste et
bien parust qu'il avoit grant force en lui. Qant Artus
vit que sa gent orent paor, si en ot honte, et vint
au roi Frolles qui ou champ l'antandoit, et tint
l'espiée que l'en apelot Caliborne et l'en ala férir par
maltalent en l'iescu, si que il en copa qant que il en
tenoit et vint le cop parmi le héaume si que la coife
ne li fust garant; et si l'espée ne li tornast en la
main, il eust ocis et neporqant li vola le héaume de
la teste. Et qant Frolles le vit, si en ot grant maltalent,
en va férir Artur parmi le héaume, mès tant fust
dur qu'il ne pot empirer. Qant Frolles le vit, si

ennoia moult, quar le sanc qui li décoroit de la teste
par les yeuz, li trobla la veue si que il ne pot Artur
choisir ei li failli le cuer et chaï à denz, enmi le pré
et se pasma. Et qant Artur le vit, si en ot grant joie
et bessa vers lui et li copa la teste, et qant li François
virent que lor seygnor fust ocis, si s'enfoirent dedenz
Paris, et li Bretons alèrent à lor seygnor et le firent
monter et l'enmenèrent et le désarmèrent. Et lors prist
li rois .II. messages qu'il envoia dedanz Paris, por
savoir que il voudroient faire. A ce message, ala li rois
d'Ortanie, et .G. son fiz moult savoit bien paller. Et
qant cil de Paris les virent venir, si alèrent contre eus
et lor demandèrent que voudroient faire. Et. G. lor
respont : « Li roi Artus nos envoie à vous savoir coment vous voudrez le réaume maintenir. » Et François
respondirent : « Rendre le nos covient, quar nos y
avons mis nos fiances et en tel manière recevon le roi
Artur qui nos tiengne leiaument aus us et au costumes
que le roi Frolles nos souloit tenir, sauves nos vies et
nos garisons [1]. » Et. G. lor dit : « Sachiez yà ne nos
fera chose où il ait desraison. » Lors s'envindrent li
messages à Artur et li contèrent ce que li François lor
avoient dit. Qant Artur l'oï, si en fust liez et fist tan-
toust son ost deslogier et chevaucha droit à Paris. Et
qant l'évesque et cil de Paris le virent, si alèrent
encontre lui et firent soner les cloches de Paris et
enorent le roi Artur ; et Artur rendi à chascun des
barons sa terre et il en firent homage. Et après ce
demora Artur demi an à Paris et tint les greignors
corz que oncques rois tenist et il l'amèrent moult et

[1] « Garisons » garanties.

disoient que oncques mès n'ot si bon rois en la
terre. Et Artur desparti la terre à ses barons et dona
à .G. la marche qui or est apelée Bretaigne et dona à
Beduers tot Vermendois et Key le sénéchal fust kens
des Sesnes, ne oncques, en la cort Artur, n'ot contc
ne baron à qui il ne donast chastel ou cité. Qant il
ot ce fait, si asist ses baillis ès marches et ès chasteaux et qant il (ot) asseurée la terre, si prist congiée
as barons du païs et vint à la mer et entra enz et
naga tant qu'il vint au port de Dovre ; lors yssirent
des nes. Qant Mordret ses niès tot [1] sa venue, si ala
encontre et la raine et tuit cil du païs et des illes, et
commanda li rois que tuit cil qui estoient illeuc
fussent dedenz .I. mois à Cardueil en Gales, quar il i
voloit tenir cort et despartir sa richece.

ᴏʀs ansambla li rois Artus sa cort à penthecoste à Cardueil et qant la messe fust chantée,
si vindrent el palais et firent, aval la vile, l'eve
corner et asistrent au mengier et s'asist li roi Artur et
après lui li rois Lot d'Ortanie et bien .VII. rois aveuc
eus et contes et dus et barons tant que nus ne pot
numbrer. Si come li rois se séoit au mengier, vindrent
.XII. messages et èrent tuit blanc chanuz et portoient
.XII. rains d'olive en lors mains et vindrent moult
fièrement à Artur et palla l'un des messages moult
orgoillosement, et dit : « Cil Dex qui sur tot le monde
a poëté et en puest faire son comendement, gart l'empereor de Roume en chief et confunde Artus et touz

---

[1] Sot.

ceux qui sont en son comendement, quar il a mespris vers Deu et sainte église, et vers la loi de Rome,
car il a copé et retaillé ce que sue[1] devoit estre et ocis
le roi Frolles qui tenoit sa terre de Rome et en rendoit
treu à Rome, chascun an. Or sachiez que nos vos
merveillons moult et avon grant dedeing que si vile
gienz come vous estes, que tote le siècle doit despire,
et haïr, qui vous volez franchir et vivre sanz servage
autre gent; vos savez bien que à Julien César fustes
vous touz en servage et li rendistes treu, au tré de
Rome, lonc en lonc tens et avon grant dedeign que
vous volez franchir, si vous mande que vous, tel
treu que vous rendistes à Julien César, li envoiez par
nos et si vous n'el faites, l'emperere vendra sor vos;
se il peut vous prandre, il vous fera escorchier. »
Qant Artur attandi cest afaire, si en fust moult
dolenz et apela le roi Loth à conseil et le mena en
une chambre et li demanda conseil de cest afaire.
Qant le roi Loth, qui moult fust sages l'oï, si en fust
moult dolent et palla au roi et li dit : « Sires, or
sachez que Dex vous aime, qant cil vous sunt venu
remantevoir lor destruccion, quar il dient que
Juliens Cesar out treu en Bretaigne et ce fust voir,
quar il l'ot par traïson et par force et force ne traïson
n'et pas dret; et cil vous sunt venuz remaintevoir
votre henor et lor grant honte que il fait à vos ancessors; et bien savez que Belin et Brenes qui, de devant
vous, regnèrent et furent de votre liégnage, orent
treu desor Rome, et bien en a, en Bretaigne, eu
.II. rois qui en ont eu treu. Et bien sachez que ne il ne

[1] Sienne.

fussent ci venu por demander la droiture que vostre ancestre iot. Et puisque il claiment sor vos, si clamez sor aux, et puisque vous clamier andui, il ni a el ne mès qu'il plus porra, plus face. Or vous ai dit mon conseil, si vous dirai autre chose que j'ai pensé lonc tens a, en mon cuer et si ne le vous oncques descovri. Sachiez que Merlin qui est sages qui à Uter-Pendragon dit sa mort, a qui Uter-Pendragon bailla nos mères pièces[1], que vous, après l'ensenement dou Graal que Perceval a en guarde, qui moult est prodons, serez roi coroné de France et enperere de Rome; et puisque cil l'a dit, il est voirs. Si vous lo que vous passez mer et alez sor Rome et la conquerrez et mandez Bretons et Flamans et Normanz et François et Irois[2] et Danois et encontre I. home de Romains, en amenez II; » et qant Artur a ce oï, si revint à ses barons et lor conta son conseil et veut savoir si il li loeroient. Et qant Bretons l'ont oï si s'en crient en haut : « Rois Artus, chevauchez à force quar nos soimes en votre aïe. » Qant Artus l'oï, si en fust moult liez et vint as messages et lor dit : « Seygnors, je m'émerveille moult où vostre emperere prist le cuer, qui de tel afaire me requist oncques; et bien li dites que, d'ici en .IX. mois, le voudrai si approcher, que l'en porra de mon ostos lancier une espiée en la cité de Rome, si il ne me vient au devant. » Et

[1] Peut-être les grandes pierres de Stonehenge que Merlin fit prendre sur la montagne de Killaraus en Irlande pour honorer la sépulture des victimes d'Hengist et de leurs vengeurs.

[2] Peut-être pour Norois, *les Scandinaves,* ou encore Itois pour Tiois, *les Allemands*, enfin Irois, *les Irlandais*.

message li dient : « Nos vous feson à savoir qui vous sera au devant. » Atant se despartirent que oncques congié ne prìstrent et s'en alèrent, attant par lor jornées, qu'il vindrent à Rome à l'enpereor et li contèrent lor respons que Artur lor respondu, si en fut moult iriez et fist fere ses bries [1] et séelleer et envoier par tote Romaine [2] et par toute Grèce et à touz ceux qui de lui tenoient terre; et manda soudaiers et grant chevalerie et sachiez que li rois d'Espaingne i vint et amena grant emperere [3] et vindrent tuit au comendement l'empereor. Et sachiez que l'ost l'empereor fust asiné [4] à .III. CCC. mille. Et qant li baron furent ansamblé, si se clama l'empereor à eus et lor monstra coment Artus se voloit relever encontre lui et avoit occis le roi Frolles en bataille qui sa terre tenoit de Rome et a sor vos mandé treu. « Or si vous pri que vous me conseilliez sur ce. » Qant li baron l'oïrent, si en orent grant dédeign et si escrièrent à l'empereor : « Dreiz empereors ! chevauchiez et passez le monz et conquerrez France qui est votre et Normedie et Bretaigne et nos vos aiderons. » Au dremendres que l'empereor estoit en cest pallement, vindrent .IIII. seryanz devant lui et le saluèrent moult hautement en lor langage de par le Soudan : « Vous mande qu'il vient à votre comendement por vous faire venjance des Bretons et bien vous fait seur qu'il ameine bien en son ost, .C. M. Sarrazins et descendra

---

[1] Brefs.
[2] Romanie.
[3] Grand emparère ou amparère, *renfort.*
[4] Assenée, *établie.*

ainz la nuit es préez desouz Rome. » Qant l'empereres
l'oï, si ot grant joie et monta erraument et tuit li
senator de Rome aveuc lui et contre le Soudan, et le
contrèrent deme leue de Rome. Et li empercor li
geta le braz au col et li fist grant joie et tuit li senator de Rome l'iclinèrent et vindrent duqu'à Rome et
s'eslogèrent ès prez et séjornèrent .XII. jorz; et ainz
les .XII. jors messerra [1] moult l'empereor vers Deu
et vers sainte yglise, quar il prit à fame la fille au
Soudan qui paiane estoit, et en pesa moult as senators
et por ce que, au comun de l'ost, pesot et disoient
que li emperes [2] ne créoit pas bien en Deu. Après ce
.XV. jorz, s'esmust [3] l'ot et chevauchièrent mès de
lor jornées, ne de ce qui lor avint, ne palle pas le
livre, mès tant vous di qu'il chevauchièrent tant qu'il
vindrent en la terre de Provance, et là, oïrent dire
que en Normadie estoit Key li sénéchal Artur, qui la
marchie de Normandie tenoit. Si alèrent cele part et
Artur qui bien sot lor venue, ert jà venu desor le
port de Dovre et là aparaillot son estoire. Et qant il
ot tot aparaillié, si comenda à Mordret son neveu sa
terre à guarder et sa fame; mès mieuz venist qu'il les
eust andous noiez, quar Mordret qui ses niés estoit,
fist vers lui grant traïson, quar il ama la raine qui
fame son oncle estoit et fist tant vers ceus de la terre
que il la prist à fame et mist garnisons ès chasteaux
et se fist coroner ou réaume. Artur (qui) de ce ne se
donost guarde. Lors entra Artur en mer a tot son

---

[1] Mesera, *pécha.*
[2] Emperères.
[3] L'ost.

ostot et arriva au port que l'en apela Galois. Et firent
à savoir lor venue à ceus de la terre et li haut home
vindrent encontre lui. Et Artur commenda que il
fussent d'illeuc en .VIII. jorz à Paris, ou tot lor poër,
et chevaucha tant qu'il vint à Paris ou tot son host
et là attandi ses barons. Qant il furent tuit ansamblé,
si se clama li rois à eux de l'empereor de Rome qui
avoit·amené paiens por crestiens destruire, et ce fust
la some de lor conseil qu'il chevauchassent à force,
sor l'empereor « Et nos avons fiance en Deu qu'il
n'auront yà durée encontre nos. » Qant Artus l'oï,
si en fust moult liez et chevaucha à tot son empire
là où il quida l'empereor trover. Et tant l'aprocha
que il n'ot que .III. leiues de l'un host à l'autre.
Lors ot conseil Artur à ses barons, qu'il envoiast
.II. messages à l'empereor por dire que se il voloit
venir à sa merci, et faire autant come son ancestre
fist as heirs qui ont esté, volontiers le recevroit; èt si
ce ne veut faire, « mandez-lui que, si le vous poëz
tenir par force ne prandre, que vous le ferez escorchier tot vif, et sachez que li sarrazins qu'il amène
ne li seront yà guarant, ne ne porront soffrir les
crestiens. A cel conseil, s'acorda Artur et fust
esleu à ce message Beduers et G. et il s'armèrent
maintenant et montèrent as chevaux et vindrent à
l'empereor et Artur fist demendres enbuchement
.X. M. chevaliers en .I. broillot, à leue et deme de l'ost;
quar il avoit paor que sarrazin grevassent son neveu.
G. et Beduers chevauchèrent juqu'au tref l'empereor
et entrèrent enz tot à cheval et s'apoièrent sor lor
lances. Et aveuc l'empereor avoit .XII. rois et .L. ami-
rant et .XV. dus. Et G., qui moult fust sages, comença

moult orgoillosement sa raison et dit : « Ampereor de Rome, Artus qui est rois de France et de Bretaigne et a .XV. réaumes souz lui, et te mande que venges à sa merci et li fai autel homage come tes ancessors firent ; et ne cuide mie que li sarrazin que tu as ci amené, te puissent oster cest servage du rois Artur ; quar il n'auront jà duré encontre crestiens, et si ce ne fez et tu le faces ses geenz arriver et metre en bataille, il te fera escorcher tot vif, ne jà dès evant, de Rome ne prendra rançon, qu'il ne soient penduz as portes devant Rome. » Qant l'empereor oï cele parole, si en ot grant honte por ses barons : donc se leva .I. des serjanz de Rome devant l'empereor et dit : « Cil messages est fous, neporquant je sais bien qui est de Bretons, quar li Bretons font touzjourz entendre et moult sevent bien dire honte à la gent ; mès se vos voliez, et je ne vous cuidasse corrocier, je l'iroi yà chacier jus du cheval, si que le feroi les .II. eus saillir de la teste. » Qant Beduers, en son compaignon ne avancier [1], si en ot grant vilté et l'ala férir par si grant maltalent qu'il li mistes la lance parmi le piz et l'abasti mort, as piez l'empereor. Et G. cuida férir l'empereor ; mès le fiz l'amiraut se mist entre .II. et G. le féri, si que l'abasti mort enmi le [2] et sacha l'espée et prist les testes [3] .IIII. plus riches hons ; et eussent occis l'empereor, mès il s'enfoi à l'amiraut et G. s'entorna grant aléure entre lui et Beduers ; et li amiraut escria ses genz qu'il montassent et alassent après. Et il si firent

[1] Le vit s'avancier.
[2] Emmi le leu ?
[3] Des.

14***

et s'armèrent tantost plus de .XII. et devant touz les
autres le fiz à l'empereor et le fiz le roi d'Espaingne
qui avoit non Jordain, et corurent après les .II. messages et les vidrent ateyngnant, et lors escrièrent s'il
ne restornent, qui les féroient parmi le cors. Qant
Gauvin l'oy, il en ot grant despit et torna lui et Beduers et s'entrevindrent tot .IIII. de si grant aléure
comme li cheval porent tendre .G. et le fiz l'empereor
s'entrevindrent primer et froissirent lor lances et
s'entrehurtèrent de piz et de cors et de chevas si durement que li oil lor estencelèrent et sachiez que mon
seygnor G. ot mautalent et le hurta et si qu'il li fist
bouler à terre; et au chaër qu'il fist, li rompi le col et
morust, et Beduers féri l'autre de sa lance parmi le
cors et l'abasti mort et puis sachèrent les espées et
en firent à .XIIII. les chiés voler. Et à tant se qui-
dèrent partir, mès il ne porent, quar il envirent sur
eus, plus de .XX. et bien vous di que il fussent
morz si ceus de l'enbuchement ne les véissent; mès
cil du bruillet les aperceurent et envoièrent .I. message en l'ost et qant Artur l'entendi, si fist tantost
soner les bozines et si grant noise firent que l'en n'iot
du [1] tonant. Et chevauchèrent tuit ordené de bataille
et firent porter les gouffenons roiaux et Sagremors
et li suen qui ou bruillet estoient brochèrent les
chevaus et encontrèrent ceus qui mon seygnor G.
chaséoient. Et qant cil le virent, si se desconfirent et
li Bretons férirent sor eus et les ocient et ceus qui
en achapèrent, vindrent à l'amiraut et distrent que
Artur venoit et son host estoit mort. Et qant il [2], si en

[1] Que l'on n'oït Deu tonant.
[2] L'oït.

ot duel et comenda ses genz armer et corner l'olifant,
tantost s'ermèrent tot et chevauchièrent ordènement
contre Artur qui venoit. Qant les hoz s'entrevirent,
si n'i ot si hardi qui n'éust paor et s'enconfessèrent
li crestien et qant il s'aprochèrent, si lessièrent
chevaux aler. La véissez testes et braz et poinz voler
ne oncques par si grant mautalent ne véistes comencier la bataille. Atant vint l'empereor de Rome et
s'escria : « Rois Artur, je sui prest de desrenier contre
vos et de Rome oster le chevaucha. » Qant Artur l'oï,
si point le cheval et escria en haut : « Par Deu ! empereor de Rome ! vous volez crestienté mestre en
servitude, qui avez pris la fille d'un mescréant et
avez mespris vers sainte église, mès si Dex plaist,
je vous ferai repentir de votre desléauté. » Qant l'empereor l'entent si en a maltalent. Lors brochèrent
les chevaux et se férirent par si grant haïr, que les
lances brisèrent ; lors pristrent les espées et l'empereor vait féir le roi en l'escu, si que il li copa duqu'au bocle et li trencha .C. mailles du hauberc ; et
il navra la char, que le sanc l'en corust à l'estrieu.
Qant Artur vit son sanc, si li crust force et hardement et va férir l'empereor parmi le héaume et li abasti
duqu'à cervel et le hurta, si qu'il l'abasti à terre.
Qant li Romain virent cil chaoir, si en orent grant
dolor et vindrent plus de .C. sor le cors Artus et l'en
voloient porter à lor tref et li bretons d'autre part
quar il voloient le cors de l'empereor trainer à
chevaux : einsi vindrent sor le cors d'une part et
d'autre à glaives et s'entreférirent par les héaumes
ne puis le roi Artur ne fust si grant occision. Et
.G. et Beduers et Key et Sagremors y féroient si

durement que fessoient les reins ploier et frémir.
Et sachiez que li Romain s'enfuirent. Qant l'amiraut
vint, lors eussent joie li Breton qant li rois Guio-
mare vint à .XL. homes et corurent sor les Sarrazin;
et Guillac qui estoit rois, tint l'espiée et en ocist tant
que ce fust merveille. Atant vint .G. et prist païen
et li dit : « Je te occirrai yà si ne me mostres l'amiraut; » il ot paor, si li mostra; et .G. i ala et li dona
tel colée que il occist entre sa gent. Qant li Sarrazin
virent l'amiraut mort, si se desconfirent et s'enfoïrent
et qant Romain virent les hoz desconfiz si s'enfoirent
et Artur chevaucha sor eus et les occist. Qant l'amiraut et li Romain virent les geenz l'amiraut foïr et il
se virent sanz seygnor, si foïrent et li Bretons les
eschaucièrent et les occistrent tant cum il voudrent;
et dura la chace .II. jorz et .II. nuit et iot pris
.XV. sénators de Rome. Après cele desconficteure,
s'entorna Artur .XV. jorz et dit qu'il iroit à Rome et
le feroit corner et si baron li loërent, donc fist
Artur mander le roi des sénators qu'il avoit prist; et
qant il furent devant lui, si distrent qu'il li ren-
doient Rome et feront tuit à son plésir, mès que il le
laist vivre : lors lor clama quite la prison et les reçust
à ses homes. Donc comenda ses geenz à atorner
.III. jorz por aler à Rome. Einsi comme Artur
estoit en son tref et G. et li rois Loth et li barons du
réaume, si descendirent .IIII. rois en son tref et le
saluèrent de Deu. Et Artus les conust bien et lor
demanda qu'il avoient quis, et demanda qui Mordret
et sa fame fessoient. Et il li distrent : « Rois, sachiez
que Mordret a ovré malement vers toi, quar ta fame
t'a honie et l'a esposée et a la corone au chief; et a

saesi les chastiaux et a mandé les Sesnes et sunt
.XL. m. Qant Artur l'entendi, si en ot grant duel et
se conseilla ou ses barons coment il porra exploiter ;
et chascun conseilla endroit soi qu'il tornast arrières
et reconquéist son païs et se il poët prendre le trai-
tor qu'il le féist ardoir. Qant Artur [1] cest conseil, s
le tint à bon et fist son host astorner en Normandie,
et entrèrent en mer. Et Mordret qui ot ses espées[2],
assambla ses Sesnes au rivage et vint encontre son
oncle et vit la nef .G. et dit à Sesnes: « Si mes frères
arive nos soemes morz » et G. avoit moult grant honte
de la traison son frère. Et ariva .XL. m. Senes et
vindrent au devant et li affondrèrent Sesnes. Là fust
mort .G. et Beduers, et Sagremor, et Erec, et Guio-
mart, et moult de bons chevaliers et Artur ariva
d'autre part et ala sor Sesnes et (les) desconfit, mès
moult perdi, quar li rois Loth fust féru d'un quarrel
et qant Mordret fust desconfist, si s'en ala par ses
chasteux. Et qant il virent qu'il fust desconfist, si
li véèrent les fortelesces et il ala tant qu'il vint à
Viscestre et manda ses Sesnes de par tot le païs, et
dit qu'il attandra Artur. Et Artur fist .G. enterrer et
ses compaingnons et puis quist Mordret et l'en li dist
qu'il l'estoit à Viscestre. Et Artus ala cele part et
manda ses barons par tot son païs et li citicen si
vindrent à lui clamer de Mordret qui si les avoit
honiz. Lors chevaucha Artur tant qu'il vint à Win-
cestre et quant Mordret le vit, si ala encontre lui et
conbasti à lui et fust desconfist et il [3] fust moit

[1] « Ot oï ».
[2] Espies.
[3] Et y fut maté ou mort pour *mortri* ?

Guillac de Danemarche. Et Mordret s'enfoï en Yrlande
et à .I. roi qui le cognoissoit et cil rois estoit fiz Angis.
Si le retint et qant Artur l'oï, si ala cele part ; et
qant li rois sot sa venue si manda sa gent et se
combasti à Artur et fust desconfist et la fust mort
Mordret, et fust ocis Key, quar il fust navré à mort
et Artus fut féru d'une lance parmi le piz et dit à ses
homes : « Seygnors, je me ferai porter en Avallon
por garir ma plaie à Morguen ma suer. » Einsi se fist
porter en Avallon et li Bretons démonstrèrent que
oncques puis n'en oïrent novelles, ne ne firent roi,
quar il cuidèrent que il déust revenir ; mè il ne revint
oncques puis, mès li Bretons ont oï dire que il ont
oï corner en cest forest et ont oï ses cors et véu les
plusor et ont véu son hernois et encore quident li
plusors qu'il doit venir.

Qant cist afaire fust asomé, si vint Morguen à
Blaise et nota les choses tot einsi comme les aventures furent venues : si les mist en escrit et par son,
le savon-nos encore. Einsi fust Blaise lonc tens aveuc
Perceval qui avoit le Graal en baillie et Merlin i
repèra lonc tens et conta par tot l'aventure Artur et
coment il estoit alé en Avallon et coment il estoit
navré à mort et coment Guillac ses compainz estoit
mort et Guinrez et Aganez si dui frères et l'ost lor
père et coment tuit cil de la Table ronde avoient finé
en lor tens. Qant Perceval l'entendi si en plora et
proia notre Seygnor por les armes[1], car il les avoit
moult amez. Lors vint Merlin à Blaisses et Perceval,
et prist congié d'aux, et lor dit que nostre sire ne

---

[1] Ames.

vouloit mie que il demorast au pueple, ne il ne pooit mie morir devant (le devant) le deffinemement du siècle, mès donc aura-il la joie pardurable; et je feroi de jost ceste maison, là dehors ceste forest, mon habitage et là voudrai converser et prophétizerai [1] qant

[1] Nous renvoyons ceux qui seraient curieux d'avoir des renseignements sur la personnalité plus ou moins apocryphe de Merlin, à l'ouvrage érudit de MM. Francisque Michel et Thomas Wright, grand in-8°, Paris, Didot, 1837, intitulé *Galfridi de Monemutâ vita Merlini*. Ces savants éditeurs citent des passages de sa biographie, par David Powel, qui vivait à une époque où les prophéties de Merlin conservaient encore leur autorité et qui rapporte d'ailleurs des faits déjà énoncés par Geoffroy de Montmouth.

Ils y ajoutent des passages d'Alfred de Beverley qui aurait écrit avant ce dernier et mentionné déjà des prophéties du jeune Merlin; enfin ils rappellent que les triades galloises mettent au nombre des trois principaux bardes chrétiens, les deux Merlins : *Merddin Bard of Ambrosius et Merddin son of Madawg Morvryn.* (Merlin Ambroise et Merlin le Sauvage.) Les savants éditeurs font remarquer que Geoffroy de Montmouth paraît avoir confondu les deux Merlin, quoiqu'il ait donné leurs prophéties séparément. M. Paulin Paris, dans ses *Romans de la Table ronde*, tient pour un Merlin unique.

Les détails donnés par Geoffroy de Montmouth ont été répétés par Wace (*Roman de Brut*, t. I, p. 349), par Robert de Gloucester (édit. de Hearn, t. I, p. 128), par Thomas Otterbourne (*Duo rerum Anglicarum Scriptores veteres.* Edition Th. Hearne, vol. 1er, p. 25), par Thomas Sprott, dans sa *Chronique.* (Ed. Th. Hearne, p. 94.) On trouve aussi dans les *Ancient Engleish Metrical Romanceës*, vol. III, p. 247, de sir Walter Scott, des renseignements sur Merlin qui manquent d'exactitude.

Les historiens du temps, de la valeur d'Orderic Vital, n'ont

que nostre sires me voudra enseingnier et tot cil
qui mon habitage verront, l'apeleront l'*Esplumeors
Mellin;* atant s'entorna Merlin et fist son esplumeor

pas dédaigné de rapporter les prophéties de Merlin ; cet auteur, dans le XII⁰ livre de son *Histoire ecclésiastique,* a placé
à l'année 1128 un long passage de ces prophéties. M. Auguste
Le Prévost a fait suivre ce passage d'observations critiques
qui nous paraissent résumer fort heureusement les effets
réellement extraordinaires produits, dans les imaginations
bretonnes, par ces épopées locales : « A ce moyen, dit-il, le
passé, le présent et l'avenir de l'Angleterre se trouvèrent coor-
donnés, liés ensemble sous un jour complétement et exclusi-
vement indigène, puis bientôt, par une conséquence toute
naturelle, rassemblés dans la composition de Geoffroy de
Montmouth. Le succès de ces combinaisons fut immense en
Angleterre et même sur le continent. Non-seulement la popu-
lation normande des châteaux, des écoles et des cloîtres, mais
encore la plus grande partie des historiens et même de graves
hommes d'État comme Suger s'y laissèrent prendre. Les
prédictions de Merlin, admises sans discussion, dès qu'elles
parurent, furent placées comme celles des Sibylles, à peu près
sur la même ligne que les Livres saints, soigneusement commentés dès le xii⁰ siècle et sans cesse citées respectueusement
pendant toute la durée du moyen âge. »

Cf. La *Descriptio Cambriæ,* ch. xvi, de Giraud le Cambrien.
*Apud Camden,* p. 889. — Vincent de Beauvais ( *Theodosii
et Valentiniani,* 18⁰). *Spec. hist.* — *Chron.* de Jean de Fordun,
2⁰ vol. Éd. de Hearn, lib. III, p. 202. — Pierre de Blois.
Édition de Siméon Piget, Paris, 1667, in-f⁰, p. 261. — Raoul
Dicet, *de Regibus Britonum.* t. I, p. 558. — Guillaume de
Newbrige, t. I, préface, p. 7.

Enfin il faut lire le savant résumé de M. Paulin Paris, concernant Neunius et Geoffroy de Montmouth, dans les *Romans
de la Table ronde,* 1⁰ʳ vol. Introduction.

et entra dedenz, ne oncques puis ne fust véu au siècle; ne oncques puis de Merlin ne dou Graal ne palla puis li contes, fors tant solement que Merlin proia notre Seygnor que il féist à touz ceus merci qui volontiers orroient son livre et le feroient escrire, por remembrance as prodes homes; et vos en dites tuit :

A M E J——————J

Ci finist le romanz des prophécies Merlin. Et est au... ...[1] et fust fait l'an de nostre Seygnor M° CCC° P°.

Plus bas :

Cinq lignes d'écriture du xv<sup>e</sup> ou du xvi<sup>e</sup> siècle totalement effacées.

[1] Effacé.

FIN.

# INDEX

Des noms d'hommes, de lieux, d'ouvrages,
Des mots remarquables,
Des incidents du récit, des sentiments des auteurs, etc., etc.,
Touchant le *Roman du Saint-Graal.*

———

## A

ADAM de Borron, fils de Berruyer de Borron, confirme, en 1258, le don fait par son père aux religieux du Jard, 52. — Il scelle une charte de Guillaume de Borron (*armiger*) au profit des religieux de Barbeaux, avec le titre de *Miles*, 54. — Il est enterré en 1290, dans l'église de saint Mammès, 55.

ADAM, curé de Borron, libère les religieux de Barbeaux de la grande dîme de Borron, 52, 144.

AGRON étranglé par un lion furieux, 404.

AGUESSEAU (le Chancelier d'). Ses armes sont gaufrées sur le plat du manuscrit de M. Ambroise Firmin-Didot, 277.

ALAIN, fils de Brons, directeur ou chevecier de ses frères, 269.

ALEINE, nièce de Gauvain, excite Perceval à jouter contre les chevaliers de la Table ronde, 378, 424. — Celui-ci est proclamé le meilleur chevalier du monde, 380, 424.

ALEXANDRE III, dans une bulle mentionnée, relate le don fait par Robert de Borron à l'abbaye de Barbeaux, 46.

ANDEVILLE (Famille d'), 22.

# C

CÉCILE, épouse de John, vicomte de Welles, 22.

CHACON-SUR-MERROLLETES, localité citée en 1248, dans une charte de Guillaume de Borron, 53.

CHEVETAINNES, *Chevetaignes*, *Cheveteins*, *Chevenains* pour *chevecier*, *chef*, *supérieur*, nom donné à Alain, 120.

CHEVAUX (rompre à quatre), expression des manuscrits en prose, appliquée aux Juifs, 107.

CHRESTIEN de Troyes a connu le *Saint-Graal*, ce qui donne la date de ce roman, 59.

COILLIR en haine, *Cuillir*, *Acuillir*, *Queillir*, prendre en aversion, 105.

CORS *Moys*, expression s'appliquant à la sépulture du faux dévot Moÿse, 115, 262, 361.

CUERINE, *Corine*, colère, haine, vient de « cuer » *cœur*, 106.

# D

DAMPNATION, *Domage*, *Damage* Pilate (la ou le), expressions des manuscrits en prose et du poëme, équivalant à : *perte de Pilate*, 106.

DELISLE (M. Léopold), membre de l'Institut, administrateur de la Bibl. nationale, et auteur des *Actes* de Philippe-Auguste, a restitué deux vers effacés tracés sur les gardes du manuscrit 2455, 20.

DES LANDES, nom d'un chevalier vaincu par Perceval, 431.

DESPIT, croix, gibet, supplice de Jésus, 9, 87.

DEVERS lui (se tenir), locution qui se trouve dans tous les manuscrits et qui s'applique à Pilate, 105.

DIFFÉRENCES entre les données de Robert de Borron, de Chrestien de Troyes et de Gautier Map, en ce qui concerne la personne du dernier possesseur du Graal, 376.

DORVET (M.), auteur d'une notice intéressante sur Bouron, 43. — Il a ignoré l'existence des seigneurs de Borron; toutefois il cite Adam de Borron (1290), 43.

Géresme ( M⁰ de ), épouse présumée de Jehan du Roux, 18.

Graal (composition primitive du *Saint-*), 63.

Graal (le saint), vase dans lequel N. S. Jésus-Christ faisait son sacrement, 8. — Ses vertus, 10. — Il agrée aux bons, d'où son nom, 256.

Graal (*Saint-*) anglais de Loneligh, publié, in-4°, par M. Furnivall, aux frais du Roxburghe Club, et tout récemment, in-8°, 21.

Grès, localité de Seine-et-Marne, voisine de Borron, l'une des limites du territoire donné par Robert de Borron aux religieux de Barbeaux, 142.

Grésy (M.), auteur d'un travail sur les des Barres, 41.

Grimaud (l'épisode de) paraît avoir été écrit par Robert de Borron, à la requête de Philippe-Auguste, 58. — Cet épisode rappelle le *Jouvencel* de Jehan de Bueil; il est un enseignement chevaleresque, 59. — Il n'est donné que par les manuscrits 98 et 2455 de la Bibl. nationale, 21.

Guillaume de Borron, fils d'Odon de Borron, 51.

Guillaume de Borron (*Domicellus*), en 1243, fils de Payen de Borron, 53. — Il confirme (*Armiger*), en 1248, le don fait par son père à l'abbaye de Barbeaux, 53. — Enfin, en 1266, il vend (*Miles*) à saint Louis, 40 sols parisis qu'il percevait à la prévôté de Moret, à titre de droit de bourdonnage, 54. — Cette charte était connue, d'ancienne date, par Ducange et M. Douet d'Arcq, 54. — La véritable orthographe du nom de ce chevalier est *Borron* et non *Borran*, 54. — Sceau de ce chevalier, 55. — Ses armes semblent être un diminutif de celles des des Barres d'Oissery, 55.

Guiron *le Courtois*. Préface de ce roman, d'après le manuscrit 338 nouveau, 6969 ancien de la Bibl. nationale, 34, 156.

Guy de Borron, sergent d'armes de Philippe-Auguste, 53.

Gwalhmaï, Gauvain, 1.

Gwennivar, Genièvre, 1.

# H

HÉLIE de Borron, contémporain d'Henri II et non d'Henri III, 61. — Peut-être cousin de Robert de Borron dont il se dit le *parent charnex ;* le frère ou le fils de Drocon de Borron? (1161-1169), 62. — Achève le *Tristan* et compose seul *Guiron le Courtois,* 63. — Homme lige de Henri II, de qui il tient deux châteaux, 63. — Il édite, à la fin du manuscrit 104 de la Bibl. nationale, un remarquable épilogue dans lequel il fait connaître sa parenté et celle de Robert de Borron avec les sires des Barres, 35, 36, 37, 51.

HÉLINAND décrit les caractères du bassin sacré, 4.

HONORIUS III relate dans une bulle le don fait par Robert de Borron à l'abbaye de Barbeaux, 46.

HUTH (M. Henry), négociant à Londres, possesseur d'un manuscrit du *Petit Saint-Graal,* ou *Merlin,* 27. — Examen de ce manuscrit, 334.

HYPOCRAS (Version de l'histoire d') très-différente des autres, contenue dans le manuscrit 2455.

# I

IMAGE du Monde (l'), poëme daté de 1245, placé dans le manuscrit du poëme du *Saint-Graal,* 74.

IMPÉRATIF (l') en « er » dans les manuscrits du Mans et de Paris et quelquefois dans le manuscrit Huth, 360.

IROIS, les Irlandais ou les Allemands ou les Scandinaves, 493.

# J

JARD (Cartulaire de l'abbaye du), fournit quelques renseignements sur la famille de Borron, 149.

JEANNE GREY, 22.

JEHAN du Roux, seigneur de Sigy et de Tachy, 18.

## K

## L

Louis VII, fondateur de l'abbaye de Barbeaux, 45.

Louis IX scelle une charte d'Adam de Borron au profit des religieux du Jard, 150. — Il venait souvent à Borron, 150.

Luces de Gast, chevalier, se dit auteur du *Tristan* en prose, 63.

## M

Maissanda, femme de Drocon de Borron, 142.

Magdeleine (sainte) répand un parfum d'environ trois cents deniers sur la tête de Jésus, 166, 212.

Mammès (saint), localité de Seine-et-Marne rappelée dans une charte d'Adam de Borron, 53.

Manuscrits (Liste des) du *Saint-Graal* de la Bibl. nationale, 23. — De la Bibl. de l'Arsenal, 24. — Du British Museum, de Londres, 24. — De la Bibl. Bodléienne, d'Oxford, 24.

Manuscrits du *Petit Saint-Graal*, préface du *Merlin*, 25. — Leurs versions respectives, 136. — Manuscrit du Mans jusqu'à l'enquête sur la mort de Joseph, 25. — Manuscrit Cangé, 4, n° 748 de la Bibliothèque nationale, 25. — Sa description, son caractère, 25, — signalé pour la première fois, par M. Paulin Paris, 79, est le plus ancien et le plus logique de tous, 79. — M. Paulin Paris l'a attaqué au point de vue littéraire et historique, 79. — Examen de ces objections, 80.

Manuscrit (le) du *Merlin*, appartenant à M. Ambroise Firmin-Didot, le plus complet de tous, porte la date 1301, 25. — Il donne le *Perceval* qui est le complément nécessaire du *Saint-Graal*, 26.

Manuscrit (le) du *Merlin* de l'Arsenal, n° 225, donne comme le manuscrit Cangé, les noms de Gautier de Montbéliard et Robert de Borron, 129.

Manuscrit n° 1469 de la Bibliothèque nationale (le), en papier, du xv° siècle, offre le *Petit-Saint-Graal* et le *Merlin*, 27. — Finit au couronnement d'Artus et ne contient pas le *Perceval*, 27.

— Son histoire, 30. — Robert de Borron écrit avec lui le *Petit Saint-Graal*, 30, 31. — Son titre de comte s'applique à sa qualité de connétable, 80. — Le manuscrit de l'Arsenal ne lui donne pas ce titre, 80. — Les Manuscrits Huth et Didot ne parlent pas de lui, 80. — Les autres le mentionnent, 129.

Moret, localité de Seine-et-Marne, près Borron, où Guillaume de Borron percevait un droit de bourdonnage, 54. — Philippe de Borron tenait de Hue de Bouville un fief dans cette paroisse, 55.

Morin (dom), historien du Gâtinais, 43. — Il ne dit presque rien des anciens Borron, 43.

Moÿse, type du faux dévot; sa légende dans les deux *Saint-Graal*, 66, 67. — Ces deux récits sont trop dissemblables pour avoir été copiés l'un sur l'autre, 67. — Divers manuscrits, dont on cite les passages, nos 344, 747 et 770 de la Bibliothèque nationale, 68, 69. — Cette aventure est rappelée par Merlin lors de l'institution de la Table ronde, 26.

# N

Nennius (la chronique de) postérieure aux anciens chants bretons.

Nicodème aide Joseph d'Arimathie à détacher le corps de N.-S., 9, 169, 170.

# O

Odon de Borron ratifie le don fait par Drocon, de ce qu'il percevait sur la dîme de Borron et l'abandon du cens que lui payaient les religieux de Barbeaux. (avant 1168), 50, 51, 142.

Oissery, près de Meaux, fief principal des sires des Barres, parents des Borron, 49.

Oi voi tès, se tu veus vivre en pès. Location usitée au XIVe siècle sur un jeton de compte, 77.

# P

## Q

## R

## S

est abondant dans le diocèse de Sens au XIIᵉ siècle, 39.
— Il disparaît au XIIIᵉ. — Citation du passage du
*Grand Saint-Graal* dans lequel il est question de Sévin,
comte de Meaux, 39.

Sɪᴍᴏɴ de Borron, fils de Robert de Borron, ratifie
en 1169, le don fait par son père, à l'abbaye de
Barbeaux, de tout le territoire contenu entre Grès,
Samois et Recloses, 47, 142.

Sɪᴍᴏɴ le Lépreux. Formes diverses du nom de ce
personnage, 84, 215.

Sɪʀᴇsᴛ, *tert.* Action de panser une plaie, de la
dégager du sang, 88.

Sᴛᴏɴᴇʜᴇɴɢᴇ (les grandes pierres de), 493.

Sᴜʀʀᴇxɪ, *Resurrexiz,* mots latins qui ont persisté
dans les manuscrits, 107.

Sʏᴍᴏɴ Cornut de Borron fait un don à l'abbaye de
Barbeaux, 52, 143.

## T

Tᴀʙʟᴇ (la première) est la Cène où N.-S. se servit
du saint Graal pour instituer le sacrement de l'Eucharistie, 10.

Tᴀʙʟᴇ du saint Graal (la) ou Table carrée, imaginée
par Joseph pour éprouver les pécheurs, est la seconde
table, 10, 255. — Elle est dite carrée par opposition à
la Table ronde, 109.

Tᴀʙʟᴇ ronde (la) est la troisième table établie par
Merlin pour exciter les chevaliers d'Artus à la pra-
tique des vertus chrétiennes et notamment de la
chasteté, 10.

Tᴀʟɪᴇsɪɴ, barde du VIᵉ siècle, a célébré le bassin ou
vase mystérieux des Gallois.

Tɪʙᴇ̀ʀᴇ. Rôle que joue ce prince dans la légende de
la Véronique, d'après *la Légende dorée* de J. de Voragine, 140.

Tɪᴇʀs *hons* (le) doit être engendré du fils de Brons.
C'est de Perceval qu'il s'agit, 114, 254, 331.

# W

# TABLE DES MATIÈRES.

———

15**

FIN DE LA TABLE DES MATIÈRES DU PREMIER VOLUME.

# ERRATA ET ADDENDA.

Page 7. — L'objet circulaire placé entre les animaux affrontés, est un vase vu en plan, et dont les bords sont décorés de perles. Cette représentation se rattache trop intimement au chapiteau de la cathédrale du Mans, bien connu, où des colombes, à queue de serpent, boivent dans une coupe, et où l'on a vu avec raison, ce semble, un symbole eucharistique, pour que nous hésitions à voir ici un vase sur un long pédoncule. Ce type appartient aux temps antiques comme au moyen âge.

Page 34. — On ne peut vérifier l'orthographe ancienne de Boron, près du Suntgaw allemand, parce que cette localité n'a pas de passé mentionné dans les chartes.

Page 35. — L'épilogue du Ms. de Tristan, n° 104 nouveau, est reproduit avec une grande exactitude, il donne bien réellement la phrase « Outres en Roménie qui ores est appelée France » et non « nouvelle France. » Il semble donc qu'il ne peut s'agir, à la fin du xiie siècle, que de la Syrie, où régnaient les Boémond, les Raymond et autres chevaliers français, puisque ceux-ci ne sont entrés en Grèce qu'après l'an 1200.

Page 47, ligne 23. — « Gaufredus rex. » Lisez : « Gaufredus Rex. »

Page 49. — Gautier Map est-il réellement l'auteur du *Saint-Graal?* On a émis des doutes à cet égard ; mais l'érudition liturgique et la connaissance des textes, qui se font remar-

quer dans cet ouvrage, s'opposent à ce qu'on en fasse bon-
neur à un chevalier et même à un trouvère, en les supposant réduits à leurs propres forces. Il faut reconnaître
toutefois, et notre cher maître, M. Paulin Paris, s'en est
assuré, que Gautier Map ne parle pas une seule fois de
Robert de Borron ni du *Saint-Graal* dans ses ouvrages,
assez volumineux. Mais ce livre, qui nous charme
aujourd'hui, eût été, à la fin du xıı° siècle, un mince titre
de gloire pour un clerc érudit qui même n'eût pas voulu en
endosser publiquement la paternité. Notez que dans le
préambule du *Saint-Graal*, l'auteur prétend avoir de nombreuses raisons, et il les indique, pour celer son nom.

Page 57, ligne 20. — Le livre latin du *Saint-Graal* a-t-il
existé, ou n'est-ce qu'une amorce pour le lecteur, toujours
jaloux, à cette époque, de voir ses lectures procéder d'un
fonds littéraire religieux ? nous admettons, à cet égard, le
scepticisme. Cependant, si l'on nie tout, on refusera aussi
d'admettre l'existence de Robert de Borron. Quant à Gautier Map, il est fort heureux qu'il ait laissé d'autres traces
dans le monde littéraire que les dires des copistes.

Page 59, ligne 29 (Note). Il est évident que tout ce que nous
disons de l'antériorité de *Tristan*, sur les autres *Romans* ou
*Poëmes de la Table ronde*, ne s'applique qu'aux fragments
de poëmes très-anciens que nous a fait connaître M. Fr.
Michel, les seuls que Raimbault d'Orange pût connaître de
1155 à 1165. Le Roman en prose de *Tristan* est assez moderne au contraire.

Page 63, ligne 3. — Voir la note précédente. La donnée de
*Tristan* et ses poëmes sont anciens, c'est ce qui justifie le
premier rang que lui assigne Hélie de Borron dans son
dénombrement des *Romans de la Table ronde*.

Page 65, ligne 8. — Aux traditions Arthuriennes, ajoutez :
par l'influence si grande du Brut de Wace.

Page 70. — Les compagnons de Joseph soupçonnent la présence de Moÿse plutôt qu'ils ne le trouvent. On verra cet
épisode dans le passage du *Saint-Graal* commençant ainsi :
« Tant ont parlé en tel manière, que ils vinrent en la forest

de Darnantes... » Là les compagnons de Joseph trouvent un château dans lequel brûlait un grand feu. Surpris, ils demandent ce que cela signifie; c'est alors qu'on entend la plainte de Moÿse sans voir ce personnage. Il raconte comment un religieux l'arracha des mains des démons qui l'emportaient. Alors les deux Joseph et Alain se mettent à genoux, prient pour Moÿse et aussitôt une rosée bienfaisante éteint une partie du feu qui le consumait.

Page 88. — Le mot « Sirest » serait-il mis pour « Si tert »? C'est possible.

Page 89. — « Il lui demande de Jhêsu », évidemment pour : « il lui demande Jhésu. » Ce dernier nom est donc régime direct ; c'est du reste ce qu'a entendu le Ms. du Mans, qui conserve ici la forme accusatrice : « Si l'on nous demande de Jhésum. »

Page 97. — Beremathie est opposé à Arimacie. En effet, l'antiquité du texte du Mans est prouvée par les vignettes et l'archaïsme de la diction. Or ce texte porte : Arimacie. Beremathie est donc une dégénérescence comme Barimathie. On ne saurait nous reprocher pour baser une théorie linguistique, ce que nous avons dit de Bethléem, puisque cette forme correcte est donnée par le Ms. récent A. Didot, de 1301, tandis que les versions Biauliant et Belleam des Mss. M. et C. sont certainement plus anciennes. Il y a là des revirements difficiles à expliquer. Le mieux est de se baser sur des Mss. à dates à peu près certaines.

Page 114. — On a objecté, à propos de la troisième table non prévue dans le poëme et annoncée au contraire dans les Mss. en prose, que cette absence de mention de la *Table ronde* prouvait l'antériorité du poëme sur ceux-ci ; mais cette objection n'est pas sérieuse, puisque le trouvère dit, à la fin, qu'il laisse les quatre parties et passe de suite à la cinquième, *Le Merlin*, où il est grandement question de la troisième table ou Table ronde; et, en effet, le *Merlin* suit, de la même écriture.

Page 135, ligne 25. — Après le mot « ajouster ensamble », mettre une virgule et non un point et une virgule.

Page 271. — « Si faisait par les meilleurs vilés, as citez et as chastiaux; » peut-être « Viles » signifie-t-il *Villes*, cependant ce mot est au masculin.

Page 283, ligne 23. — Le mot « Jaseiot » doit-il être scindé en deux? C'est possible; dans tous les cas, il faut ôter la majuscule et mettre un *j* ordinaire.

Page 284. — Mettez un point avant « Là où Jhésu-Crist fust pris » à l'avant-pénultième ligne.

Page 377. — C'est par suite d'une erreur typographique que le nom de M. Potvin, éditeur du *Perceval*, a été imprimé Potdevin dans la note mise au bas de la page.

Page 504, ligne 23. — « Commentés », lisez « Commentées. »

FIN DU TOME PREMIER.

LE MANS. — TYPOGRAPHIE ED. MONNOYER. — 1875.

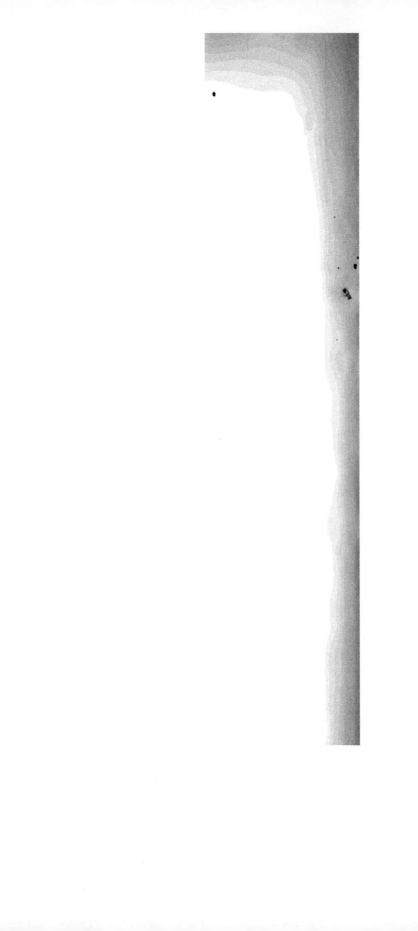